대한문화재연구원
학술총서 5책

삼국시대 고고학개론

1 도성과 토목 편

대한문화재연구원 엮음

진인진

삼국시대 고고학개론 1
- 도성과 토목 편 -

초판 1쇄 발행 ｜ 2014년 6월 19일

지은이 ｜ 권오영·여호규·김낙중·홍보식·조효식
엮 음 ｜ (재)대한문화재연구원
발행인 ｜ 김영진
발행처 ｜ 진인진
등 록 ｜ 제25100-2005-000003호
표 지 ｜ 정하연
본문편집 ｜ 배원일
주 소 ｜ 경기도 과천시 별양동 1-14 과천오피스텔 614호
전 화 ｜ 02-507-3077~8
팩 스 ｜ 02-504-3079
홈페이지 ｜ http://www.zininzin.co.kr
이메일 ｜ pub@zininzin.co.kr

ⓒ 진인진 2014
ISBN 978-89-6347-174-7 94080
ISBN 978-89-6347-173-0 94080(세트)

* 이 책 내용의 전부 또는 일부를 다시 사용하려면 반드시 자료 제공 협조기관과 출판사 모두의 동의를 얻어야 합니다.
* 책값은 표지 뒷면에 표시되어 있습니다.

목 차

발간사 _5

책을 내며 _7

■ 토목기술과 도성조영___권오영 _8

■ 고구려 도성의 구조와 경관의 변화___여호규 _62

■ 백제의 도성___김낙중 _110

■ 신라 도성의 건설과 구조___홍보식 _154

■ 삼국시대 성곽과 방어체계___조효식 _200

발간사

2012년 여름……

　현장조사와 보고서 발간, 그리고 개인 연구력 강화에 여념이 없는 직원들과 함께 소주 한 잔에 고고학의 현실을 비통해 하면서, 먼 훗날 우리의 노력이 어떻게 남겨질 것인가를 고민한 적이 있었습니다. 비관적인 푸념과 희망적인 이야기들이 오갔습니다. 그리고 내린 몇 가지 결정 가운데 하나가 공익성 기여 부분이었습니다. 대학에서 고고학을 전공하는 후배들과 고고학이라는 학문에 막연한 동경을 가진 어린 학생들을 위해 연구원이 할 수 있는 일이 무엇일까? 가장 절실한 부분은 개론서가 턱없이 부족하다는 것이었습니다.

　매년 전국적으로 수백 권의 발굴조사 보고서가 쏟아지면서 기록자료 정보는 홍수가 나고 있지만, 정작 그 자료를 이해할 수 있는 기초적 개론서가 턱없이 부족해 고고학에 입문하는 후학들과 일반 시민들의 궁금증을 해소시킬 수 있는 학계의 노력이 너무 미비함을 절감했습니다.

　따라서 연구원에서는 개론서 발행과 관련해 가장 많은 자료 정보가 드러나고 있는 삼국시대를 중심으로 3권의 출간 작업을 기획하였습니다. 첫 작업은 최근 들어 관심을 불러일으키고 있는 도성과 토목기술에 관한 개론서 제작이었습니다.

　이제 고고학 연구방향도 변화가 필요한 시점이라 생각합니다. 형식과 편년 위주의 이기적인 연구 보다는 과거 조상들이 선택 발전시켰던 삶의 지혜와 기술을 이해하기 위한 토목정보와 더불어 하이테크 기술이 일차적으로 반영된 각 국가의 도성 건설을 복원해냄으로서 삼국시대 사람들의 기술 수준과 국가 수도 경관을 이해하는데 필요한 개론서를 만들고자 노력하였습니다. 물론 금번 출간 개론서가 모든 갈증을 해소해 줄 수 있을 것이라고는 믿지 않습니다만, 새로운 관점의 확대와 고고학이라는 학문의 저변 확산에 작은 초석이 되기를 희망합니다.

　삼국시대 개론서 첫 권의 출간에 관련해 어려운 주문을 흔쾌히 수락해주시고 원고 작성에 혼신을 기울여 주신 권오영 선생님, 홍보식 선생님, 여호규 선생님, 김낙중 선생님, 조효식 선생님께 깊은 감사를 드립니다. 또한 까다로운 편집과정과 디자인을 고민해 주신 진인진 관계자 여러분에게도 지면을 통해 고마움을 표합니다.

　모쪼록, 금번 출간된 삼국시대 고고학개론 1 - 도성과 토목 편 - 을 탐독하시면서 오류와 부족함이 발견되더라도 독자 여러분들의 넓은 이해와 아량을 부탁드립니다. 대한문화재연구원은 앞으로 출간 예정인 총서 제작과 관련해 성심을 다해 노력할 것을 약속드리겠습니다.

대한문화재연구원장 이영철

책을 내며

한국고고학회가 편찬한 한국고고학강의가 처음 얼굴을 내보인 때가 2007년이니 벌써 7년 전의 일입니다. 수많은 신 자료와 다양한 학설을 정리하는 일이 불가능할 것만 같았지만 기적적으로 한국고고학강의가 출판됨으로써 비로소 한국 고고학의 두 번째 개론서가 출간된 셈입니다. 삼불 김원용선생의 한국고고학개설이 출간된 1973년으로부터 계산하면 34년만의 일이었습니다.

한국고고학강의는 여러 명의 필자가 통일된 체계 아래에서 집필에 참여한 책이며 구석기시대부터 통일신라까지를 골고루 다루고 있습니다. 따라서 어느 개인의 학설에 치중하지 않고 한국 고고학 전반에 걸쳐 균형 잡힌 지식을 제공한다는 강점을 지니고 있었습니다. 하지만 보다 심화된 내용을 원하는 전문 연구자들에게는 아쉬운 점이 없지 않았습니다. 막대한 자료의 발견과 함께 하루가 다르게 변화하는 한국고고학의 발전 속도를 고려한다면 한국고고학 전반이 아닌 시대별 개론서, 예를 들어 구석기시대나 신석기시대를 전문으로 다루는 심화된 개론서의 출간이 당면 과제가 되어 버렸습니다.

심화된 개론서의 출간을 기다리는 학계 일반의 희망에도 불구하고 새로운 작업은 쉬워 보이지 않았습니다. 많은 필자를 조직하는 문제, 소요되는 시간과 비용문제 모두 만만치 않았기 때문입니다. 이러한 상황에서 발굴조사를 전문으로 하는 연구원들이 바통을 이어받았습니다. 삼국시대 고고학에 대한 개론서를 대한문화재연구원이 맡기로 한 것은 이러한 흐름의 일부입니다.

여러 번의 사전 모임을 거쳐 삼국시대에 대한 개론서를 3권에 나누어 출간할 것이며 그 내용은 도성과 토목, 주거와 취락, 고분으로 하기로 합의하였습니다. 필자의 선정, 전체적인 목표설정과 각론의 내용 등을 논의하고 개별 집필과 정기 점검을 병행하였습니다. 그 결과 예정된 3권 중 첫 번째로 이번 도성과 토목 편이 출간되기에 이르렀습니다. 여러 번의 필자 모임을 가졌지만 피치 못하게 필자 간 입장 차이가 드러나는 부분이 있을 것입니다. 내용이 서로 중복되거나 누락된 부분도 없지 않을 것입니다. 공동작업에서 말미암은 한계인만큼 독자여러분의 너그러운 이해를 바랍니다.

이 책이 세상에 나오게 된 계기는 대한문화재연구원 이영철원장님의 결심이었습니다. 여유롭지 못한 연구원 살림에도 불구하고 삼국시대 개론서를 출간하기로 결심한 결정에 진심으로 고마움을 표합니다. 필자모임의 주선과 세세한 업무를 맡아주신 곽명숙선생에게도 고마움을 표합니다. 아울러 원고마감 날짜를 안 지키는 필자들을 끝없는 아량으로 참아준 진인진 담당자들에게도 고마움을 표합니다. 아무쪼록 이번 삼국시대 개론서의 출간을 계기로 한국고고학 강의를 기초로 한 다양한 형태의 성과물이 풍성하게 쏟아지기를 기대해봅니다.

필자들을 대표하여 권오영 올림

토목기술과 도성조영

권오영(한신대학교)

머리말

고대의 토목전문가와 측량기술
- 토목과 측량의 전문가
- 측량기술

다양한 토목기술
- 토질개량
- 성토기술
- 다양한 토목건축재

다양한 토목구조물
- 城墻
- 고분
- 제방
- 기타

도성조영의 토목기술
- 도성제와 도성 경관
- 도성 조영의 과정
- 도성 조영과 기초공사

맺음말

머리말

삼국시대 사람들에게 토목행위가 중요한 비중을 차지했던 이유는 그 기술로 탄생한 토목구조물이 그들에게 매우 소중한 대상이었기 때문이다. 우선 고분은 삼국시대 사람들에게 단순히 시신의 매장공간, 의례공간이 아니라 지극히 정치적인 공간이었다. 高大한 고분의 축조는 단순히 죽은 자를 위한 행위가 아니라 살아 있는 자들과 공동체의 유지에도 매우 중요한 행위였다.

거대한 봉토나 분구를 축조하는 작업은 거리의 측량, 면적과 부피의 계산, 경사도 계산 등 토목공학과 기하학적 지식의 뒷받침 없이는 불가능한 일이었다. 일본 고분시대의 경우 전 닌도쿠仁德릉 고분 하나만 보더라도 고분의 축조와 하니와埴輪, 즙석의 시설에 소요된 총 인원을 398만 6천 명으로 추산하거나(甘粕健, 1984 p.46), 혹은 이를 훨씬 상회하는 680만명으로 추산하고 있다(都出比呂志, 2000 pp.2~3). 삼국시대 고분 축조에 소요된 인원에 대한 본격적인 추산은 아직 이루어진 바 없지만 거대한 고총이 축조되는 4~5세기 이후 측량술과 토목기술이 광범위하게 보급되었을 것이다. 이러한 기술을 보유한 전문가는 가문 대대로 지식과 기술을 전수받으며 활동하였을 것이다.

성곽의 축조는 고분에 비해 훨씬 현실적인 필요성을 지니고 있었다. 외부로부터 "우리"를 보호하기 위한 각종 방어시설은 공동체의 운명을 좌우하는 중요한 시설이었다. 외적의 각종 병기불, 돌, 衝車, 火箭, 대포로부터 버텨내기 위해서는 강도를 높이지 않으면 안 되었다. 막대한 인적, 물적 자원이 투입된 만큼 한번 축조된 성곽은 내구성도 높아야 했다.

이런 점에서 풍납토성이나 사비나성과 같은 평지성은 물론이고 흙이나 돌을 이용하여 쌓은 산성의 축조도 고분보다 고난도의 기술이 발휘되었다. 게다가 고분의 형태가 반구상, 혹은 육면체 등의 입방체인데 비해 성곽은 폭에 비해 길이가 훨씬 긴 세장한 형태이기 때문에 횡방향에서 가해지는 압력에 상대적으로 더 취약할 수밖에 없다. 때로는 저습한 지점을 지나가야만 할 때도 있었다. 따라서 판축이나 부엽공법 등의 기술이 추가되어야 했다.

왕성과 왕궁을 통해 국가권력을 과시하였던 삼국시대에는 도시를 바둑판처럼 구획한 계획도시인 도성이 출현하게 된다. 도성의 조성에는 당시의 측량기술과 토목기술이 총동원되었다.

고대의 토목전문가와 측량기술

• 토목과 측량의 전문가

고대에는 가업으로서 토목기술을 몸에 익히고 활동한 인물들이 많다. 대표적인 인물이 낙랑에서 자라 활동하다가 중국 본토로 돌아가 廬江太守로 부임하여 부엽공법 散草法을 활용하면서 芍陂 현재 의 安徽省 壽縣 安豊塘를 수리한 王景이다. 그의 8대조인 王仲은 "好道術 明天文"하였다고 하니 천문, 산술, 수리에 능하였음을 알 수 있다. 그의 가문은 대대로 과학기술자 집안으로 활동한 셈이다. 일본의 경우 고대 도성 설계자로 倭漢直 일족이 활동하였음을(狩野久, 1984 p.117) 볼 때 기술은 가업으로 전승되었음을 알 수 있다.

신라에서는 경주 남산 신성비를 통하여 匠尺, 文尺, 面捉上, 石捉上, 石捉人, 小石捉人, 作上人 등 기술자 집단의 존재와 위계를 확인할 수 있다. 통일신라에 들어와 신문왕대 國學에서는 明算科에서 算官의 교육을 담당하였다. 算學博士 약간과 助敎 1인을 두어 綴經·三開·九章·六章 등을 교수하였다고 한다.[1)]

일본에서는 측량 기술자를 나라시대에는 算師, 平安부터 安土·桃山시대에는 圖師, 江戶시대에는 繪圖師라고 불렀는데(木全敬藏, 1984 p.333), 이 산사가 신라의 산학박사에 대응된다. 산사는 대학에서 정규 교육을 받은 자들인데 교재는 孫子, 五曹, 海圖, 九章, 六章, 綴術, 三開重差, 周髀, 九司 등이다(木全敬藏, 1984 p.334). 신라와 일본 양국에서 공통적인 교재는 綴經 綴術, 三開 三開重差, 九章, 六章 등 4가지이다.

당시 측량 기술자들의 사회적인 지위는 그리 높지 않았지만 국가가 주도하는 대규모 토목공사가 많이 진행되던 시점에는 상대적으로 높아졌을 것이다. 예를 들어 왕릉의 축조, 성곽의 조영, 불교사원의 건설 등이다.

• 측량기술

투르판에서 발견된 복희여와도(그림 1)에는 뱀의 몸통을 한 남녀가 표현되어 있는데 이들은 손에 곡자와 디바이더를 들고 있다. 곡자와 디바이더는 기본적인 측량도구이다. 천지창조와 국가건설에 곡자와 디바이더가 필요함을 상징적으로 보여주는 모습이다.

측량은 지표면 위 점의 3차원적 위치를 구하는 기술이다. 측량기술은 토목기술과 불가분의 관계를 맺고 있는데 토목측량, 지적측량, 지도측량으로 구분되며(山口啓二, 1984 p.6) 토목공사의 능률을 높이고 정확하게 시공되기 위해 필요한 데이터를 제공하는 것을 목적으로 한다(木全敬藏, 1984 p.332).

동아시아에서 고대 측량기술의 집성은 전한대 구장산술을 통해 이루어졌으며, 구장산술은 한국과 일본에서도 가장 중요시된 기술서이다. 이 책은 모두 9개의 장으로 이루어져 있다. 方田 전지의 면적 계산, 粟米 곡물 교환과 관련된 문제, 衰分 등급을 매겨 물자를 분배하고 수취를 분담시키는 비례문제, 少廣 면적과 체적, 商功 토목공사의 체적계산, 均輸 인구, 물가, 거리 등의 조건을 고려하여 세수 분담, 盈不足 문제와 해법, 方程 일차

---

1) 『三國史記』卷38 雜志7
   國學 --- 或差算學博士若助敎一人, 以 綴經·三開·九章·六章, 敎授之.

방정식, 句股피타고라스 정리 등 총 9개의 장이다. 그 중에서 상공은 城, 垣, 溝, 塹, 渠, 倉 등의 토목공사 및 각종 체적계산을 처리하는 방법을 제시하고 있다. 그 외에 계절의 상위, 노동력과 토질의 상위를 감안하여 거대한 공사에 필요한 토사의 양土方과 노동자의 인수를 계산하는 문제가 기록되어 있다(杜石然 외: 川原秀成 외 역, 1982 p.172~173).

이중에서 토목과 관련된 측량기술은 방위를 구하고 직각을 만들고 직선을 연장하며 고저차를 구하고 지도에 묘사하는 기술(木全敬藏, 1984 p.334)이라고 할 수 있다. 방위를 구하는 기술은 천체관측에 기초하는데(八賀晉, 1987 p.150), 주비산경에 2가지 방법이 소개되어 있다. 한 가지는 긴 장대를 세워 일출과 일몰시의 그림자 끝을 연결하여 동서선으로 삼는 방법이고, 다른 하나는 별을 관측하여 남북을 알아내는 방법이다.

좀 더 쉽게 방향을 결정하기 위해서는 자석의 원리를 이용한 나침이 필요한데 나침반의 등장 이전에는 式盤이 그 역할을 하

그림 1__
복희여와도

였을 가능성이 있다. 식반은 式占을 치는데 사용되는 天盤과 地盤을 일컫는데 낙랑유적인 평양 석암리 201호분과 석암리 205호분王旰墓에서 실물이 발견된 바 있다(안경숙, 2013).

그런데 식반을 지남의 원리를 반영한 것으로 이해하는 연구성과(王振鐸, 1963)가 발표된 바 있다. 식반이 지남의 원리를 반영하여 방위를 결정하는 데에 이용된 것이라면 5세기 후반 백제가 劉宋에 역림과 식점을 요구한 사실,[2] 일본의 大海人皇子가 672년 式을 가지고 占을 쳤다는 기사가[3] 모두 주목된다. 경주에서 실물로 발견된 석제 식반도 측량과 관련된 것으로 이해할 수 있다.

도성과 궁전, 사원의 건설 등 고도의 토목기술은 측량기술을 기초로 진행되었으며 이는 기술서를 필요로 한다. 결국 삼국시대 도성의 조성은 구장산술 등 측량과 토목 기술서의 뒷받침 속에서 진행된 것이다(권오영, 2013 p.64).

도성만이 아니라 능묘와 성곽의 축조에도 사전에 측량이 실시되었다. 중국의 河北省 平山縣에서는 전국시대 中山王과 후의 능묘가 발견되었는데 그 중 1호묘에서 출토된 동판은 금, 은으로 상감하여 능원의 구조를 표현하고 있다. 兆域圖라 불리는 이 동판은 능원의 규격과 설계를 보여준다는 점에서 의미가 깊다(楊鴻勛, 1987). 이와 유사한 동판이 일본 나라현 안돈야마行燈山고분에서도 발견된 바 있다(그림 2).

---

[2] 『宋書』卷97 百濟國
[3] 『日本書紀』天武 元年條

다양한 토목기술

• 토질개량

치환공법

구조물이 축조될 지점은 당시 사람들이 생활하던 구지표면이며 대개 공기에 노출된 상태로서 표면에는 식생이 자라서 오염된 상태이다. 이 위에 큰 하중을 지닌 구조물을 조성하게 되면 붕괴되거나 미끄러질 위험성이 높다. 따라서 이 층을 깨끗이 제거하여 암반 등의 자연층을 노출시킨 후 그 위에 구조물을 조성하게 된다.

연약지반을 보강하여 구조물의 기초를 강화하는 기술은(경기문화재단, 2007 p.226) 치환공법이라 불린다. 때로는 제거된 면 위에 모래나 자갈 등의 다른 토양을 채우는 경우도 있는데(홍보식, 2013 pp.60~62), 이 경우 되메우기, 굴광판축 등 다양한 명칭이 사용되고 있다. 치환공법이 사용되는 경우는 고분, 성, 제방, 건축물 등 매우 광범위하다.

현재 확인되는 치환공법 중에서 비교적 이른 시기의 예는 서울 풍납토성 경당지구 44호 건물지이다. 한성 1기에 속하는 대형 건축물로서 고운 사질토로 이루어진 생토층 일부를 제거한 후 그 내부에 점질이 섞인 토양을 부은 후 다시 그 토양을 파내면서 그 위에 건축물을 조영하였다.

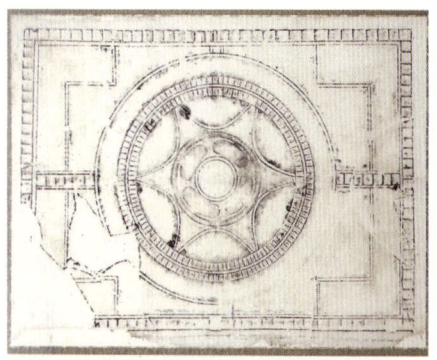

그림 2 ___
일본 안돈야마고분 출토 동판

무리말뚝 다짐말뚝: group pile 지정

건축물, 토목물의 기초나 지반의 지지력을 보강하는 것을 地釘이라 한다. 잡석, 모래, 자갈 등이 이용되는데 말뚝을 박는 것을 말뚝지정이라고 한다. 그 종류는 말뚝과 흙의 마찰력으로 하중을 지지하는 마찰말뚝, 굳은 지반까지 말뚝이 도달하여 기둥처럼 하중을 지지하는 지지말뚝 등이 있다.

무리말뚝은 다수의 말뚝을 박아 말뚝의 부피만큼 지반의 밀도를 높이는 공법으로서 주로 느슨한 사질 지반에 많이 이용된다. 삼국시대 유적에서는 명확한 사례를 찾아보기 어렵고 조선시대 유적에서 많이 확인된다.

• 성토기술

안식각의 극복 노력

지상에 거대한 부피를 가진 구조물을 만드는 경우 그 재료는 돌, 흙, 전돌, 나무, 철 등이 소요된다. 삼국시대의 거대 토목구조물은 돌과 흙의 사용량이 압도적으로 많다. 전자의 대표격은 석성과 적석총이고 후자는 봉토분, 토성, 제방 등이다.

이러한 재료로 쌓는 구조물은 지구의 중력에 의하여 흘러내리고 허물어지다가 어느 정도의 경사각을 이루게 되면 더 이상의 붕괴가 진행되지 않고 안정화된다. 이 때 수평면과 사면의 경사각을 안식각이라고 부르는데 재질에 따라 제각각 다양한 편차를 보인다. 흙은 모래, 마사토, 점질토 등의 차이, 그리고 수분 함량에 따라 제각기 다른데 최대 45°를 넘지 못한다. 작은 돌은 이보다 높아서 48°에 이른다. 따라서 수직방향으로 높은 구조물을 쌓으려는 인류의 노력은 결국 안식각의 극복이란 방향으로 나아가게 된다.

상대적으로 안식각이 흙보다 높은 돌, 특히 잘 가공하여 부재 간의 밀착도를 높인 할석이나 장대석을 이용하면 수직에 가까운 구조물을 축조할 수 있다. 하지만 내부의 부재가 횡압력에 의해 터져나오는 문제를 해결하여야 한다. 성벽이나 담장의 경사도 조정, 들여쌓기, 기저부 보축[4] 등이 모두 이와 관련된다. 고구려 초대형 기단적석총의 들여쌓기, 護基石(지탱석)의 설치도 마찬가지이다. 계단식 축조법과 다른 계장식 축조법(그림 3)을 활용하는 이유도 결국은 적석총 내부 석재의 횡압력에 대한 고려로 추정된다.

돌보다 안식각이 낮은 흙으로 구조물을 만들 때에는 보다 복잡한 기술이 필요해진다. 현대 토목공법에서 토구조물을 쌓을 때에는 롤러에 의한 강한 압착으로 거의 수직에 가까운 구조물을 만들 수 있지만 고대에는 안식각을 최대로 높이기 위해 다양한 기술을 시도하게 된다. 현대 토목시공의 롤러 압착과 유사한 판축기법[5], 물성이 다른 흙을 교대로 쌓는 교호성토, 안식각을 높이기 위하여 다양한 흙덩어리(토괴)를 쌓는 방법, 자연지형을 깎는 삭토법, 천연소재

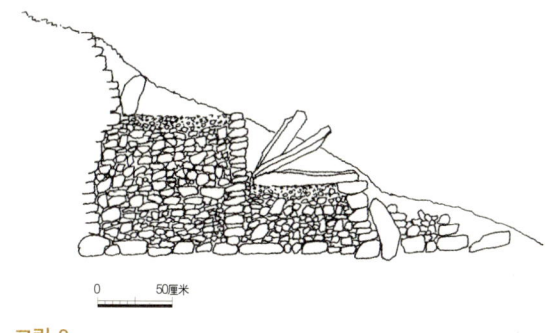

그림 3
집안 칠성산 871호
적석총의 계장식 구조

---

4) 토목공학에서는 이를 押盛土工法(counter weight fill method)이라고 한다(우리문화재연구원, 2010 p.63).
5) 천안 목천토성의 판축부는 85°의 급경사면을 유지하고 있으며(尹武炳, 1984 p.9), 나주 회진토성은 80°(林永珍・趙鎭先, 1995 p.16), 신금성은 거의 수직에 가까운 구간과 82°의 구간이 공존하였다(이강승・박순발・성정용, 1994 p.277).

를 이용한 지오텍스타일공법의 일종인 부엽공법, 석회의 첨가 등이 대표적인 예이다.

판축과 교호성토

• 판축과 교호성토의 차이

판축기술은 한국 고대 토목구조물의 축조기술에서 자주 언급되는 용어이다. 성, 고분과 도성의 건축 등 대규모 토목 공사에서 사용되는 가장 고도의 공법이며 많은 인력·자원이 투입된다. 그 공정은 일정한 간격으로 구획을 나누고,[6] 나무 기둥 영정주을 세우고 나무판을 댄 후 점토와 모래 등을 켜켜이 반복해 달구로 다지면서 만든 단위를 위, 아래로 확장하는 방식이다(그림 4).

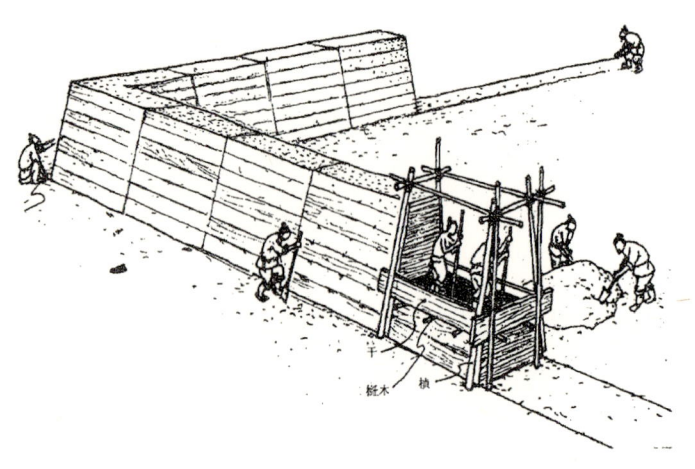

그림 4 __
판축작업의 개념도(楊鴻勛의 안)

판축이란 판을 대고 쌓는다는 의미이므로(박원호·서치상, 2008 p.113) 나무판이나 영정주가 필요조건이다. 따라서 단순히 물성이 다른 흙이 교대로 성토되었다고 판축이라고 할 수 없으며 달구질에 의한 층다짐 역시 판축이라고 할 수 없다. 판축의 개념을 엄격히 적용하면 탑지의 기단 축토 역시 외견상 판축처럼 보이지만 횡장판과 영정주가 없기 때문에 판축이라고 볼 수 없다(박원호·서치상, 2008 p.114).[7]

그럴 경우 고대 한국의 성토구조물에서 판축공법으로 축조된 예는 크게 줄게 된다(이혁희, 2013). 익산 미륵사지와 제석사지 탑의 축기부(국립문화재연구소·전라북도, 2012) 역시 판축에서 제외된다. 천안의 목천토성, 공주의 수촌리토성, 홍성의 신금성 등 영정주와 횡장목의 존재가 분명한 나말려초 토성이 해당될 뿐(나혜림, 2011 p.66), 그 이전의 예는 서울 풍납토성이나 부여의 부

---

6) 천안 목천토성에서는 그 길이가 380cm(尹武炳, 1984 p.44), 홍성 신금성은 233~410cm 사이에 분포하지만 370~380cm 사이의 것이 많고(이강승·박순발·성정용, 1994), 나주 회진토성은 330~380cm로 추정되므로(林永珍·趙鎭先, 1995 p.17), 통일신라 판축토성에서의 규칙성이 확인된다(徐程錫, 1999 p.69). 이후 나말여초 이후가 되면 400cm 이상을 초과하게 된다(李春先, 2010 p.78).
7) 일본의 경우는 판축의 개념이 엄격하지 않아서 건축물의 기단을 조성하는 과정에서 두께 몇 쎈티미터 정도로 성토하여 두들겨 조성하는 경우도 판축공법으로 이해하고 있다(八賀晋, 1987 p.166).

소산성, 나성 정도가 언급될 수 있을 것이다.

발굴조사 과정에서 판축으로 인정되려면 우선 수평으로 이어지며 물성이 다른 흙이 교대로 쌓인 흔적이 확인되어야 할 것이다. 그리고 각각의 층 평면에는 달구질한 결과 생긴 요철 면分窩, 窩子이 확인되어야 할 것이다. 그리고 마지막으로 영정주와 횡장판이 충족되어야 한다.

삼국시대 성토구조물 중 위의 세 가지 조건을 모두 만족시키는 것은 소수에 불과하다. 유사판축이란 용어가 널리 사용되지만 그 의미에 대한 정확한 개념규정은 없었던 것 같다. 제방에서 이루어진 성토의 흔적이 토성, 고분과 동일함에도 판축이란 용어 대신 단순히 성토라고 명명한(우리문화재연구원, 2010) 배경에는 이러한 곤혹스러움이 있는 것 같다.

중국에서 유래한 판축기술이 삼국시대에 널리 사용되지 않은 이유는 기술적인 어려움보다도 기후적인 측면에 기인하였을 것이다. 건조지대인 중국 화북지역과 달리 여름에 강수량이 집중되는 한반도에서 판축 구조물은 그다지 안정된 구조물이 아니었을 것이다(박원호·서치상, 2009 p.114). 한반도의 기후에 맞게 변형된 성토방법, 그러면서도 물성이 다른 흙을 교호로 성토한 방식을 필자는 교호성토라고 부를 것을 제안한 바 있다(권오영, 2010 p.43).

그렇다면 교호성토와 판축의 중간적인 형태로서 물성이 다른 흙이 교호로 성토되면서 달구질의 흔적이 확연한 경우를 유사판축, 층다짐, 혹은 항토라고 부를 수 있을 것이다. 예컨대 익산 미륵사지 서탑 기초부, 일본 나라奈良의 타카마츠즈카高松塚 고분 봉토가 이 범주에 속할 수 있다.

정리하면 교호성토 → 유사판축항토 → 판축으로 단계화시킬 수 있을 것이다. 교호성토·유사판축과 본격적인 판축을 구분하는 가장 큰 차이는 물론 영정주와 횡장판의 유무이다.

• 판축의 원리

판축으로 다져진 구조물은 매우 견고하여 석성에 버금갈 정도이다. 판축이 견고한 이유는 "토질의 압밀 현상Consolidation"을 이용한 공법이기 때문이다. 보통 우리가 알고 있는 흙은 흙입자와 그 외의 간극 부분, 즉 입자와 입자 사이의 공간으로 이루어져 있다. 흙입자 사이의 간극은 보통 물과 공기가 들어차 있다. 흙을 다지면 흙입자 사이의 물과 공기가 빠지면서 입자 사이의 간극이 줄어들게 된다. 입자 사이의 간극이 줄면 줄수록 단단해지게 되는데 이를 토질의 압밀 현상이라고 한다. 이러한 토질의 압밀 현상을 이용하여 토성이나 제방, 고분이 수백 년 이상 무너지지 않고 유지되는 것이다.

판축과정에서 도구의 사용에 의해 요철을 만들고 이 요철면이 이질적인 토양의 미끄러짐을 방지하면 좋겠지만 그렇지 못할 경우 횡방향의 수평운동에 취약할 수밖에 없을 것이다. 이런 까닭에 나무 박스를 이용한 판축단위는 너무 크면 안되며, 놓이는 지점의 레벨을 달리하여 수평으로 이어지는 층위가 어긋나게 하는 것이 효과적이었을 것이다.

흙덩어리土塊 쌓기

구조물을 축조하기 위해서는 많은 양의 성토재를 확보하여야 한다. 석성을 축조할 때에는 인근의 석재를 사용하는 것이 가장 효율적이지만 그렇지 못할 경우에는 주변, 혹은 먼곳에서 석재를 운반하여야 한다. 부여의 사비나성에 사용된 석재는 3가지 이상으로서 주변에서 채석한 것도 있지만 금강을 이용하여 주변지역에서 운반한 것도 확인된다.

흙을 이용할 경우에는 주변의 자연지형을 크게 변형시키게 된다. 일본의 경우 야요이시대 대형 분구묘는 주구 굴착에서 나온 흙만으로도 분구 축조에 소요되는 흙을 충당할 수 있었지만 본격적인 고분은 이것만으로는 부족하여 먼 곳에서 채토할 필요가 생긴다고 한다(靑木敬, 2013 p.5). 이 과정에서 표토, 마사토, 점질토 등 다양한 종류의 토양이 채취될 것이다. 그런데 이 중 마사토를 제외한 표토나 점질토는 분말상태가 아닌 덩어리塊體 형태로 채취되었을 가능성이 지극히 높다. 모래나 마사토는 분말 상태로 판축이나 교호성토에 이용하면 되지만 덩어리 형태의 토양을 분말로 만드는 것은 용이하지 않으며 많은 노동력이 소요되고 굳이 그럴 필요도 없었을 것이다. 채토지에서 얻은 토양은 오히려 많은 경우 덩어리 형태를 유지한 채 운반되어 공사현장에서 사용되었을 것이다.

구체적인 종류는 뒤에서 언급할 예정이지만 흙덩어리를 이용한 구조물의 축조는 판축, 교호성토와는 완전히 다른 형태를 띠게 된다. 마치 블록을 쌓듯이 차곡차곡 쌓아 올리는 공법이 예상된다. 중원에서 기원한 판축공법이 수용되기 전에는 교호성토와 함께 재래의 토목구조물 축조기술의 대부분을 점하고 있었을 것이다. 다만 고고학 발굴현장에서 이러한 현상을 인식하지 못하였을 뿐이다.

흙덩어리 쌓기 공법은 홀로, 혹은 여타의 공법과 함께 혼용되었다. 그 대상은 고분, 토성, 제방 등 토목구조물 거의 전반에 걸쳐 있으며 건축부재로도 많이 사용되었다.

삭토법

경우에 따라서는 지면에 구조물을 올리는 것보다 경사가 진 자연 지형을 적절하게 가공하여 다양한 경사면을 만들 수 있고 이를 이용하면 원하는 구조물을 보다 저렴한 비용으로 효율적으로 만들 수 있다. 이 기술 역시 홀로 사용될 수도 있고 다른 기술과 혼용될 수도 있다.

삭토법은 두가지 유형으로 나눌 수 있다. 한 가지는 기초를 조성하거나 구조물의 슬라이딩을 방지하기 위하여, 혹은 구조물의 인장강도를 높이기 위하여 사용된 경우이다. 많은 성, 고분에서 이런 기술이 확인된다. 자연 산세를 이용하여 제방을 축조하면서 제체와 산지부분의 인장력을 높이기 위하여 산지를 삭토한 울산 약사동제방의 경우도 여기에 해당된다.

두 번째는 삭토가 다른 성토기술의 보조적인 역할로 그치는 것이 아니라 이로 인하여 구조물이 만들어지는 경우이다. 높고 큰 봉토나 분구를 가진 고분을 축조할 경우에도 평지 위에 처음부터 성토하는 것이 아니라 굴곡이 진 자연지형을 최대로 활용하여 인공적인 마운드를 만들게 되면 매장주체부의 조영 및 봉토 축조에서 많은 노동력을 절감하게 된다. 일본의 전방후원분은 물론이고 삼국시대 고분 중에도 이런 예가 많다.

산성 축조에서 자주 보이는 계단식 삭토법은 성벽 단면에서 볼 때, 원 지형의 경사면을 2~3단을 이루도록 계단식으로 깎는 기술이다. 공학적으로는 체성벽의 무게를 분산시키고 빗물이나 지하수가 성벽에 스며들어 성벽 전체가 미끄러져 흘러내리는 슬라이딩 현상을 방지할 수 있다.

수직 삭토법은 계단식 삭토법과 근본적으로는 별 차이가 없는데 원 지형을 단면 L자형으로 깎는 방법이다. 한번에 급한 경사면을 얻을 수 있고 방어에 유리한 급경사면을 쉽게 만드는 장점이 있다. 백제계 기술관료가 축조를 주도한 것으로 알려져 있는 일본 구마모토熊本현 키쿠치죠鞠智城는 자연지형을 삭토하여 만든 것으로 확인되었다(熊本縣敎育委員會, 2002 p.56).

부엽공법

• 부엽공법의 정의

흙을 이용한 토목 구조물의 단면, 평면 조사과정에서 식물의 잎, 줄기와 가지, 껍질 등을 얇게 층층이 깔은 흔적이 나오는 경우가 많다. 이렇게 식물성 재료를 보강재로 사용하는 공법을 부엽공법이라 하는데 중국에서는 散草法, 일본에서는 敷粗朶공법이라고 한다(小山田宏一, 2009 p.210). 기능적인 측면을 강조하여 압밀침하배수공법이라고 부르기도 하며 토목공학에서는 인장력이 없는 흙에 식물성 재료를 첨가하여 인장력을 높인 보강토공법이란 점에 주목하여 부엽토공법, 혹은 부엽성토공법이라고 불러야 한다는 주장도 있다(김진만, 2012).

동북아시아에서 최초로 확인된 부엽공법 구조체는 중국 安徽省 壽縣의 安豊塘제방이다(殷滌非, 1960). 漢代에 이 제방을 수축한 인물은 王景으로서 그 집안이 대대로 과학과 공학을 전문으로 하는 기술관료 출신이다. 왕경은 그 집안이 중국에서 기원하여 낙랑에 정착한 후 다시 중국으로 돌아간 경우이다.

이후 서울의 풍납토성, 김제 벽골제, 부여 나성(그림 5) 등에서 부엽공법이 확인되면서 백제의 특징적인 공법으로 인식되었다. 일본의 구마모토 키쿠치죠, 오사카의 사야마이케狹山池 등에서도 부엽공법이 확인되었기 때문에 부엽공법이야말로 고도의 토목기술이 동북아시아를 무대로 전래되던 양상을 잘 보여주는 사례로서 주목되었다(工樂善通, 1995). 이외에도 오사카의 규호지久寶寺, 나가하라長原, 카메이龜井 등 카와치河內지역의 수리시설에서 한식계토기와 함께 발견되는 경우가 많아 한반도에서 토목기술이 유입되는 양상을 잘 반영한다(山田隆一, 2008).

하지만 일본에서 야요이시대에 해당되는 이키壹岐 하루노츠지原ノ辻유적(安樂勉, 2008)과 오카야마岡山 죠도上東유적의 선착장(渡邊惠里子, 2008)에서 부엽공법이 확인되면서 그 상한과 기술전래

그림 5__
부여 나성의 부엽공법

에 대한 종전 견해가 수정되기에 이르렀다. 부엽공법이라 통칭되는 기술의 계보나 기능이 단일하지 않다는 점이 지적된 것이다(小山田宏一, 2008).

한반도에서도 초기철기시대에 해당되는 보성 조성리 洑에서 부엽공법이 확인됨으로써(고경진, 2011) 이 공법의 출현 시점은 크게 소급되었다. 지역적으로는 김해 봉황토성(慶南考古學硏究所, 2005), 함안 성산산성(국립가야문화재연구소, 2011), 울산 약사동제방 등에서도 확인됨으로써 백제와 일본만이 아니라 가야, 신라에서도 사용되었음을 알 수 있다. 부엽공법이 활용된 구조물은 토성과 석성, 제방만이 아니라 선착장, 洑 등 다양하다.

• 부엽공법의 원리와 기능

부엽공법의 계보와 기능이 단일하지 않음이 밝혀지면서 이 공법을 현대에도 사용되고 있는 Geotextile공법의 일종으로 간주하기에 이르렀다(小山田宏一, 2009). 부엽공법의 원리와 기능을 정리하면 아래와 같다.

· 인장력 강화

교호성토나 판축과정을 거쳐 물성이 다른 흙의 층을 교대로 성토하더라도 각 층간에는 미끄러짐 현상이 발생할 위험이 높다. 이러한 위험은 구조물의 붕괴로 이어지므로 이에 대한 대비가 필요하다. 식물의 줄기나 잎을 층 사이에 균일하게 깔아주면 현재에도 사용하는 부직포처럼 층간의 인장력을 높여주어 미끄러짐 현상을 막을 수 있다.

통일신라기의 공주 수촌리 토성의 雉는 횡목을 깔고 그 위에 성토하는 행위를 반복하여 축조하였다(국립공주박물관, 2002). 판축을 위한 횡장목이 아니기 때문에 성토층 간의 인장력을 높이기 위한 방안으로 추정된다.

· 투수기능

성벽이나 제방과 같은 거대한 구조물에는 강우와 강설로 인해 누수현상이 발생하게 되어 있다. 구조체 내부의 물은 결빙과 해동을 반복하면서 구조체를 약화시켜 붕괴로 이어지거나 수평 방향으로 배수되면서 구조체에 구멍을 내는 세굴현상이 발생하게 된다. 따라서 방수와 배수기능이 필수적이다. 부엽층을 중간중간에 깔아주면 이 층을 통해 물이 통과하고 이 물을 지반으로 배수하면 구조물의 안전성을 높일 수 있다.

· 지지력의 강화

부엽층은 하중 경감효과와 전단강도 증가효과를 가져오기 때문에 부엽공법을 실시한 구조물과 그렇지 않은 구조물 사이에는 동일한 면적에 동일한 방식으로 성토할 경우 최대로 올릴 수 있는 구조체의 높이에 차이가 생긴다(그림 6). 실험 결과 부엽층을 부설할 경우 최대 3배에 달하는 높이로 구조물을 올릴 수 있음이 확인된 바 있다(김진만, 2012).

Deformed mesh
Extreme total displacement $4.77*10^{-3}$ m
(displacements at true scale)

a. 보강을 하지 않은 경우

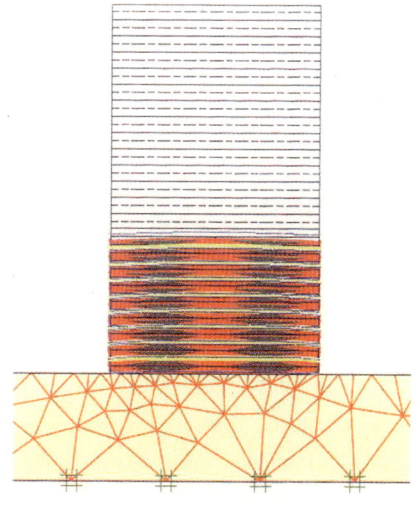

Deformed mesh
Extreme total displacement $78.45*10^{-3}$ m
(displacements at true scale)

b. 연속된 부엽층으로 보강한 경우

그림 6
부엽공법과 지지력 실험(김진만, 2012에서)

• 다양한 토목건축재

거대 구조물의 재료는 돌, 흙, 전돌, 나무, 금속 등이 이용되었는데 우리나라에서는 돌과 흙이 주된 재료였다. 흙으로 만든 성토구조물의 재료는 모래와 점성토가 주된 재료이지만, 종종 30cm 이하의 석재(이송·채점식·김홍철, 2010 p.52), 토기편, 기와편, 석회 등이 혼입되기도 한다. 영남지역 고총의 봉토 중에는 인두대의 할석을 다량 채워 넣은 경우가 종종 보이는데[8] 그 기능은 강도의 강화에 있었을 것이다.

고분, 성, 제방 등 구조물의 조사과정에서는 모래, 점성토, 마사토 등 다양한 흙을 성토한 흔적이 확인되는데 분말 상태만이 아니라 괴체 형태의 성토재도 확인된다.

토낭

대표적인 것이 토낭이다. 토낭은 흙을 유기질 부대에 넣어 운반한 후 성토재로 사용하고 유기질이 부식된 후 흙이 덩어리 상태를 유지한 채 발견된 것으로 해석되고 있다.

그림 7___
오사카 쿠라즈카고분의 토낭

토낭에 대한 최초의 인식은 1997년 일본 오사카大阪府 하비키노羽曳野市에 소재하는 쿠라즈카藏塚고분의 조사에서 시작되었다. 분구의 중심에서 방사상으로 성격을 알 수 없는 띠帶 모양의 흑갈색토가 발견되었는데(그림 7), 이 띠는 덩어리 형태의 성토재로 구성되어 있었다.

조사 담당자는 이 토양에 대하여 우발적으로 생긴 덩어리, 굽지 않은 날벽돌日干し煉瓦, 짚이나 부대로 쌓은 토낭 등 세 가지의 가능성을 염두에 두고 세밀한 조사를 펼친 결과 토낭이란 결론에 도달하였다(江浦洋, 2008 p.40).

---

8) 최근 발굴조사가 진행된 의성 대리리 2호분, 창녕 교동 7호분 등에서 모두 다량의 석재를 봉토 내에 쌓은 양상이 확인되었다.

그 후 오사카부 츠카아나 塚穴 고분(羽曳野市教育委員會, 2007), 시즈오카 靜岡 현 카와라야니시 瓦屋西 고분군 B3호분과 C5호분, 다이몬오오츠카 大門大塚 고분, 돗토리 鳥取 반다야마 晩田山 고분 등 여러 사례가 축적되면서(江浦洋, 2008 p.42) 고분 분구 축조의 재료 중 하나로 자리매김되었으며 그 기원은 한반도에 있는 것으로 예상되었다.

영남지역 삼국시대 고총 조사과정에서 쿠라즈카의 토낭과 동일한 현상이 발견되면서(曹永鉉, 1993; 曹永鉉, 2009), 토낭이라 불리는 성토재는 삼국시대 대형 고분의 봉토와 분구 조사과정에서 일반적인 현상으로 이해되기에 이르렀다. 대구 달성 성하리 1호분 보고자(李承烈, 2012)는 "유기질 흙주머니 안에 주로 흑갈색 점토 등 점질성이 높은 흙을 넣은 토낭"이라고 정의하였다.

호남지역 고분의 분구 평, 단면에서도 유사한 현상이 확인되었고, 나아가 토성이나 제방에서도 토낭이라 부를 만한 성토재가 확인되면서 토낭의 의미는 확산되기에 이르렀다. 함안 가야리 제방에서 확인된 흙덩이 역시 토낭으로 간주되었으며(우리문화재연구원, 2010), 성토구조물에서 확인된 덩어리는 모두 토낭으로 간주되기에 이른 상태이다.

하지만 국내 학계에서 토낭으로 분류한 성토재 중 일부는 토낭이라고 부르기에는 부적절한 것으로 판단된다.

표토블록

일본 고분의 성토재로 사용된 토낭의 이미지는 매우 강렬하여서 그 후 한반도 삼국시대 고분에서 발견되는 흙덩어리는 모두 토낭으로 간주되는 경향이 있었다. 하지만 일본 고분에서 토낭 이외에 표토블록이 확인되면서 상황은 복잡해졌다.

표토블록에 대한 본격적인 인식은 1989년도에 보고된 모즈오오츠카야마 百舌鳥大塚山 고분(堺市教育委員會, 1989)부터인 것 같다. 5세기 대 고분으로서 오사카부 사카이 堺 시에 소재하는데 분구의 최하층에 구 표토를 자른 것이 4단 정도 쌓여 있었고(그림 8), 훗날 표토블록이란 개념으로 정의되었다(狹山池博物館, 2001 p.24). 모즈오오츠카야마고분의 표토블록은 한 변 30cm, 두께 10cm 정도의 규격성을 가지며 周濠를 포함한 고분 전역(약 40,000㎡)에서 뜯어낸 것이라고 한다. 원생림을 벌채하여 불 지른 후의 표토인데 단단한 초목의 뿌리가 남아 있다고 한다(狹山池博物館, 2001 p.24). 이는 영어로 turf block 혹은 sod 이라고 하는 성토재와 유사하다. turf block은 잔디를 밑에 붙은 흙까지 블록 모양으로 잘라낸 성토재인데 건물의 벽이나 지붕을 쌓는데 쓰인다(정재영, 2007 pp.44~45).

표토블록을 이용한 것이 확인된 일본의 구조물은 후쿠오카의 오니노마쿠라 鬼の枕 고분(甘木市教育委員會, 1997), 오사카부 후지이데라 藤井寺 시의 오카 岡 고분(藤井寺市教育委員會, 1989)과 츠도시로야마 津堂城山 고분(藤井寺市教育委員會, 2003), 타카츠키 高槻 시의 이마시로즈카 今城塚 고분(高槻市教育委員會, 1999)), 시마네 島根 현 다이넨지 大念寺 고분(出雲市教育委員會, 1989) 등을 들 수 있다. 표토블록은 이러한 대형 고

그림 8__
오사카부 모즈오오츠카야마고분의 표토블록

분만이 아니라 7세기 대 토성인 사가佐賀縣 테이堤土壘유적(上峰村敎育委員會, 1978)에서도 확인되었다.
　다이넨지고분 출토 성토재에 대한 분석 결과 다량의 灰化된 木片이 포함되어 있었고 이는 나무와 함께 태워 만든 결과로 해석되었다(三浦淸, 1986). 표토에 불을 질러 초목과 토양이 함께 소결되거나 단단해진 성토재는 한국에서도 많이 확인되었다. 성이나 고분 봉토 혹은 분구의 단면 조사과정에서 목탄과 함께 붉게 산화된 토양 덩어리가 발견될 경우 표토블록이란 인식을 못한 채 구조물을 축조하기 전에 존재했던 유구의 흔적으로 해석하는 것이 일반적인 경향이었다. 구조물을 만들기 위해 그 자리에 존재하던 주거지 등 선행 유구에 불을 지르고 그 소토를 이용하였다는 해석이 전형적인 예이다.
　표토블록은 크게 두 가지로 나눌 수 있다. 첫째, 탄화된 식물이 부착된 경우, 둘째, 탄화된 식물이 제거된 경우이다. 후자의 경우는 인위적으로 제거할 수도 있고 식물이 붙은 최상층의 표토블록보다 아래층의 표토블록을 채취한 결과일 수도 있다. 식물이 제거된 표토블록은 점토블록과 구분하기 어려울 때가 많다.[9] 따라서 전형적인 표토블록은 식물이 부착된 것이며 영어의 turf block에

---

[9] 광양의 도월리고분 성토재가 여기에 해당된다. 해안가의 저습한 지점에 축조된 이 고분의 성토재는 점성이 강한 표토, 혹은 표토에 가까운 토양이다. 따라서 점토블록과 표토블록이 반드시 대립되는 개념은 아닌 셈이다.

해당된다.

식물이 부착된 표토블록은 탄화된 것과 탄화되지 않은 것 모두 사용되었다. 탄화된 표토블록은 화성 길성리토성(權五榮·朴信明·羅惠林, 2010)과 소근산성(이헌재·이병훈·김현경·반은미, 2012), 진천 이성산성, 영암 자라봉고분(임지나, 2013) 등지에서 확인되었다. 특히 이성산성에서는 퇴적토가 두껍게 덮인 계곡부에 여러 차례 불을 질러 표토블록을 생산하던 시설로 추정되는 흔적이 확인되었다. 길성리토성에서도 계곡부에서 성토재를 채취한 흔적으로 보이는 구덩이가 확인된 바 있다.

표토블록의 사례는 기존 보고서의 내용을 검토하면 그 수가 급증할 것이 분명하다. 예를 들어 봉산 지탑리토성의 단면도에는 길게 덩어리진 흑색 점토층이 표현되어 있는데 표토블록이나 점토블록 둘 중 하나임이 분명하다. 목탄과 소토가 다량 혼입되어 있는 암갈색 점토가 기단 석렬 위에 쌓인 공주 수촌리토성(국립공주박물관, 2002 p.16)도 유사한 사례일 가능성이 높다.

점토블록

점토를 뭉쳐서 만든 덩어리를 성토재로 사용한 예는 매우 많이 보인다. 서양에서는 earth block, mud block, adobe, clay lump, sun-dried brick 등 다양한 명칭으로 불린다(정재영, 2007 p.44). 판 위에서 말리거나 틀에서 찍어내어 일정한 형태로 만든 것, 습기가 많은 점토덩어리를 뭉쳐서 부정형의 형태를 취한 것, 흙을 채취하는 과정에서 우연히 혼입된 점토 덩어리 등으로 나눌 수 있다. 일정한 형태, 대개의 경우 육면체의 형태를 띤 것은 점토브릭, 부정형은 점토블록이라 구분하고자 한다.[10] 우연히 점토덩어리가 혼입되는 경우는 대부분의 성토구조물에서 발견될 가능성이 매우 높기 때문에 논외로 한다.

점토덩어리는 육면체가 아닌 부정형을 띠는 경우가 많다. 남원 월산리고분, 무안 사창리 덕암고분, 영암 장동리고분, 부산 연산동고분에서는 분명히 성토재의 일부로서 구획용, 토제 축조용 등으로 점토블록이 사용되었다. 광양 도월리고분의 경우는 구지표면을 정지하고 그 위에 흑갈색 점토, 다시 그 위에 황갈색 사질점토를 쌓은 위에 거의 점토블록으로만 성토하였다.

점토블록은 고분 이외에도 서울 풍납토성 동남벽(그림 9), 김제 벽골제처럼 토성과 제방에서도 사용되었고 조선 후기의 화성 만년제(경기문화재연구원, 2012)에서도 확인되기 때문에 넓은 범위에 걸쳐 장기간 사용되었음을 알 수 있다.

---

10) 현재 일본 학계에서는 이러한 성토재를 "土嚢·土塊"라고 통칭하고 있다(青木敬, 2013 p.7). 토괴는 말 그대로 흙덩어리이므로 토낭, 표토블록, 점토블록, 점토브릭 등을 포괄하는 개념으로 이해된다.

그림 9 __
서울 풍납토성의 점토블록

점토브릭

점토브릭은 불에 굽지 않은 날벽돌로서 영어로는 cob, mud brick, adobe 등으로 불리며, 중국에서는 土坯, 일본에서는 日干し煉瓦라고 불리는 부류이다. 육면체의 형태를 취하고 있는 점에서 부정형의 점토블록과 구분된다. 모래와 점토, 물을 섞어 만들기도 하고 짚 등의 유기물질을 섞는 경우도 있다.[11] 성, 건물, 탑 등 구조물의 축조에 널리 사용되고 있다.

점토브릭은 서아시아와 중앙아시아의 가옥과 성벽에 많이 사용되었다. 중국에서는 土坯라는 형태로 四川 三星堆土城에서 처음으로 확인되며 이후 성벽, 가옥, 塔芯 등 다양한 방면에서 사용되었다. 점토에 풀을 섞어 육면체로 만든 후 햇빛에 말려 탑심의 성토재로 사용한 洛陽의 北魏 永靈寺의 예(社會科學院考古研究所, 1996)가 대표적이다. 점토브릭은 풀을 섞는 경우와 섞지 않는 경우가 공존하며, 한국의 전통 가옥의 벽체나 담에도 최근까지 사용되었다.[12]

삼국시대에 해당되는 자료는 익산 왕궁리유적과 제석사지(그림 10)를 들 수 있다. 김해 봉황토성에서도 점토브릭이 발견되었기 때문에 백제와 가야지역 모두 건축과 토목공사에 점토브릭이 사용되었음이 확인된 셈이다.

김해 봉황토성의 보고자는 성체의 단면 및 평면에서 확인된 황색의 점토벽에 대하여 "황갈색 점토 덩어리를 가로 20cm, 세로 10cm 크기의 토낭 또는 토괴의 형태로 만든 生塼을 한 장씩 쌓아 올려서 만든 것"으로 이해하고 있다(慶南考古學研究所, 2005 p.40).

토낭, 토괴, 生塼 등 다소 개념상의 혼란이 있기는 하지만 발굴 담당자에 의해 점토 브릭의 가능성이 인식된 점에서 중요한 성과라고 할 수 있다. 도판을 검토해 보면 단면상의 면이 직선적이어서 점토브릭일 가능성이 있다. 하지만 점토블록도 채취한 후 곧바로 매립되면 모서리가 각이 진다

---

11) http://en.wikipedia.org/wiki/Adobe
12) 점토에 짚을 섞어서 벽체에 발라서 마감할 경우 cob이라고 한다(정재영, 2007 p.44).

그림 10__
익산 제석사지 출토 점토브릭

그림 11__
경주 동천동 건물의 점토브릭

는 견해(이진주·곽종철, 2013 pp.244~245)를 참고할 때 판단이 쉽지 않다.

통일신라기에 해당되는 예로는 경주 동천동유적이 있다. 지상 건물의 벽재로 사용된 점토브릭(한국고고학회, 2011 p.428)은 정연한 육면체를 이루고 있다(그림 11). 건축물에 점토브릭을 사용한 분명한 예이다.

다양한 토목구조물

돌과 흙, 나무를 이용한 고대의 토목구조물은 궁궐과 신전, 사원, 도성과 산성, 수리관개시설, 교량과 도로, 선착장, 기념물[13] 등 그 종류가 매우 다양하다. 이 책에서는 도성, 산성을 별도의 장에서

---

13) 대표적인 예는 수와의 전쟁에서 승리한 것을 기념하여 고구려가 축조한 경관이다. 현재 그 형태를 알기는 어렵지만 지상에 만든 거대한 토목구조물이었음은 분명하다.

다루고 있으므로 중복을 피하기 위하여 토목적인 측면에 국한하여 논의할 것이다. 수리관개시설과 고분에 대해서도 별책에서 다루고 있으므로 기술적인 부분만을 언급하고자 한다. 기타 도로와 교량, 광산, 채석장, 선착장 등의 시설물에 대해서도 간단히 언급하고자 한다.

• 城墻

성은 그 기능에 따라 도성, 장성, 산성, 읍성, 나성 등으로 구분되지만(반영환, 1991 p.14), 분류기준에 따라 다양하게 나눌 수 있다.

축조 재료에 따른 분류
•목책성
나무로 만든 목책을 둘러 방어 시설을 한 것으로 성곽의 가장 원초적인 형태이다. 청동기시대의 사례가 최초로 여겨지며 삼국 초기에도 목책과 관련된 기사가 종종 확인된다.

본격적인 토성과 석성이 출현한 후에도 방어력을 증가하기 위하여 목책을 부가하는 경우가 많다. 전시에 시간과 노동력이 부족할 경우에도 목책을 쌓는 일은 자주 있었다. 목책은 조선시대까지도 꾸준히 남아 있는데 순조대에 홍경래군을 공격하는 관군이 방형의 목책을 조영한 그림이 남아 있다(이일갑, 2013 B p.233).

목책은 화재에 취약하므로 표면에 진흙을 발라서 방어력을 증대시키게 되는데 이를 목책도니성이라고 한다. 목책도니성은 대전 월평산성과 청원 남성골유적에서 확인되었다(朴泰祐, 2006 pp.81~82).

•토성
토성은 석성과 함께 우리나라 성곽의 주류를 이루고 있다. 토성의 출현이 석성보다 먼저일 것으로 판단되지만 석성이 축조된 이후에도 지형적인 조건이나 석재 조달의 어려움 등의 이유로 토성의 축조가 꾸준히 이루어졌다. 삼국시대는 물론이고 고려와 조선시대까지 그 흐름은 이어졌다. 고려 개경의 다중 성곽이나 조선의 한양 도성에도 석성과 토성이 혼재한다.

•석성
석성은 돌을 쌓아 성벽을 만드는 방식으로 우리나라 산성의 대부분이 석성이다. 우리나라에 석성이 많은 이유는 질 좋은 석재를 구하기가 쉬웠기 때문이다. 석성은 삼국시대부터 조선 후기까지 꾸준히 축조되었다. 석성의 경우 처음부터 석축으로 하는 경우도 있지만, 남한산성이나 한양성곽처럼 토성을 개축한 경우도 있다.

• 토심석축성

일반적으로 토석혼축이란 용어가 널리 사용되고 있다. 개념적으로는 흙과 돌을 함께 사용하여 성벽을 만드는 것을 말하지만 실제로 성벽 내부에 돌과 흙을 무질서하게 넣는 경우는 그리 흔하지 않다. 흙을 위주로 하면서 돌이 섞인 정도로 보는 것이 타당하다. 대부분의 경우는 성토하여 쌓은 토축부의 내외면에 돌을 입힌 형태이다.

따라서 토석혼축이란 용어는 혼동을 불러일으킬 수 있기 때문에 토심석축이란 용어를 사용하고자 한다. 부여 나성이 대표적인 예이며 서울 풍납토성의 경우는 기저부에 가까운 내면 일부에서 석축부가 확인된다.

이럴 경우 토성, 석성과의 구분이 필요해진다. 외면적으로 석성의 형태를 갖추면서 내부에 토심을 갖춘 경우는 토심석축성으로 분류하고 넓게는 석성에 포함시키는 것이 바람직하다. 반면 토성의 외형을 갖추면서 일부 기저부에 석축을 한 경우는 토성으로 분류하는 것이 타당할 것이다.

• 석전혼축성

벽돌을 재료로 축조한 성은 전축성이지만 한반도에는 순수하게 벽돌로만 축조한 성은 없다. 조선시대에 접어들어 영조 17(1741)년 강화부사 김시혁이 강화 외성을 보수하면서 벽돌을 사용하였으나 실패하였고, 정조 3(1779)년에는 남한산성의 여장 전체를 벽돌로 쌓기도 하였다(김동욱, 2002 p.150). 이런 실험을 거친 후 화성 축조에 벽돌이 사용되었지만 어디까지나 돌의 보완적인 역할에 머물 뿐이었다. 이런 성들을 석전혼축성에 포함시킬 수 있다.

우리나라 토목, 건축물에서 벽돌의 사용이 그다지 성행하지 못한 이유는 중국과 토질의 차이(김동욱, 2002 p.149), 석재에 비한 고비용, 경험부족 등 다양한 원인을 들 수 있다.

거주 주체에 따른 분류

• 도성

도성은 한 국가의 심장부에 해당한다. 도성은 왕이 평상시에 거주하는 행정의 중심지에 궁성을 조성하고 그 외곽에 수도를 보호하는 외곽인 나성羅城을 갖추기도 한다. 백제의 부여 나성, 고구려의 장안성 등이 대표적이다. 고대 일본의 지방정청 중의 하나였던 다자이후太宰府를 방어하던 여러 성도 이 범주에 들어간다(大阪歷史博物館, 2004).

반면 경주의 신라 도성은 전체를 감싸는 나성이 존재하지 않는다. 대개 도성은 치밀한 설계 위에서 대규모 노동력과 재원을 투자하여 건설되기 때문에 고대국가의 발전상을 반영한다.

• 궁성

왕이 거처하는 사적인 공간과 통치의 공간, 그리고 관청건물 및 이러한 시설을 보조하는 각종 건물들을 감싼 공간을 궁성이라 하고 성벽이나 담장을 宮墻이라고 부른다. 부여 관북리유적은 백제 사비기 궁성으로 추정되지만 궁장은 발견되지 않았다. 익산 왕궁리유적은 장방형의 궁장을 갖춘 궁성의 대표적인 예이다.

• 읍성

지방 통치의 중심에 위치한 행정적인 치소로서 주민의 보호, 외적 침략시의 방어 기능을 지닌 성이다. 고려 말 왜구의 침입에 대비해 읍성이 축조된 것을 시초로 보고 있으며 조선시대 세종대 이후 산성을 대신하여 전국에 많이 축조되었다(심정보, 2013 p.19). 『동국여지승람』의 기록에 읍성이 179개소가 등장할 정도로 전국에 많이 축성되었다.

• 행재성

행재성은 도성처럼 왕이 상주하지는 않으나 국방상, 행정상 중요한 지역에 임시로 가서 머물 수 있도록 만든 성이다. 수원 화성이 대표적인 행재성이다.

지형에 의한 분류

• 산성

삼국시대 성의 대부분은 험한 산세에 의지하여 쌓은 산성이다. 우리나라는 국토의 70% 정도가 산지이므로 험한 산세에 의지하여 방어시설을 만드는 것이 자연스러운 이치였을 것이다. 중국의 성이 대부분 평지에 입지한 것과 근본적인 차이이다.

산성은 산의 정상을 중심으로 7~8부 능선을 따라 둘러쌓은 테뫼식 山頂式, 산의 능선을 따라 계곡을 비롯하여 비교적 넓은 공간을 포함한 포곡식 包谷式, 그리고 테뫼식과 포곡식을 결합한 복합식으로 구분된다.

• 평지성

사방이 트인 평지에 축조된 평지성은 상대적으로 넓은 가용면적을 가지며 주변을 조망하기에 좋은 지리조건을 갖추게 된다. 반면 산성에 비해 방어력이 약할 수밖에 없다. 따라서 방어력을 높이기 위해 성벽을 높고 크게 만들거나 외곽에 廓城을 돌리거나, 혹은 위성처럼 방어용 산성을 배치하였다.

평지성의 운영에는 많은 비용이 지출된다. 따라서 평지성은 도성이나 궁성, 읍성과 같은 통치, 행정의 중심인 경우가 많다. 서울의 풍납토성이 대표적이다.

• 평산성

평산성은 평지와 구릉지를 일부씩 포함하여 산성과 평지성의 강점을 아우른 것이다. 대부분의 읍성들이 평산성에 속하며 수원의 화성도 마찬가지이다.

성벽 축조의 기술

모든 구조물은 중력에 의해 미끄러져 흘러내리려는 힘과 이에 저항하는 힘의 균형에 의해 유지된다(그림 12). 흘러내림을 방지하기 위해서는 경사면을 조절하거나 단을 설치하거나 혹은 접지면에 말뚝을 박기도 하고 보강다짐을 한다(狹山池博物館, 2001 p.6).

산성은 산사면과 능선 위에 만들어지고 때로는 저습한 공간도 지나가야 하므로 일반적인 구조물의 축조기술과 다른 부분이 있다. 게다가 성벽은 적의 전투시에 화공이나 충차 등 공성무기에 의한 수평방향의 충격에 버틸 수 있어야 한다. 여기에서는 성벽 고유의 기술에 대한 부분만 언급한다.

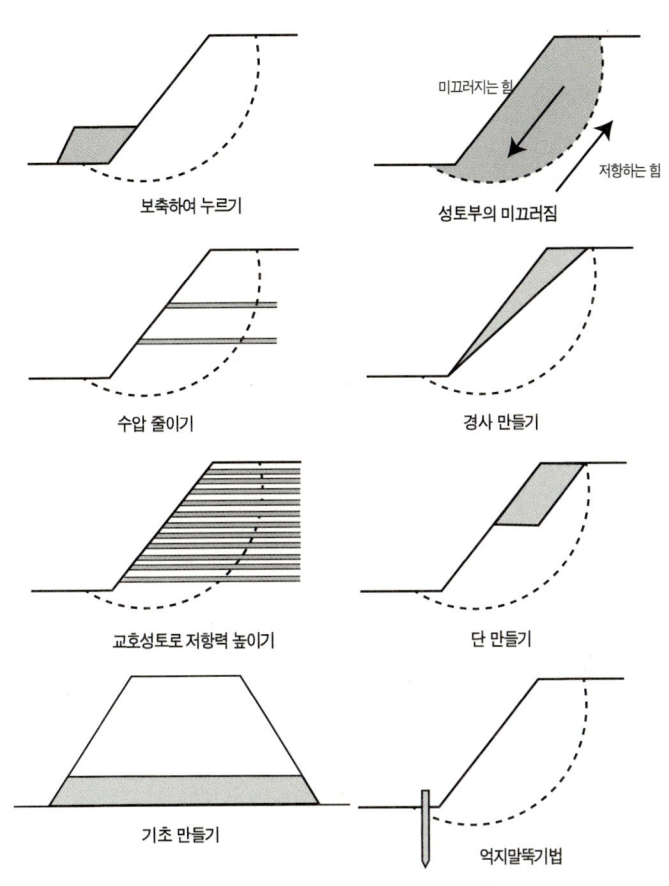

그림 12 ———
구조물에서 보이는 힘의 균형상태(狹山池博物館, 2001의 도면을 일부 수정)

• 기초 다지기

· 착암기초법

토성이건 석성이건 기초부의 정지가 필요한데 암반에 기단석을 올려놓을 수 있도록 홈을 파거나 기단석 전면에 턱을 만들어 앞으로 밀리지 않도록 하는 공법이다.

· 보강기초법

연약지반에 구조물이 세워질 경우 부등침하의 위험이 높아진다. 이를 방지하기 위해서는 약한 지반의 생토층이나 구지표면을 제거하고 강도가 높은 별도의 재료로 채워넣는다.

· 그렝이법

암반에 접하는 석재의 부위를 맞물리게 가공하여 맞추어 접합하는 방식이다. 석성의 기초부에서 자주 보이는데 암반과 석재가 맞물려 횡방향의 압력에 강하게 저항하게 된다.

• 석회의 사용

인류가 석회를 사용하여 만든 구조물 중에서 가장 오래된 것은 이집트의 피라미드이다. 고대 건축과 토목에서 석회는 성벽의 축조, 건축물의 기초다짐, 그리고 묘지 축조에 주로 사용되었다. 특히 건축물에 있어 구조재, 결합재, 방수재, 마감재 등의 용도로 매우 중요하게 사용되었다.

우리나라에서 석회의 사용은 삼국시대로 올라간다. 고구려 고분 벽화는 돌로 만든 현실 벽면에 석회를 두껍게 바르고 그 위에 그림을 그린 것들이 많다. 벽화가 없더라도 삼국시대 석실, 석곽의 벽에는 석회를 바른 예들이 많다.

삼국시대 토목구조물에서 석회의 사용을 알 수 있는 예는 백제에서 그 단서를 찾을 수 있다. 『삼국사기』 개로왕조에 의하면 475년 한성 함락 이전 개로왕이 國人을 징발하여 "烝土築城"하고 궁실과 樓閣과 臺榭를 배치하여 화려하게 꾸몄다고 한다.

그런데 『晉書』에서는 大夏 赫連勃勃의 명에 의해 叱干阿利가 413년에 統萬城(그림 13)을 쌓을 때도 "烝土築城"이란 표현을 사용하고 있다. 이 성에 대한 발굴조사 결과 일반적인 중원의 판축기법에 석회를 더하는 새로운 공법으로 만들어졌음이 밝혀졌는데 모래, 황토에 석회를 넣고 물을 부음으로써 일어나는 화학작용에 의해 모래와 황토의 접착력이 강해지는 효과를 노렸음을 알게 되었다(愛宕元, 1991).

석회는 석회석이나 패각을 재료로 한다. 자연산의 석회석이나 패각을 900~1300℃의 고온으로 가열하면 산화칼슘을 주성분으로 하는 부정형의 광물질, 즉 생석회(강회)가 만들어진다. 자연산 석회석에는 탄산가스와 물이 함유되어 있었는데 고열로 인해 물이 빠져 나가면서 생석회는 단단한 고체 덩어리가 된다. 생석회를 건축 재료로 사용하기 위해서는 다시 물을 부어 소석회로 만들어야 한다. 이 과정에서 엄청난 열을 발산하면서 잃어버린 물을 다시 흡수하고 가루상태의 소석회가 만들어진다. 소석회에 흙과 모래를 섞어 건물의 기초, 성벽을 쌓는 데 사용하거나, 능묘의 회곽으로 사용하였다. 이것은 굳으면 트지 않고 강도가 마치 돌과 같아서 정으로 쪼아도 잘 깨지지 않을 정도였다.

통만성을 축조하는 과정에서 소석회를 만들기 위해 생석회에 물을 부을 때 발생한 발열반응으로 인한 수증기를 '烝土'라고 표현하였던 것이다. 그렇다면 개로왕대의 토목공사에서도 석회가 사

그림 13
대하의 통만성

용되었을 가능성이 제기된다. 실제로 몽촌토성 동북부의 단면조사 결과를 통해 석회의 사용가능성이 제기된 바 있다(沈光注, 2010 p.79).

• 석축기술
돌로 성곽을 쌓을 경우 기초를 튼튼히 하는 작업이 무엇보다 중요하다. 무거운 돌로 쌓은 석성의 경우 그 무게가 대단히 무거워 기단부에 가해지는 하중이 매우 크기 때문이다. 따라서 다양한 방법이 동원되었다.

· 협축법
성의 안과 밖을 모두 돌로 쌓는 방법으로 구조적으로 안정적이다. 그러나 쌓는데 들어가는 인력과 시간, 그리고 석재의 양이 매우 많기 때문에 평지부나 성문 좌우의 중요한 지점에만 협축법이 사용되는 경우가 많다.

- **편축내탁법**

산의 높은 부분에 의지하여 외벽은 돌로 쌓고 안쪽은 자연경사면, 흙과 막돌로 만들어진 둔덕으로 이루어진 방법이다. 우리나라 석축 산성은 대부분 편축법을 택하고 있다.

- **들여쌓기 퇴물려쌓기**

성벽의 밑 부분은 한 층씩 쌓을 때마다 조금씩 들여쌓았다. 이를 들여쌓기라고 하는데 성벽의 무게중심이 아래로 내려가 구조적인 안정성을 높이는 기능을 한다.

- **品字形 쌓기**

석재를 가지런하게 수평으로 쌓을 경우 맞물리는 면이 부족하여 수평압력에 취약하게 된다. 이를 극복하기 위하여 접촉면을 최대한 늘리기 위해서 品자가 반복되는 형태로 쌓게 된다. 자연 암반을 이용한 그렝이법도 동일한 원리이다.

- **고분**

고분이 성벽과 다른 점은 성벽이 길게 이어지는 구조물인데 비하여 고분은 평면적으로는 원형, 방형, 전방후원형, 외형적으로는 원구형, 방대형, 방추형 등의 형태를 취한다는 점이다. 성벽처럼 저습한 지점을 통과할 일도 없고 제방처럼 횡방향으로 수천 톤의 압력을 받을 일도 없다. 성과 제방이 실용적 기능 위주인데 비하여 고분은 남에게 과시한다는 기능이 추가된다.

이런 까닭에 고분에서만 보이는 고유한 축조기술이 존재하며 반대로 고분에서는 보이지 않는 기술도 존재한다. 예를 들어 부엽공법, 석회의 사용 등은 고분 봉토, 혹은 분구 축조에서는 확인되지 않았다.[14]

구획성토

크고 높은 봉토를 쌓아 올리기 위해서는 무작위적으로 흙을 붓거나 성토해서는 불가능하다. 나름의 계획에 의해 작업공간의 분할, 작업단위의 분담을 통한 인력의 효과적인 배치가 필요하다. 삼국시대 무덤에서 자주 확인되는 구획성토(그림 14)는 이러한 필요성에서 등장한 것이다.

구획성토의 존재는 성토부에 대한 수평, 수직 조사에서 색조나 성분이 다른 흙의 존재, 열을 이루는 돌, 그리고 이질 성토재의 확인을 통해 이루어진다. 구획성토의 판단 근거로는 이색점토대,

---

14) 삼국시대 횡혈식석실묘의 현실 벽면과 천장에 회를 바르는 공법의 존재에도 불구하고 봉토(분구) 축조에는 회의 사용이 확인되지 않는다.

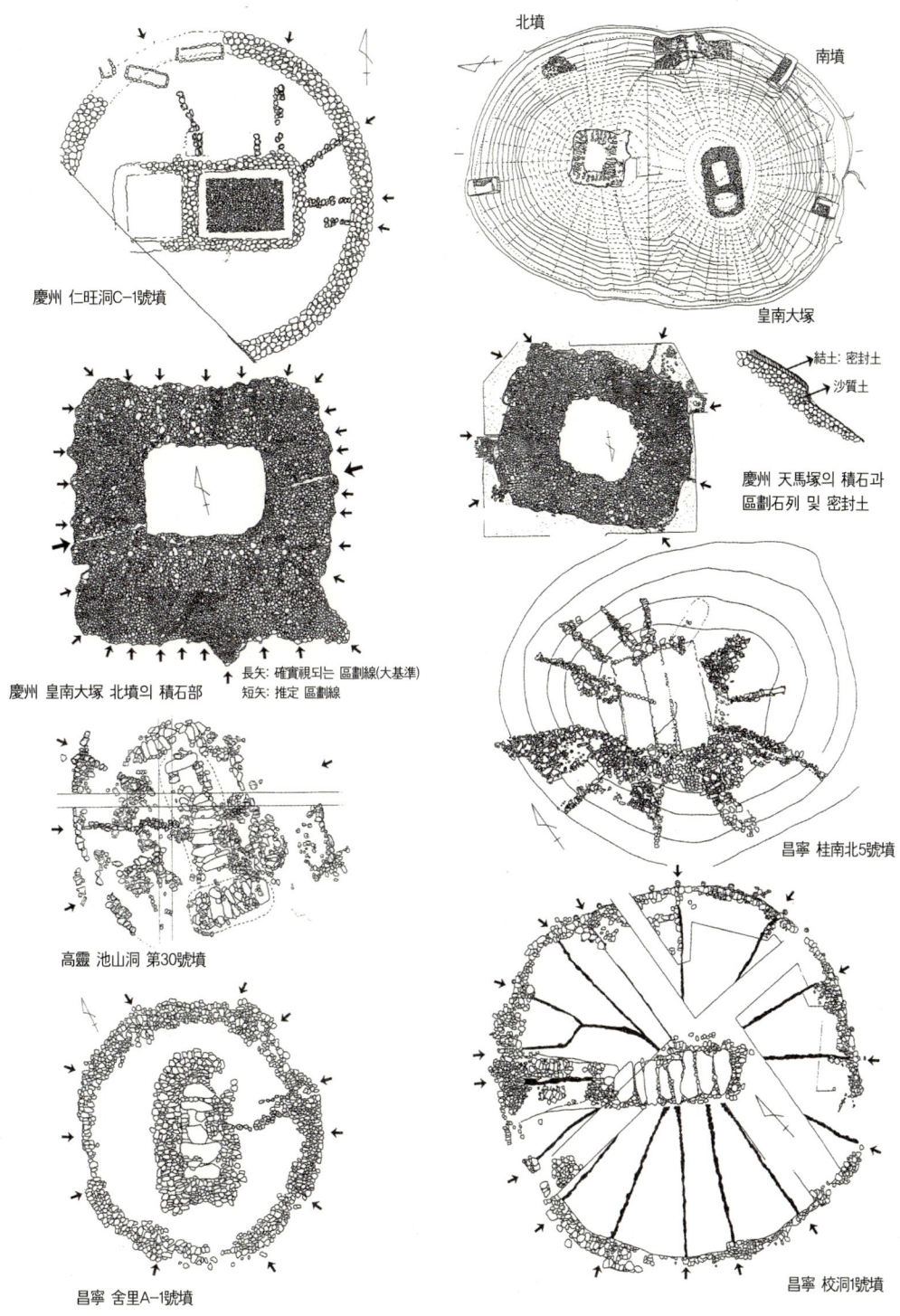

그림 14
삼국시대 고분에서 보이는 구획성토(조영현, 2002에서)

석렬, 이질 성토재, 토낭렬, 외부 주혈의 일정 간격, 돌출적석, 거치상 교호선, 호석 축조선, 즙석 축조선, 부석 축조선 등이 거론되었다(조영현, 2002). 최근에는 이러한 현상 모두가 구획성토의 근거가 되는 것은 아니어서 좀더 신중을 기하여야 한다는 견해가 제기되었다(홍보식, 2013; 조성원, 2013).

세장한 성벽을 축조할 때에도 나름의 분할과 분담이 이루어졌음은 분명하다. 부여 사비나성(朴淳發·成正鏞, 2000; 朴淳發·董寶璟·山本孝文, 2002), 함안 성산산상 등의 석성에서는 외면에 대한 관찰을 통해서 비교적 명료하게 성벽을 이어붙인 흔적을 찾아 볼 수 있다. 경주 남산 신성비는 길게는 21보 1촌, 짧게는 6보 사이의 길이를 할당받은 단위가 200여 개 있었음을 보여준다. 일종의 구획축성이라고 할 만하다.

하지만 고분에서 논의되는 구획성토는 그 성격이 달라서 방형, 혹은 원형의 봉토 평면 조사에서 중앙으로 집중되는 방사상의 열을 대상으로 논의되어 왔다. 현재까지 방사상의 열이 확인되어 구획성토의 존재가 추정된 고분은 2003년도 당시 영남지역에서만 대략 30기 정도가 되었다(井上主稅, 2003). 그 후 대구 달성 성하리, 의성 대리리(권혜인, 2010), 창녕 송현동고분군(국립가야문화재연구소, 2006)과 영산고분(국립가야문화재연구소·창녕군, 2010; 정인태, 2011), 고성 기월리고분 등 사례가 급증하고 있다.

구획성토는 대규모 고분을 만들기 위해서는 반드시 필요한 방법이기 때문에 영남지역만의 고유한 방법은 아니다. 호남지역의 고분 축조에서도 구획성토가 활용되었을 가능성이 예측되었다(曹永鉉, 2009 p.174). 실제로 최근 발굴조사가 진행된 영산강유역의 분구식 고분에서 그 존재가 명확히 규명되었다. 나주 장동고분, 무안 사창리 덕암고분, 영암 장동리고분(전용호·이진우, 2013) 등이 대표적인 예이다.

토제와 호석

•토제

지상에 흙을 성토하기 위해서는 작업 도중 흘러내리는 현상을 방지하여야 한다. 그러기 위해서는 오목하게 파인 부분이나 돌출된 부분이 필요하다. 매장주체부의 주위, 혹은 무덤 외연에 둘린 뚝을 토제[15]라고 부른다. 토제는 봉토나 분구 성토시에는 흙의 미끄러짐을 방지하고 완성된 후에는 매장주체부로 천장석과 봉토의 하중이 몰리는 것을 방지하여, 장기간 지속되는 수직압에 대해 효과적으로 대응할 수 있게 한다.

고분의 봉토나 분구를 성토하는 과정에서 한쪽이 뚫린 말발굽 모양의 토제를 성토하고 그 내부

---

15) 토제를 堤狀盛土라고도 하지만 이 글에서는 토제로 통일한다.

를 채워나가는 방법이 먼저 확인된 것은 일본 전방후원분이다. 뚫린 방향이 작업로가 위치한 곳이 되어서 이곳으로 작업인원과 성토재가 출입하게 되고 경우에 따라서는 완성 후 유해가 운구되는 통로가 된다(狹山池博物館, 2001 p.29).

토제가 확인된 무덤은 창녕 교동고분군, 부산의 연산동고분군(신동조·박정욱, 2013) 등 영남지역의 거대 봉토분이 대부분이다. 백제 중앙의 횡혈식석실묘는 거대한 봉토를 씌운 경우가 드물고 세밀한 봉토 조사가 이루어진 예가 거의 없기 때문에 분명한 예가 없다.

반면 분구식 고분에서는 많은 예가 확인된다. 김포 운양동 6호묘(김기옥, 2009; 한강문화재연구원, 2010)는 분구가 자리잡을 외연에 성토한 토제를 먼저 만들고 그 내부에 흙을 채워 분구를 만드는 방법이 확인되었다(그림 15). 화순 내평리고분(동아시아지석묘연구소, 2011)에서도 토제가 확인되었다. 앞으로 마한-백제 권역에서도 많은 사례가 보고될 것이 확실시되므로 토제를 이용한 성토기술은 영남지역만의 특성이라고 볼 수는 없고 삼국시대 고분 축조의 공통기술로 보아야 한다.

토제는 그 위치에 따라 기능도 달랐을 것으로 판단된다. 우선 수혈식석곽 등 매장주체부에 접해 있는 경우이다. 이 경우 토제는 매장주체부 상부에 봉토를 조성하기 위한 방편이 되는데(최경규,

그림 15
김포 운양동 6호묘의 토제

2013 p.36), 벽석의 옹벽 기능을 하며 개석과 봉토의 무게로 인해 매장주체부에 집중되는 하중을 사방향으로 분산시키는 역할을 하게 된다. 봉토나 분구의 중간에 위치한 경우는 성토의 편의를 위한 기능으로 판단된다. 봉토나 분구의 기저부에 위치할 경우에는 성토한 흙이 흘러내리는 것을 막는 기능을 한 것으로 보인다. 신라고분 중 봉토 내에 위치한 호석의 기능 역시 이와 유사할 것이다.

고분에서 확인되는 토제는 그 형태는 달라도 토성이나 제방에서도 사용되었다. 화성 길성리토성 단면조사(權五榮·朴信明·羅惠林, 2010)에서는 성벽이 자리잡을 지점의 안팎에 생토 암반을 삼각형 모양으로 남겨 두거나 성토하여 토제를 만들고 그 안에 흙을 채우는 방식이 확인되었다. 진천 이성산성에서는 암반층을 평탄화시킨 후 성토하여 안팎에 토제를 만들고 그 내부에 흙을 붓거나 성토하여 성벽을 쌓아 올라가는 방법이 확인되었다. 가야권의 합천 성산토성에서도 토제가 발견되어 이 기술이 삼국시대 토성 축조에서 광범위하게 사용되었음을 알 수 있다. 토제가 무덤과 성곽에서 공통적으로 사용되는 사실은 고대 토목기술에서 무덤과 성곽이 동일한 원리에 의해 축조되었음을 보여주는 좋은 예이다.

토제 내부에 성토되는 흙은 수평으로 교호상을 이루는 경우도 있지만 사방향을 이룬 경우도 많다. 경사진 방향의 성토층은 작업의 효율이란 측면 이외에 수평압에 대한 효과적인 대응이란 기능이 추가된다. 이러한 사방향 성토는 성곽, 특히 평지의 토성에서도 종종 확인된다. 서울 풍납토성이 그 대표적인 예이다.

• 호석

호석은 봉토의 외연에 돌려진 돌인데 봉토의 유실을 방지하는 것이 주목적이다. 성토 과정에서 토제와 같은 기능을 한 경우와 성토가 완료된 후 봉토 외연을 잘라내고 덧붙인 것이 공존한다. 이렇듯 호석은 실제적인 기능을 벗어나 형식으로 흐르는 경우가 많으며, 통일신라 왕릉에서는 봉토 외연에 십이지상을 조각하여 붙이는 등 장식적 기능이 추가된다. 하지만 호석과 토제는 본질적으로 그 기능이 동일하다고 볼 수 있다.

고구려와 백제의 기단식 적석총에서 내부 적석부가 밖으로 흘러내리는 것을 방지하며 기단을 보호하는 기능을 지닌 護基石(吉林省文物考古研究所·集安市博物館 編著, 2004 p.337), 그리고 기단 주위를 빽빽하게 감싸고 있는 立石板(그림 16)[16](吉林省文物考古研究所·集安市博物館 編著, 2004 p.106)도 호석에 대응된다.

---

[16] 2003년도 서대묘 조사에서 처음 발견된 후, 천추묘, 태왕릉, 마선2100호묘 등에서 속속 발견되어 왕릉급 고구려 적석총에서 일반적인 기술이었음을 알 수 있다.

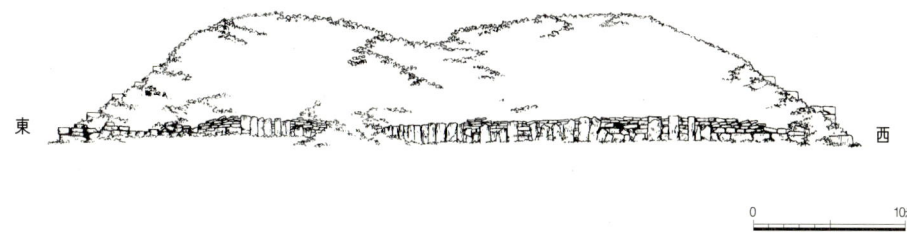

그림 16
고구려 서대묘의 입석관

부피의 확장

고분 봉토나 분구를 쌓기 위해서는 우선 중심이 되는 작은 입방체를 먼저 만들고[17] 여기에 계속하여 입방체를 덧붙이는 방법이 효과적이다. 최초의 입방체의 형태는 대개 절두방추형^{방대형}이나 반구형을 띠는 경우가 많을 것으로 예상된다.

일본의 경우 고분 분구 축조 기술에서 동일본과 서일본의 차이가 논의되는데(靑木敬, 2013), 근본적인 차이는 성토가 시작되는 부분에 입방체를 만들고 덧대어 나가는지^{동일본적}, 아니면 일정한 간격을 두고 복수의 입방체를 만든 후 그 사이를 채워나가는지^{서일본적}의 차이라고 할 수 있다.

부피를 확장시키는 과정에서는 선행 성토부를 예리하게 깎아내고 그 면에 새로운 성토부를 덧대는 방식도 관찰된다. 이러한 양상은 한반도 성토기술의 영향을 받은 것으로 인정되고 있는 오사카의 츠카아나^{塚穴}고분(羽曳野市敎育委員會, 2007)에 잘 나타나 있다.

하중의 분산

거대한 성토구조물은 자체 무게와 중력에 의해 침하하거나 흘러내리는 것을 막아야 한다. 특히 부등침하가 발생하면 구조물의 안전에 큰 위험이 초래되므로 연약지반을 제거하거나 별도의 재료로서 치환하는 공법이 활용되었다.

성이나 제방은 구조물 내부에 소중한 시설이 존재하는 것은 아니다. 반면 고분은 봉토 혹은 분구 내부에 고인의 시신을 모신 매장주체부가 위치한다. 따라서 봉토 혹은 분구 자체의 붕괴를 막음과 동시에 그 하중으로 인한 매장주체부의 손상을 막아야 한다.

수혈식석곽묘나 횡구식석곽묘의 천장은 평천장일 경우가 많은데 이 경우 거대한 천장석이라도 봉토 토압에 의해 파손되는 경우가 많다. 천장석이 파손을 면하더라도 봉토와 천장석의 무게가 더하여 벽석에 무리를 주기 때문에 벽석이 파괴되는 경우도 많다. 매장주체부 주변에 토제를 설치하

---

17) 이를 芯體라고 표현할 수 있다.

는 이유가 여기에 있다.

횡혈식석실묘의 경우는 봉토의 규모가 축소되면서 상대적으로 토압이 감소하지만 천정의 형태에 변화를 꾀하여 위에서 내려오는 하중을 분산시킨다. 궁륭상^{돔형}, 볼트^{vault}, 평사천장, 능산리형 천장(그림 17) 등 다양한 형태가 등장하는 근본적인 이유가 여기에 있다.

배수

부엽공법이 지닌 기능 중 통수, 배수가 있음은 이미 앞에서 언급하였다. 그런데 지금까지 조사된 고분의 봉토나 분구에서는 부엽공법이 확인된 바 없다. 평지에 위치하건 산 사면, 정상부에 위치하건 부엽공법이 확인되지 않은 것은 우연의 산물이 아니고 조사의 부족때문도 아니라고 본다.

그림 17__
봉토 하중의 효과적인 분산을 위한 능산리형 천장

횡혈식석실묘의 현실 바닥에 배수구가 설치되는 경우가 많음을 볼 때 봉토 내부로 침투하는 물의 문제를 인식하고 있었으며 그 처리도 고려하고 있음을 알 수 있다. 그렇다면 성이나 제방과는 다른 형태의 통수, 배수시설을 설치하였던 셈이다.

일본 오사카부 다카츠키^{高槻}시 이마시로즈카^{今城塚}고분에서 배수시설이 확인된 바 있다. 영남지역에서도 고총에서 확인되는 방사상의 열을 구획축조가 아닌 배수시설로 이해하는 견해가 제기된 바 있다(홍보식, 2013).

- **제방**

하천을 대상으로 치수, 이수, 환경보전을 위해 만들어지는 시설을 하천구조물이라고 한다. 하천구조물의 주 기능은 홍수와 토사유출의 제어와 조절, 이수를 위한 흐름의 제어와 유도, 하천환경의 유지와 개선이다. 치수시설의 대표적인 구조물은 제방이다(高橋裕, 1990 pp.196~198).

치수시설 전반에 대한 별도의 글이 별책에 마련되어 있기 때문에, 여기에서는 제방에 한정하여 약간의 논의를 가하고자 한다.

제방의 역사적, 공학적 의미

• 역사적 의미

우리나라에서는 삼국시대 이후 거대한 제방이 많이 만들어졌다. 성곽이 적의 침략으로부터 공동체를 보호한다면 제방은 자연재해로부터 공동체를 보호해주는 치수의 시설이다. 제방의 축조에는 성이나 고분 못지 않은 노동력과 재화가 동원된다. 이런 까닭에 대형 제방의 축조와 관리는 국가의 몫이며 이는 동아시아의 많은 왕조에서 공통적인 현상이다(工樂善通, 2010).

신라는 536년 영천에 菁堤를 축조하면서 7,000명을 동원하였고, 798년의 보수에는 斧尺 136명, 法功夫 14,140명을 동원하였다. 김제 벽골제의 축조에는 연인원 322,500명을 넘는 인부가 동원된 것으로 추정되었다(尹武炳, 1976 p.77).

조선시대에도 치수사업에는 많은 인원이 동원되었는데 대표적인 예가 청계천이다. 태종대에 開渠都監을 설치하여 치수에 힘썼고 영조대에 청계천의 준설[18]에는 57일 동안 연인원 21만 여명이 동원되었는데 그 내용은 『濬川稧帖』에 상세하게 표현되어 있다.[19]

일본 고분시대의 제방 축조는 한반도계 기술자 집단에 의해 추진되었다. 『日本書紀』 應神條에[20] 의하면 고구려, 백제, 가야, 신라 사람들을 동원하여 연못池을 축조하고 이를 韓人池라고 불렀다고 한다. 이는 본격적인 제방의 축조가 당시 일본의 자체적인 기술만으로는 곤란하였음을 여실히 보여준다.

문헌적 검토를 넘어서서 한반도계 공인집단의 기술적 기여에 대한 고고학적 연구가 본격화된 것은 오사카의 사야마이케狹山池(그림 18)의 발굴부터이다. 이 유적의 발굴조사(狹山池調査事務所, 1998)는 한국 학계에도 영향을 미쳐(小山田宏一, 2003), 그 후 제방과 저수지 등 수리시설에 대한 관심을 불러일으키는 계기가 되었다.

사야마이케의 축조에 백제계 기술자들의 기여가 다대하였음이 밝혀진 후, 최근 나라奈良현 다카토리高取에서 발굴조사된 사츠마이케薩摩池 유적에서는 "波多里長 檜前村主"라는 문자가 쓰인 목간이 발견되었다. 波多나 檜前나 모두 한반도계 이주민집단과 관련된 명칭이므로 이 제방의 축조 주

---

18) 당시에는 濬川이란 표현을 사용하였다.
19) 坊民 15만, 雇丁 5만명, 錢 35,000緡, 쌀 2,300석이 소요되었다고 한다.
20) 『日本書紀』卷十 應神天皇 七年 秋九月 高麗人,百濟人,任那人,新羅人 並來朝. 時命武內宿禰 領諸韓人等作池 因以名池號韓人池.

그림 18 __
오사카부 사야마이케 제방의 단면

체 역시 한반도계 이주민임을 보여주었다(권오영, 2010).

• 공학적 의미

영천 청제 등 제방을 대상으로 한 문헌적 연구(전덕재, 2010; 노중국, 2010)는 진행된 바 있지만 이에 걸맞는 고고학적 연구는 그 역사가 짧다. 제방 자체에 대한 최초의 고고학적 발굴 조사는 김제 벽골제(尹武炳, 1976) 조사이다. 제천 의림지는 1972년 붕괴 위험에 처했고 이때 간단한 조사가 이루어진 바 있을 뿐 발굴조사가 시작된 것은 극히 최근의 일이다.

  1990년대에는 밀양 수산제(東亞大學校博物館, 1993; 이동주, 2002; 이한상, 2002)에 대한 조사가 이루어졌지만 제방을 고고학적 조사의 대상으로 삼은 본격적인 발굴조사는 2000년대 이후부터이다. 당진 합덕제(忠南大學校博物館, 2002), 상주 공검지(박정화, 2007), 함안 가야리(우리문화재연구원, 2010; 權純康, 2010), 그리고 울산 약사동(우리문화재연구원, 2010; 李保京, 2010) 제방이 발굴조사되고 벽골제에 대한 추가조사가 꾸준히 이루어지면서 제방이 고고학적 유구로서 대접받기에 이르렀다.

제방구조와 축조기술에 대한 관심이 필요한 이유는 제방이야말로 최고난도의 토목기술이 발휘되는 대상이기 때문이다. 토성 축조기술에 더하여 계곡부를 가로막는 등 저습한 지대에 위치하는 불리함, 막대한 양의 담수에[21] 의한 횡방향의 압력, 누수와 세굴을 극복하여야 한다.

성벽이 수직에 가까운 급경사면을 목표로 한다면 제방은 일정 정도의 완경사면을 필요로 한다. 堤外로부터 堤體 내로 스며든 침투수의 침윤선이 제내측의 법면에 도달하지 않고 지반으로 스며들게 하기 위해서이다. 일본의 경우 대하천 하류에서는 1:4~1:5 정도의 완경사면을 갖추어 안정도를 높인 경우가 많다고 한다(高橋裕, 1990 p.203).

제방의 축조에 부엽공법과 점토블록이 많이 사용되는 것도 물과 관련있다. 제체로 스며든 물을 배수하기 위해서 부엽공법이 활용되었고, 제체 자체로 스며드는 물을 차수하기 위하여 투수율이 극히 낮은 점토를 블록의 형태로 사용하였던 것이다.

대표적인 제방유적

• 김제 벽골제

1975년도에 이루어진 1차 발굴조사(尹武炳, 1976)에서 당시로는 그 의미를 알기 어려웠던 식물탄화층을 정확히 표현해 줌으로써 훗날 이 흔적이 부엽공법임을 확인(工樂善通, 1995)할 수 있게 되었다. 하지만 당시의 제방 단면 토층도를 보면 성토된 개별 토층이 지나치게 두껍게 표현되어 있는데 이는 판축이나 성토가 아닌 점토브릭, 점토블록의 사용으로 추정된 바 있다(권오영, 2010).

최근 추가 발굴조사가 진행되면서 점토블록을 쌓는 방식이 활용되었음이 명확해졌다. 아울러 부엽층의 시공 목적이 성토에 사용된 흙이 밀려내리지 않기 위함, 불투성 점토와 초본류를 고착시키기 위함이란 해석이 내려지게 되었다(崔完奎, 2013).

• 당진 합덕제

당진 합덕제는 제방의 축조기술 파악이란 목적 아래에서 이루어진 최초의 발굴조사(忠南大學校博物館, 2002)로 평가된다. 비록 시기는 조선시대 이후의 것이지만 제방 축조기술에 관한 많은 정보를 제공하였다. 부엽공법이 조선시대까지 이어졌다는 점, 수차례에 걸친 준설과 보수 공정이 확인된 점이 큰 성과이다.

---

21) 전근대 제방의 저수량은 적게는 수만 톤에서 많게는 수백만톤에 달한다. 영천 청제는 59만톤, 의림지는 660만 톤에 달한다.

• 김해 봉황동 제방(金漢相·洪性雨·丁太振·姜東沅, 2007)

완굴된 것이 아니어서 전체적인 양상은 알 수 없으나 삼국시대에 해당될 가능성이 높다. 부엽공법의 존재, 통나무를 격자상으로 부설하고 그 내부에 돌을 채워 넣은 구조, 석회 성분을 얻기 위한 패각의 사용, 暗渠式의 수문시설 등이 주목된다.

패각은 토성을 축조하는 과정에서도 종종 이용되는 재료인데 석회 성분을 얻기 위해서이다. 석회를 성토구조물에 사용한 대표적인 예는 大夏의 도성인 統萬城이다.

• 함안 가야리 제방

축조공정이 상세히 복원되었으며 기술적으로 새롭게 밝혀진 부분이 많다. 우선 제방이 들어설 공간의 구지표면과 생토면을 파내는데 수평이 아니라 단을 주는 방식이 확인되었다. 성곽에서 확인되는 基槽와 상통한다. 그 위에는 점성이 강한 검은 실트를 까는데 역시 성곽축조 방식과 상통한다. 다시 그 위에 점성이 강하면서 서로 다른 토양을 수평으로 반복 성토하여 마운드를 만드는데 일종의 芯의 역할을 한 것으로 보인다. 이 위에 부엽공법을 활용하고 점토블록(그림 19)을 이용해가면서 堤體를 형성하였는데 물이 담기는 담수부 堤外地 쪽으로 덧대어 붙여 나갔다. 풍납토성이나 츠카아나고분과 동일한 원리이다. 가야

그림 19__
함안 가야리 제방의 단면

리 제방에서 확인된 기술과 재료는 제방 축조에서 고분, 성곽의 축조와 공통적인 부분을 잘 보여주었다.

• 울산 약사동 제방

이 제방(이보경, 2010)은 가야리 제방과 상통하는 점이 많다. 연약한 구지표층을 제거한 후 점성이 강한 흑색 실트를 깔고 그 위에 단면 반원형의 芯을 만든 점,[22] 부엽공법을 활용한 점, 패각을 이용

---

22) 현재 확인되는 芯은 2개이지만 삭평된 부분을 감안하면 원래는 4개였을 가능성이 높다. 芯과 芯 사이의 오목한 부분은 성토한 흙이 미끄러지지 않고 안정된 형태를 취할 수 있게 한다.

한 점 등이 그러하다.

이때의 芯部는 제체 축조의 기준이자 그 내부에 성토하였을 때 흙이 흘러내리지 않게 하는 토제의 기능도 담당하였을 것이다. 芯을 이용한 공법은 주로 토성에서 많이 확인되는데 풍납토성이 그 대표적인 예이다(崔鍾圭, 2007 p.46).

그런데 봉황동과 약사동은 패각의 위치가 달라서 봉황동은 제체 내에 산재하는 반면 약사동은

그림 20 __
울산 약사동 제방의 심과 패각층

기초를 이룬 실트 층의 위에 한 겹만 깔려 있는 상태이다(그림 20). 이런 까닭에 그 기능도 달랐을 것으로 추정되는데 약사동은 제체에 침투한 물을 배수하기 위해 투수성이 강한 패각을 깐 것으로 이해되고 있다(우리문화재연구원, 2012 pp.405~406).

• 기타

도로

도로에 대한 기존 연구는 역사지리적 관점에서 고대 교통로로 다루어지거나 도시계획과 관련한 연구가 주종을 이루었으나 시공방법, 구조 등 고고학적 측면에서도 다루어야 할 것이다(朴相銀, 2009 p.183). 고고학적으로 도로를 인식하려면 두 지점을 연결하는 선상의 공간에서 노면으로 인정되는 경화면이나 포장면, 노면을 지탱하기 위한 노체와 기반층, 측구 등의 배수시설, 운송수단으로 인해 생긴 사용흔, 유지나 보수흔의 존재가 확인되어야 한다(蘇培慶, 2008; 박상은·손혜성, 2009).

도로의 구성요소는 노면과 노상, 측구, 비석이나 이정표 등의 부대시설로 나뉘지만 측구나 부대시설은 도로의 위상에 따라 있는 경우와 없는 경우가 있다. 노면과 노상 역시 도로의 위상과 기능에 따라 많은 변이를 보이고 있다.

일본의 죠몽시대에 속하는 요코하마 橫濱시 코우메야토 古梅谷 유적에서는 습한 지역을 통과하기 위하여 통나무와 나뭇가지를 깔아 만든 시설이 발견된 바 있다(그림 21). 수렵이나 어로 행차, 다른 취락민과의 교류에 사용된 이 시설은 도로의 정의를 "통행을 위하여 인위적으로 설정된 지상의 공간"이라고 규정(近江俊秀, 2006)할 경우 도로에 포함되지만 본격적인 도로로 보기는 어렵다. 고

그림 21
일본 죠몽시대의 간이도로

고학적으로 증명되는 도로유구는 야요이시대까지 소급될 수 있지만 그 기능에 의문이 제기되는 경우가 많으며 시간적으로 더 내려올 가능성이 높아서 광역을 연결하는 도로다운 유구는 고분시대 이후에 등장한다고 한다(京嶋覺, 2009 pp.167~169). 한반도에서는 아직 신석기시대나 청동기시대의 도로는 발견되지 않았고 대부분 삼국시대 이후 유적에서 확인되고 있다.

삼국시대 도로의 대부분은 자연지형을 활용하여 삭토와 노반의 성토를 통해 축조되는데 평양, 부여, 경주처럼 고대국가의 도성에서는 바둑판 모양의 정연한 도로가 대, 중, 소의 다양한 규모로 배치되었다. 도로의 기초시공은 잡초제거와 벌목행위로 이루어지는 지면정리와 지면강화로 나뉘어진다. 지면의 강화는 지면의 조건에 따라 땅다지기, 다짐말뚝박기, 부엽공법, 굴착, 절개 등이 이루어진다(三江文化財研究院, 2009 p.323).

부여 쌍북리에서는 모래 위에 통나무를 가지런히 깔고 그 위에 점토와 모래를 섞어 노면을 마련한 도로가 확인되었다(금강문화유산연구원, 2014). 일본의 나라시대 도로에서 확인되는 통나무깔기洞木列공법이 백제에서 전래되었음을 보여준다.

삼국시대의 도로는 지형과 형태, 규모, 축조 주체와 기능 등에 의해 다양하게 분류될 수 있다. 그 위상에 따라 왕경도로, 도시도로, 관도, 지방도로, 생활도로 등으로 나눌 수 있으며(朴相銀, 2009), 기능에 따라 관도, 지방도, 구획도로, 특정한 시설·공간에 진입하는 도로와 내부의 도로, 생산시설과 관련된 도로 등으로 구분되기도 한다(박정환, 2013).

교량

작은 개울을 건너기 위한 초보적인 시설은 그 시발점이 매우 오래 되었을 것이지만 많은 경우 배나 뗏목을 엮어서 만든 부교의 형태를 띠었을 것이다. 중국에서도 육조시대까지 도성 내부에 고정적인 교량의 설치는 이루어지지 않았고 건강성의 秦淮河 위에 24개의 부교를 띄운 방식이었다고 한다(唐寰澄, 1995 p.15). 중국의 경우 구조를 갖춘 교량은 梁橋, 棧橋, 石拱橋,[23] 竹木拱橋,[24] 索橋繩橋, 浮橋 등으로 나뉘며, 양교는 다시 재질에 따라 木梁橋와 石梁橋, 伸譬梁橋[25]로 나뉜다(唐寰澄, 1995 p.15).

우리의 경우 고고학적으로 인지될 수 있는 구조의 교량이 남아 있는 것은 삼국시대부터이다. 경주에는 많은 교량의 존재가 문헌에서 확인되지만 현재 그 위치를 정확히 알 수 있는 것은 춘양교지, 월정교지, 월정교지 하류 목교지, 교촌교 하류 교량지 등이다(國立慶州文化財硏究所·慶州市, 2005 p.20). 모두 상부구조가 남아 있지 않고 교각만이 남아 있는데 교각은 교각 하부성토부, 교각기초, 교각으로 구성된다. 춘양교와 월정교는 교각의 평면이 배 모양으로 되어 있는데 그 이유는 상류에서 흘러 내리는 물을 갈라서 수압을 감소시키기 위해서이다. 물과 직접 부딪히는 돌을 물가름석이라 하고 물가름석의 좌우에 배치되어 물의 흐름과 평행하게 놓인 돌을 물가름 좌우석이라고 한다(國立慶州文化財硏究所·慶州市, 2005 p.40).

교량이 육지와 연결되는 부분이 橋臺인데 역시 교대 하부성토부, 교대기초, 교대로 이루어진다. 교량과 교대 모두 하부성토부는 하상의 생토면을 판 후에 할석이나 강돌을 충전하여 교량의 하중을 버티고 부등침하를 막는 기능을 한다.

춘양교와 월정교는 구조와 기술이 유사한데 공통적으로 잘 다듬은 석재를 쌓아서 교각을 만들고 그 위에 나무 상판을 올린 후에 다시 그 위에 누각을 씌운 형태였던 것으로 추정된다.

일본에서 발견된 대표적인 고대 교량은 시가滋賀현 세다가와瀨田川에 설치된 세다瀨田 1호교이다(大津市歷史博物館, 1993 pp.69~71). 왕위계승을 둘러싸고 벌어졌던 유명한 "임신의 난" 최후의 전장이기도 한 이 교량은 7세기 중엽 이전에 만들어졌음이 분명한데 춘양교, 월정교의 교각과는 다

---

[23] 아치의 원리를 이용하여 만든 다리이다.
[24] 역시 아치의 원리를 이용하여 만든 다리로서 재질이 나무나 대나무인 점이 석공교와 다르다.
[25] 伸譬梁橋는 단순한 다리로 그치지 않고 위에 상부구조를 갖춘 것으로서 재질에 따라 木伸譬梁과 石伸譬梁으로 나뉜다.

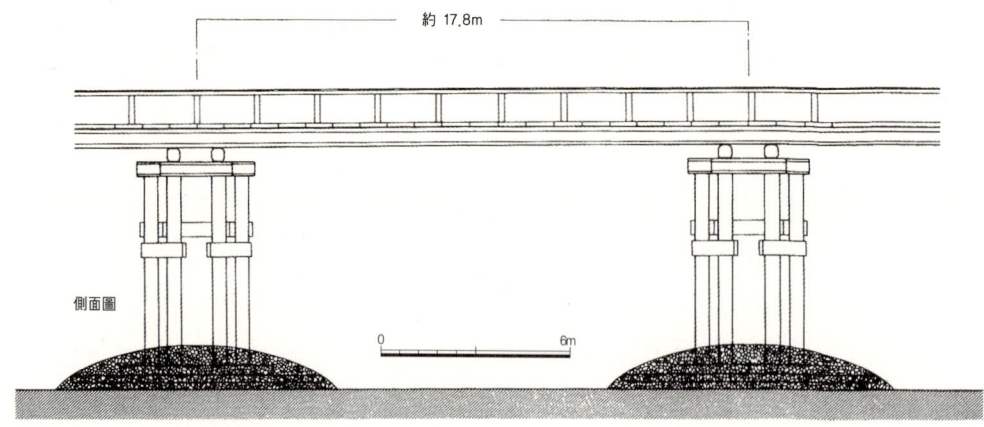

그림 22
일본의 세다 1호 교량(大津市歷史博物館, 1993에서)

른 구조이다(그림 22). 교각기초는 평면이 편평한 육각형을 이루게 각재臺材를 깔고 그 아래에 통나무 11개를 깔았으며 그 아래에 다시 이와 직교하는 방향으로 나무를 깔아서 대재를 지지하고 침하를 방지하도록 하였다. 나무로 만든 교각이 흐르는 물에 쓸리지 않도록 교각 기초 위에 돌무더기를 쌓아 두었음이 확인되었다.

세다 1호교의 북편에 위치한 세다 2호교는 8세기대에 조영된 것으로 판단되는데(大津市歷史博物館, 1993 p.75) 그 구조는 1호교와 대동소이하다. 따라서 교량을 만드는 원리는 동일하더라도 신라 왕경에 만들어진 최고급 교량과는 재료와 공법에서 차이가 있음을 알 수 있다.

한편 성 밖에서 해자를 넘어 성 내부로 들어갈 수 있도록 하는 해자 내부 교량의 존재도 주목된다. 현재 고고학적 조사를 통해 그 존재가 알려진 것은 대개 조선시대 읍성의 사례인데(이일갑, 2013A pp.227~231) 앞으로 시기가 올라가는 자료의 출현이 기대된다.

선착장

김해 관동유적에서 발견된 선착장(三江文化財硏究院, 2009 pp.406~408)은 교량과 호안시설로 구성되어 있다. 교량은 棧橋의 형태를 취하고 있으며 橋脚, 桁木, 梁木, 床板으로 이루어져 있는데 호안과 직교하는 방향을 취하고 있으며 평면적으로는 丁자에 가까운 형태이다(그림 23). 교각은 원목을 각재로 가공한 중심교각을 3열로 정연하게 자갈층까지 깊게 박아 넣고 필요한 경우 그 사이사이에 보조 교각을 배치하였다. 이 위에 梁木을 걸쳐 놓고 그 위에 桁木, 다시 그 위에 梁木과 床板을 걸친 형태이다. 교량을 육지에 고정시키고 파도를 막아주는 기능을 한 호안시설은 말목과 가공목을 이용하여 만들었는데 접안시설의 기능을 한 것으로 볼 수 있다. 잔교 주변에서는 총 20동의 건물지가 확인되었는데 양자의 관련성이 인정된다(三江文化財硏究院, 2009 p.528). 잔교에 인접한 공지를 지나면 잘 정비된 간선, 지선도로가 연결되며 도로변에도 다수의 지상건물지가 배치되어 있다. 이러한 정황은 선박의 정박, 화물의 하선, 보관과 운반 등 물류와 관련된 일련의 행위가 이곳에서 이루어졌음을 보여준다.

현재까지 알려진 선착장은 관동유적이 유일하지만 오래전에 조사되었던 서울 석촌동 가옥잔구로 불린 유구(金元龍, 1972)도 선착장과 관련된 시설의 일부일 가능성이 있다.

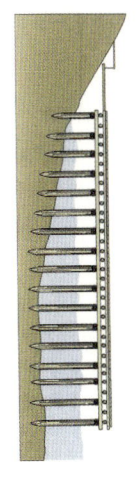
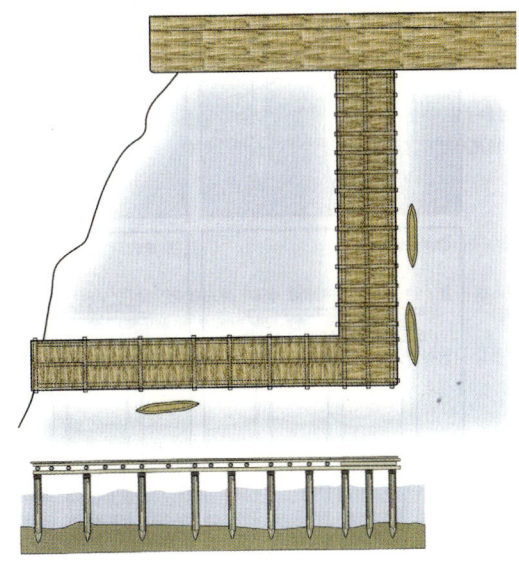

그림 23 __
김해 관동의 선착장

광산과 채석장

• 광산

사회의 발전과 유지에 필요한 도구를 만드는데 소요되는 금속자원을 생산하기 위한 다양한 종류의 광산이 운영되었을 것이다. 대표적인 것이 철, 금, 은, 구리 광산이다.

우리나라에서 고대의 광산이 고고학적인 발굴조사를 거친 것은 울산의 달천광산(金光洙, 2010; 울산박물관, 2013 pp.93~97)이 유일하다. 철은 고대국가의 성장과 발전에 필수적인 전략물자로서 광산의 개발과 유지는 각국의 존속에 중요한 변수였을 것이다.

달천의 채광유적은 일정한 형태를 갖추지 못하고 넓은 범위에 걸쳐 얕은 깊이의 철광석을 채굴하던 채광장과 원형 수혈의 형태를 갖춘 채광갱으로 구분된다.

채광장은 야산의 경사면을 따라 길이 25m, 너비 20m 정도의 부정형 평면에 걸쳐 채광행위가 이루어졌는데 바닥에는 무수히 많은 부정형의 구멍이 남아 있다. 조업시기는 기원전 1세기 중엽을 하한으로 한다.

채광갱은 평면 원형에 직경 4~5m, 깊이 2m 정도 되는 수혈의 형태인데 반복적인 조업에 의해 그 형태가 제대로 남아 있지 못한 것도 많다. 내부에서는 타날문토기와 야요이토기가 출토되었다. 조업시기의 하한은 기원후 3세기 경이다.

이러한 양상을 볼 때 넓은 평면에 걸쳐 철광석을 포함한 점토층을 얕게 파서 조업한 채광장의 단계를 지나 깊은 구덩이를 파는 채광갱 단계로 이행하였음을 알 수 있다. 이 단계에서 야요이토기가 출토되며 주변의 유구에서 낙랑계, 혹은 낙랑토기가 출토되므로 달천의 철생산을 둘러싼 낙랑-진한-왜의 관련성을 알 수 있다.

달천광산은 조선시대 이후에도 채광행위가 이루어지는데 수혈의 평면은 직경 1.2~1.5m로 삼한 단계보다 좁지만 깊이는 4m 정도로 깊어지며 수직굴착 후 수평굴착이 이루어지거나 침목과 레일로 구성된 선로가 발견되기도 하였다.

장신구나 무기, 마구류의 제작에 소요되는 금, 은, 동의 광산에 대해서는 광산의 소재는 물론 제련방법에 대해서도 알려진 것이 없다. 금과 은을 광석에서 채취하는 정련기술은 삼국시대에는 이미 알려져 있었던 것으로 보인다. 은과 납의 합금의 융점의 차이를 이용하여 광석에서 은을 추출하는 灰吹法(國立歷史民俗博物館, 2005 p.135)은 16세기가 되어서야 조선에서 하카다博多로 전해지고 곧 시마네島根현의 이와미石見은광이 크게 개발된다. 따라서 이전에 이미 은광과 회취법이 존재하였음을 알 수 있다.

• 채석장

석성처럼 다량의 석재가 필요한 경우 성 주변에서 채석행위가 이루어진다. 삼국시대부터 조선시대에 걸쳐 많은 지역에서 채석장으로 추정되는 흔적이 확인되었는데 고고학적인 발굴조사를 거친 대표적인 유적이 鎭海 自隱유적이다(東亞細亞文化財硏究院, 2011).

이 유적은 삼국시대에 축성된 구산성에서 직선거리 100m정도 떨어진 곳에 형성되어 있는데 쐐기와 정을 이용하거나 자연결을 이용하여 채석하고 다듬은 흔적들을 찾을 수 있었다. 주변에서는 작업원들의 숙소로 사용되었을 것으로 추정되는 30여 동에 달하는 건물지의 흔적도 확인되었다(兪炳琭, 2013 p.332~333). 앞으로는 석재를 운반하는 방법에 대한 검토를 위하여 운송로나 거중기 등의 흔적을 찾으려는 노력이 필요하다(권귀향, 2014 p.72).

도성조영의 토목기술

• 도성제와 도성 경관

도성제의 발달은 정치제도사적으로는 집권적 국가의 출현, 재지적인 기반을 가진 귀족이 도성으로 집주하여 관료로 전환되는 변화를 전제로 한다. 한편 경제사적으로는 도성의 조영에 소요되는

그림 24 __
집안의 국내성 서벽

재화의 축적, 관료와 전문가가 집주하는 도시와 일반 취락의 분화를 의미하며 기술사적으로는 도성의 조영을 뒷받침할 수 있는 토목기술의 발달을 의미한다.

환인이나 집안에 중심을 두고 있던 고구려는 아직 도성제라고 부를 만한 시설을 갖추지 못한 것으로 보인다(여호규, 2005). 환인에 중심을 두고 있던 졸본기에는 본격적인 평지성을 갖추지 못한 채 토루나 목책을 두른 평지거점과 산성 오녀산성을 기반으로 삼았던 것 같다.

이러한 구도는 집안에 중심을 두게 되는 국내성기도 마찬가지여서 초기에는 평지의 거점과 산성체제가 일정 시점이 경과한 후 국내성(그림 24)-환도산성 체제로 완성되는 것이다.

하지만 이러한 경관 역시 평양 천도 이후의 도성 경관과는 중대한 차이가 있다. 도성제의 발달은 장기간에 걸쳐 순차적인 발전을 겪는 것이고 이 과정에서 왕성, 혹은 도성의 주변 경관이 변화하게 되는 것이다.

백제의 경우도 한성기 전기간에 풍납토성과 몽촌토성의 이성체제가 존재하였다고 보기보다는 본격적인 성을 갖추지 못한 단계도 상정을 하여야 하며 웅진기에 완비된 도성의 경관을 찾으려고 하는 시도도 바람직하지 못하다. 따라서 왕성의 출현이나 도성의 출현시점을 고대국가의 등장기, 집권적 관료국가의 성립기로 등치시키는 방법론은 위험하다.

도성의 경관이 크게 변화하는 계기는 앞에서 언급한 데로 재지적인 기반을 지닌 귀족층이 관료화하면서 중앙 즉 왕궁 근처에 집주하는 사건일 것이다. 이들이 근무하게 될 관아와 가옥의 건설, 관료들을 교육시킬 교육시설, 불교사원의 건축, 많은 주민의 거주로 인한 市의 형성과 물류를 원활하게 하기 위한 도로정비, 식수공급을 위한 우물과 상하수도망의 준비가 함께 어우러지면서 도성의 경관은 급변하였다.

도성의 정비와 함께 크고 작은 도로가 마련되는데 경주에서는 도성[26] 내부와 외부로 뻗어나가는 도로망이 정비되었다(朴方龍, 1998). 도로는 도성을 조영하기 전에 자재의 운송을 위하여 우선적으로 정비되었을 것이며 도성이 조영되는 과정, 조영된 후에도 계속 확충되었을 것이다.

대규모 사찰의 건축도 주목할 만하다. 신라의 경우 문헌에 사찰의 이름이 남아 있는 것이 97개소, 지표조사를 통해 경주 시역에서 발견된 사찰이 203개소였다. 그 중 삼국시대에 창건된 것이 30개소, 통일신라기가 167개소로 추정되고 있다(朴方龍, 1998 p.156). 이처럼 많은 사찰이 도성에 조영되면서 경주의 경관은 엄청난 변화를 겪었을 것이다.

• 도성 조영의 과정

본격적인 도성제에 입각한 삼국시대 도성은 평양, 부여, 경주로 좁혀진다. 삼국이 각각 도성을 조영하는 과정에서 어떤 과정을 거쳐 어느 정도의 경제력을 투입하였는지에 대한 연구는 거의 이루어지지 않은 상태이다. 하지만 후대의 도성 조영과정, 특히 그 과정이 상세히 남아 있는 화성의 조영과정이나 인접한 중국, 일본의 사례를 참고할 수 있다.

새로운 도성을 조영하기로 정해지면 우선 선지가 이루어진다. 국가형성기부터 멸망기까지 시종일관 경주에 자리잡은 신라와 달리 고구려와 백제는 천도할 때마다 도성 후보지의 결정이 이루어졌다.

고구려의 평양천도와 백제의 사비천도가 이루어지기 전부터 이 지역에 거주하던 주민들의 삶의 터전은 파괴되고 토지는 국가에 수용되었다. 그들은 거주지를 옮겨 다른 지역으로 이주하거나, 때로는 도성의 주민으로 새롭게 편입되었다. 장기간 이루어진 거주의 결과물인 가옥, 경작지, 선대의 분묘를 버리고 이루어지는 강제 이주에 대해서는 반발이 있었을 것이고 이를 누르거나 회유하는 정책이 시행되었다.

도성을 어떠한 구조, 기술로 축조할 것인지에 대한 기술적인 검토도 이루어져야 한다. 화성축성의 경우 다산 정약용이 기술적 검토를 담당하였다. 그는 축성재료와 시공방법의 개선 등 모든 사

---

[26] 신라의 왕도와 왕경의 개념에 대해서는 다양한 논의가 전개되고 있지만(전덕재, 2009 pp.29~38), 토목기술적인 측면에 국한하여 논지를 전개하고 있는 이 글에서는 도성이란 개념으로 단순화시켜 접근하고자 한다.

항에 대하여 새로운 방안을 제시하였다. 그 결과 『城說』, 『甕城圖說』, 『漏槽圖說』, 『懸眼圖說』, 『砲壘圖說』, 『起重圖說』 등이 작성되었다(김동욱, 2002 pp.64~70).

이와 병행하여 도성의 조영을 담당할 관서가 설치되었다. 일본의 경우 도성의 조영공사를 담당한 것은 造宮使로서 사무계 관인과 기술계 관인으로 구성되었다. 기술계 관인의 책임자인 大匠은 죠메이舒明천황대에 百濟大宮과 百濟大寺를 조영할 때 후미노아타이아가타書直縣가 임명된 것이 최초라고 한다. 그는 한반도계 이주민 후손인데 그 아래에 편성된 기술계 조궁사들에 의해 宮都의 기본설계와 세목이 결정되었다(八賀晉, 1987 pp.164~165).

조선의 경우 태조대에 한양도성을 만들기 위해서 태조 4(1395)년에 都城築造都監을 설치하였고 개축이 이루어지던 세종 4(1422)년에는 都城修築都監이 설치되었다(심정보, 2013 p.24).

화성축성에는 城役所라는 임시 기구가 조직되었다. 최고 책임자는 채제공이었지만 실제 공사 책임자는 화성유수인 조심태였다. 이 두 사람의 아래에 현장을 주관하는 都廳으로 이유경이 임명되었고 다시 그 아래에 사무계 관원과 기술계 관원이 조직되었다(김동욱, 2002 pp.72~73). 기술계 관원 못지 않게 사무계 관원의 역할이 중요하였던 이유는 도성 축조와 관련된 제반 상황, 즉 주민의 이주와 보상, 기술자 집단의 모집과 관리, 필요한 물품의 조달 등도 중요한 업무였기 때문이다.

도성의 전체적인 외관을 상정한 속에서 기초적인 측량이 이루어지고 그 결과를 바탕으로 중요 건물들의 위치와 방향이 정해졌다. 그 다음은 원시림의 벌목, 구릉지의 삭평, 골짜기를 메우고 물의 흐름을 바꾸는 등의 기초공사가 진행된다(奈良國立文化財硏究所·朝日新聞大阪本社企劃部, 1989 p.14).

기초 공사가 이루어지는 면적은 매우 광대하여 일본 헤이죠쿄平城京의 경우 2,540헥타아르에 해당되는 면적이 기초공사의 대상이 되었으며 경내 전체에 걸쳐 평균 50cm 정도의 흙을 이동시킬 경우 그 토량은 1,270만 입방미터로서 10톤 덤프트럭 211만대 분량이라고 한다(八賀晉, 1987 p.167).

공사에 필요한 자재를[27] 운반하기 위한 도로의 신설 및 정비, 그리고 필요한 경우 운하의 축조도 이루어지게 된다. 자재를 운반하기 위해서는 운하의 사용이 보다 효과적이다. 일본의 경우는 야요이시대의 나라현 마키무쿠纒向유적이나 고분시대의 오사카부 후루이치古市고분군 근처에서 이미 운하가 발견된 바 있다(古代を考える会, 1977). 아스카飛鳥시대에는 아스카분지에 조성된 각종 궁실, 후지와라쿄藤原京에서 운하의 흔적이 확인되었다. 헤이죠쿄 건설에서도 소요되는 자재를 운송하기 위한 운하의 굴착 흔적이 확인되었다(狩野久, 1984). 도로와 운하의 개설, 정비와 함께 선박

---

[27] 수백 동의 건물이 들어선 일본 헤이죠큐平城宮의 경우 30만㎡ 분량의 목재와 500~600만 매의 기와가 소요되었다고 한다(奈良國立文化財硏究所·朝日新聞大阪本社企劃部, 1989 pp.14~16).

이나 수레의 제작, 보수도 함께 이루어졌을 것이다.

　기계화되지 못한 고대사회에서 이러한 대규모 토목공사는 인력과 일부 축력만으로 진행되었기 때문에 수많은 노동자들이 동원되었다. 이들이 동원되는 범위는 도성 일원을 훨씬 벗어나는 광역에 걸치는 것이 일반적이다.

　무령왕대의 유식자 귀농조치나 가야지역 거주 백제 백성의 소환 등의 조치는 사비도성 조영을 위한 노동력 확보라는 측면에서 이해되며 한강이남-차령 사이의 주민에 대한 대규모 사민책이 상정되기도 한다(박순발, 2013 pp.16~17). 공사현장의 근거리에 이들이 거주하는 임시거처가 곳곳에 마련되었을 것이다.

　일반 노동자 이외에 특별한 기술이 필요할 경우 각지의 장인이 동원되었다. 화성 축성에는 22직종에 1,840명의 장인들이 동원되었는데 서울, 화성부, 개성부 등 인근의 장인은 물론이고 경상도나 함경도에서 차출된 경우도 있었다(김동욱, 2002 pp.86~87).

　도성 조영에 동원된 노동자의 수는 일본의 예를 통해 유추해 볼 수 있다. 고교쿠皇極천황은 642년 궁전을 만들기 위하여 시즈오카靜岡현에서 히로시마廣島현에 걸친 광역에서 丁男을 징발하고 있다. 741년 쿠니쿄恭仁京를 조영할 때에는 키나이畿內에서 5,500명, 헤이안쿄平安京 조영시에는 만 명이 넘는 노동자가 징발되었다(八賀晉, 1987 pp.183~184).

　기간이 짧을 수록 동원되는 노동자의 수는 늘게 된다. 한양성곽을 전면적으로 개축한 세종대에는 한겨울에 전국에 걸쳐 30만 명이 동원되었다(김동욱, 2002 p.134). 이들이 머물 임시 주거가 만들어지게 되며 이들의 소비행위에 대응하는 각종 시설이 들어서게 된다.

　운반되어 온 목재와 석재를 가공하는 공방, 기와와 전돌, 각종 철물의 제작장도 마련되었다. 부여 관북리유적이나 익산 왕궁리유적에서 본격적인 왕궁의 조영 이전에 운영되던 공방의 흔적은 그 증거이다.

● 도성 조영과 기초공사

자연을 변형시키는 속성을 지닌 토목공사에서 가장 대규모의 형질변경이 이루어지는 사업은 도성의 조영일 것이다. 도성의 조영은 당대 최고의 토목기술이 발휘되는 공간이기도 하다. 고구려의 경우 국내성 석축부 축조기법이 왕릉으로 추정되는 초대형 기단적석총의 축조기법과 동일하다는 점, 백제에서 풍납토성 등 토성의 축조기법이 김제 벽골제 등 제방 축조기법과 상통한다는 점에서 고분과 성곽, 제방 축조에 반영된 기술이 도성조영에 고스란히 발휘되었음을 알 수 있다.

　고구려 후기의 도성은 평양에서 대성산성과 청암리토성이 도성의 역할을 하던 단계와 장안성 단계로 나눌 수 있다. 국내에서 평양으로 천도하였을 때는 평양의 지형을 크게 변경시킬 필요는 없었겠지만 장안성을 만들 때에는 대규모 지형 변경이 이루어졌을 것이다. 광대한 토지를 대상으로 한 기초공사가 이루어지면서 산을 깎고 소택지와 저습지를 매립하는 공사가 수반되었다.

백제의 경우는 사비로 천도할 때 부여는 생활면의 기복이 심했으며(山本孝文, 2013), 일부 고도가 높은 산간, 구릉을 제외한 평지에는 선행하는 시설물이 별로 없었다. 도성을 조영할 때 대규모 저습지 개발이 이루어진 것으로 보이는데(朴淳發, 2003), 왕궁이 위치할 지점을 부여 읍내에서 지대가 가장 높은 관북리일대로 정하는 것은 자연스러웠을 것이다. 대규모 기초공사에도 불구하고 도성 내부의 지면은 상당한 요철이 있었으며 지질의 유형에 따른 굴곡이 심하여 저지대에는 습지가 형성되어 있었던 것으로 분석된 바 있다(이성호, 2012).

익산 왕궁리성을 조성할 때에도 자연 구릉에 대한 대규모 기초공사가 이루어졌음이 밝혀졌다(그림 25). 남북으로 길게 흐르면서 동서로 급사면을 이루는 구릉을 변형시켜 건물이 들어설 수 있는 경사진 복수의 대지를 만들기 위하여 구릉 사면에 대한 굴삭과 저지대에 대한 매립이 이루어진 것이다(이명호, 2009). "성토대지"로 특징지워지는 이 공법(許眞雅, 2010)은 부여의 정림사지, 미륵사지, 왕흥사지, 능산리사지 등 사비기의 유적에서 흔히 확인된다. 웅진기에 조영된 공주 공산성 내부의 대지 조성 역시 동일한 공법이 발휘되었다.

신라의 경우도 마찬가지여서 왕경을 조성하는 과정에서 황룡사 부근의 저습지가 대대적으로 매립된 흔적이 확인되었다.

일본의 경우는 나라지역에서 사이메이齊明의 카와라노미야川原宮 조영을 위한 기초공사 흔적이 확인되었으며, 조메이舒明의 아스카오카모토노미야飛鳥岡本宮, 사이메이의 노치노아스카오카모토노미야後飛鳥岡本宮 조영과 관련된 흔적이 조사되었다(狩野久, 1984 pp.85~87).

헤이죠쿄 조영에 들어간 흙의 양은 절토된 흙이 약 40만 입방미터, 매립토가 약 80만 입방미터인데 이 정도의 토공량은 단순계산하여도 연인원 100만 명이며 하루에 3,000명이 2년간 작업할 양이다(狩野久, 1984 p.114).

이 과정에서 자연적인 지형만이 아니라 선행의 토목구조물이 파괴되는 경우도 있다. 일본의 경우 헤이죠큐를 건설하면서 길이 250m 급과 100m 급의 전방후원분이 파괴되었으며(狩野久, 1984 pp.113~114), 헤이죠쿄 좌경 1조2방에서는 고분을 삭평하면서 주호의 즙석을 일부 남겨서 園池로 재활용하고 있다(狩野久, 1984 p.114). 고구려의 경우는 안학궁의 기초 아래에서 고구려의 횡혈식 석실묘가 발견되어 안학궁의 조영과정에서 선행 분묘가 파괴된 양상을 잘 보여준다.[28]

도성만이 아니라 지방도시의 조영에도 규모만 작을 뿐이지 동일한 형태의 공사가 진행되었을 것이다. 특히 통일신라기의 지방 주치와 소경의 조영에도 엄청난 토목공사가 수반되었음이 분명하다.

---

28) 안학궁의 조영시기에 대해서는 이론이 많지만, 이 글에서는 대규모 기초공사 과정에서 선행한 분묘가 파괴된 하나의 예로서 거론한 것이다.

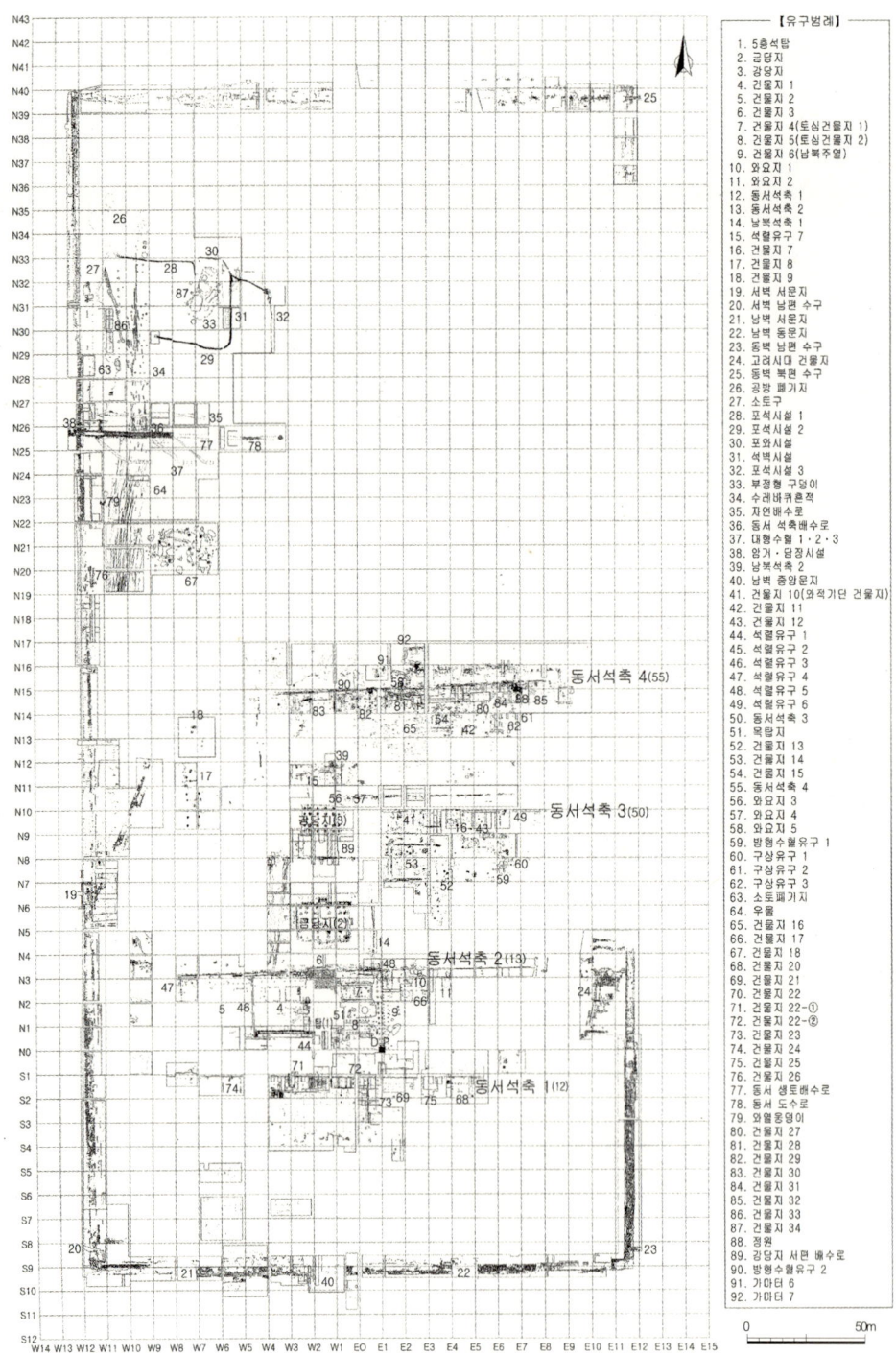

그림 25
익산 왕궁리유적의 기초공사 흔적(이명호, 2009에서)

맺음말

고대의 국가권력을 시각적으로 가장 잘 표현할 수 있는 것은 도성이다. 웅장한 왕궁과 궁성, 관청과 사원, 나성과 왕릉 등의 거대한 구조물은 왕권의 과시를 위한 도구이자 민의 복종을 강요하는 효과적인 장치였다. 고대국가 지배구조의 완성과 정비된 도성의 출현이 동일한 의미를 지니는 이유가 여기에 있다.

이런 이유로 도성의 조영은 고대 국가권력의 초미의 관심사 중 하나였다. 도성을 조영하기 위해서는 다수의 민을 동원하고 조직할 수 있는 집권력, 그리고 막대한 재정 지출을 감내할 수 있을 정도의 경제력이 뒷받침되어야만 하였다. 도성의 조영에 많은 재부를 쏟아부은 결과 피폐해진 국고, 도성의 함락, 왕의 전사가 줄줄이 일어났던 백제 개로왕대의 상황이 이를 말해준다.

그런데 이것만으로는 도성을 조영할 수 없다. 기술적, 공학적 기반이 있어야 하는 것이다. 종전 경험해 보지 못하였던 대규모 토목공사를 성공적으로 완수하려면 측량, 건축, 토목, 석재와 철물, 목재 가공 등 각종 기술을 가업으로 몸에 익힌 기술자 집단의 확보가 필요하였다. 중국에서 한반도로, 다시 한반도에서 일본열도로 이동하던 기술자 집단의 존재가 부각된다.

고분, 성장, 제방의 축조, 도로와 교량, 광산과 선착장 등 다양한 형태의 공사현장에서 체득한 기술과 정보는 도성의 조영에 유감없이 발휘되었다. 이런 점에서 도성 조영은 모든 기술이 한군데로 모이는 저수지와 같은 존재라고 평가할 수 있다. 삼국의 도성제와 토목기술을 하나의 글에서 정리한 이유가 여기에 있다.

참고문헌

국문

경기문화재단, 2007, 『화성성역의궤 건축용어집』.

경기문화재연구원, 2012, 「화성 만년제 2차 시굴 및 발굴조사 전문가 검토회의」.

慶南考古學硏究所, 2005, 『鳳凰土城』.

京嶋覺, 2009, 「일본 초기 계획도로의 고고학적 연구」, 『고대 영남과 오사카의 만남』, 영남문화재연구원·大阪市文化財協會.

고경진, 2011, 「한국의 수리시설 -조성리 저습지유적 보(洑)를 중심으로-」, 『고대 동북아시아의 水利와 祭祀』, 대한문화유산연구센터.

工樂善通, 2010, 「東アジアの灌漑遺産の史的意義」, 『古代 동북아시아의 水利와 祭祀 -鳥城里에서 藥泗洞까지-』, 대한문화유산연구센터·우리문화재연구원.

국립가야문화재연구소, 2006, 『창녕 송현동고분군 6·7호분 발굴조사 개보』.

_____, 2011, 『함안 성산산성 발굴조사보고서Ⅳ』.

국립가야문화재연구소·창녕군, 2010, 「창녕 영산고분군」, 2011년 발굴조사 현장설명회 자료.

國立慶州文化財硏究所·慶州市, 2005, 『春陽橋址』.

國立公州博物館, 2002, 『公州 水村里 土城Ⅰ』.

국립문화재연구소·전라북도, 2012, 『미륵사지 석탑 -기단부 발굴조사 보고서-』.

권귀향, 2014, 「진해 자은동 채석유적을 통해 본 구산성 축조집단의 성격」, 『2013 연구조사발표회』, 영남지역문화재조사연구기관협의회.

權純康, 2010, 「咸安 伽倻里 堤防遺蹟」, 『古代 동북아시아의 水利와 祭祀 -鳥城里에서 藥泗洞까지-』, 대한문화유산연구센터·우리문화재연구원.

권오영, 2010, 「고대 성토구조물의 축조기술과 의림지」, 『의림지의 역사적 가치와 활용방안』, 의림지학술대회.

_____, 2013, 「삼국시대 거대 토목구조물의 축조기술」, 『연산동고분군의 의의와 평가』, 국제학술심포지엄.

權五榮·朴信明·羅惠林, 2010, 『華城 吉城里土城Ⅰ』.

권혜인, 2010, 「의성 대리리 2호분」, 『移住의 고고학』, 제34회 한국고고학전국대회 발표요지.

금강문화유산연구원, 2014, 「부여 쌍북리 154-8번지 유적 국비지원 문화재 발굴조사」.

金漢相·洪性雨·丁太振·姜東沅, 2007, 『金海 鳳凰洞 遺蹟 -金海 韓屋生活體驗館 造成敷地 內 遺蹟 發掘調査 報告書-』, 慶南考古學硏究所.

金光洙, 2010, 『蔚山 達川遺蹟 -3次 發掘調査-』, 蔚山文化財硏究院.

김기옥, 2009, 「김포 운양동유적」, 『갈등과 전쟁의 고고학』, 제33회 한국고고학전국대회 발표자료.

김동욱, 2002, 『실학 정신으로 세운 조선의 신도시』, 돌베개.

金元龍, 1972, 「石村洞發見 原三國時代의 家屋殘構」, 『考古美術』 113·114.

김진만, 2012, 「함안 성산산성 축조기법의 토목공학적 연구」, 『함안 성산산성 -고대환경복원연구 결과보고서-2』, 국립가야문화재연구소.

나혜림, 2011, 「고대 토성의 기원과 축조기술」, 『중부지역 고대와 중세의 최신 연구성과』, 한신대학교 박물관.

노중국, 2010, 「한국고대의 수리시설과 농경에 대한 몇 가지 검토」, 『한국고대의 수전농업과 수리시설』, 한국고고환경연구소편.

東亞大學校博物館, 1993, 『密陽 守山堤 水門址 基礎調査報告書』.

東亞細亞文化財研究院, 2011, 『鎭海 自隱 採石遺蹟』.

동아시아지석묘연구소, 2011, 「화순 생물의약단지 조성사업구간 내 문화유적 발굴조사 약보고서」.

朴方龍, 1998, 「新羅 都城 研究」, 동아대학교 박사학위논문.

朴相銀, 2009, 「古代道路의 研究 現況과 方向」, 『고대 영남과 오사카의 만남』, 영남문화재연구원·大阪市文化財協會.

박상은·손혜성, 2009, 「도로유구에 대한 분석과 조사방법」, 『야외고고학』 7, 한국문화재조사연구기관협회.

朴淳發, 2003, 「熊津遷都 背景과 泗沘都城 造營過程」, 『백제도성의 변천과 연구상의 문제점』, 國立扶餘文化財研究所.

_____, 2013, 「百濟 都城의 始末」, 『중앙고고연구』 12d, 중앙문화재연구원.

朴淳發·董寶璟·山本孝文, 2002, 『百濟泗沘羅城 III』, 忠南大學校百濟研究所.

朴淳發·成正鏞, 2000, 『百濟泗沘羅城 II』, 忠南大學校百濟研究所·扶餘郡.

박원호·서치상, 2008, 「판축공법의 해석오류에 관한 연구」, 『한국건축역사학회 학술발표대회 논문집』, 한국건축역사학회.

_____, 2009, 「판축토성의 기원과 변천에 관한 시론」, 『한국건축역사학회 학술발표대회 논문집』, 한국건축역사학회.

박정화, 2007, 「상주 공검지의 축조과정과 그 성격」, 『한·중·일의 고대 수리시설 비교연구』, 계명대학교출판부.

박정환, 2013, 「삼국·통일신라시대 도로축조에 관한 연구」, 『중앙고고연구』 12, 중앙문화재연구원.

朴泰祐, 2006, 「月坪洞山城 城壁 築造技法과 時期에 대한 檢討」, 『百濟文化』 35, 공주대학교 백제문화연구소.

반영환, 1991, 『한국의 성곽』, 대원사.

山本孝文, 2013, 「百濟의 泗沘遷都와 周邊聚落의 動向」, 『韓日聚落研究』, 韓日聚落研究會.

三江文化財研究院, 2009, 『金海 官洞里 三國時代 津址』.

徐程錫, 1999,「羅州 會津土城에 대한 檢討」,『百濟文化』28, 공주대학교 백제문화연구소.

蘇培慶, 2008,「古道路의 工學的 側面에 관한 硏究」, 경남대학교 석사학위논문.

小山田宏一, 2003,「백제의 토목기술」,『古代 東亞細亞와 百濟』, 충남대학교 백제연구소.

신동조·박정욱, 2013,「부산 연산동 고총고분군의 조사 방법과 축조 기술」,『삼국시대 고총고분 축조 기술』, 진인진.

沈光注, 2010,「漢城百濟의 '烝土築城'에 대한 硏究」,『鄕土서울』76, 서울特別市史編纂委員會.

심정보, 2013,「성곽문화재 조사의 현재와 미래」,『성곽 조사방법론』, 한국문화재조사연구기관협회 편.

안경숙, 2013,「낙랑 출토 식점 천지반 고찰」,『科技考古硏究』19, 아주대학교 박물관.

여호규, 2005,「高句麗 國內 遷都의 시기와 배경」,『한국고대사연구』38.

우리문화재연구원, 2010,『咸安 伽倻里 堤防遺蹟』.

_____, 2012,『蔚山 藥泗洞 遺蹟』.

울산박물관, 2013,『蔚山鐵文化』.

俞炳琭, 2013,「三國時代 嶺南地方의 特殊集落 檢討」,『韓日聚落硏究』, 韓日聚落硏究會.

尹武炳, 1976,「金堤 碧骨堤 發掘報告」,『百濟硏究』7, 충남대 백제연구소.

_____, 1984,『木川土城發掘調査報告書』, 忠南大學校博物館·獨立紀念館建立推進委員會.

李康承·朴淳發·成正鏞, 1994,『神衿城』, 忠南大學校博物館.

이동주, 2002,「密陽 守山堤 水門의 發掘調査와 性格」,『石堂論叢』36, 동아대학교.

이명호, 2009,「익산 왕궁성의 대지조성과 성벽 축조방식에 관한 연구」,『익산 왕궁리유적의 조사 성과와 의의』, 國立扶餘文化財硏究所.

李保京, 2010,「蔚山 藥泗洞 堤防遺構」,『古代 동북아시아의 水利와 祭祀 -鳥城里에서 藥泗洞까지-』, 대한문화유산연구센터·우리문화재연구원.

이성호, 2012,「역사도시 연구를 위한 고대 지형복원 -백제 사비도성을 중심으로-」, 한양대학교 석사학위논문.

이송·채점식·김홍철, 2010,『새로운 토목시공학』, 기문당.

李承烈, 2012,「達城 城下里 1號墳의 構造와 築造方法」,『生産과 流通』, 嶺南考古學會·九州考古學會 제10회 합동고고학대회.

이일갑, 2013 A,「해자」,『성곽 조사방법론』, 한국문화재조사연구기관협회 편.

_____, 2013 B,「기타 방어시설」,『성곽 조사방법론』, 한국문화재조사연구기관협회 편.

이진주·곽종철, 2013,『고고학에서의 층 -이론·해석·적용-』, 한국문화재조사기관협회 편.

李春先, 2010,『金海 鳳凰洞 土城址』, 東西文物硏究院.

이한상, 2002,「우리나라 古代 水利施設과 守山堤」,『石堂論叢』36, 동아대학교.

이헌재·이병훈·김현경·반은미, 2012, 『소근산성 -학술발굴조사 보고서-』, 경기도박물관.

이혁희, 2013, 「한성백제기 토성의 축조기법과 그 의미」, 『韓國考古學報』89, 韓國考古學會.

林永珍·趙鎭先, 1995, 『會津土城Ⅰ -1993年度 發掘調査-』, 百濟文化開發研究院·全南大學校博物館.

임지나, 2013, 「영암 자라봉고분의 조사 방법과 축조 기술」, 『삼국시대 고총고분 축조 기술』, 진인진.

전덕재, 2009, 『신라 왕경의 역사』.

전용호·이진우, 2013, 「영암 옥야리 방대형고분의 조사 방법과 축조 기술」, 『삼국시대 고총고분 축조 기술』, 진인진.

井上主稅, 2003, 「大邱 花園 城山里 1號墳 墳丘築造方法의 檢討」, 『大邱 花園 城山里 1號墳』, 慶北大學校博物館.

정인태, 2011, 「창녕지역 고분 조사현황 및 성과」, 『백제와 낙동강』, 백제학회 제9회 정기발표회.

정재영, 2007, 『건축기술의 역사』, 글누리.

조성원, 2013, 「창녕 교동 7호분의 봉토 축조기법 검토」, 『삼국시대 고총고분 축조기술』, 진인진.

曹永鉉, 1993, 「封土墳의 盛土方式에 관하여 -區分盛土現象을 中心으로-」, 『嶺南考古學』13, 嶺南考古學會.

최경규, 2013, 「함안 말이산고분군 봉분 축조기법」, 『2013년 가야고분 조사·연구발표자료집』, 국립가야문화재연구소.

崔鍾圭, 2007, 「風納土城의 築造技法」, 『風納土城 -500년 백제왕도의 비전과 과제-』, 풍납토성 발굴10주년기념 제16회 문화재연구 국제학술대회, 국립문화재연구소.

忠南大學校博物館, 2002, 『唐津 合德堤』.

한강문화재연구원, 2010, 「한강변에 위치한 원삼국시대의 대규모 분묘유적 - 김포 운양동유적」, 『2009 한국고고학저널』, 국립문화재연구소.

한국고고학회, 2011 『한국고고학강의』개정판.

許眞雅, 2010, 「성토대지 조성을 통해 본 사비도성의 공간구조 변화와 운용」, 『湖西考古學』22, 호서고고학회.

홍보식, 2013, 「고총고분의 봉본 조사 방법과 축조 기술」, 『삼국시대 고총고분 축조 기술』, 진인진.

중문

吉林省文物考古研究所·集安市博物館 編著, 2004, 『集安高句麗王陵』.

唐寰澄, 1995, 『中國科學技術史 橋梁卷』科學出版社.

社會科學院考古研究所, 1996, 『北魏洛陽永靈寺』.

楊鴻勛, 1987, 「戰國中山王陵及兆域圖研究」, 『考古學報』1980-2.

王振鐸, 1963, 「司南指南金與羅經盤」, 『中國考古學報』193-3.

殷滌非, 1960, 「安徽省壽縣安豊塘發見漢代閘壩工程遺址」, 『文物』1960-1.

일문

甘木市敎育委員會, 1997, 『鬼の枕古墳』.

甘粕健, 1984, 「古墳の造營」, 『土木』, 講座 日本技術の社會史 第6卷, 日本評論社.

江浦洋, 2008, 「古墳築造と土のう積み工法」, 『季刊考古學』102.

堺市敎育委員會, 1989, 「百舌鳥大塚山古墳發掘調査報告」, 『堺市文化財調査報告』40.

高橋裕, 1990, 『河川工學』, 東京大學出版會.

高槻市敎育委員會, 1999, 「史跡・今城塚古墳 -平成10年度・第2次規模確認調査-」.

古代を考える会, 1977, 「河內古市大溝の檢討」, 『古代を考える』11.

工樂善通, 1995, 「古代築堤における敷葉工法」, 『文化財論叢』奈良國立文化財研究所創立40周年記念論文集.

國立歷史民俗博物館, 2005, 『東アジア中世海道 -海商・港・沈沒船-』.

近江俊秀, 2006, 『古代國家と道路』, 靑木書店.

奈良國立文化財研究所・朝日新聞大阪本社企劃部, 1989, 『平城京展』.

大津市歷史博物館, 1993, 『古代の宮都 よみがえる大津京』.

大阪歷史博物館, 2004, 『特別展 古代都市誕生』.

渡邊惠里子, 2008, 「上東遺跡の波止場狀遺構」, 『季刊考古學』102.

都出比呂志, 2000, 『王陵の考古学』, 岩波新書.

杜石然 외(川原秀成 외 역), 1982, 『中國科學技術史 上』, 東京大學出版會.

藤井寺市敎育委員會, 1989, 『岡古墳』.

_____, 2003, 『石川流域遺蹟跡群發掘調査報告 XVIII』.

木全敬藏, 1984, 「測量技術」, 『土木』, 講座 日本技術の社會史 第6卷, 日本評論社.

山口啓二, 1984, 「序說」, 『土木』, 講座 日本技術の社會史 第6卷, 日本評論社.

山田隆一, 2008, 「中河內地域における古墳時代の敷葉工法」, 『大阪府立狹山池博物館研究報告』5.

三浦淸, 1986, 「出雲市大念寺古墳の築造技術 -特に土木地質學的視點から-」, 『島根考古學會誌』3.

上峰村敎育委員會, 1978, 『堤土壘跡』.

小山田宏一, 2008, 「敷葉工法の再檢討」, 『季刊考古學』102.

_____, 2009, 「天然材料を用いた土構造物の補强と保護」, 『狹山池博物館研究報告』6.

狩野久, 1984, 「都城建設」, 『土木』, 講座 日本技術の社會史 第6卷, 日本評論社.

安樂勉, 2008,「一支國の船着き場遺構」,『季刊考古學』102.

愛宕元, 1991,『中國の城郭都市』, 中公新書1014.

羽曳野市敎育委員會, 2007,『古市遺跡群 XXVIII』- 羽曳野市埋藏文化財調査報告書 58.

熊本縣敎育委員會, 2002,『鞠智城跡 -第22次調査報告-』.

曹永鉉, 2009,「古墳封土の區劃築造に關する硏究」,『古墳構築の復元的硏究』雄山閣.

靑木敬, 2013,「古墳の墳丘構造」,『考古學ジャーナル』644.

崔完奎, 2013,「金堤碧骨堤の發掘成果とその意義」,『碧骨堤の謎を探る』狹山池シンポジウム 2013.

出雲市敎育委員會, 1989『史跡今市大念寺古墳保存修理工事報告書』.

八賀晉, 1987,「都城造營の技術」,『都城の生態』, 日本の古代9, 中央公論社.

狹山池博物館, 2001,『古代の土木技術』, 開館記念特別展.

狹山池調査事務所, 1998,『狹山池 埋藏文化財編』.

고구려 도성의 구조와 경관의 변화

여호규(한국외국어대학교)

머리말

卒本의 위치와 都城 구조

국내성기의 도성 구조와 경관
- 국내성기 도성의 위치와 구조
- 국내성지의 공간구성과 도성 경관

평양성기의 도성 구조와 경관
- 전기 평양성의 위치와 도성 구조
- 후기 평양성의 공간구성과 도성 경관

맺음말

머리말

주지하듯이 고구려는 여러 차례 도성을 옮겼다. 처음에 환인桓仁지역의 졸본卒本에서 흥기하였다가 압록강가의 국내성國內城으로 도성을 옮겼는데, 427년에 다시 대동강 유역의 평양平壤으로 천도하였다. 평양지역에서도 처음에는 평양 시가지 동북쪽에 자리를 잡았다가, 586년에 현재의 평양 시가지로 옮겼다. 졸본에서 국내성, 국내성에서 평양으로 두 차례 도성을 옮겼고, 전·후기 평양성을 세분하면 세 차례나 천도를 단행했다고 볼 수 있다.

이러한 고구려의 천도遷都는 모두 외침과 같은 불가피한 상황에서 이루어진 것이 아니라, 각 시기의 대내외 상황을 고려하여 단행한 것이었다. 그러므로 고구려가 천도를 통해 대내외 정세에 맞게 국가발전 방향을 재정립하였다고 상정해볼 수 있다. 아울러 그러한 국가발전 방향이 도성이라는 공간에 고스란히 담겨 있을 가능성도 상정해 볼 수 있다. 도성을 통해 고구려사의 전개양상을 재조명해 볼 수 있는 것이다.

현재까지의 고고조사에 따르면 두 번째 도성인 국내성은 평지성과 산성의 세트로 이루어져 있고, 평상시 거성居城인 국내성지國內城址는 둘레 2.7km로서 규모가 비교적 작은 편이다. 이에 비해 마지막 도성인 평양성은 평양성과 산성을 결합한 평산성平山城으로서 외곽 둘레만 16km에 이르며, 내부에 대규모 인구를 수용할 수 있는 시가지를 조영했다. 국내성과 후기 평양성을 대비해보면 도성의 구조나 경관이 확연하게 변모하였음을 알 수 있다.

이에 본고에서는 고구려 도성의 구조와 경관을 각 시기별로 비교하여 검토하고자 한다. 이를 위해 관련된 문헌사료와 고고자료를 유기적으로 연관시켜 다각도로 분석할 계획이다. 다만 아직도 도성의 위치와 관련하여 이견이 분분한 만큼 논란이 되는 각 도성의 위치부터 비정한 다음, 도성의 공간범위와 내부구조에 유의하면서 경관의 변화양상을 고찰할 계획이다. 아울러 성벽과 성곽 시설, 그리고 시가지 건설과 연관된 토목기술에도 유의하면서 논지를 전개할 계획이다.[1] 이를 통해 도성이라는 공간에 고스란히 담겨있을 고구려사의 전개양상을 새롭게 이해할 수 있기를 기대한다.

---

1) 삼국시기 도성제 연구현황은 민덕식, 2006, 「삼국시대의 도성제」, 『한국고대사연구입문(2)』, 신서원; 여호규, 2007, 「삼국시기 도성사 연구의 현황과 과제」, 『역사문화연구』26, 그리고 고구려 도성의 전개양상은 임기환, 2003, 「고구려 도성제의 변천」, 『한국의 도성: 도성 조영의 전통』, 서울시립대 서울학연구소; 기획편집위원회 편, 2009, 『고구려 유적의 어제와 오늘(1, 도성과 성곽)』, 동북아역사재단; 박순발, 2012, 「고구려의 都城과 墓域」, 『한국고대사탐구』12 등 참조.

• 卒本의 위치와 都城 구조

고구려의 첫 번째 도성은 비류수^{沸流水} 유역의 졸본[홀본^{忽本}]으로 전하는데,²⁾ 비류수는 압록강 지류인 혼강^{渾江}, 졸본은 혼강 유역에서 들판이 가장 넓은 환인분지 일대로 비정된다. 졸본의 구체적 위치에 대해서는 종래 환인분지에서 가장 웅장한 오녀산성^{五女山城},³⁾ 환인분지 중심부에 위치한 하고성자고성^{下古城子古城},⁴⁾ 그리고 혼강과 부이강^{富爾江} 합류지점 부근의 나합성^{喇哈城}⁵⁾ 등으로 비정하는 견해가 제기되었다.⁶⁾

그런데 이규보의 「동명왕편^{東明王篇}」에 따르면 시조 주몽이 고구려를 건국한 직후 골령^{鶻嶺}에 성곽과 궁실을 조영하였는데, 골령은 구름이 짙게 끼면 잘 보이지 않을 정도로 높은 산에 위치했다.⁷⁾ 이와 유사한 기사는 『삼국사기』 고구려본기에서도 확인되며,⁸⁾ 「광개토왕릉비」(이하 '능비'로 줄임)에도 '홀본^{忽本}의 서쪽 산상^{山上}에 성곽을 쌓고 도읍을 세웠다'라고 기술하고 있다.⁹⁾ 이로 보아 고구려가 건국 직후에 성곽과 궁실을 조영했다는 골령은¹⁰⁾ 환인분지 어디에서 보라도 웅장한 높은 산에 위치했다고 파악된다.

이에 많은 학자들이 골령을 환인분지에서 가장 웅장하며 신비로운 느낌마저 드는 오녀산성으로 비정한다(그림 1).¹¹⁾ 실제 오녀산은 해발 800m가 넘는 높은 산으로서 정상부에는 남북 600m, 동서 110-200m의 평탄한 개활지와 샘까지 갖춘 천혜의 요새지이다(그림 2). 이곳에서는 신석기시대, 청동기~초기철기시대를 포함하여 고구려 초기, 중기, 요금대 등 모두 5시기의 문화층이 확인되었

---

2) 『三國史記』 高句麗本紀1 동명성왕 즉위년조 : "與之俱至卒本川(魏書云至紇升骨城.), 觀其土壤肥美, 山河險固, 遂欲都焉. 而未遑作宮室, 但結廬於沸流水上居之. 國號高句麗, 因以高爲氏."
3) 魏存成, 1985, 「高句麗初·中期的都城」, 『北方文物』 1985-2.
   李殿福·孫玉良, 1990, 「高句麗的都城」, 『博物館研究』 1990-1.
4) 蘇長淸, 1985, 「高句麗早期平原城」, 『遼寧丹東本溪地區考古學術討論文集』.
   梁志龍, 1992, 「桓仁地區高句麗城址槪述」, 『博物館研究』 1992-1.
   차용걸, 1993, 「고구려 전기의 도성」, 『국사관논총』 48.
5) 盧泰敦, 1999, 「고구려의 기원과 국내성 천도」, 『한반도와 중국 동북 3성의 역사와 문화』, 서울대 출판부; 2012, 「고구려 초기의 천도에 관한 약간의 논의」, 『한국고대사연구』 68 및 Mark E. Byington, 2004, 「Problems Concerning the First Relocation of the Koguryo Capital」, 『고구려의 역사와 문화유산』, 서경문화사; 王從安·紀飛, 2004, 「卒本城何在」, 『東北史地』 2004-2.
6) 卒本의 위치와 구조에 대한 아래 서술은 여호규, 2005, 「高句麗 國內 遷都의 시기와 배경」, 『한국고대사연구』 38, pp.51~60을 수정 보완한 것임을 밝혀둔다.
7) 「東明王篇」: "七月, 玄雲起鶻嶺, 人不見其山, 唯聞數千人聲, 以起土功. 王曰, 天爲我築城. 七日雲霧自散, 城郭宮臺自然成. 王拜皇天就居."
8) 『三國史記』 고구려본기1 동명성왕 3년 7월조 및 4년 4월조, 7월조.
9) 「광개토왕릉비」: "於沸流谷忽本西, 城山上而建都焉."
10) 『魏書』 권100 고구려전에 나오는 '紇升骨城'도 鶻嶺과 동일한 실체로 파악된다.
11) 魏存成, 1985, 앞의 글, pp.28~29; 李殿福·孫玉良, 1990 앞의 글, pp.36~38.

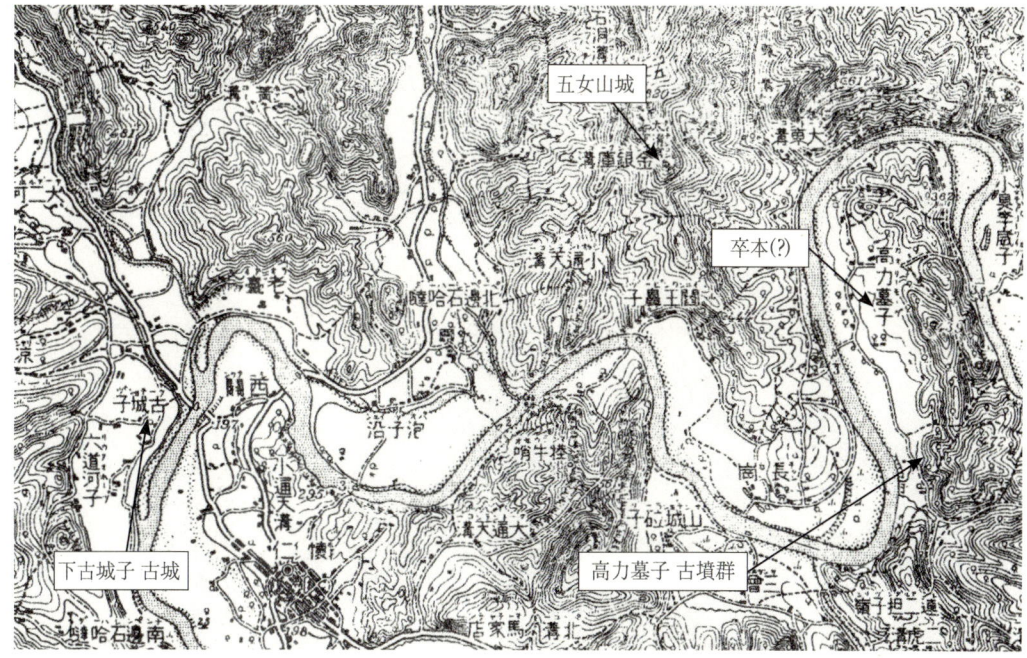

그림 1
桓仁 五女山城 주변의 지형 (滿洲10만분의 1지형도)

다.[12] 오녀산은 고구려 건국 이전부터 방어시설이나 각종 의례용 성소[聖所]로 활용되었던 것이다.[13]

따라서 주몽집단이나 그를 이은 계루집단[桂婁集團]도 혼강 연안 나아가 압록강 중상류 일대 전체의 맹주권을 장악한 다음 이를 상징적으로 표출하기 위해 오녀산에 건도[建都]했을 것으로 파악된다. 오녀산성에서 확인된 고구려 초기 유적은 이러한 가능성을 잘 보여준다. 오녀산성에서는 병사 초소를 비롯하여 고구려 시기의 대형건물지 3기와 주거지 12기가 확인되었는데, 이 중 1호 대형건물지와 주거지 4기는 고구려 초기 유적이다.[14]

특히 1호 대형건물지는 길이 13.8m, 너비 6~7.2m로서 전면이 6칸인 초석 건물인데, 전한대[前漢代]의 반량전[半兩錢]·오수전[五銖錢] 및 왕망대[王莽代]의 화천[貨泉]·대천오십[大泉五十] 등의 화폐가 출토되었다(그림 3).[15] 1호 대형건물지는 고구려 건국 초기의 유적으로서 일반 거주시설이라기 보다는 특수한 용도의 건물로 추정된다. 이에 보고자들은 1호 대형건물지를 고구려 초기 도성의 궁전 등과 연관된 건축물로 파악하고 있다.[16] 이로 보아 기원을 전후한 시기에 고구려 건국을 주도한 주몽집단이

---

12) 梁志龍, 1992, 앞의 글, pp.68~69; 遼寧省文物考古研究所, 2004『五女山城』文物出版社, pp.49~72 및 pp.284~285; 오강원, 2005, 「오녀산과 환인지역의 청동기사회와 문화」, 『북방사논총』3, pp.39~48.
13) 노태돈, 1999, 앞의 글, pp.335~338; 2012 앞의 글, p.24.
14) 遼寧省文物考古研究所, 2004, 앞의 책.
15) 桓仁縣滿族自治縣文物志 편찬위원회, 1990, 『桓仁縣滿族自治縣文物志』, pp.117~118.
16) 遼寧省文物考古研究所, 2004, 앞의 책, p.294.

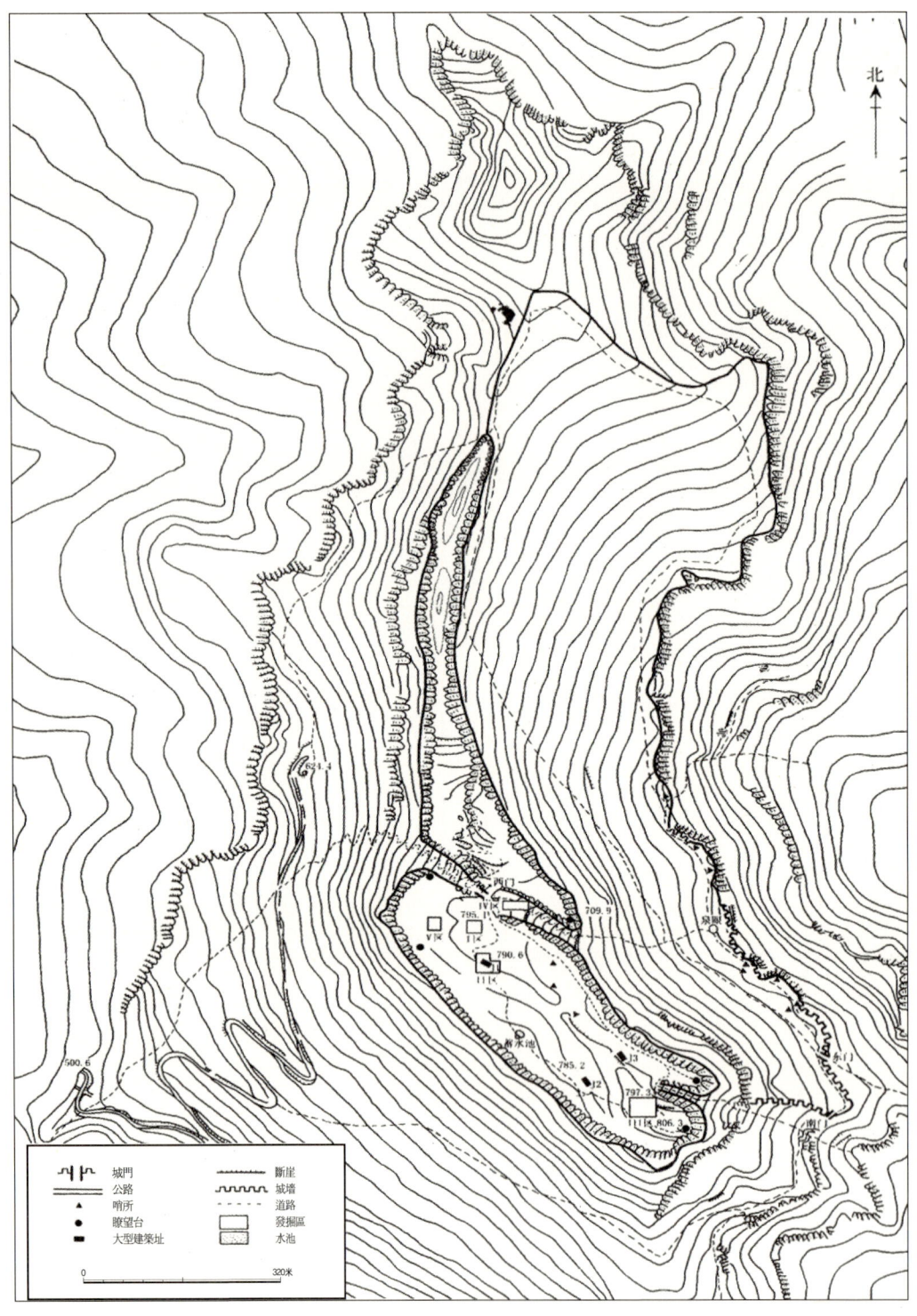

그림 2 ─

桓仁 五女山城 평면도(『五女山城』, p.14)

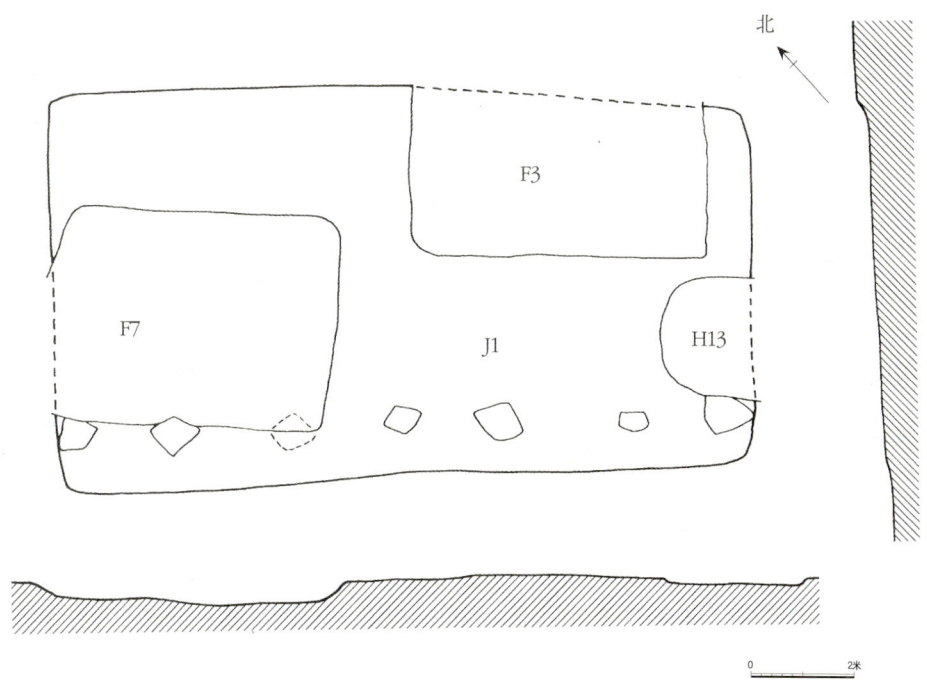

그림 3
桓仁 五女山城 1호 대형 건물지(『五女山城』, p.73)

나 그를 이은 계루집단이 오녀산성을 도성으로 활용했다고 추정된다. 5세기 초 고구려인들이 시조 주몽의 건도지로 인식했던 골령 곧 능비의 '홀본 서쪽 산상'은 오녀산성으로 비정되는 것이다.[17]

그런데 오녀산성은 정상부에 평탄한 개활지와 샘까지 갖춘 천혜의 요새지이지만, 해발 800여m가 넘으며, 경사가 조금 완만한 동쪽 산기슭을 제외하면 사방이 깎아지른 수직 절벽으로 둘러싸여 있다.[18] 방어거점이나 의례공간으로는 천혜의 조건을 갖추고 있지만, 일상적으로 거주하기 위한 도성으로는 주변의 배후지와 지나치게 격리되어 있는 것이다. 따라서 주몽집단이나 그를 이은 계루집단이 오녀산성을 도성으로 사용하였다 하더라도, 이를 평상시 거성居城으로 삼았다고 보기는 어렵다.

---

17) 최근 桓仁 五女山城을 유리왕 22년에 천도했다는 國內 尉那巖城으로 비정하는 견해가 강하게 제기되고 있다 (노태돈, 1999, 앞의 글; Mark E. Byington, 2004, 앞의 글; 심광주, 2005, 「고구려 국가형성기의 성곽연구」, 『고구려의 국가형성』, 고구려연구재단). 특히 노태돈 교수와 Mark E. Byington 박사는 朱蒙의 建都地인 卒本을 富爾江·渾江 합류처 부근으로 비정한 다음, 渾江 유역 내부에서의 천도를 상정하고 있다. 그런데 건국설화상 주몽은 卒本 그 자체가 아니라 서쪽 山上[鶻嶺]에서 建都했다고 하는데, 富爾江·渾江 합류지점 부근의 山上에서 朱蒙의 建都地로 비정할 만한 유적은 확인된 바 없다. 현재까지 확보된 자료만 놓고 본다면, 주몽이 建都했다는 山上[鶻嶺]은 五女山城일 가능성이 가장 높다. 초기 도성의 위치에 대한 논의는 朱蒙의 建都地와 國內 尉那巖城 가운데 어느 것을 기준으로 삼느냐에 따라 다른 양상을 띨 수밖에 없는데, 관련 사료가 풍부한 朱蒙의 建都地를 기준으로 삼는 것이 더 적절하다고 생각한다.

18) 遼寧省文物考古研究所, 2004, 앞의 책, pp.3~4.

이와 관련하여 『삼국사기』 고구려본기에서 주몽이 처음에 '비류수상沸流水上'에 정착했다고 서술한 사실이 주목된다. 능비의 '산상山上'이 군사요충지나 성스러운 의례공간으로서의 면모를 보여준다면, '수상水上'은 어로와 농경 등 생산 활동에 적합한 지형을 반영한다. 이로 보아 졸본 도성은 기능에 따라 '수상'과 '산상'으로 분리되어 있었다고 파악된다. 즉 평상시에는 경제활동 중심지인 충적평원 곧 '수상'에 거주하다가, 비상시에는 '산상'으로 대피하였고, 각종 의례를 거행할 때에도 산상을 성소로 활용했다고 파악된다.[19]

능비의 서술방식도 이러한 가능성을 시사한다. 능비에서 '홀본'은 추모왕鄒牟王이 건도했다는 '산상'이나 승천昇天하였다는 '동강東岡'의 위치를 나타내는 기준점이다.[20] 특히 '홀忽'이라는 고구려어는 '고을'이나 '성'을 뜻한다. 따라서 능비의 홀본은 산상에 위치한 오녀산성이 아니라 '산상 성곽'의 동쪽 평지에 위치한 평상시 거점을 지칭한다고 보아야 한다. 고구려 첫 번째 도성인 졸본은 '수상(홀본=졸본)'과 '산상(골령)'으로 상징되는 평상시 거점과 비상시 군사방어성으로 구성되어 있었던 것이다. 고구려가 건국 초기부터 평지의 평상시 거점과 산상의 군사방어성으로 이루어진 도성 체계를 구축했던 것이다.

종래 졸본의 후보지로 오녀산성과 더불어 혼강 연안의 하고성자고성이나 나합성 등이 많이 거론되었다. 이 중 오녀산성은 산상의 군사방어성으로서 그 자체를 졸본과 등치시킬 수는 없다. 혼강변에 위치한 하고성자고성은 둘레 약 1km로서 기와와 토기 등의 출토양상으로 보아 고구려 시기에 사용했던 평지성임은 명확하다.[21] 그런데 하고성자고성은 오녀산성의 서남쪽에 위치하였는데, 홀본[졸본]이 산상 성곽의 동쪽에 위치했다는 능비의 서술과 방향이 다르다. 능비의 서술을 존중한다면, 하고성자고성을 졸본으로 비정하기는 힘든 것이다.

나합성은 부이강과 혼강이 합류하는 교통로상의 요충지에 위치하였는데, 종래 쐐기형 성돌로 성벽을 축조하였다고 하여 고구려 시기의 평지성으로 파악하였다.[22] 그렇지만 아직까지 고구려 시기의 유물이 출토된 바 없고, 주변에 고구려 초기의 고분군이나 유적이 널리 분포한 것도 아니다.[23] 나합성을 고구려 시기의 성곽으로 단정하기는 쉽지 않은 것이다. 더욱이 나합성이 오녀산성 동쪽에 위치하였지만, 직선거리로 15km 이상 떨어져 있고, 만곡이 심한 혼강 연안로를 거슬러 가면 30km 이상이 된다. 국내성이나 전기 평양성의 평지성과 산성이 2~5km 정도의 가까운 거리에

---

19) 五女山城에서 고구려 초기 유적이 상대적으로 적게 확인된 사실도 이를 시사한다(遼寧省文物考古研究所, 2004, 앞의 책 및 양시은, 2005, 앞의 글 참조).
20) 「광개토왕릉비」: "於沸流谷忽本西, 城山上而建都焉. 不樂世位, 因遣黃龍來下迎王. 王於忽本東岡, 履龍頁昇天."
21) 下古城子古城은 渾江 수면보다 약 5m 정도 높은데, 서벽만 온전히 남아 있고 나머지 벽은 많이 유실되었다. 1987년도 실측 자료에 따르면 서벽의 길이는 264m, 일부가 유실된 남벽과 북벽은 212m와 237m, 전체가 유실된 동벽은 226m 등으로 추정된다(梁志龍, 1992, 앞의 글, p.67).
22) 梁志龍, 1992, 앞의 글, p.67.
23) 王從安·紀飛, 2004, 앞의 글, pp.43~46.

위치한 사실을 고려하면, 나합성을 오녀산성의 평상시 거점성으로 보기는 힘들다.

그러므로 능비의 서술을 존중한다면, 졸본[홀본]은 산상[골령] 성곽인 오녀산성 바로 동쪽의 혼강 연안에 위치했다고 보는 것이 가장 타당하다. 다만 이 지역은 현재 환인桓仁댐 수몰 지구이며, 수몰 이전에 성곽 유적이 확인된 적도 없기 때문에 졸본의 구체적인 위치를 비정하기는 힘들다. 이와 관련하여 오녀산성에서 동남쪽 5km 거리에 위치한 고력묘자高力墓子 고분군에 유의할 필요가 있다(그림 1).

고력묘자 고분군도 환인댐 건설로 수몰되었지만, 1950년대 조사에서 약 240여기의 고분을 확인한 바 있다. 이는 당시 환인현 일대에서 조사된 고구려 고분(24곳 750여기)의 1/3을 차지하는 규모이다. 고분군은 남쪽 언덕에서 북쪽의 고력묘자촌 일대까지 뻗어 있는데, 남북 길이가 1km에 달하며, 남단에는 대형 적석묘 70~80여기가 집중 분포해 있다.[24] 고분이 장기간 조영되었음을 유추할 수 있는데, 고구려 초기 토기가 다수 출토되어 건국 초기인 서기 1세기 또는 그보다 조금 이른 시기부터 조영되었다고 파악된다.[25]

따라서 능비의 서술처럼 졸본[홀본]이 오녀산성 동쪽의 혼강 연안에 위치했다면, 고력묘자 고분군은 이곳에 살던 사람이 남긴 유적으로 추정된다. 졸본은 환인댐 건설 이전에 고력묘자촌이 위치하였던 혼강 연안 일대로 비정할 수 있는 것이다(그림 1).[26] 다만 이곳에서 성곽이 발견되지 않았다는 사실과 관련하여 능비를 비롯하여, 「동명왕편」이나 『삼국사기』 등의 건국설화에 평지성을 축조하였다는 기술이 없고, 모두 산상[골령]의 성곽만 언급한 점에 주목할 필요가 있다. 이는 첫 번째 도성인 졸본 지역의 경우, 평상시 거점에는 성곽을 축조하지 않고, 비상시 방어시설이자 의례용 성소인 산상[골령]에만 성곽을 축조하였을 가능성을 시사한다.[27]

도성을 표상하는 인공시설이라는 관점에서 본다면, 성곽과 궁실을 조영했다는 골령[산상]의 군사 방어성이 평상시 거점보다 더 중요시되었을 가능성이 높은 것이다. 더욱이 골령[산상]으로 비정되는 오녀산성은 환인분지 어디에서 보다라도 신비롭고 웅장한 모습을 띠고 있다. 이 지역의 맹주가 자신의 정치적 권위를 표출하기에는 더없이 좋은 지형조건인 것이다. 이에 주몽집단[계루집단]도 이 지역의 맹주권을 장악한 다음, 오녀산[골령]에 성곽과 궁궐을 조영하고 각종 의례공간을 마련하여 맹주로서의 위상을 상징적으로 표출했다고 추정된다. 그리고 건국설화에서는 이러한 인공시설물이 마치 하늘[천]의 도움으로 저절로 조영된 것처럼 신비롭게 묘사했던 것이다(「동명왕편」).

이상과 같이 첫 번째 도성인 졸본[홀본]은 평상시 거점과 비상시 군사방어성으로 이루어져 있

---

[24] 陳大爲, 1960, 「桓仁縣考古調査發掘簡報」, 『考古』 1960-1.
[25] 陳大爲, 1981, 「桓仁高句麗積石墓的外形和內部結構」, 『遼寧文物』 1981-2; 万欣·梁志龍, 1998, 「遼寧桓仁縣高麗墓子高句麗積石墓」, 『考古』 1998-3.
[26] 최근 梁志龍, 2008, 「關于高句麗建國初期王都的探討-以卒本和紇升骨城爲中心」, 『卒本 시기의 고구려 역사연구』, 동북아역사재단, pp.36~38에서도 陵碑의 서술과 高力墓子 고분군을 근거로 高力墓子村 일대를 卒本으로 비정한 바 있다.
[27] 이와 관련하여 「그림 3」에서 보듯이 渾江 左岸의 高力墓子村 일대에는 渾江과 주변의 산줄기가 천혜의 방어벽을 형성하고 있다는 사실도 고려할 필요가 있다.

었다. 골령에 축조했다는 비상시 군사방어성은 환인 오녀산성, 평상시 거점인 졸본[홀본]은 오녀산성 동쪽 환인댐 수몰지구의 고력묘자촌 일대로 각기 비정되는데, 그 남쪽에는 고분군이 펼쳐져 있다. 평상시 거점과 고분군, 비상시 군사방어성이 어우러져 초기 도성의 경관을 형성하였던 것이다. 또한 현전하는 자료만 놓고 본다면, 평상시 거점에는 성곽을 축조하지 않았고, 산상의 군사방어성이 더 중요시되었을 가능성이 높다. 다만 자료상의 한계로 도성의 내부구조나 경관을 구체적으로 복원하기는 힘들다.

• 국내성기國內城期의 도성 구조와 경관

국내성기 도성의 위치와 구조

『삼국사기』에 따르면 고구려는 유리왕대에 졸본에서 국내로 천도하고 위나암성尉那巖城을 축조했으며, 산상왕대에는 환도성을 축조하여 이도移都했다고 한다.[28] 반면 중국의 역사서인 『삼국지』에는 공손씨公孫氏 정권의 침공으로 도성이 파괴되자 산상왕이 '새로운 도성을 건설했다[갱작신국]'고 한다.[29] 이에 종래 졸본에서 국내로의 천도 시기를 둘러싸고 유리왕대설과 산상왕대설이 팽팽하게 맞섰으며, 최근에는 국내 위나암성을 환인 오녀산성으로 비정하고 유리왕대의 기사를 졸본 지역 내에서의 천도로 이해하는 견해도 제기되었다.[30]

그런데 졸본과 국내 위나암이 모두 혼강 유역에 위치했고, 더욱이 위나암이 환인분지에서 가장 웅장한 오녀산이라면, 졸본에 거주하던 왕이나 고구려인들이 평소 국내 위나암 일대의 지세를 잘 알고 있었을 것이다. 그런데 『삼국사기』 유리왕 21년조에는 희생을 담당한 관리[장생]가 잃어버린 희생용 돼지[교시]를 쫓다가 국내 위나암에 이르렀다며, 이 지역의 지형을 상세히 기술하고 있다. 그리고 이를 들은 왕이 직접 행차하여 이 지역의 지세를 관찰한 다음 천도를 단행했다고 한다.[31] 이는 국내 위나암이 졸본과 멀리 떨어져 있었고, 왕이 종전에는 잘 알지 못했던 지역일 가능성을 시사한다.

두 지역은 혼강 유역 내의 지근거리가 아니라, 최소한 권역을 달리할 정도로 떨어져 있었다고 보아야 한다. 그러므로 현재의 고구려 유적 분포상황으로 보아 졸본이 혼강 연안의 환인분지 일대로

---

28) 『三國史記』 고구려본기1 유리명왕 22년조 및 고구려본기4 산상왕 2년, 13년조.
29) 『三國志』 권30 위서 제30 동이전 고구려전.
30) 國內 遷都 관련 연구동향에 대해서는 盧泰敦, 1999, 앞의 글; 2012, 앞의 글 참조.
31) 『三國史記』고구려본기1 유리명왕 21년: "春三月, 郊豕逸. 王命掌牲薛支逐之. 至國內尉那巖得之, 拘於國內人家, 養之. 返見王曰 臣逐豕至國內尉那巖, 見其山水深險, 地宜五穀, 又多麋鹿魚鱉之産. 王若移都, 則不唯民利之無窮, 又可免兵革之患也. (중략) 九月, 王如國內觀地勢, 還至沙勿澤, 見一丈夫坐澤上石. 謂王曰 願爲王臣. 王喜許之, 因賜名沙勿, 姓位氏."

비정된다면, 국내 위나암은 압록강 중류연안의 집안분지集安盆地 일대에 위치했다고 상정할 수밖에 없다. 유리왕 22년 국내 천도 기사는 졸본에서 집안분지로의 천도를 반영한다고 보는 것이 가장 타당한 것이다. 다만 고구려본기 초기 기사는 윤색된 부분이 많으므로 국내 천도 시기를 유리왕대로 단정하기는 힘들다. 제반 상황을 종합하면 국내 천도는 초기 국가체제가 확립되던 1세기 중후반에 단행되었다고 생각된다.[32]

또한 전술하였듯이 고구려는 졸본에서 평상시 거점과 군사방어성의 도성체계를 구축했다. 그러므로 국내 천도 이후에도 평상시 거점과 군사방어성을 별도로 마련했을 텐데, 한군漢軍이 침공하자 위나암성에 입보入堡하여 농성전을 전개한 사실은 이를 잘 보여준다.[33] 위나암성은 평상시 거점성이 아니라 비상시 군사방어성이었던 것이다. 더욱이 산상왕이 환도성을 축조하기 직전에 공손강公孫康의 침공을 받아 도성[국]이 파괴된 상태였다. 산상왕[이이모]의 '갱작신국更作新國' 기사에서 '신국新國'에 대비되는 '고국故國'은 졸본이 위치한 비류수가 아니라 공손강이 파괴했다는 '국國'으로 보아야 한다.[34] 공손강이 파괴한 국은 환도성과 전혀 별개의 지역이 아니라, 동일 지역 내에 위치한 평상시 거점일 가능성이 높은 것이다.

이로 보아 산상왕이 축조한 환도성은 국내 도성 전체가 아니라, 비상시 군사방어성만을 지칭한다고 파악된다. 즉 산상왕의 환도성 이도는 공손씨 정권의 침공으로 평상시 거점이 파괴된 이후, 파괴된 국을 대체하고 또 다른 침공에 대비하기 위해 국내지역의 평상시 거점에서 군사방어성으로 거처를 옮긴 것을 가리킨다고 파악된다. 다만 고구려는 이때 환도성으로 이도한 다음 대내외 정세로 인해 평상시 거점으로 환거還居하지 못하고, 244년 조위曹魏 관구검의 침공시까지 장기간 환도성을 임시 왕성으로 삼았다. 이에 『삼국지』고구려전에서 "이이모[산상왕]가 신국[신도성]을 조영했는데 금일今日 곧 관구검이 고구려를 침공했을 때의 도성도 이곳이다"라고 기술했던 것이다.[35]

고구려는 국내로 천도한 다음 처음에는 위나암성을 군사방어성으로 삼았다가 산상왕대에 환도성을 축조했다. 이에 이들 각 성의 위치에 대해 다양한 견해가 제기되었는데, 특히 초창기 연구에서는 국내성과 환도성이 전혀 다른 지역에 위치했다는 이처설異處說,[36] 같은 성곽에 대한 다른 명칭

---

32) 구체적인 논의는 여호규, 2005, 앞의 글, pp.64~80 참조.
33) 『三國史記』고구려본기2 대무신왕 11년 7월조.
34) 『梁書』·『北史』고구려전에는 "建安中, 公孫康出軍擊之, 破其國, 焚燒邑落, 降胡亦叛伊夷摸, 伊夷摸更作新國." 라고 하여 公孫康에 의해 파괴된 '國'과 '新國'의 관계를 잘 보여준다.
35) 이상의 논의는 여호규, 2005, 앞의 글, pp.40~51 참조.
36) 丁若鏞『大韓疆域考』권3 國內考 및 丸都考.
　　那珂通世, 1894, 「朝鮮古史考: 제4장 高句麗考」, 『史學雜誌』5-9.
　　松井等, 1911, 「國內城の位置につきて」, 『東洋學報』1-2.
　　鳥居龍藏, 1914, 「丸都城及び國內城の位置に就きて」, 『史學雜誌』25-7.
　　關野貞, 1914a, 「國內城及丸都城の位置」, 『史學雜誌』25-11.

에 불과하다는 동일설同一說[37] 등이 제기되었다. 그렇지만 집안분지에 대한 고고조사가 진전되면서 국내성은 압록강변의 국내성지, 환도성은 이곳에서 서북 2.5km 거리에 위치한 산성자산성山城子山城으로 각각 확인되었다.[38] 국내성과 환도성은 동일 지역 내에 위치한 서로 다른 성곽으로서, 고구려가 국내성기에도 평상시 거점과 비상시 군사방어성을 세트로 하는 도성구조를 갖추었음을 반영한다(그림 4 참조).

다만 국내 천도 직후의 도성 위치를 정확하게 비정하기는 어렵다. 국내성지의 경우, 1975~1977년에 석성石城 아래에서 토축 성벽을 발견했다면서 국내 천도 당시에 토성土城이 존재했고, 고구려가 이를 재활용했다고 파악하기도 했다.[39] 국내로 천도한 직후의 평상시 거점은 현재의 국내성지였다는 것이다.[40] 그렇지만 2000~2003년도 발굴에서는 안쪽의 토축과 바깥쪽의 석축 부분은 동시에 축조한 것으로 밝혀졌다.[41] 성벽의 기단부나 중심부를 토축한 다음 내외벽을 석축하는 축성 방식은 최근 임진강 유역의 호로고루나 당포성 등에서도 많이 확인되고 있다. 또한 국내성지 내부에서 3세기 이전의 유물도 거의 출토되지 않았다. 국내성지에 대한 이러한 발굴결과를 존중한다면 초축 연대를 3세기 이전으로 상정하기는 힘들다.[42] 현재의 국내성지[국내성]와 산성자산성[환도성]을 세트로 하는 도성체계가 국내 천도 직후부터 성립되었다고 보기 힘든 것이다.

이와 관련하여 고구려 초기 도성에 있어서 평상시 거점의 규모나 성격에 유의할 필요가 있다. 주지하듯이 고구려는 초기에 계루부왕권이 여러 나부那部와 함께 국정을 운영했는데, 각 나부의 지배세력은 본거지에 거주하며 제가회의諸加會議 등 중요한 행사가 열릴 때만 도성을 방문했다.[43] 그리하여 도성에 거주하는 인구는 많지 않았고, 아직 도성의 경관도 뚜렷하게 형성되지 않았다.『삼국지』고구려전을 참조하면, 3세기 중반까지는 궁실과 그 좌우의 신전을 중심으로 계루부 제가의 저택과[44] 중앙귀족으로 전신한 나부의 일부 지배세력, 그리고 일반 주민의 가옥이 분포하는 정도였다. 대형 창고나 감옥시설도 갖추어지지 않은 상황이었다. 정치적 중심지로서의 도성은 존재하였지만, 많은 인구가 거주하며 다양한 건축시설을 갖춘 도성 경관은 아직 형성되지 않았던 것

---

37) 白鳥庫吉, 1914,「丸都城及國內城考」,『史學雜誌』25-4·5.
　　池內宏, 1927,「曹魏の東方經略」,『滿鮮地理歷史硏究報告』12.
　　三品彰英, 1951,「高句麗王都考」,『朝鮮學報』1.
　　武田幸男, 1989,「丸都·國內城の史的位置」,『高句麗史と東アジア』, 岩波書店.
38) 魏存成, 1985, 앞의 글; 李殿福·孫玉良, 1990, 앞의 글; 車勇杰, 1993, 앞의 글.
39) 集安縣文物保管所, 1984,「集安高句麗國內城址的調査與試掘」,『文物』1984-1, pp.49~51.
40) 魏存成, 1985, 앞의 글, p.32; 李殿福·孫玉良, 1990 앞의 글, pp.38~40.
41) 吉林省文物考古硏究所·集安市博物館, 2004a,『國內城』, 文物出版社, pp.20~22.
42) 심광주, 2005, 앞의 글, pp.177~181 및 pp.196~197.
43) 여호규, 1998,「고구려 초기의 제가회의와 천상」,『한국고대사연구』13, pp.53~61.
44) 桂婁部에 소속된 諸加의 저택이 별도로 존재했을 가능성은 고국천왕의 王弟인 發岐와 延優의 집이 왕궁 밖에 위치했다는『삼국사기』고구려본기4 산상왕 즉위년조 기사를 통해 유추할 수 있다.

이다.

그러므로 국내 천도 직후에는 졸본 지역에서처럼 평상시 거점에 성곽을 축조하지 않았을 가능성을 상정해 볼 수 있다. 실제 국내 천도 기사에는 군사방어성에 해당하는 위나암성 축조만 언급하고, 평상시 거점성을 축조했다는 명시적 표현은 없다.[45] 한군이 침공했을 때 위나암성에 입보하는 전략을 구사한 것을 보면 위나암성과 구별되는 평상시 거점이 존재한 것은 명확하지만, 성곽을 축조했을 가능성은 낮은 것이다. 더욱이 이 평상시 거점은 공손강의 침공으로 파괴되었을 뿐 아니라, 관구검 침공시까지 환도성을 임시 왕성으로 삼았기 때문에 수십 년 간 방치되어 사실상 폐허 상태였다. 이러한 상황을 고려하면, 국내 천도 직후의 평상시 거점과 관련된 유적이 현재의 지표상에 남아 있을 가능성은 매우 낮다. 국내 천도 직후의 평상시 거점을 지표상에 드러난 유적이나 유물로 규명하기는 쉽지 않은 상황인 것이다.

이와 관련하여 3세기 후반에 재위했던 서천왕西川王의 왕릉 위치와 관련한 여러 기사가 주목된다.『삼국사기』서천왕 몰년조에는 서천왕을 '서천지원西川之原'에 장사지냈다고 하며,[46] 즉위년조에는 '서천지원'을 '서양西壤'이라고도 불렀다고 나온다.[47] 그런데 봉상왕 5년조에서는 서천왕릉이 '고국원故國原'에 위치했다고 나온다.[48] 서천왕릉의 위치가 '서천지원[서양]' 또는 '고국원'이라는 두 개의 지명으로 전하는 것이다.

주지하듯이 고구려는 9대 고국천왕故國川王부터 18대 고국양왕故國壤王까지 장지명葬地名으로 왕호王號를 부여했다.『삼국사기』고구려본기 각 왕의 즉위년조에는 본문本文과 분주分註 두 계통의 왕호가 나오는데, 고국천왕이나 고국원왕의 경우 본문 왕호에는 '고국'이라는 글자가 포함된 반면 분주에는 '국양'이나 '국강상왕國罡上王'처럼 '고국'에 해당하는 글자가 '국國'으로 표기되어 있다. 여기에서 '고국'은 '구도舊都'라는 뜻이므로 즉위년조의 본문 왕호는 평양천도 이후에 재정리한 칭호, 분주 왕호는 국내성기에 부르던 원칭호로 이해된다.[49]

그런데『삼국사기』동천왕 8년조에는 고국천왕의 왕명이 '국양'으로 나온다.[50] 이 기사는 고구려

---

45)『三國史記』고구려본기1 유리명왕 22년 10월조 : "王遷都於國內, 築尉那巖城."
46)『三國史記』고구려본기5 서천왕 23년 : "王薨. 葬於西川之原, 號曰西川王."
47)『三國史記』고구려본기5 서천왕 즉위년 : "西川王(或云西壤), 諱藥盧(一云若友)."
48)『三國史記』고구려본기5 봉상왕 5년 : "秋八月, 慕容廆來侵, 至故國原見西川王墓, 使人發之, 役者有暴死者. 亦聞壙內有樂聲, 恐有神乃引退."
49) 高寬敏, 1996,『三國史記の原典の硏究』, 雄山閣, pp.117~118.
   林起煥, 2002, 「고구려 王號의 변천과 성격」,『한국고대사연구』28, pp.36~37.
50)『三國史記』고구려본기5 동천왕 8년 : "秋九月, 太后于氏薨. 太后臨終遺言曰 妾失行, 將何面目見國壤於地下? 若群臣不忍擠於溝壑, 則請葬我於山上王陵之側. 遂葬之如其言. 巫者曰 國壤降於予曰 昨見于氏歸于山上, 不勝憤恚, 遂與之戰, 退而思之, 顔厚不忍見國人. 爾告於朝, 遮我以物. 是用植松七重於陵前."

초기 취수혼娶嫂婚의 변화상을 보여줄 정도로 사료적 가치가 높은데,[51] 여기에 등장하는 우씨于氏나 무자巫者가 모두 고국천왕을 '국양'으로 지칭하고 있다. '고국천왕'이 평양천도 이후에 재정리한 왕호이고, '국양'은 국내성기의 왕호라는 사실을 상기하면, 이 기사는 국내성 시기에 기록했던 원사료의 모습을 보여준다고 여겨진다. 이는 평양천도 이후 왕호나 장지명을 재정리하여 종전의 '국'이라는 표현을 '고국'으로 수정했지만, 개별 사료의 본문까지 모두 수정하지는 않았을 가능성을 시사한다.

따라서 서천왕릉의 위치를 '고국원'으로 기술한 봉상왕 5년조도 본문 기사라는 점에서 국내성 시기의 표현으로 추정된다. 서천왕 즉위년이나 몰년 기사에 장지와 관련하여 '고국원'이라는 표현이 나오지 않는다는 사실도 이를 시사한다. 봉상왕 5년조의 '고국원'이 국내성 시기의 표현이라면, 이는 국내성역 가운데 서천왕을 장사지낸 '서천지원'을 지칭한다고 보아야 한다. 봉상왕 5년조를 정리하던 국내성 시기 곧 4세기 후반에[52] 국내성역 가운데 '서천지원' 일대를 '고국'으로 인식했다고 볼 수 있는 것이다. 이러한 추론이 성립한다면, '서천원' 일대는 집안분지 내에서 4세기 후반의 평지성이었던 국내성에 대비되는 '고국'으로서 국내 천도 직후의 초창기 도성 지역으로 설정할 수 있다.

3세기 중후반에 재위했던 왕의 호칭은 서천왕西川王을 비롯하여 동천왕東川王, 중천왕中川王 등 모두 하천 명칭을 사용하고 있다. 현재 집안분지의 하천 현황을 고려하면 중천은 통구하通溝河,[53] 서천은 마선구하麻線溝河, 동천은 태왕향의 소하천 등으로 비정할 수 있다. 집안분지 서쪽의 마선구麻線溝 일대에 서천왕의 장지가 있었고, 소수림왕대에는 이곳을 '구도'라는 뜻으로 '고국원'으로 지칭했다고 상정할 수 있는 것이다. 그러므로 국내 천도 직후의 평상시 거점 곧 공손강에 의해 파괴된 '국'은 집안분지 서쪽의 마선구 일대에 위치했다고 추정된다.

이와 관련하여 왕릉급 초대형 적석묘 가운데 초창기의 고분이 마선구 일대에 다수 분포한 사실이 주목된다. 여러 연구자의 견해를 종합하면 태왕릉 맞은편에 위치한 임강묘臨江墓는 대체로 3세기 중반의 동천왕릉으로 비정된다.[54] 임강묘보다 앞선 시기의 초대형 적석묘로는 마선구 2378호분, 산성하전창山城下塼廠 36호분, 마선구 626호분, 칠성산七星山 871호분 등 4기가 거론되고 있는데,[55] 그 중 2기가 마선구 지역에 분포하며 나머지 2기도 마선구에서 산성자산성으로 가는 길목에 위치하였다.

---

51) 盧泰敦, 1983, 「고구려 초기의 취수혼에 관한 일고찰」, 『김철준박사화갑기념사학논총』: 1999, 『고구려사연구』, 사계절, pp.178~179.
52) 『三國史記』고구려본기의 초기기록은 4세기 후반인 소수림왕-고국양왕대에 정리되었다고 파악된다(趙仁成, 1991, 「4·5세기 高句麗 王室의 世系認識 변화」, 『한국고대사연구』4).
53) 林起煥, 2003 앞의 글, p.10.
54) 정호섭, 2011, 『고구려 고분의 조영과 제의』, 서경문화사, pp.73~74의 도표 참조.
55) 吉林省文物考古研究所·集安市博物館, 2004b, 『集安高句麗王陵』, 文物出版社; 여호규, 2006, 「集安地域 고구려 초대형적석묘의 전개과정과 被葬者 문제」, 『한국고대사연구』41, pp.91~92 도표.

이상을 통해 국내 천도 직후의 평상시 거점은 집안분지 서쪽의 마선구 일대일 가능성이 높다는 사실을 추론하였다. 그럼 국내 천도와 더불어 축조하였다는 위나암성은 어디로 비정할 수 있을까? 현재 집안분지 일대에서 도성의 비상시 군사방어성으로 비정할 만한 곳은 산성자산성이 거의 유일하다. 이에 산상왕이 축조한 환도성을 산성자산성으로 비정하는 데는 거의 모든 연구자가 동의하고 있다. 특히 국내 천도 당시의 평지성을 국내성지로 상정하는 연구자들은 위나암성도 산성자산성으로 비정한 다음, 성곽 명칭이 산상왕대 이후 환도성으로 개칭되었다고 파악한다.[56]

이에 대해 위나암성을 환인 오녀산성으로 비정하는 논자는 산성자산성을 지형상 '암석지지巖石之地'에 위치하여 외부에서는 수천水泉이 없는 것처럼 보이는[57] 위나암성으로 보기 힘들며, 이곳에서 3세기 이전의 유물이 출토된 바가 없음을 강조한다.[58] 필자도 산성자산성을 외부에서 보았을 때 '수천이 없는 암석지지'로 표현하기 어렵다는 반론에 동의한다. 그렇지만 산성자산성이 산상왕대에 축조한 환도성임이 거의 명확하고, 244~245년과 342년에 조위 관구검과 전연 모용황에 의해 두 차례나 함락되었지만, 3세기 이전뿐 아니라 3~4세기대의 유물도 거의 확인되지 않고 있다.

특히 산성자산성 궁전지의 경우, 보고자들은 342년 전연의 침입으로 폐기되었다고 파악하지만,[59] 이곳에서 4세기에 유행한 권운문와당이나 4~5세기에 유행한 구획선[폭선] 연화문와당은 출토되지 않았다. 궁전지 유적의 가장 아래 문화층에서는 5세기 후반 이후에 유행한 구획선이 없는 연화문와당이 대거 출토되었다.[60] 산성자산성이 3~4세기에 임시 왕성으로 사용된 것이 명확한 만큼 일찍부터 왕궁을 조영하였겠지만, 현재의 궁전지를 국내성기에 축조했다고 보기는 어려운 것이다.[61] 그러므로 고고자료만 갖고 논의를 전개하면, 자칫 산성자산성의 조영시기를 5세기 이후로 늦추어보아야 할지도 모른다.

결국 산성자산성에서 3세기 이전의 유물이 출토되지 않았다고 하여 위나암성으로 비정할 수 없다고 단정하기 힘든 것이다. 동일한 논법을 적용하면 산성자산성을 3~4세기의 환도성으로 비정하기도 힘들기 때문이다. 또한 대무신왕大武神王 11년조의 기사가 설화적 색채가 강하며, 이 이후에는 위나암성과 관련한 기사가 등장하지 않는다는 사실도 고려할 필요가 있다. 현재까지 확인된 고고자료만으로 위나암성과 산성자산성의 관계를 단정하기 힘든 상황인 것이다. 그러므로 산성자산성

---

56) 魏存成, 1985, 앞의 글, pp.30~32 ; 李殿福·孫玉良, 1990, 앞의 글, pp.40~42.
57) 『三國史記』고구려본기2 대무신왕 11년 7월조: "豆智曰 漢人謂我巖石之地無水泉, 是以長圍, 以待吾人之困."
58) 노태돈, 2012, 앞의 글, pp.13~15; 심광주, 2005, 앞의 글, pp.163~165 및 pp.191~192.
59) 吉林省文物考古研究所·集安市博物館, 2004c, 『丸都山城』, 文物出版社, p.172.
60) 李梅, 2002, 「高句麗瓦當發現與研究」, 길림대 석사학위논문, pp.17~18; 김성구, 2005, 「고구려의 기와와 전돌」, 『한국 고대의 Global Pride 고구려』(고려대학교개교100주년기념박물관특별전도록), pp.206~207; 김희찬, 2005, 「국내성 지역에서 새로 발굴된 와당 연구」, 『고구려연구』19, pp.104~115; 김진경, 2011, 「고구려 연화문와당의 제작기법연구」, 서울대 석사학위논문, pp.66~69.
61) 여호규, 2012, 「고구려 국내성 지역의 건물유적과 도성의 공간구조」, 『한국고대사연구』66, pp.77~79.

이 위나암성일 가능성을 열어놓고, 추후의 고고조사를 기다릴 수밖에 없는 상황이다.

한편, 고구려는 조위 관구검군에 의해 파괴된 환도성을 복구하기 힘들자 평양성平壤城을 축조하고 백성과 묘사廟社를 옮겼다고 한다.[62] 종전의 평상시 거점이 폐허 상태였기 때문에 관구검군의 퇴각 이후, 처음에는 환도성 복구를 시도하다가 여의치 않자, '평양성'이라는 새로운 평상시 거성을 축조했던 것이다. 이때 축조한 평양성의 위치에 대해서는 의견이 분분하지만,[63] 제반 상황으로 보아 집안분지에 위치했을 가능성이 가장 높다. 특히 '평양성'은 집안분지에서 상대적으로 격리되고 협소한 마선구의 평상시 거점이나 환도성에 대비되는 명칭으로서, 가장 평탄한 집안분지 중심부에 위치하였다는 뜻에서 유래한 이름으로 여겨진다.

『삼국사기』에 따르면 국내성은 고국원왕 12년(342년)에 축조했다고 한다. 그렇지만 후술하듯이 국내성지 내부에서는 4세기 초부터 유행한 권운문와당이 널리 출토되고 있다. 이는 현재의 국내성지가 4세기 초 이전에 조영되었을 가능성을 시사한다. 고국원왕 12년 기사를 국내성지의 초축을 반영한다고 보기 어려운 것이다. 주지하듯이 고구려 초기의 나부체제那部體制는 3세기 중후반에 중앙집권체제로 전환되었고, 각 나부의 지배세력은 도성으로 이주하여 도성의 행정구역인 방위부方位部를 관칭했다.[64] 그리하여 300년경에는 각 나부의 주요 지배세력이 도성으로 집주集住한 가운데, 도성 경관도 뚜렷하게 형성되었을 것으로 추정된다. 권운문와당이 국내성지에서 널리 확인된 사실은 이를 잘 보여준다.

따라서 247년에 축조한 평양성을 현재의 국내성지라고 단정하기는 힘들겠지만,[65] 3세기 중후반 나부 지배세력의 집주와 더불어 도성 경관이 형성된 곳은 현재의 국내성지라고 파악된다. 그리고 342년 전연의 침공에 대비하여 환도성으로 이거한 데서 보듯이 4세기 전반에도 환도성을 비상시 군사방어성으로 삼고 있었다. 국내성지를 중심으로 도성 경관이 형성된 이후에도 평상시 거점과 군사방어성이라는 도성구조가 계속 유지되었던 것이다. 다만 4세기에는 환도성으로 이거한 기간이 1년도 채 되지 않으며, 산성자산성에서 4세기대의 건축시설이 명확하게 확인된 상태도 아니다. 그러므로 3세기 중후반 이후에 형성된 도성 경관은 현재의 국내성지와 그 주변의 유적을 통해 고찰할 수밖에 없다.

---

62) 『三國史記』고구려본기5 동천왕 21년 2월조.
63) 기존의 견해를 대별하면 강계설, 평양설, 국내성설 등으로 나뉜다(장효정, 2002, 「삼국사기 고구려본기 동천왕 21년조 기사 검토」, 『고구려연구』 13, pp.10~11).
64) 여호규, 1995, 「3세기 고구려의 사회변동과 통치체제의 변화」, 『역사와현실』 15, pp.160~171.
65) 일찍이 鳥居龍藏이 247년에 축조한 平壤城을 현재의 國內城址로 비정한 바 있고(鳥居龍藏, 1914, 앞의 글, pp.883~885), 國內城과 동일시한 견해도 제기되었다(魏存成, 1985, 앞의 글, p.33). 최근 심광주 박사도 247년의 평양성을 현재의 국내성지로 비정하고, 이때 국내성지가 처음 축조되었다고 파악했다(심광주, 2005, 앞의 글, p.181).

국내성지의 공간구성과 도성 경관

국내성지는, 그림 4에서 보듯이 통구하가 압록강으로 흘러드는 집안분지의 중심부에 자리잡고 있다.[66] 서쪽의 통구하, 남쪽의 개울과 압록강이 천연 해자를 이루며, 북쪽의 우산禹山은 자연 방어벽을 형성하고 있다. 국내성지의 평면은 네모꼴로서 동벽 554.7m, 서벽 664.6m, 남벽 751.5m, 북벽 715.2m로서 총 둘레는 2,686m이다. 국내성지는 20세기 전반 이래 여러 차례 조사되었다. 1910년대 세키노 타다시關野貞의 조사는 국내성지의 원상을 이해하는데 많은 도움을 주며,[67] 1975~1977년에는 성곽 전체를 정밀 조사하였고,[68] 2000~2003년에는 성곽시설과 더불어 성 내부의 건물지를 대대적으로 조사하였다.[69]

국내성지는 석성인데, 20세기 전반기의 사진을 통해 웅장한 외관을 엿볼 수 있다. 현재 남아 있는 성벽은 대략 세 종류로 나뉜다. 가장 무질서하게 쌓은 부분은 만주국이나 중국 내전기에 수리

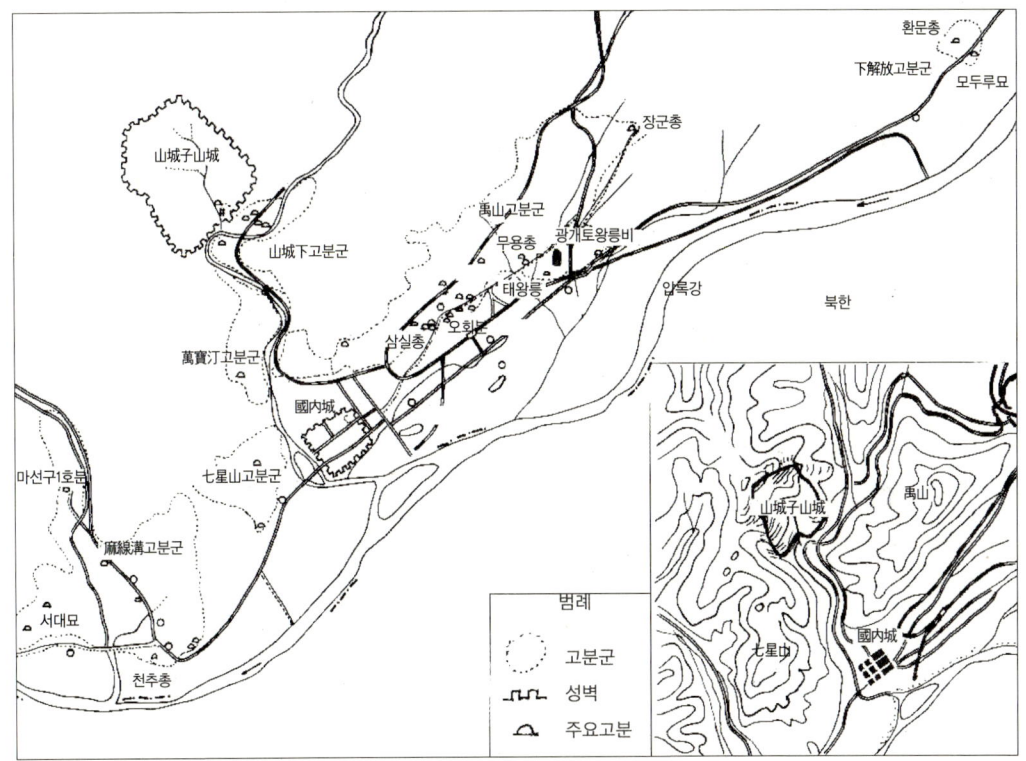

그림 4
集安盆地의 지형과 고구려유적 분포도(『高句麗 城(I)』, p.52)

---

(66) 국내성지의 경관과 공간구조에 관한 서술은 여호규, 2012, 앞의 글, pp.46~73 참조.
(67) 關野貞, 1914b, 「滿洲輯安縣及び平壤附近に於ける高句麗時代の遺跡」, 『考古學雜誌』 5-3·4; 1941, 『朝鮮の建築と藝術』, 岩波書店, p.277.
(68) 集安縣文物保管所, 1984, 「集安高句麗國內城址的調査與試掘」, 『文物』 1984-1.
(69) 吉林省文物考古研究所·集安市博物館, 2004a, 『國內城』, 文物出版社.

한 성벽이며, 크기가 일정하지 않은 성돌로 불규칙하게 쌓은 부분은 20세기 초에 개축한 성벽이다. 이들은 성벽의 중간이나 상단부에 많이 남아 있다. 잘 다듬은 쐐기형 돌[설형석]로 가지런하게 쌓은 성벽은 고구려 시기에 축조한 것인데, 북벽 하단부에 퇴물림 방식으로 축조한 성벽이 잘 남아 있고, 2000년대 조사를 통해 다른 성벽의 하단에서도 이러한 성벽을 확인하였다.

1975~1977년에는 성벽 10곳을 절개하여 조사하였는데, 퇴물림 방식으로 성벽을 가지런하게 축조한 양상과 더불어 고구려 시기에 석축 성벽을 한 차례 이상 개축한 사실도 확인하였다. 또한 이때 석축성벽 아래에서 토축 부분을 발견했는데, 너비 7~8m, 높이 1.7~2m로서 단면은 활 모양이었다. 보고자는 이를 석성 이전에 축조한 토성으로 상정하고 한군현漢郡縣의 치소治所로 파악하였다.[70] 그렇지만 2000~2003년 조사에서는 안쪽의 토축과 바깥쪽의 석축 부분이 동시에 축조된 것으로 밝혀졌다.[71] 더욱이 성벽 기단부나 중심부를 토축한 다음 내외벽을 석축하는 축성방식은 평양지역의 청암리토성이나 평양성에서도 나타나며(제3장 참조), 최근 임진강 유역의 고구려 보루성에서도 확인되고 있다.[72]

이러한 최근 고고조사 성과를 고려하면, 국내성지 하단의 토축 부분을 석성 이전에 축조한 별도의 성벽으로 상정하기는 힘들다. 다만 국내성지에서 확인된 퇴물림 축성법이나 토축 기단부를 조성하는 축성방식은 평양성기의 도성 유적에서도 확인된다는 점에서 국내성기에 성벽축조와 관련한 토목기술의 토대가 마련되었다고 평가할 수 있다. 또한 퇴물림 축성법은 집안분지의 초대형 적석묘에서도 널리 확인된다는 점에서 당시 고구려인들이 일반적으로 공유하던 토목기술이라고 파악된다.

성벽이 성곽 안팎을 구분하면서 도성의 수평적 경관을 이룬다면, 성벽에서 돌출한 치나 각루 그리고 성문은 수직적 경관을 강화하는 요소라 할 수 있다. 국내성지의 각루나 치는 20세기 초만 하더라도 잘 보존되어 있었다. 1913년에는 북벽 15개를 비롯하여 총 42개의 치가 남아 있었고, 각 모서리의 각루도 잘 남아 있었다(그림 5).[73] 그 뒤 성곽 개축과 시가지 개발과정에서 많이 유실되었다가, 1975~1977년 조사시에 북벽의 8개를 비롯하여 14개의 치를 확인하였는데, 규모는 길이 8~10m, 너비 6~8m 전후였다. 북벽 T8 지점의 경우 지표상에는 치의 흔적이 없었지만, 지표 아래에 길이 10m, 너비 6.8m, 잔고 2m인 치의 기초부가 잘 남아 있었다. 거대한 화강암 석재를 서로 맞물리도록 축조하였고, 토기 손잡이와 화살촉 등 고구려 시기의 유물이 다수 출토되었다.[74]

1990년에도 북벽 중앙에서 길이 9.82m, 너비 6.36m, 잔고 0.8~1.7m인 치를 발굴하였는데, 남쪽

70) 集安縣文物保管所, 1984, 앞의 글, pp.49~54.
71) 吉林省文物考古硏究所·集安市博物館, 2004a, 앞의 책, pp.20~22.
72) 심광주, 2005, 앞의 글, pp.196~197.
73) 關野貞, 1914b, 앞의 글; 1941, 앞의 책, p.277.
74) 集安縣文物保管所, 1984, 앞의 글, pp.48~52.

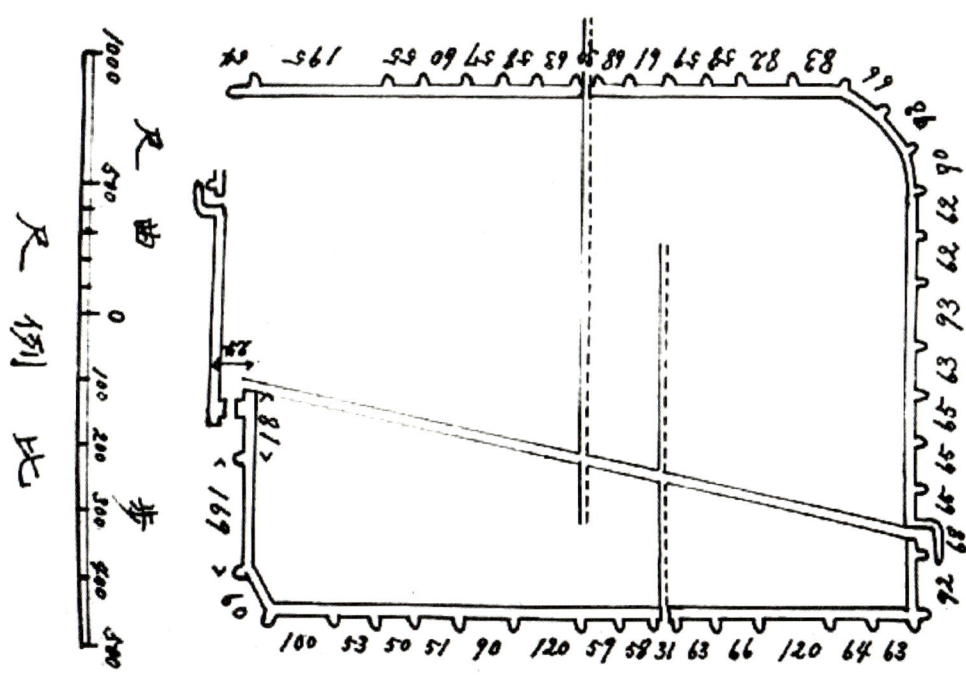

그림 5
1910년대 集安 國內城址 평면도(『朝鮮古蹟圖譜(1)』, 도면 164)

은 성벽과 직교하면서 연이어져 일체를 이루고 있었다.[75] 2000~2003년에는 동북 모서리나 서벽의 치와 함께 서남모서리의 각루 유적을 발굴하였는데, 모서리를 둔각으로 처리한 고구려 축성법이 잘 나타나 있었다.[76] 이러한 각루 유적은 최근 동남모서리에서도 확인하였다. 그리고 20세기 전반만 하더라도 성벽 위의 성가퀴가 잘 남아 있었는데, 지금은 그 흔적조차 찾아볼 수 없다. 북벽 바깥의 해자도 20세기 초에는 잘 남아 있었지만, 지금은 모두 매립되고 그 위에 현대식 건물이 세워졌다.

성문은 성곽 안팎을 연결하는 통로로서 없어서는 안 될 중요한 시설이지만, 군사방어상 가장 취약한 지점이다. 이에 성문을 옹성으로 축조하거나 좌우에 적대敵臺 시설을 갖추는 등 방어상의 취약점을 보완한다. 국내성지에서도 어긋문식 옹성, 장방형 옹성, 적대 부설식 옹성 등 세 종류의 옹성구조가 확인되고 있다. 그림 5에서 보듯이 남쪽 서문은 어긋문식 옹성으로 적대 시설까지 갖추었는데, 1920년대 개축 과정에서 변형되었다가 2000~2003년 발굴 시에 원형을 재확인했다.[77] 이

---

75) 何明, 1992, 「集安市高句麗國內城馬面基址」, 『中國考古學年鑑 1991』, 文物出版社; 吉林省文物考古硏究所·集安市文物保管所, 2003, 「吉林集安高句麗國內城馬面址淸理簡報」, 『北方文物』 2003-3.
76) 吉林省文物考古硏究所·集安市博物館, 2004a, 앞의 책, pp.12~20, pp.33~35 및 pp.40~47.
77) 吉林省文物考古硏究所·集安市博物館, 2004a, 앞의 책, pp.35~40.

그림 6
集安 國內城址의 건물유적 및 권운문와당 출토 현황(여호규, 2012, p.65)

러한 어긋문식 옹성은 환인 오녀산성 등 고구려 산성에서 일찍부터 등장하며, 평양지역의 대성산성에서도 확인된다.

    남쪽 동문과 북쪽 서문도 본래 장방형 옹성 구조였는데(그림 5), 최근 유실되었던 북쪽 서문의 옹성 구조를 복원한 연구가 나왔다.[78] 또한 2000~2003년에는 중앙 북문과 서쪽 북문이 좌우에 적대를 갖춘 옹성임을 확인했는데(그림 6),[79] 이러한 옹성구조는 최근 중앙과 동쪽 남문에서도 확인되었다. 성문에 거대한 문루를 조영할 경우, 수직적 경관이 더욱 도드라지게 된다. 국내성지도 문지 부근에서 기와편이 많이 출토되는 것으로 보아 문루를 조영하였다고 짐작되지만, 구체적인 양상을 파악하기는 힘들다.

    성문은 성 내부의 공간을 구획하는 도로망의 출발점이기도 하다. 이에 도로망을 파악하기 힘든

---

[78] 魏存成, 2011, 「高句麗國內城西墻外排水涵洞及相關遺迹考察」, 『邊疆考古研究』10, pp.295~301.
[79] 吉林省文物考古研究所・集安市博物館, 2004a, 앞의 책, pp.24~33.

경우, 성문의 배치양상을 통해 도로망과 공간구조를 유추한다. 다만 국내성지 성문의 수와 위치는 조사시점마다 다르게 파악되었다. 1913년에는 동문·북문·남문 1개씩, 서문 2개 등 5개를 확인한 반면, 1930년대에는 각 성벽마다 1개씩 4개를 확인했다.[80] 그리고 1975~1977년에는 동문·서문 2개씩, 남문과 북문 2개씩 모두 6개를 확인했고,[81] 2000~2003년에는 동문2개, 서문 1개, 북문 4개, 남문 2개 등 9개를 확인했다.[82] 이에 따라 도로망도 다르게 설정되었다. 가령 1913년에는 동서 도로 1개와 남북 도로 2개가 간선 도로망을 구성했다고 보았다. 1975~1977년에는 동서 도로 2개와 남북 도로 1개가 간선 도로망을 구성했다고 파악했다. 반면 북문을 여러 개 확인한 2000~2003년에는 동서도로 2개와 남북도로 3개가 간선 도로망을 구성했다고 파악했다.

이 가운데 최신 조사성과를 수용한다면 국내성지 내부는 그림 6처럼 12개 구역으로 구획되었다고 짐작되는데, 이는 국내성지 공간구조와 경관의 뼈대를 이루었을 것이다. 현재까지 12개 가운데 북부의 제2~3구역을 제외한 10개 구역에서 29곳의 건물지와 유물포함층을 확인하였다. 또한 그림 6에서 보듯이 건물유적이 확인된 10개 가운데 7개 구역에서 4세기 초부터 유행한 권운문와당卷雲紋瓦當이 출토되었다. 4세기 전반에 이미 국내성지는 권운문와당을 사용한 기와 건물이 즐비한 경관을 연출하였던 것이다.[83]

다만 국내성지 내부에서 3세기 후반까지의 유물은 거의 출토되지 않으므로 건물유적의 상한도 3세기 중반 이전으로 소급하기는 힘들다. 국내성지의 도성 경관은 3세기 중후반 이후에 형성되었는데, 이는 전술한 나부체제의 해제와 중앙집권체제 정비에 따른 나부 지배세력의 집주와 밀접히 연관된 것으로 추정된다. 그리고 4세기 전반에 국내성지 전역에 고급 건축물이 분포한 데서 보듯이 도성으로 집주한 지배세력은 대부분 국내성지에 거주했다. 따라서 3세기경부터 등장하는 도성의 방위부는 기본적으로 국내성지 내부를 대상으로 편성한 것으로 파악된다.[84]

방위부 편성의 기준점과 관련하여 국내성지 중앙에 위치한 제6구역의 건물유적 분포양상이 주목된다. 제6구역에서 확인된 여러 건물 유적은 동일한 건물군을 구성했는데, 남북 범위만 최소 150m에 이른다는 점에서 최상위 건축물로 파악된다. 체육장 지점의 가장 아래 문화층에 최고급 외래품인 동진제 청자를 다량 매납한 사실도 이를 반영한다.[85] 따라서 국내성기의 왕궁은 국내성지 중앙부에 위치했고, 중앙부의 제6~7구역이 왕궁이 위치한 '중부'였을 가능성이 높다(그림 6).

---

80) 池內宏, 1938, 『通溝 上』, 日滿文化協會, pp.17~23.
81) 集安縣文物保管所, 1984, 앞의 글, p.48.
82) 吉林省文物考古硏究所·集安市博物館, 2004a, 앞의 책, pp.7~11.
82) 제6구역 체육장 지점의 경우(12번), 동진제 청자나 권운문와당의 출토 양상을 통해 가장 아래쪽 문화층이 4세기 전반에 조성되었음을 추정할 수 있다(여호규, 2012, 앞의 글, pp.64~68 참조).
84) 임기환, 2003, 앞의 글, pp.10~11.
85) 이 청자의 제작연대는 대체로 서진 말-동진 초로 편년된다(馬健, 2010, 「再論集安國內城遺址出土靑瓷器的時代與窯口」, 『考古與文物』, 2010-3, pp.87~91).

중국 고대 도성의 공간구조를 보면 후한대까지는 궁성을 도성 중심부에 위치시켰다가, 조위 업성鄴城에서부터 북부 중앙으로 옮기기 시작하여 북위의 낙양洛陽에서 북쪽에 궁성을 위치시키는 '좌북조남坐北朝南'의 도성구조가 완성되었다.[86] 국내성지의 왕궁 배치는 기본적으로 후한대까지의 도성구조와 유사한 것이다. 따라서 귀족의 저택은 왕궁이 위치한 중앙부 주변에 자리잡았고, 방위부는 이러한 거주구역을 각 방위별로 편제한 행정구역이라고 파악된다. 중부인 제6~7구역을 중심으로 각 방위별로 방위부를 배치했던 것이다.

전술하였듯이 3세기 중엽에는 도성의 대형 건물로 궁실과 신전 정도만 확인되지만, 그 뒤 중앙집권체제 정비와 더불어 궁실은 더욱 확대되고, 공공시설도 확충되었을 것이다. 3세기 말경 봉상왕대의 궁실 관련 기사나[87] 342년 전연 침공시의 부고府庫 기사[88] 등은 이를 반영한다. 또한 소수림왕대에 불교 수용과 더불어 사찰을 건립하고,[89] 관료 양성기관인 태학太學도 설립하였다.[90] 율령 반포와 더불어 개별 관아도 조영했을 것이다.

이로써 국내성지는 점차 궁실과 사찰, 관아 등의 대형 건축물로 채워졌을 텐데, 고국양왕 말년에 건립한 국사國社와 종묘宗廟는[91] 새로운 도성 경관의 성격을 잘 보여준다. 이때 조영한 국사와 종묘가 모두 왕권과 왕실의 위엄을 상징하는 의례시설임을 상기하면,[92] 국내성지의 경관이 기본적으로 고구려 왕실과 왕권의 위상을 장엄하는 방향으로 조성되었음을 시사하기 때문이다. 다만 귀족의 저택도 도성 경관에서 중요한 역할을 담당하였을 텐데, 구체적인 양상을 파악하기는 어렵다.

국내성지에서 확인된 건물지는 당시 건축물의 구조와 토목기술을 잘 보여준다. 가령 제6구역 북부의 유치원 지점에서는 건물의 벽체와 도로, 배수구, 우물 등이 확인되었다. 벽체는 막돌로 쌓았는데, 기초 너비는 0.75m였다. 북쪽 벽체와 나란한 도로는 폭 1.5m이며, 자갈이나 막돌을 5cm 두께로 깔았는데, 문지를 거쳐 건물 내부로 이어졌다. 배수구는 도로 북쪽에 조영했는데, 바닥에 판석을 깔고 깬돌로 좌우 벽을 축조했다. 이것과 주향走向이 같은 배수구가 제6구역 남부의 실험소학교 지점에서도 확인되었다.[93]

제6구역 중부의 체육장 지점에서는 4동의 건물지와 도로 등이 발견되었다.[94] 보존상태가 양호한

---

86) 王維坤, 1997, 「中國 古代都城의 構造와 里坊制의 기원에 관하여」, 『地理敎育論集』38, pp.92~93.
87) 『삼국사기』고구려본기5 봉상왕 7년조 및 9년조.
88) 『삼국사기』고구려본기6 고국원왕 12년조.
89) 『삼국사기』고구려본기6 소수림왕 5년조.
90) 『삼국사기』고구려본기6 소수림왕 2년조.
91) 『삼국사기』고구려본기6 고국양왕 9년조.
92) 고국양왕 말년에 건립한 國社와 宗廟를 國內城址 동쪽의 東臺子遺蹟으로 비정하기도 하지만, 3세기 중반경 國社와 宗廟에 비견되는 제의시설[大屋]이 궁실 좌우에 위치했다는 점에서 국내성지 내부의 왕궁 주변에 위치했다고 파악된다(여호규, 2013a, 「고구려 도성의 의례공간과 왕권의 위상」, 『한국고대사연구』71, pp.80~81).
93) 吉林省文物考古硏究所·集安市博物館, 2004a, 앞의 책, pp.103~109.
94) 吉林省文物考古硏究所·集安市博物館, 2004a, 앞의 책, pp.110~148.

2호 건물지를 보면 2중으로 벽체를 쌓은 '회回'자형 구조이다. 안쪽 벽체 기초는 강돌로 축조하였는데, 너비 약 1.1~1.3m, 한 변의 길이 10여m로 정방형에 가깝다. 바깥 벽체의 기초는 비교적 큰 강돌로 쌓았는데, 너비 약 1.2m, 한 변의 길이 13.5~14m로 방형이다. 실내에서는 북벽과 동벽 북단을 따라 'ㄱ'자형으로 강돌을 깐 흔적이 확인되었다. 동벽과 서벽 바깥에는 다른 건물로 이어지는 도로가 개설되어 있었는데, 너비 1.7m로 강돌을 깔았다. 이 건물지에서 권운문와당과 연화문와당, 용문龍紋 벽돌 등이 출토된 것으로 보아 화려한 기와 건물로 짐작된다.

그런데 체육장 지점의 경우 적심석積心石 초석 구조인 1호 건물지 서벽을 제외하면, 4동 모두 2호처럼 강돌로 벽체 기초를 쌓았다. 더욱이 이 지점의 건물지는 4세기 중반 이전에 조영한 것으로 추정되는데,[95] 2호 건물지에서는 4세기 전반의 '무술戊戌'명[338년] 권운문와당이 출토되기도 하였다. 이로 보아 도성 경관이 형성되던 4세기 전반만 하더라도 적심석 초석 건물보다 강돌이나 깬돌로 기초부를 조성하고 그 위에 벽체를 쌓아올린 건물이 더욱 널리 유행한 것으로 파악된다. 이는 평양천도 이후로 편년되는 산성자산성 궁전지에 적심석 초석 건물을 대거 조영한 것과 뚜렷이 대비되는 양상이다.

150m나 떨어진 유치원 지점과 실험소학교 지점의 배수구 走向이 동일한 데서 보듯이 간선 도로망이나 배수시설도 일정한 계획 아래 조영했을 것이다. 관련 유적이 많이 발굴되지 않아 구체적인 양상을 파악하기 힘들지만, 서벽 북단의 바깥쪽에서 발견된 배수구는 많은 시사를 준다. 배수구는 동서 방향으로서 바닥에 판석을 깔고 2단으로 벽을 쌓은 다음, 커다란 판석으로 위를 덮었다. 현존 길이 16.25m, 너비 0.7~0.8m, 높이 1.9~2.1m에 이르는 대용량 배수구이다. 동고서저의 국내성지 지세로 보아 성곽 내부의 하수나 빗물을 통구하 쪽으로 배출하던 기간 배수시설로 추정되는데, 최근 장방형 옹성구조를 갖춘 북쪽 서문 아래에 설치했다고 파악한 연구성과가 나왔다.[96] 이는 국내성지 내부에 체계적인 배수망을 구축했을 가능성을 시사한다.

한편, 집안분지 곳곳에는 일찍부터 자연취락이 발달했고, 도성민의 증가와 더불어 시가구역이 외부로 확장되었을 가능성도 있다. 서기 300년에 봉상왕을 폐위하려던 국상國相 창조리倉租利 일파가 을불乙弗[미천왕]을 '조맥 남가烏陌 南家'로 모셨다고 하는데,[97] 이는 국내성지 외곽의 취락일 가능성이 높다. 특히 압록강변의 하안단구에 위치한 승리촌勝利村 일대에서는 신석기-청동기시대 유적이 확인되었고, 권운문와당을 비롯한 고구려 시기의 유물도 출토되었다.[98] 압록강 중상류 본류

---

95) 여호규, 2012, 앞의 글, pp.65~67.
96) 魏存成, 2011, 앞의 글, pp.295~301.
97) 『삼국사기』고구려본기5 미천왕 즉위년조.
98) 吉林省文物志編纂委會, 1984, 『集安縣文物志』, pp.41~43; 林至德・耿鐵華, 1985, 「集安出土的高句麗瓦當及其年代」, 『考古』1985-7, p.647.

연안의 경우, 수운역점 시설이 주로 압록강변 하안단구의 가장자리에 위치한 사실을 상기하면,[99] 승리부 일대에도 평양천도 이전부터 수운역참과 관련된 시설물이 조성되고, 취락도 발달했을 것으로 짐작된다.

다만 이 지역에서 확인된 민주유적-기상대유적 등의 대형 건물지나 유구는 대체로 평양천도 이후에 해당한다. 그러므로 이 지역의 계획적인 시가지는 평양천도 이후에 조성되었다고 추정된다.[100] 또한 종래 국내성지 동편의 동대자東臺子유적을 4세기 후반의 국사나 종묘로 파악하는 견해를[101] 수용하여 거주구역이 동쪽 외곽으로 확장되었을 가능성을 상정하기도 했다.[102] 그렇지만 동대자유적은 5세기 후반 이후에 조성된 것으로 확인된 만큼,[103] 동쪽 외곽으로 시가지가 확장되었을 가능성은 낮다. 국내성지 외곽의 대형 건물지 가운데 평양천도 이전에 조영된 것으로는 이수원자남梨樹園子南유적 정도를 들 수 있다.

이 유적은 주변보다 7~10m 높은 대지에 위치했는데, 동서 150m, 남북 80m 범위에 걸쳐 조성되어 있다. 화강암 초석 4개가 지표상에 드러나 있고, 지하에도 초석이 대량으로 묻혀 있다. 이곳에서는 일찍이 '무술'명(338년)과 '십곡민조十谷民造'명 권운문와당, 각종 토기 등이 출토되었고,[104] 1958년에는 한대의 백옥이배白玉耳杯, 금동제 화살촉 20매, 금동그릇 뚜껑, 금동갈고리 등이 출토되었다. 그 이후에도 각종 문양의 기와편과 연화문·인동문·귀면문 와당 등이 출토되었는데,[105] 5세기 후반 이후에 출현한 구획선이 없는 연화문와당도 포함되어 있었다. 이로 보아 이수원자남유적은 4세기 전반에 조영되어 평양천도 이후에도 계속 사용되었고, 출토 유물로 보아 별궁이나 이궁 등으로 추정된다.

따라서 국내성기에 시가구역이 국내성지 외곽으로 확장되었다면, 주로 이수원자남유적이 위치한 북쪽 방향으로 이루어졌다고 파악된다. 다만 그 범위가 제한적이라는 점에서 도성의 공간구조나 경관에 큰 영향을 미치지는 않았다고 생각된다. 국내성기의 거주구역과 관련한 도성 경관은 주로 국내성지 내부를 중심으로 이루어졌던 것이다.

한편, 도성으로 집주한 귀족 가운데 일부는 종래의 본거지로 귀장했겠지만, 대부분은 집안분지 일대에 무덤을 조영했다. 집안분지 서쪽의 마선구에서 칠성산과 통구하를 거쳐 우산 산록 일대에 산재한 무수한 고분은 이를 잘 보여준다. 특히 4세기 초중반으로 편년되는 권운문와당이 국내성지뿐 아

---

99) 여호규, 2008, 「압록강 중상류 연안의 고구려 성곽과 동해로」, 『역사문화연구』 29.
100) 여호규, 2012, 앞의 글, pp.79~88.
101) 吉林省博物館, 1961, 「吉林輯安高句麗建築遺址的淸理」, 『考古』 1961-1; 方起東, 1982, 「集安東臺子高句麗建築遺址的性質和年代」, 『東北考古與歷史』 1982-1.
102) 임기환, 2003, 앞의 글, pp.12~13.
103) 강현숙, 2010, 「中國 吉林省 集安 東台子遺蹟 再考」, 『한국고고학보』 75, pp.171~199.
104) 藤田亮策·梅原末治, 1966, 『朝鮮古文化綜鑑』 4, 養德社, pp.35~36.
105) 吉林省文物志編纂委員會, 1984, 앞의 책, pp.45~46.

니라 우산 산록의 건물지나 고분, 서쪽의 마선구 일대에서 출토된다는 사실은 이를 잘 보여준다. 이에 따라 거주구역과 더불어 도성민의 사후세계인 고분도 도성의 경관을 구성하는 핵심 요소로 부상했다. 집안분지 전체를 도성지역 곧 '국國'으로 파악하는 인식의 확립 양상은 이를 잘 보여준다.

4세기에 재위한 고국원왕, 고국양왕, 광개토왕 등의 시호에는 모두 '국강상國岡上'이라는 장지명이 포함되어 있다. 이 가운데 고국원왕릉은 집안분지 서쪽의 천추총, 고국양왕릉과 광개토왕릉은 각기 동쪽의 태왕릉과 장군총 등으로 비정된다.[106] 천추총은 국내성지의 서쪽 3.5km, 태왕릉과 장군총은 동쪽 4~6km 거리에 위치해 있다. 천추총과 장군총의 거리는 직선으로만 10여km나 된다. 가장 동쪽의 하해방下解放 지역을 제외한다면 천추총과 장군총은 집안분지 전체를 포괄하는 양 끝단에 위치한 셈이다.[107] 그런데 양 끝단에 위치한 왕릉의 장지명이 '국강상'으로 모두 도성을 뜻하는 '국'자를 포함하고 있다. 이는 4세기에 집안분지 전체를 '국國' 곧 도성지역으로 여기는 인식이 확립되었음을 뜻한다.

이러한 '국강상' 장지명 왕릉은 모두 '강岡'이라는 우월한 입지에 단독으로 조성되었는데, 이때부터 왕의 호칭도 '태왕호'로 격상되었다. '국강상'에 조성된 왕릉은 4세기 이후 확장된 도성지역 전체를 아우르면서 '태왕'으로 격상된 국왕의 초월적 위상을 표출하는 면모를 지녔던 것이다. 즉 왕궁이 위치한 중부를 기준으로 삼아 국내성지 내부의 공간구조를 편제한 것에 조응하여, 집안분지 전역으로 확장된 도성지역의 경관도 '국강상'에 거대한 왕릉을 조성하여 태왕의 초월적 위상을 표출하는 형태로 조성하였던 것이다.[108]

최근 발견된, 「집안고구려비集安高句麗碑」는 광개토왕대에 역대 왕릉에 수묘비守墓碑를 세웠음을 실증해준다.[109] 또한, 「광개토왕릉비」는 이러한 수묘비의 전통을 바탕으로 대왕의 위대한 훈적을 새긴 능비이다. 두 비 모두 서두를 고구려 왕실의 신성한 건국설화로 장식한 다음, 신성한 왕권이 후대의 태왕까지 면면히 이어지고 있음을 기술하고 있다. 이러한 비석은 집안분지 전역에 조성된 역대 왕릉에 건립되었을 것이므로, 국내성기의 도성민은 집안분지 어디를 가더라도 고구려 왕실의 신성성과 태왕의 초월적 위상을 끊임없이 각인받게 된다.[110] 이러한 점에서 3세기 중후반부터 형성된 도성 경관은 국내성지 안팎의 거주구역과 사후세계를 포괄하며 신성한 고구려 왕실과 초월적인 태왕권을 정점으로 질서정연한 양상을 띠었다고 파악된다.

다만 3세기 중후반부터 도성 경관이 본격적으로 형성되었지만, 4세기 초중반까지만 하더라도 주로 집안분지 곳곳에 초대형 왕릉을 조성하는 방식으로 태왕권의 초월적 위상을 대내외에 과시

---

106) 여호규, 2006, 앞의 글, pp.100~127.
107) 박순발, 2012, 앞의 글, pp.65~66에서도 왕릉 구역이 분리 독립된 백제와 비교하여 국내성기 왕릉급 초대형 적석묘가 集安盆地 전역에 산재한 특징을 지적하였다.
108) 여호규, 2010, 「고구려의 태왕호 제정과 국강형 왕릉입지의 성립」, 『역사문화연구』35.
109) 여호규, 2013b, 「신발견 '集安高句麗碑'의 구성과 내용 고찰」, 『한국고대사연구』70.
110) 이와 관련하여, 「광개토왕릉비」가 도성의 5부민을 겨냥하여 건립되었다는 견해가 주목된다(李成市, 1994, 「表象としての廣開土王碑文」, 『思想』842: 2001, 『만들어진 고대』, 삼인, pp.68~73).

하였다. 태왕권의 초월적 위상을 구현하는 방식이라는 측면에서 본다면 처음에는 왕릉이 중심 역할을 하였던 것이다. 그러다가 4세기 말 고국양왕 말년에 왕궁 주변에 국사와 종묘를 새롭게 건립하여 국가 제사체계를 개편하면서 도성의 공간구조도 다시 한 번 재편하였다. 그리하여 왕궁과 그 주변의 제의시설이 도성의 중추적인 의례공간으로 부상하였으며, 왕궁을 정점으로 하는 도성 경관의 형성이 일단락된다.[111]

• 평양성기의 도성 구조와 경관

전기 평양성의 위치와 도성 구조

고구려는 427년 평양지역의 동북방으로 천도했다가, 586년에 장안성 곧 현재의 평양시가지로 다시 도읍을 옮겼다(그림 7 참조). 흔히 427~586년의 평양성을 전기 평양성, 586년 이후의 장안성을 후기 평양성으로 지칭하는데,[112] 전기 평양성의 도성 구조와 관련하여 일찍부터 다음 기사가 많은 주목을 받았다.

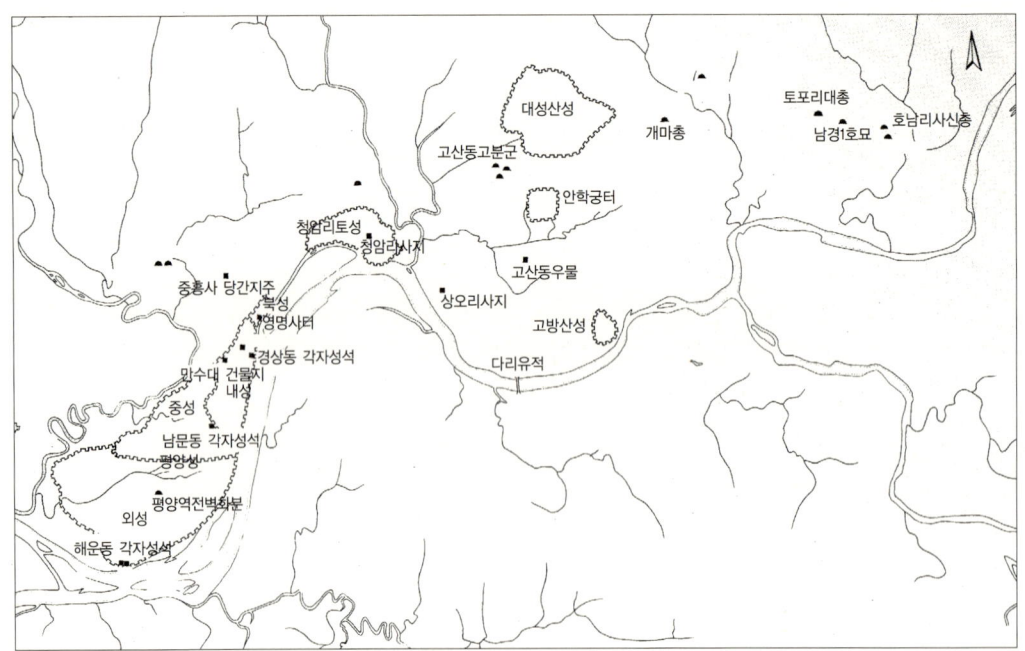

그림 7__
평양지역 고구려 유적 분포도(『조선유적유물도감(3)』, p.279)

---

111) 구체적인 논증은 여호규, 2013a, 앞의 글, pp.69~82 참조.
112) 閔德植, 1989, 「高句麗의 後期都城」, 『韓國史論』 19, 國史編纂委員會.

도읍은 평양성이다. 그 성은 동서가 6리이고, 남으로 패수浿水에 잇닿아 있다. 성 안에는 오직 군량[창저]과 병장기[기비]만 갖추어 놓고, 적군[구적]이 이르면 바야흐로 들어가 굳게 지킨다. 왕은 별도로 그 곁에 궁실[택]을 조영하였으므로 항상 거주하지는 않는다.[113]

상기 기사는 6세기 중반의 상황을 반영하므로 586년 장안성 천도 이전인 전기 평양성의 도성 구조를 묘사했다고 보아야 한다. 이에 따르면 전기 평양성은 군량과 병장기를 저장했다가 적군이 이르면 입보하여 농성전을 전개하는 군사방어성과 왕이 평상시에 거주하는 궁택宮宅으로 이루어졌다고 한다. 전기 평양성도 졸본-국내성기의 도성 구조를 계승하여 평상시 거성과 비상시 군사방어성을 세트로 삼았던 것이다. 이와 관련하여 전기 평양성의 군사방어성이 대성산성이라는 데는 이견이 거의 없다.

대성산성은 평양시 동북 6km에 위치해 있는데, 동서 길이 2.3km 남북 너비 1.7km, 전체 둘레 7,076m로서 '동서육리東西六里'라는 상기 기사와 부합한다. 또한 남쪽 5km 거리에 대동강이 유유히 흐르고 있는데, 역시 '남임패수南臨浿水'한다는 상기 기사와 부합한다. 대성산성은 포곡식 산성으로서 전체 규모는 집안 산성자산성과 거의 비슷하지만, 내부가 상당히 평탄하고 170여개의 연못을 조성하여 놓았다. 이는 비상시에 대규모 인구가 입보하여 장기간 농성하기 위한 조치인데, 역시 상기 기사와 부합하는 양상이다(그림 8).[114]

대성산성에서는 다양한 축성법이 확인되었는데, 소문봉에서는 성벽을 두 겹으로 축조한 두께 8m의 겹성벽을 확인하였고, 주작봉과 남문 부근에서는 각각 내탁식과 협축식으로 쌓은 성벽을 확인하였다. 또한 성벽에서 총 65개의 치를 확인했으며, 소문봉에서는 내황內隍의 흔적도 확인했다. 정문인 남문은 골짜기 안쪽에 위치하여 천연의 'U'자형 옹성구조를 이루고 있는데, 내외 2중 성벽으로 문지 주변에 적대 시설도 갖추었다.[115] 소문봉에서는 어긋문식 옹성 구조가 확인되었는데, 국내성지 남쪽 서문의 옹성구조와 거의 같다. 국내성기의 축성기술이 평양천도 이후에도 계승되었음을 잘 보여주는 사례이다.

170여개에 이르는 연못은 방형, 원형, 삼각형 등 세 유형으로 분류되는데, 방형이 가장 많다. 연못 부근에는 좁고 긴 초가 집터가 단을 이루며 널리 분포하고 있는데, 대체로 병영터로 파악된다. 또한 연못이 밀집된 장수봉 서남쪽 골짜기에서는 초석과 기와가 널리 분포하는데, 행궁터로 추정

---

113) 『周書』권49 열전41 고려전: "治平壤城. 其城, 東西六里, 南臨浿水. 城內唯積倉儲器備, 寇賊至日, 方入固守. 王則別爲宅於其側, 不常居之."
114) 대성산성에 대한 설명은 김일성종합대학 고고학민속학강좌, 1973, 『대성산의 고구려 유적』, 김일성종합대학 출판부, pp.13~103 참조.
115) 김일성종합대학 고고학민속학강좌, 1973, 앞의 책, p.30. 도면에서 남문터로 명시한 시설은 성벽에서 돌출한 시설이라는 점에서 성문 좌우에 설치한 敵臺의 일부로 추정된다.

그림 8 ——
평양 대성산성과 안학궁지(『조선유적유물도감(3)』, p.60)

된다. 이러한 건물지에서는 4세기 말에서 5세기 전반에 유행한 구획선이 있는 연화문와당도 다수 출토되고 있는데,[116] 대성산성이 늦어도 평양천도 전후에는 축조되었음을 잘 보여준다. 따라서 통설처럼 대성산성은 전기 평양성의 군사방어성으로 파악된다.

반면, 전기 평양성의 평상시 거성에 대해서는 논란이 분분한 실정이다. 대체로 북한학계가 안학궁설,[117] 일본학계는 청암리토성설을[118] 주장하고 있다. 양자 가운데 안학궁지는 대성산성 남록의 평지에 위치해 있다. 평면은 약간 마름모꼴을 띤 방형으로서 한 변 622m, 전체 둘레 2,488m로 국내성지보다 약간 작다(그림 8). 남벽에 성문 3개, 수구문 1개, 그 외 각 성벽마다 성문 1개씩을 설치했고, 네 모서리에는 각루를 세웠다. 동벽과 서벽 바깥에 해자를 둘렀지만, 각 성벽에 치를 조성하지는 않았다. 문지까지 포함하여 52채의 건물을 확인했는데, 크게 남궁, 중궁, 북궁, 동궁, 서궁 등 5개 건물군으로 분류되며, 문지를 제외한 궁전은 22동이다.[119]

전체 건물배치 양상을 보면 일반 거주구역을 포함한 王城이라기 보다는 전형적인 왕궁으로 파악된다. 더욱이 가장 남쪽의 남궁 일대를 태극전과 동서당에 대응시킨 연구성과를 받아들이면[120] 외조外朝의 관아 건물조차 들어설 공간이 없다. 실제 성벽도 계단상의 석축 기단부 위에 토벽을 쌓은 것으로 궁장宮墻에 가까운 모습이다. 그러므로 안학궁을 전기 평양성의 거점성으로 비정한다면, 관아나 거주구역은 안학궁지 주변에 별도로 조성했다고 보아야 한다. 이에 북한학계에서는 안학궁지 외곽에 한 변 140m인 질서정연한 정방형 가로구획을 한 대규모 시가지가 존재했다고 보기도 한다.[121]

그렇지만 과연 전기 평양성 단계에 왕성이었던 국내성지와 비슷한 크기의 초대형 왕궁을 조영하고, 그 외곽에 관아구역과 더불어 대규모 시가지를 조성했을 지는 의문이다. 안학궁지는 공간구성이나 성벽 축조양상 등에 있어서 직전 도성인 국내성지와 너무 상이한 것이다. 이에 평양 천도 직후에는 청암리토성에 자리잡았다가 문자왕대에 안학궁으로 옮겼다는 절충설이 제기되기도 하였다.[122]

일본학자들은 일찍이 안학궁지 출토 막새기와를 늦은 시기로 편년하며 고구려 말기의 별궁으로

---

116) 김일성종합대학 고고학민속학강좌, 1973, 앞의 책, pp.83~93.
117) 김일성종합대학 고고학민속학강좌, 1973, 앞의 책, pp.263~264.
118) 關野貞, 1928, 「高句麗の平壤城及び長安城に就いて」, 『史學雜誌』39-1; 1941, 앞의 책 및 田村晃一, 1988, 「高句麗の城郭について」, 『百濟研究』19; 2001, 『樂浪と高句麗の考古學』, 同成社. 다만 關野貞도 처음에는 안학궁지를 평상시 거성으로 파악했다(朝鮮總督府, 1915, 『朝鮮古蹟圖譜(II)』, 해설).
119) 안학궁지에 대한 설명은 김일성종합대학 고고학민속학강좌, 1973, 앞의 책, pp.104~264 및 전제헌·손량구, 1985, 『안학궁유적과 일본에 있는 고구려관계 유적유물』, 김일성종합대학출판사 참조.
120) 양정석, 2005, 「안학궁 남궁 정전곽의 구조를 통해본 고구려 도성제」, 『고구려의 국제관계』, 고구려연구재단.
121) 한인호·리호, 1991, 「안학궁터 부근의 고구려 리방에 대하여」, 『조선고고연구』1991-4; 한인호, 1998, 「안학궁 부근의 고구려 수도 도시면모에 대한 복원」, 『조선고고연구』1998-2.
122) 임기환, 2006, 「고구려 평양 도성의 구성과 성격」, 『한국사연구』137. 최근 양시은, 2013, 「고구려 성 연구」, 서울대 박사학위논문, pp.79~83에서도 안학궁이 427년 평양천도 이후에 조영되었을 가능성이 높다고 파악한 바 있다.

보았는데,¹²³⁾ 최근에는 막새기와의 연대를 통일신라 이후로 보는 견해가 다수이다.¹²⁴⁾ 더욱이 안학궁지 하부에서 고구려 석실분이 다수 확인되었는데,¹²⁵⁾ 이를 근거로 고려시기의 좌궁左宮으로 파악하기도 한다.¹²⁶⁾ 한국학계에서도 안학궁지 하부의 2호분 출토 회청색 경질 항아리를 고려시기의 토기, 암막새의 연대를 통일신라 말-고려시기로 파악하는 견해가 제기되었다.¹²⁷⁾

필자로서는 안학궁지 출토 막새기와에 대해 독자 편년안을 제시할 만한 지견이 없다. 다만 안학궁터 하부에 5~6세기의 고구려 석실분이 위치한다면,¹²⁸⁾ 안학궁지를 전기 평양성의 거점성으로 보기는 힘들다고 생각한다. 더욱이 최근 안학궁지에서 수집되었다는 구획선 연화문와당이 여러 점 보고되기도 했지만,¹²⁹⁾ 전체적으로 주연부周緣部에 연주문聯珠紋을 가진 막새기와가 다수를 차지하며, 어골문魚骨紋 암기와가 많이 확인된다.¹³⁰⁾ 이러한 연주문 막새기와나 어골문 암기와는 다른 고구려 유적에서는 출토되지 않는다. 현재까지의 조사성과만 놓고 본다면, 안학궁지를 고구려 시기에 조영한 왕궁이나 건물지로 보기는 힘든 것이다.

한편, 청암리토성은 합장강과 대동강의 합류처 서쪽에 위치해 있는데, 통구하와 압록강의 합류처 동쪽에 위치한 국내성지의 입지조건과 유사하다. 다만 국내성지가 평지성인 반면, 청암리토성은 언덕 능선과 강변 절벽을 따라 축조한 구릉성丘陵城에 가깝다.¹³¹⁾ 인공성벽은 3,450m이며, 성벽을 쌓지 않은 대동강변의 절벽을 포함하면 전체 규모는 5km에 이른다. 다만 구릉지이기 때문에 평지성보다는 가용면적이 다소 좁은 편이다. 각 방위별로 하나씩 4개의 큰 성문과 작은 성문지가 여러 개 있는데, 동문은 대성산성 남문과 연결된 도로의 연장선상에 위치한다(그림 9).¹³²⁾

1990년대에 청암리토성의 북문과 서문 부근에서 성벽을 절개하여 조사하였다. 보고서에 따르면 성

---

123) 關野貞, 1941, 앞의 책, pp.349~368; 千田剛道, 1983, 「淸岩里廢寺と安鶴宮」, 『文化財論叢』, 同朋社出版.
124) 梅原末治, 1946, 「初期佛敎關係の遺跡と遺物」; 1972, 『朝鮮古代の文化』, 國書刊行會; 谷豊信, 1989, 「四・五世紀高句麗の瓦に關する若干の考察」, 『東洋文化硏究所紀要』 108, p.294; 千田剛道, 2002, 「高句麗百濟都城における瓦の使用」, 『文化財論叢(Ⅲ)』, 奈良文化財硏究所, p.410.
125) 김일성종합대학 고고학민속학강좌, 1973, 앞의 책, pp.265~315; 전제헌・손량구, 1985, 앞의 책, pp.91~95.
126) 田中俊明, 2004, 「高句麗の平壤遷都」, 『朝鮮學報』 190.
127) 박순발, 2012, 앞의 글, pp.73~75.
128) 전제헌・손량구, 1985, 앞의 책, pp.91~95에서는 안학궁지 하부의 석실묘를 2호분 출토 後漢代 五銖錢을 근거로 2세기 말~3세기 초로 편년하였다. 그렇지만 大城山麓 일대의 고구려 석실묘가 평양천도를 전후하여 조영된 사실을 상기하면, 2~3세기로 편년하는 것은 불가능하다. 더욱이 안학궁지 하부의 석실묘는 대성산 남쪽 산록에 분포한 안학동 고분군의 말단에 위치한다는 점에서 평양천도 이후 상당한 시간이 경과한 다음 조영되었을 가능성이 높다(안학동 고분군의 현황은 손수호・최응선, 2002, 『평양성, 고구려 돌칸흙무덤 발굴보고』(2003년 백산자료원 복각본), pp.129~148 참조). 안학궁지 1-3호분과 같은 형식의 석실묘는 대체로 5~6세기대로 편년한다(박순발, 2012, 앞의 글, pp.73~74).
129) 谷豊信, 2005, 「平壤遷都前後の高句麗瓦に關する覺書」, 『MUSEUM(東京國立博物館硏究誌)』 596, pp.9~15.
130) 朝鮮總督府, 1915, 『朝鮮古蹟圖譜(Ⅱ)』, pp.105~106; 김일성종합대학 고고학민속학강좌, 1973, 앞의 책, pp.211~233; 전제헌・손량구, 1985, 앞의 책, pp.51~67; 편찬위원회, 1989, 『조선유적유물도감(3)』, pp.50~53.
131) 공석구, 1998, 「고구려 성곽의 유형에 대한 연구」, 『한국상고사학보』 29, pp.169~171.
132) 關野貞, 1928, 앞의 글; 1941, 앞의 책, pp.351~358.
사회과학원 고고학연구소, 2009, 「청암동토성」, 『고구려의 성곽』(조선고고전서 27), pp.69~73.

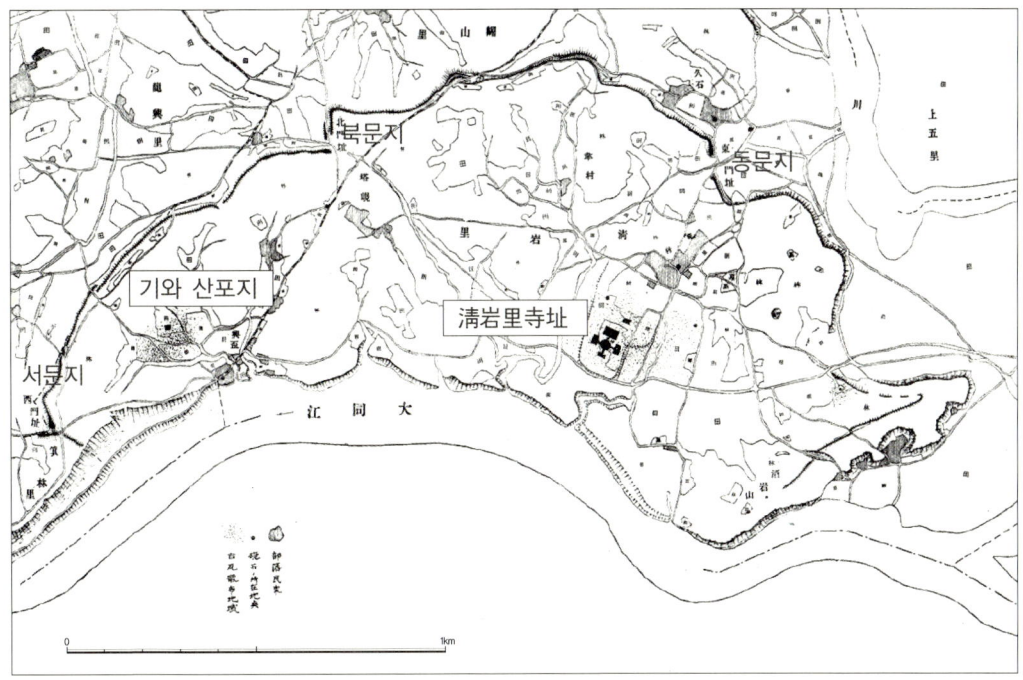

그림 9
평양 淸岩里土城 평면도 (『昭和十三年度古蹟調査報告』도판2)

벽은 크게 하부의 토축 부분과 상부의 토석혼축 부분으로 나뉜다. 이 가운데 토축 부분은 진흙을 성토하여 쌓았는데, 밑너비 10m, 높이 2.5m 전후이다. 토축 부분에서는 청동기시대의 유물이 많이 출토되었는데, 보고자는 고조선 시기의 토성으로 파악했다.[133] 상부의 토석혼축 부분은 3개 층위로 나뉘는데, 가장 안쪽 층위[제1]는 토축부 위에 0.8m 높이로 쌓았고, 중간 층위[제2]는 그 바깥쪽에 0.7m 두께로 쌓았다. 가장 바깥쪽 층위[제3]는 조금 큰 돌과 잔돌, 진흙을 섞어 1.4m 두께로 축조하였다(그림 10 참조). 제1과 제2 층위에서 고구려 시기 유물이 출토되지 않은 반면, 제3 층위에서는 고구려 시기 연화문와당편이 출토되었다.[134]

보고자는 이 연화문 와당편을 4세기 말~5세기 초로 편년했지만,[135] 화판부花瓣部 좌우의 주문珠紋이 삼각형에 가깝게 변모했다는 점에서[136] 늦은 형식의 구획선 연화문와당으로 분류된다.[137] 현재까지

---

133) 남일룡·김경찬, 1998, 「청암동토성에 대하여(1)」, 『조선고고연구』 1998-2, pp.13~15.
134) 남일룡·김경찬, 2000, 「청암동토성에 대하여(2)」, 『조선고고연구』 2000-1, pp.12~13.
135) 남일룡·김경찬, 2000, 앞의 글, p.15; 리광희, 2004, 「청암동토성에서 새로 발견된 수기와의 연대」, 『조선고고연구』 2004-1, p.16.
136) 리광희, 2004, 앞의 글, p.18의 그림 1 참조.
137) 청암리토성 출토품 중 유사한 연화문와당으로 八田巴之助 소장품(『高句麗時代之遺蹟(上)』, p.22 도면 57)과 경희대 박물관 소장품이 있는데, 모두 자방의 문양이 放射線紋이라는 공통점을 지니고 있다. 김희찬은 이러한 연화문와당을 Ⅲa식으로 분류한 다음 6세기 초에 발생한 것으로 보았다(김희찬, 2006, 「고구려 연화문와당의 형식과 변천」, 『고구려발해연구』 22, pp.207~210).

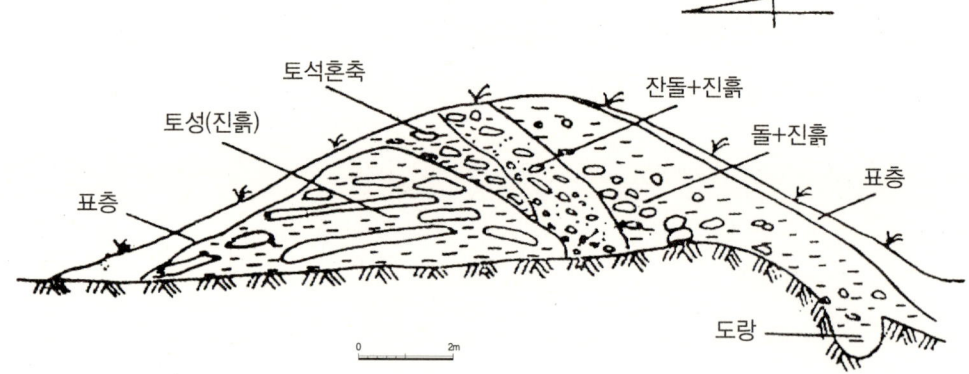

그림 10 ___
淸岩里土城 북문지 부근 성벽 단면도(『조선고고연구』 2000-1, p.13)

의 연구성과를 종합하면, 이 형식의 연화문와당은 5세기 말~6세기 초에 출현한 것으로 파악된다.[138] 그러므로 가장 바깥쪽의 토석혼축 부분은 6세기 이후에 개축한 성벽으로 추정되며, 그 안쪽의 제1과 제2 토석혼축 성벽은 6세기 이전에 축조했다고 파악된다. 특히 이 두 층위에서 고구려 시기의 유물이 출토되지 않았다는 점에서 고구려가 청암리토성을 처음 개발할 때 축조했을 가능성이 높다.

종래 청암리토성에서 평양천도 전후의 구획선 연화문와당이 다수 수집된 사실을 상기하면,[139] 제1과 제2 층위의 토석혼축 부분은 늦어도 평양천도 전후에는 축조되었고, 4세기대로 소급될 가능성도 없지 않다. 다만 제1과 제2 층위의 토석혼축 부분이 동일한 시기에 축조된 것인지, 아니면 약간 시기를 달리하는 지는 판단하기 어렵다. 또한 보고자는 하단의 토축 부분을 고조선 시기의 토성으로 파악하였지만, 국내성지나 임진강 유역의 고구려 성곽에서도 석축 하단에 토축 기초부를 조성한 사례가 확인되었다.[140]

이로 보아 하단의 토축부뿐 아니라 제1과 제2 층위의 토석혼축부에서도 고구려 유물이 출토되지 않은 사실을 상기하면, 토축부도 토석혼축 성벽과 같은 시기에 축조되었다고 파악된다. 다만 국내성지에서는 하부의 토축 부분이 석축성벽의 기초부를 이루었지만, 청암리토성의 토축부는 밑너비 10m, 높이 2.5m인데 비해 그 위의 토석혼축부는 두께가 0.8m에 불과하다. 따라서 토축부 위의 토석혼축 부분은 은대리성의 토축부를 감싼 석축부나[141] 풍납토성의 판축토벽을 감싼 석렬처럼

---

138) 김희찬, 2006, 앞의 글, p.220; 千田剛道, 2012, 「高句麗の前期平壤城と淸岩里土城」, 『近畿大學文藝學部論集』 23-2, pp.30~32.
139) 『昭和十三年度古蹟調査報告』, 도판 12; 關野貞, 1941, 앞의 책, pp.351~358; 谷豊信, 1990, 「平壤土城里發見の古式の高句麗瓦當に對ついて」, 『東洋文化研究所紀要』 112, pp.64~66.
140) 심광주, 2005, 앞의 글; 서영일, 2012, 「제1장 개설」, 『한국군사사 14 : 성곽』, 육군본부, pp.94~1011.
141) 서영일, 2012, 앞의 글, pp.98~99.

[142] 성벽 유실 방지와 배수 등의 기능을 수행하였다고 파악된다. 청암리토성의 경우는 진흙 토축부가 중심 벽체이고, 그 바깥의 토석혼축부는 이를 감싸며 마감 처리하는 기능을 수행하고 있는 것이다.

이상을 통해 청암리토성이 늦어도 평양천도 전후에는 축조된 것으로 파악하였다. 현재까지 청암동토성 내부에서는 모두 4곳의 기와 산포지를 확인했는데, 가장 동쪽과 서쪽의 기와 산포지는 각기 동남문지 및 서문지와 연관된 것으로 파악된다. 동부의 기와 산포지는 고구려 시기의 절터로 확인되었는데[청암리사지], 5~6세기대의 막새기와가 많이 출토되었다.[143] 그리고 서부의 기와 산포지에서는 초석과 함께 벽화가 그려진 벽체가 확인되었는데,[144] 5세기부터 고려시기에 걸친 다양한 막새기와가 출토되었다.[145]

왕궁이나 관아로 비정할 만한 유적이 명확하게 확인되지는 않았지만, 평양천도를 전후하여 청암리토성 내부에 사찰을 비롯한 다수의 기와 건물이 건립된 것은 틀림없다. 더욱이 중앙 평지 등 성곽 내부를 전면적으로 조사한 적이 없다는 사실을 상기하면, 향후 왕궁이나 관아에 해당하는 건물지가 발견될 가능성도 충분히 있다. 따라서 현재까지의 조사현황을 종합하면 청암리토성이 전기 평양성의 평상시 거점성일 가능성이 가장 높다고 판단된다. 다만 청암리토성 내부에 대한 고고조사가 제대로 이루어지지 않았기 때문에 공간구성이나 경관을 복원하기는 쉽지 않은 상황이다.

한편 국내성지에는 4세기 전반에 이미 기와 건물이 밀집 분포했고, 북쪽 외곽에 대형 건물을 조영하였다. 그리고 후기 평양성은 대규모 시가지를 조성했다. 이러한 점에서 구릉성인 청암리토성은 평상시 거점성으로 다소 협소하다고 볼 수도 있다. 안학궁지에서 5세기대 연화당와당이 수집된 바 있고,[146] 그 남쪽 대동강변에 상오리사지나[147] 청호리사지[148] 등이 분포한 점이 유의된다. 현재의 안학궁지를 고구려시기 왕궁으로 보기는 힘들지만, 평양천도 이후 안학궁지 일대에 각종 건축물을 조성했을 가능성은 충분히 있기 때문이다. 이는 청암리토성 외곽에 거주구역이나 사찰 등을 조성했을 가능성을 시사한다.

이와 관련하여 평양천도 이전인 392년[광개토왕 2년]에 평양 9사를 창건한 사실이 주목된다.[149]

---

142) 국립문화재연구소, 2002, 『풍납토성(II)』, pp.73~74 및 pp.115~116.
143) 小泉顯夫, 1940, 「平壤淸岩里廢寺址の調査」, 『昭和十三年度古蹟調査報告』, 朝鮮古蹟硏究會, pp.5~19; 1986, 『朝鮮古代遺跡の遍歷』六興出版, pp.339~344. 북한학계에서는 청암리사지를 498년(문자명왕 7년)에 창건한 금강사지로 비정한다(리화선, 1986, 「고구려 금강사와 그 터자리 구성에 대하여」, 『조선고고연구』1986-4).
144) 남일룡·김경찬, 2000, 앞의 글, pp.13~14.
145) 리광희, 2004, 앞의 글, pp.16~19; ; 千田剛道, 2012, 앞의 글, pp.30~32.
146) 谷豊信, 2005, 앞의 글, pp.9~15; 백종오, 2006, 「유물」, 『고구려 안학궁 조사보고서 2006』, 고구려 연구재단, pp.135~140.
147) 小泉顯夫, 1986, 앞의 책, pp.344~348.
148) 한인호, 1995, 『조선중세건축유적연구(삼국편)』, 사회과학출판사, pp.78~79.
149) 『삼국사기』고구려본기6 광개토왕 2년 6월조.

평양 9사의 창건은 일반적으로 평양천도를 위한 준비[150] 또한 대백제전 수행을 위한 호국적 기능과[151] 연관된 것으로 이해된다. 현재 평양천도 전후의 연화문와당은 대성산성이나 청암리토성뿐 아니라 대동강 남안의 토성리유적과 북안의 평천리유적에서도 출토되고 있다. 이 두 유적에서 출토된 연화문와당은 일찍부터 평양지역에서 가장 오래된 고구려 와당으로 지목되었고,[152] 특히 토성리유적 출토품은 평양 천도 이전으로 편년된다.[153] 이에 대동강 양안에 위치한 토성리유적과 평천리유적을 평양9사의 유력한 후보로 상정하기도 한다.[154]

이러한 견해가 성립한다면, 392년에 창건한 평양9사는 특정 지역에 밀집된 것이 아니라 상당히 넓은 지역에 산재한 것으로 추정할 수 있다. 청암리토성과 안학궁지 주변에 청암리사지를 비롯하여 상오리사지, 청호리사지 등이 산재한 상황도 이와 연관된다고 생각된다. 즉 이들 사지를 평양9사와 직접 연관시키기는 힘들겠지만, 평양천도 이후에도 종전의 평양9사처럼 평상시 거성의 내부뿐 아니라 그 주변 곳곳에 사찰을 조영했을 가능성이 높기 때문이다. 그러므로 평양천도 이후에는 거주구역이나 사찰 등을 포괄하는 도성의 공간범위도 종전에 비해 상당히 넓어졌을 것으로 추정된다.

이와 관련하여 평양천도 이후 왕릉급 고분의 분포양상에도 유의할 필요가 있다. 평양지역의 왕릉급 고분 가운데 전기 평양성 단계의 무덤으로는 전동명왕릉, 한왕묘[경신리1호분], 토포리대총, 호남리사신총 등을 들 수 있다. 이들 고분은 모두 석축 기단부를 갖춘 기단 석실봉토묘인데, 국내성기 초대형 적석묘의 전통을 계승한 것으로 파악된다.[155] 이 가운데 토포리대총이나 호남리사신총은 청암리토성으로부터 10여km 떨어져 있지만, 전동명왕릉이나 한왕묘는 20~30km나 떨어져 있다. 국내성기의 왕릉이 평상시 거성으로부터 5~6km 이내에 분포한 것과 비교하면 상당히 먼 거리라 할 수 있다.

이에 최근 평양천도 이후 경기제京畿制를 도입하여 상당히 먼 지역까지 교郊로 설정함으로써 도성의 경제적 군사적 기반을 공고히 했다는 견해가 제기되었다.[156] 이에 따른다면 평양천도 이후 도성의 공간범위에 대한 인식이 크게 변화하였고, 특히 경기제와 더불어 4교를 설정하였을 가능성을 상정할 수 있다. 다만 이와 관련한 문헌사료가 거의 없으므로 구체적인 분석은 후고를 기약할 수 밖에 없다.[157] 또한 청암리토성 내부나 그 주변에 대한 고고조사도 아직 충분히 이루어지지 않았으므로 전기 평양성의 도성 구조와 경관을 세밀하게 분석하기는 힘든 상황이다.

---

150) 서영대, 1981, 「고구려 평양천도의 동기」, 『한국문화』 2, p.101.
151) 신동하, 1988, 「고구려의 사원 조성과 그 의미」, 『한국사론』 19, pp.17~27.
152) 關野貞, 1928, 앞의 글 ; 1941, 앞의 책, p.350.
153) 谷豊信, 1990, 앞의 글.
154) 田村晃一, 1983, 「高句麗の寺院址に關する若干の考察」 ; 2001 『樂浪と高句麗の考古學』, 同成社, pp.371~376.
155) 강현숙, 2008, 「전 동명왕릉과 진파리 고분군의 성격 검토」, 『호서고고학』 18, pp.39~43.
156) 박순발, 2012, 앞의 글, pp.80~85.
157) 후기 평양성 단계에서 4郊 관념이 확립되었을 가능성에 대해서는 여호규, 2013a, 앞의 글, pp.86~89 참조.

후기 평양성의 공간구성과 도성 경관

고구려는 552년(양원왕 8년)에 장안성長安城을 축조하기 시작하여 586년(평원왕 28년)에 다시 천도를 단행했다.[158] 이 장안성이 후기 평양성인데, 종래 그 위치나 천도 여부와 관련하여 많은 논란이

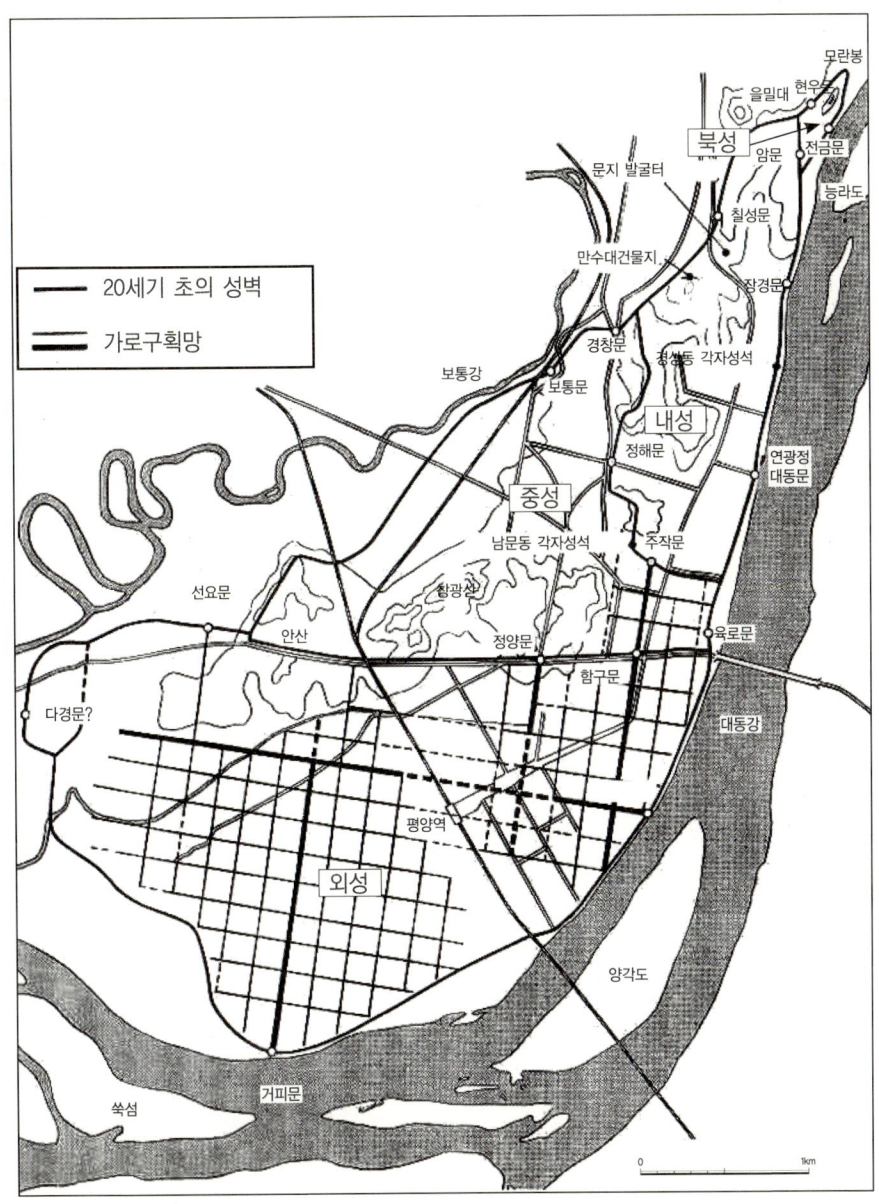

그림 11
평양성 평면도(『高句麗の歷史と遺跡』)

---

158) 『三國史記』고구려본기7 양원왕 8년조 및 평원왕 28년조.

있었지만,[159] 현재의 평양 시가지임이 틀림없다. 평양성은 북쪽 모란봉 일대의 험준한 지형과 동·서·남 3면의 대동강과 보통강 기슭의 절벽이나 언덕을 이용하여 쌓았는데, 외곽 둘레만 16km에 달한다. 평양성의 내부 지형은 북쪽에서 남쪽으로 내려가면서 산지-구릉지대-충적평지 등으로 변모하고 있는데, 그림 11에서 보듯이 이러한 자연지형을 최대한 활용하여 성벽을 축조하였다.[160]

성벽은 기본적으로 돌로 쌓았는데, 지형에 따라 기초부를 조금 다르게 조성했다. 가령 암반 지대는 암반까지 판 다음 직접 기초석을 축조한 반면, 가파른 경사지는 능선 바깥 면을 수직으로 판 다음 50~60cm 두께로 진흙과 자갈을 섞어 다지고 장대석을 놓았다. 지반이 진흙인 경우에는 지면을 너비 6~7m, 깊이 3~3.5m로 파고 바닥에 자갈돌을 깐 다음 거대한 기초석을 놓았다.[161]

1930년대에는 내성 서벽을 조사했는데, 성벽은 너비 46m, 높이 23m였다. 암반층까지 파고 기초부를 조성한 다음, 중앙에 높이 5m의 두터운 성벽을 축조했다. 외벽 하단부는 진흙과 자갈층을 번갈아가면서 겹겹이 축조했고, 상단부는 토루土壘를 이루고 있었다. 그리고 성벽 안팎에 외황外隍과 내황內隍이 있었다.[162] 이때 외성의 서벽도 조사하였는데, 하상河床의 자갈층까지 굴착하여 견고하게 할석을 쌓아 석단을 조성하고, 그 전방과 상부에 점토와 자갈, 기와편 등을 번갈아 다져 쌓은 다음, 그 상부 중앙에 석축성벽을 축조한 양상을 확인했다. 최상부는 흙으로 성토했고, 외곽에는 점토층과 자갈층을 두껍게 축조하여 범람에 따른 성벽 붕괴를 방지한 것으로 파악했다(그림 12).[163]

이를 통해 평양성의 축성양상을 상세히 파악했지만, 성벽 각 부분의 관계나 축조시기를 제대로 파악하지 못한 한계도 있었다. 가령 외성 서벽은 기초부인 할석 석단과 점토·자갈 판축층, 석축성벽, 상부의 토루, 외곽 하단의 토벽 등으로 구성되어 있는데, 이 가운데 상부의 토루나 외곽 하단의 토벽이 고려시기의 '방수벽防水壁'임을 파악하지 못했던 것이다.[164] 다만 일제시기의 조사를 통해 석축성벽 하부에 할석+토축 기초부를 조성한 사실을 확인하였는데, 이는 국내성지의 축성법과 유사한 양상이다.

1990년대 중반에도 외성 서벽 4지점을 발굴하였는데, 하단에 큰 돌을 깔고 강돌과 진흙을 다져 기초부를 조성한 다음, 안쪽에는 진흙을 다져쌓아 내탁부를 조성하고 그 바깥쪽에 돌을 층층이 쌓았다. 토축과 석축을 결합한 축성방식인데, 하단에 강돌과 진흙을 다져쌓아 기초부를 조성하고, 내탁부를 토축한 사실이 주목된다. 또한 기초부나 토축부 모두 고구려 시기에 조성되었지만, 이곳

---

159) 제반 논쟁에 대해서는 민덕식, 1989, 「고구려의 후기도성」, 『한국사론』19; 심정보, 2005, 「고구려 장안성 축성 시기에 대한 문제점」, 『북방사논총』6; 김희선, 2005, 「고구려 장안성의 축성과정과 천도의 배경」, 『역사문화연구』22 등 참조.
160) 평양성에 대한 개관은 최희림, 1978, 『고구려 평양성』, 과학백과사전출판사 참조.
161) 최희림, 1978, 앞의 책, pp.44~68.
162) 小泉顯夫, 1938, 「平壤萬壽臺及其附近の建築物址」, 『昭和十二年度古蹟調査報告』, pp.74~77.
163) 小泉顯夫, 1986, 앞의 책, pp.331~332.
164) 최희림, 1978, 앞의 책, pp.69~72.

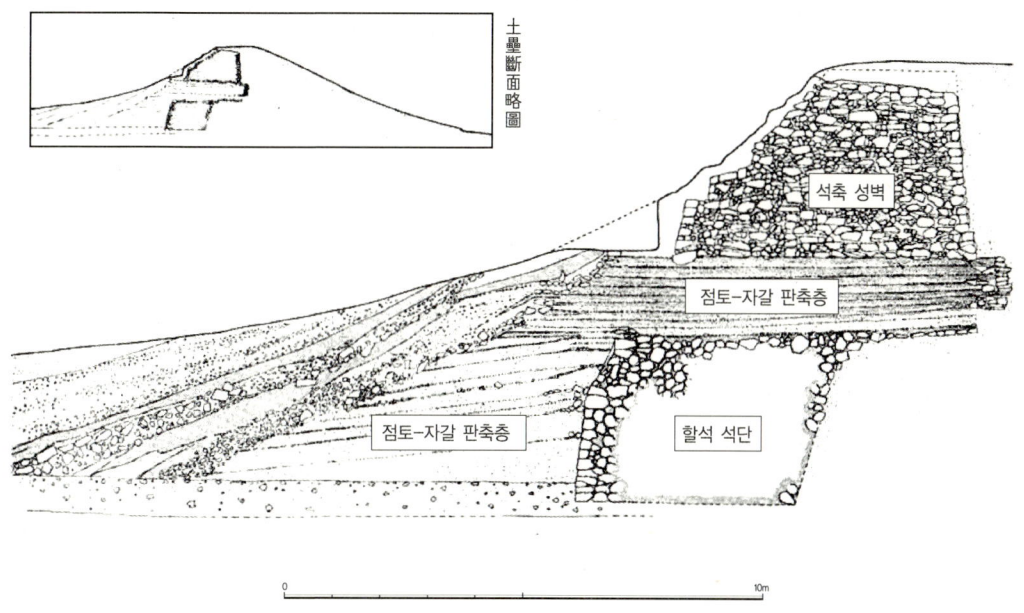

그림 12__
1930년대 평양성 外城 서벽 단면도(『昭和十二年度古蹟調査報告』 도판73)

에서는 고구려 시기의 유물이 거의 출토되지 않고 주로 상부의 퇴적층에서 출토되었다는 사실도 유의할 필요가 있다.[165]

1990년대 중반에는 중성의 서벽도 4지점 발굴하였다. 처음에는 하부의 토축과 상부의 석축 두 부분으로 이루어졌고, 상부 바깥쪽에 고려시기의 토벽이 있다고 보고했다. 그러면서 하부의 토축은 고조선시기, 상부의 석축은 고구려시기로 편년하였다.[166]

그런데 그 뒤 상부가 3부분으로 구성되었다고 보고하였다(그림 13 참조). 즉 하부의 토축은 너비 11m, 높이 1.5m로서 진흙과 막돌을 다져쌓아 축조하였는데, 청동기시대 유물이 출토되었다고 한다. 토축 위에는 부식토와 재로 이루어진 검은색 토층[간층]이 10~20cm 쌓여 있었고, 그 위에 상부의 하층 성벽을 축조하였다고 한다. 진흙과 마사토를 번갈아가며 2.5m 높이로 판축하였고, 바깥 가장자리에는 석렬을 질서정연하게 축조하였는데, 붉은색 승문繩文 기와편이 많이 출토되었다. 중층은 성돌, 기와편, 진흙 등을 다져쌓아 기초부를 조성한 다음, 1.1m 높이로 석축하였는데, 붉은색 격자문 기와편이 많이 출토되었다. 상층은 넓적한 돌을 1m 높이로 축조하였는데, 고려시기의 회색 토기편이 많이 출토되었다. 보고자는 각 층의 유물출토 양상을 근거로 하부의 토축은 고조선시

---

165) 손수호·최응선, 2002, 앞의 책, pp.19~30.
166) 안병찬·최승택, 1998, 「새로 발굴된 평양성에 대하여」, 『조선고고연구』 1998-4, pp.37~41.

기, 상부의 하층은 고구려의 평양진출 초기, 중층은 장안성 축조시기, 상층은 고려 초기로 편년하였다.[167]

이 가운데 고려시기 기와가 출토된 상부의 상층은 고려시기의 성벽으로 파악된다. 그리고 상부의 중층은 기초부를 별도로 조성한 만큼 하층과 구별되는 성벽으로 파악되지만, 중층과 하층에서 모두 고구려 기와편이 출토된 만큼 양자는 고구려

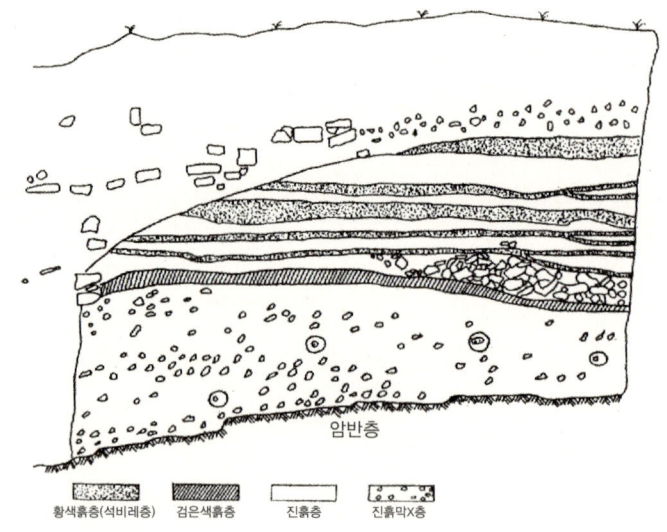

그림 13 __
1990년대 평양성 중성 서벽 1지점 단면도(『평양성 고구려돌칸흙무덤 발굴보고』, p.107)

시기의 성벽일 가능성이 높다. 다만 어느 것이 6세기 중후반 장안성 축조시의 성벽인지 단정하기는 어렵다. 만약 하층이 장안성 축조시의 성벽이라면 중층은 고구려 말기에 개축한 것이며, 중층이 장안성 축조시의 성벽이라면 하층은 6세기 중반 이전에 축조했다고 보아야 한다.

그런데 보고서에 따르면 하층 토축부 가장자리의 석렬은 기초부를 조성하지 않고 검은색 토층 상부를 정리한 다음 쌓았다고 한다.[168] 이는 하층 성벽이 하부의 토축 부분을 기초부로 삼았을 가능성을 시사한다. 즉 하부의 토축부는 보고자의 견해처럼 독자적인 성벽이 아니라 상단 성벽의 기초부일 가능성이 있는 것이다. 외성 서벽에 대한 일제시기의 조사에서 토축 기초부를 확인한 사실도 이를 시사한다. 다만 하부의 토축부와 상부의 하층 성벽 사이에 검은색 토층이 간층으로 놓여 있었고, 두 층위의 유물출토 양상도 다르다. 그러므로 하부의 토축부가 상부 하층 성벽의 기초부일 가능성을 열어놓고, 고고조사의 추이를 살필 필요가 있다.[169]

성곽시설로는 외성 일대에 성가퀴가 비교적 잘 남아 있다. 또한 모란봉의 최승대나 을밀대처럼 주변 지역을 공제할 수 있는 주요 지점마다 장대를 설치했으며, 각 성벽의 주요 요충지에는 성문과 암문을 설치하였다. 이 가운데 내성의 서북문에 해당하는 칠성문에는 옹성의 흔적이 남아 있다. 후기 평양성의 공간구성과 경관에서 가장 주목되는 점은 여러 성곽을 결합하여 건설했다는 사

---

167) 손수호·최응선, 2002, 앞의 책, pp.31~115.
168) 손수호·최응선, 2002, 앞의 책, p.34.
169) 한편 서영일, 2012, 앞의 글, p.98에서는 북한학계처럼 하층과 상층을 각기 별개의 성벽으로 파악하였다. 다만 하층 성벽은 북한학계와 달리 고조선이 아니라 낙랑계 성벽축조 기술을 습득한 고구려에 의하여 축조되었다고 파악하였다.

실이다.

내성^{內城}은 만수대와 그 남쪽 구릉지대에 자리잡고 있다. 중성^{中城}은 구릉지대 남쪽 경사면에 자리잡고 있는데, 중성 남벽의 축조시점에 대해서는 고구려 시기설과 고려 초기설이 팽팽하게 대립하고 있다.[170] 외성^{外城}은 남쪽의 넓은 평지를 포괄하는 부분인데, 질서정연한 격자형 가로망으로 도로를 구획하였다.[171] 북성^{北城}은 북쪽의 산지와 골짜기를 감싸며 축조하였다. 현재까지 평양성에서는 모두 6개의 각자성석^{刻字城石}이 발견되었는데,[172] 이를 통해 552년 공사에 착수한 다음 내성을 먼저 축조하고(566년경) 586년에 천도를 단행하였음을 파악할 수 있다. 그리고 천도 이후인 589년경부터 외성 공사에 본격적으로 착수하여 593년경에 완성하였음을 알 수 있다.

이처럼 후기 평양성은 장기간에 걸쳐 축성한 복곽식 성곽인데, 성벽의 총길이는 무려 23km에 달한다. 북성이 전형적인 산성에 가깝다면, 내성과 중성은 구릉성, 외성은 평지성이라 할 수 있다. 이에 평양성을 평지성과 산성으로 이루어진 복곽식 성곽이라는 의미에서 평산성으로 분류하기도 한다.[173] 고구려 초기 이래의 평상시 거성과 비상시 군사방어성으로 이루어진 도성체계를 하나로 결합하여 완성한 성곽인 것이다. 이에 고구려가 6세기 중반 대내외 위기에 대응하려는 정치적 목적 아래[174] 평상시뿐 아니라 유사시에도 생활조건을 안전하게 유지하면서 적군을 방어하기 위해 평지성과 산성을 결합시킨 평양성을 축조하였다고 이해한다.[175] 다만 왕궁을 중심으로 관아와 거주구역이 병존하던 초기 왕성과 달리, 주요 건축물이 각 성곽에 별도로 배치되었다.

대체로 내성은 궁성, 중성은 관아시설과 귀족의 대저택, 외성은 일반 거주구역과 수공업시설, 그리고 북성은 궁성의 별궁이나[176] 후원,[177] 방어성[178] 등으로 추정된다. 이 가운데 내성인 만수대 일대에서는 1930년대에 고구려시기 건물지가 확인되었다. 1935년 3월 평양신사(현재의 모란봉극장 일대) 광장을 조성하다가 지표 아래 3m 지점에서 너비 5m의 탄화층을 발견했는데, 화강암 판석을

---

170) 일본학계에서는 대체로 고려 초기인 922년(태조 5)에 처음 축조하였다고 파악하고 있다(關野 貞, 1941, 앞의 책, p.376 및 田中俊明, 1985, 「高句麗長安城城壁石刻の基礎的研究」, 『史林』 68-4). 북한에서도 처음에는 고려 초기 축조설이 제기되었다가(채희국, 1965, 「평양성(장안성)의 축성 과정에 대하여」, 『고고민속』 1965-3) 최희림 이래 고구려 시기에 축조한 것으로 파악하고 있다(최희림, 1967, 「평양성을 쌓은 연대와 규모」, 『고고민속』 1967-2 : 1978, 앞의 책).

171) 한인호·리호, 1993, 「평양성 외성안의 고구려 도시 리방과 관련한 몇 가지 문제」, 『조선고고연구』 1993-1; 한인호, 1995, 『조선중세건축유적연구(삼국편)』, 사회과학출판사.

172) 5개는 각 성벽 구간의 축성 시점과 감독자를 기록한 것이며, 1개는 '本城四十二年畢役'이라 하여 42년만에 축성사업을 완료하였음을 기록한 것이다(서영대, 1992, 「평양성 각자」, 『역주 한국고대금석문 I』, 가락국사적개발연구원 참조).

173) 최희림, 1978, 『고구려 평양성』, 과학백과사전출판사.

174) 田中俊明, 1984, 「高句麗長安城の位置と遷都の有無」, 『史林』 67-4.

175) 최희림, 1978, 앞의 책, p.11.

176) 小泉顯夫, 1986, 앞의 책, pp.324~332.

177) 閔德植, 1989, 앞의 글.

178) 최희림, 1967, 앞의 글 : 1978 앞의 책, p.23.

질서정연하게 깔았으며 기와가 두텁게 퇴적되어 있었다. 만수대에서 모란봉으로 나아가는 언덕 단면에 위치한 건물의 문지로 확인되었다. 동서로 기다랗게 뻗은 토루에 남북 방향으로 남북 7m, 동서 4m의 문지를 조성했는데, 문턱에서는 간격 1.45m, 폭 28cm의 수레 통로의 홈도 확인되었다. 문지가 위치한 토루는 만수대-모란봉 구간의 성벽과는 구별되는 것으로 모란봉 극장 주변 대지에 위치한 특수 건물을 감싼 토루로 추정된다.

1935년 8월에는 만수대 대지에 평안남도 신청사를 짓다가 건물터를 발견했다. 건물터는 만수대 정상 아래쪽 10m 지점에서 발견되었는데, 서북쪽 나성으로 향하는 경사면 허리부에서 화재로 소실된 기둥의 흔적을 확인했다. 건물지는 나성의 내호內濠에 잇대어 조성했으며 남북으로 폭 4m, 길이 36m의 긴 회랑 모양을 이루고 있었다. 회랑 양측에 방주상方柱狀 화강암을 배열하고 그 안쪽에는 4m 간격으로 방형, 원형의 초석을 배열했다. 대체로 나성의 내호에 잇닿은 회랑 건물유적으로 추정되었는데, 상층에서는 고려시기, 하층에서 고구려시기 기와가 출토된 것으로 보아 고구려에서 고려시기에 걸쳐 사용된 건물터로 추정되었다.[179]

만수대 건물터는 평탄한 대지에 입지해 있을 뿐 아니라 외형도 대규모이기 때문에 대체로 고구려시기의 궁전터로 추정한다. 이에 만수대 동북쪽에 위치한 을밀대 남쪽 경사면 일대를 궁성의 비원으로 추정하며, 경상골 연못자리와 그 주변 곳곳에서 고구려시기 기와편이 대량으로 발견된 지점을 비원의 누정 건물터로 추정하기도 한다.[180] 이처럼 만수대를 중심으로 하는 내성 내부는 평양성에서 가장 중요한 건축물이 위치한 지역으로 추정된다. 고려나 조선시기의 지방관아가 만수대를 중심으로 하는 내성 일대에 위치했다는 사실도 이를 반영한다.

북성 일대에도 여러 건물지가 남아 있다. 먼저 영명사터를 들 수 있는데, 초석과 더불어 고구려시기 기와가 다수 출토되었다. 화암강으로 조각한 돌계단 좌우의 석사자도 고구려시기 유물로 추정된다. 흔히 부벽루라 불리는 영명루의 경우 현재 건물은 1614년에 조영되었지만, 하단의 원형초석 가운데 정면 2개와 후면 1개는 고구려시기 초석으로 추정되며, 전금문에서 부벽루로 오르는 돌계단도 고구려 시기의 유구로 추정된다.[181] 또한 모란봉 부근의 중흥사터 당간지주도 고구려시기 유적으로 추정된다.[182]

이처럼 북성에는 주로 사찰이나 누각 건물이 확인되고 있다는 점에서 궁성의 별궁이나 후원으로서의 기능을 수행하며, 비상시에는 방어성의 역할도 담당하였다고 파악된다. 그밖에 1940년과 1944년에 외성의 평천구역 평천동에서 금동반가상과 영강永康7년명광배가 잇따라 발견되었고, 일제시기에 평천리 육군병기제작소 부근에서 벽돌로 축조한 우물모양 유구를 확인하기도 했다고 한

---

179) 小泉顯夫, 1938, 앞의 글 참조.
180) 최희림, 1978, 앞의 책, p.112.
181) 東潮·田中俊明 編著, 1995, 『高句麗の歷史と遺跡』, 中央公論社, pp.233~234.
182) 이 당간지주는 1990년에 재건된 대성산 서북쪽 산기슭의 광법사로 옮겨졌다.

다. 특히 외성 일대는 질서정연한 가로망으로 구획되어 있다는 점에서 대규모 인구를 수용하는 시가지가 조성되었을 것으로 파악된다.

이상과 같이 주요 건축물을 각기 별도의 공간에 배치하고 그 기능이 분화됨에 따라 전체적인 공간구성은 더욱 위계적으로 변모했을 것이다. 왕궁을 상대적으로 높으면서도 평탄한 대지를 이루고 있는 내성에 단독으로 배치하여 일종의 궁성을 조영한 것이나, 관아와 귀족의 대저택을 중성에 배치한 것은 이러한 위계적 공간구조와 연관된다.[183] 그리고 궁성인 내성을 북위 낙양성처럼 도성 북쪽에 배치한 것을 보면, 전체 공간구성을 재편할 때 북위 낙양성을 참조했을 가능성을 상정해 볼 수 있다.[184]

이러한 점에서 북위 낙양성처럼 외성에 질서정연한 가로망으로 구획한 대규모 시가지를 조성한 사실이 주목된다. 조선시기에 기자箕子 정전유지井田遺址로[185] 알려진 격자형 가로망은 일제시기까지만 하더라도 비교적 잘 남아 있었는데, 함구문-정양문 구간에는 정방형으로 된 3개의 리가 남북 방향으로 배열되어 있었고, 평천리 일대 방의 길이는 170m 정도였다고 한다. 또한 도로유구 좌우 하단에서 배수로가 확인되기도 하였다.

이처럼 리방을 구획한 도로 양쪽에는 법수로 불린 표석을 세웠는데, 역시 20세기 초만 하더라도 동서와 남북 방향으로 직교하며 열을 이루고 있었다.[186] 석표의 간격은 일본 곡척 550척 내외, 47척 내외, 16척 내외 등 3종류가 있었는데, 고구려척으로 환산하면 500척, 40척, 15척이 된다. 이 가운데 40척과 15척 구간에서는 자갈돌을 깔았던 유구가 발견되었는데, 도로 유적으로 추정된다.[187]

도로유구의 양상은 1954년 평양역 동쪽에 위치한 김책공대를 건설하는 과정에서 구체적으로 확인되었다. 이곳의 도로유구는 외성의 서문인 다경문에서 동문인 고리문으로 이어지는 동서대로에 해당하는데, 겉면에는 20cm 안팎의 두께로 강돌을 포장했다. 도로 너비 12.6~12.8m, 좌우의 배수구 너비 60~70cm로서 도로유구의 전체 너비는 13.4~14m에 달했다. 고구려척으로 환산하면 약 40척=8보인 대로에 해당한다. 건설장에서 발굴된 도로구획의 너비는 동서 120m, 남북 84m이었다.[188] 또한 이 무렵 거피문을 통과하는 남북대로와 함구문을 통과하는 동서대로의 교차점 구석에서 도로 표석인 '법수'를 발견했는데, 간격은 13.8~14m였다고 한다.

외성의 가로구획은 대체로 한 변 84m인 정방형과 동서 120m, 남북 84m인 장방형 등으로 대별된다. 동서 120m, 남북 84m인 장방형 가로구획은 함구문-정양문의 동서 980m, 남북 700m 구간에

---

183) 채희국, 1982, 『고구려력사연구 - 평양천도와 고구려의 강성』, 김일성종합대학출판사.
184) 김희선, 2006, 「6·7세기 동아시아 도성제와 고구려 장안성」, 『한국고대사연구』 43; 2008, 「북위·수당대 도성과 고구려 장안성」, 『백산학보』 81; 2010, 『동아시아 도성제와 고구려 장안성』, 지식산업사.
185) 韓百謙 『久庵遺稿』의 箕田圖 및 『平壤續志』 등 참조
186) 關野貞, 1941, 앞의 책, pp.360~365.
187) 小泉顯夫, 1986, 「平壤の遺跡調査」, 『朝鮮古代遺跡の遍歷』, 六興出版.
188) 한인호, 1995, 앞의 책, pp.36~37.

서만 확인되며, 다른 지역에는 모두 한 변 84m인 정방형 가로구획이 발견된다. 각 가로구획은 모두 '전田'자 모양으로 이루어져 있으며, 대도로(너비 14m, 40고구려척), 중도로(4.2m, 12고구려척), 소도로(1.4m, 4고구려척) 등에 의해 리, 방, 구획 등으로 분할된다. 외성에서 확인되는 도로유구와 가로구획은 평양성 외성 일대가 질서정연한 도시계획에 의해 건설되었음을 반영한다.[189]

격자형 도로유구와 가로구획은 함구문에서 주작문에 이르는 중성의 남쪽 평지에서도 확인된다. 이는 중성의 남쪽 평지에 외성의 도로망과 연결되는 대도로가 있었을 가능성을 시사한다. 또한 『신증동국여지승람』이나 『평양속지』에 따르면 외성의 '다경루 밑으로 배가 다닐 수 있는 유지'가 남아 있었고, "과거에는 조수를 이용하여 많은 배들이 다경문을 통과하여 정양문 밖에 정박하면서 성안에 물품들을 운반하였다"고 한다. 외성에 운하가 있었다는 것인데, 실제 외성의 서문인 다경문을 통하여 중성의 남문인 정양문에 이르는 3km 구간에서 운하의 흔적이 확인되었다.[190]

이상과 같이 후기 평양성은 종전의 평상시 거성과 비상시 군사방어성을 결합하여 평산성이라는 새로운 성곽을 탄생시켰을 뿐 아니라, 종전의 도성과 달리 격자형 가로망으로 구획한 대규모 시가지를 조성했다. 즉 도성 내부에 대규모 인구와 각종 도시시설을 수용할 수 있는 '대도성大都城'으로 발전한 것이다. 특히 격자형 가로망은 북위의 평성에서 출현하여 북위 낙양성을 거쳐 수당의 장안성에 이르러 완성되는데, 후기 평양성도 이러한 동아시아 도성사의 흐름 위에서 조성된 것으로 파악된다.

맺음말

이상을 통해 고구려 도성의 구조와 경관의 전체적인 변천양상을 고찰하였다.

그 결과 첫 번째 도성인 졸본[홀본]에서부터 평상시 거점과 비상시 군사방어성으로 이루어진 도성 구조를 갖춘 사실을 확인하였다. 이러한 도성 구조는 국내성기와 전기 평양성기에도 지속되었고, 후기 평양성 단계에서는 양자를 결합한 평산성을 축조하여 비상시에도 피난을 가지 않고 적의 공격을 방어할 수 있게 되었다. 또한 성벽 하단부에 토루를 쌓아 기초부를 조성한 다음, 그 위에 석축성벽을 축조하는 축성술이 국내성기부터 후기 평양성에 걸쳐 지속적으로 확인된다. 이로 보아 고구려는 초기 이래의 도성 구조나 축성술을 꾸준히 발전시켜 독창적인 도성 구조를 완성하였다고 볼 수 있다.

다만 졸본 시기에는 평상시 거점에는 성곽을 축조하지 않았고, 산상의 군사방어성이 더 중요시되었다. 국내 천도 초창기에도 평상시 거점에는 성곽을 축조하지 않았을 가능성이 높다. 평상시

---

[189] 한인호·리호, 1993, 앞의 글.
[190] 한인호, 1995, 앞의 책, pp.44~45.

거점의 이러한 면모는 고구려 초기 정치체제와 밀접히 연관되어 있다. 당시에는 계루부 왕실이 각 나부와 함께 정치를 운영하였는데, 나부의 지배세력은 본거지에 거주하며 중요한 행사시에만 도성을 방문하였다. 그리하여 도성에 거주하는 인구는 많지 않았고, 다양한 도성 시설을 갖출 필요도 없었다. 정치적 중심지로서의 도성은 존재하였지만, 아직 도성 경관은 본격적으로 형성되지 않았던 것이다.

도성 경관은 3세기 중후반에 나부체제가 중앙집권체제로 전환됨에 따라 본격적으로 형성되었다. 각 나부의 지배세력이 도성으로 집주한 가운데 4세기 전반에는 현재의 국내성지 거의 전역에 기와 건물이 들어섰으며, 중앙부의 왕궁을 중심으로 내부 공간구조를 편제하였다. 다만 국내성지의 둘레가 2.7km에 불과한 데서 보듯이 아직 대규모 인구를 수용한 도성으로 발달한 상태는 아니었다. 또한 4세기에는 주로 초대형 왕릉의 조영을 통해 태왕권의 초월적 위상을 구현하였고, 4세기 말경에 이르러 비로소 왕궁과 그 주변의 제의시설이 도성의 중추적인 의례공간으로 부상하게 된다.

전기 평양성의 도성 구조는 국내성기 후반기와 유사하였다. 비상시 군사방어성은 대성산성으로 비정되며, 논란이 분분한 평상시 거점성은 청암리토성으로 상정하였다. 다만 전기 평양성기에는 평상시 거점성뿐 아니라 그 주변에도 사찰을 비롯한 다양한 시설을 조영하였으며, 도성의 공간범위도 상당히 넓어진 것으로 추정된다. 국내성기에는 대체로 평상시 거점성으로부터 5~6km 이내에 왕릉을 조영한데 비해, 평양천도 이후에는 평상시 거점성에서 20~30km 떨어진 거리에 왕릉급 고분을 조영한 사실은 이를 잘 보여준다.

후기 평양성은 종전의 평상시 거점성과 비상시 군사방어성을 결합하여 평산성이라는 새로운 성곽을 탄생시켰을 뿐 아니라, 격자형 가로망으로 구획한 대규모 시가지를 조성했다. 도성 내부에 대규모 인구와 각종 시설을 수용할 수 있는 '대도성'으로 발전한 것이다. 특히 격자형 가로망은 북위의 평성에서 출현하여 낙양성을 거쳐 수당 장안성에 이르러 완성된다. 또한 왕궁이 위치한 북쪽의 내성을 중심으로 도성 전체의 공간구조를 위계화하는데, 이러한 좌북조남의 도성구조는 조위의 업성에서 출현하여 역시 낙양성을 거쳐 수당 장안성에서 완성된다. 결국 후기 평양성은 고구려 초기 이래의 도성 조영 전통과 동아시아 도성의 새로운 흐름을 접목시킨 국제적인 도성이라 할 수 있다.

이러한 점에서 고구려가 중국대륙의 도성제를 주체적으로 변용하여 동방지역으로 확산하는 가교 역할을 했을 가능성을 다각도로 검토할 필요가 있다. 이를 위해서는 졸본이나 국내 천도 초창기 평상시 거점의 위치, 국내성지의 축조 시점과 내부 공간구조, 전기 평양성의 위치 등 주요 쟁점에 대해 보다 명확한 논거를 확보할 필요가 있다. 또한 후기 평양성의 경우에도 주요 건축물의 위치와 가로구획망의 조영원리 등을 보다 구체적으로 파악할 필요가 있다. 이러한 쟁점을 해결하기 위해서는 무엇보다 새로운 고고자료를 확보하는 것이 중요하지만, 주변국 도성과의 비교 연구도 매우 절실하다. 향후 이러한 부분에 대해 지속적으로 보완할 것을 기약하면서 글을 마무리한다.

참고문헌

사료

『三國史記』,「東明王篇」

『三國志』『魏書』『周書』『梁書』『北史』

『大韓疆域考』(丁若鏞)

연구논저

국문

강현숙, 2008,「전 동명왕릉과 진파리 고분군의 성격 검토」,『호서고고학』18.

＿＿＿, 2010,「中國 吉林省 集安 東台子遺蹟 再考」,『한국고고학보』75.

공석구, 1998,「고구려 성곽의 유형에 대한 연구」,『한국상고사학보』29.

국립문화재연구소, 2002,『풍납토성(Ⅱ)』, pp.73~74 및 pp.115~116.

기획편집위원회 편, 2009,『고구려 유적의 어제와 오늘』(1, 도성과 성곽), 동북아역사재단.

김성구, 2005,「고구려의 기와와 전돌」,『한국 고대의 Global Pride 고구려』, (고려대학교개교100주년기념박물관특별전도록).

김일성종합대학 고고학민속학강좌, 1973,『대성산의 고구려 유적』, 길일성종합대학 출판부.

김진경, 2011,「고구려 연화문와당의 제작기법연구」, 서울대 석사학위논문.

김희선, 2005,「고구려 장안성의 축성과정과 천도의 배경」,『역사문화연구』22.

＿＿＿, 2006,「6~7세기 동아시아 도성제와 고구려 장안성」,『한국고대사연구』43.

＿＿＿, 2008,「북위・수당대 도성과 고구려 장안성」,『백산학보』81.

＿＿＿, 2010,『동아시아 도성제와 고구려 장안성』, 지식산업사.

김희찬, 2005,「국내성 지역에서 새로 발굴된 와당 연구」,『고구려연구』19.

＿＿＿, 2006,「고구려 연화문와당의 형식과 변천」,『고구려발해연구』22.

남일룡・김경찬, 1998,「청암동토성에 대하여(1)」,『조선고고연구』, 1998-2.

＿＿＿＿＿＿＿, 2000,「청암동토성에 대하여(2)」,『조선고고연구』, 2000-1.

盧泰敦, 1983,「고구려 초기의 취수혼에 관한 일고찰」,『김철준박사화갑기념사학논총』.

＿＿＿, 1999,『고구려사연구』, 사계절.

＿＿＿, 1999,「고구려의 기원과 국내성 천도」,『한반도와 중국 동북 3성의 역사와 문화』, 서울대 출판부.

＿＿＿, 2012,「고구려 초기의 천도에 관한 약간의 논의」,『한국고대사연구』68.

리광희, 2004, 「청암동토성에서 새로 발견된 수기와의 연대」, 『조선고고연구』2004-1.

리화선, 1986, 「고구려 금강사와 그 터자리 구성에 대하여」, 『조선고고연구』1986-4.

閔德植, 1989, 「高句麗의 後期都城」, 『韓國史論』19, 國史編纂委員會.

_____, 2006, 「삼국시대의 도성제」, 『한국고대사연구입문』2, 신서원.

박순발, 2012, 「고구려의 都城과 墓域」, 『한국고대사탐구』12.

백종오, 2006, 「유물」, 『고구려 안학궁 조사보고서 2006』, 고구려 연구재단.

사회과학원 고고학연구소, 2009, 『고구려의 성곽』(조선고고전서 27).

서영대, 1981, 「고구려 평양천도의 동기」, 『한국문화』2.

_____, 1992, 「평양성 각자」, 『역주 한국고대금석문 I』, 가락국사적개발연구원.

서영일, 2012, 「제1장 개설」, 『한국군사사 14 : 성곽』, 육군본부.

손수호·최응선, 2002, 『평양성, 고구려 돌칸흙무덤 발굴보고』(2003년 백산자료원 복각본).

신동하, 1988, 「고구려의 사원 조성과 그 의미」, 『한국사론』19.

심광주, 2005, 「고구려 국가형성기의 성곽연구」, 『고구려의 국가형성』, 고구려연구재단.

심정보, 2005, 「고구려 장안성 축성시기에 대한 문제점」, 『북방사논총』6.

안병찬·최승택, 1998, 「새로 발굴된 평양성에 대하여」, 『조선고고연구』1998-4.

양시은, 2005, 「환인 오녀산성 출토 고구려 토기의 양상과 성격」, 『북방사논총』3.

_____, 2013, 「고구려 성 연구」, 서울대 박사학위논문.

양정석, 2005, 「안학궁 남궁 정전곽의 구조를 통해본 고구려 도성제」, 『고구려의 국제관계』, 고구려연구재단.

여호규, 1995, 「3세기 고구려의 사회변동과 통치체제의 변화」, 『역사와현실』15.

_____, 1998, 「고구려 초기의 제가회의와 국상」, 『한국고대사연구』13.

_____, 2005, 「高句麗 國內 遷都의 시기와 배경」, 『한국고대사연구』38.

_____, 2006, 「集安地域 고구려 초대형적석묘의 전개과정과 被葬者 문제」, 『한국고대사연구』41.

_____, 2007, 「삼국시기 도성사 연구의 현황과 과제」, 『역사문화연구』26.

_____, 2008, 「압록강 중상류 연안의 고구려 성곽과 동해로」, 『역사문화연구』29.

_____, 2010, 「고구려의 태왕호 제정과 국강형 왕릉입지의 성립」, 『역사문화연구』35.

_____, 2012, 「고구려 국내성 지역의 건물유적과 도성의 공간구조」, 『한국고대사연구』66.

_____, 2013a, 「고구려 도성의 의례공간과 왕권의 위상」, 『한국고대사연구』71.

_____, 2013b, 「신발견 '集安高句麗碑'의 구성과 내용 고찰」, 『한국고대사연구』70.

오강원, 2005, 「오녀산과 환인지역의 청동기사회와 문화」, 『북방사논총』3.

王維坤, 1997, 「中國 古代都城의 構造와 里坊制의 기원에 관하여」, 『地理敎育論集』38.

林起煥, 2002, 「고구려 왕호의 변천과 성격」, 『한국고대사연구』28.

_____, 2003, 「고구려 도성제의 변천」, 『한국의 도성, 도성 조영의 전통』, 서울학연구소.

_____, 2006, 「고구려 평양 도성의 구성과 성격」, 『한국사연구』137.

장효정, 2002, 「삼국사기 고구려본기 동천왕 21년조 기사 검토」, 『고구려연구』13.

전제헌·손량구, 1985, 『안학궁유적과 일본에 있는 고구려관계 유적유물』, 김일성종합대학출판사.

정호섭, 2011, 『고구려 고분의 조영과 제의』, 서경문화사.

趙仁成, 1991, 「4·5세기 高句麗 王室의 世系認識 변화」, 『한국고대사연구』4.

차용걸, 1993, 「고구려 전기의 도성」, 『국사관논총』48.

채희국, 1965, 「평양성(장안성)의 축성 과정에 대하여」, 『고고민속』1965-3.

_____, 1982, 『고구려력사연구 - 평양천도와 고구려의 강성』, 김일성종합대학출판사.

최희림, 1967, 「평양성을 쌓은 연대와 규모」, 『고고민속』1967-2.

_____, 1978, 『고구려 평양성』, 과학백과사전출판사.

편찬위원회, 1989, 『조선유적유물도감(3)』.

한인호, 1995, 『조선중세건축유적연구(삼국편)』, 사회과학출판사.

_____, 1998, 「안학궁 부근의 고구려 수도 도시면모에 대한 복원」, 『조선고고연구』1998-2.

한인호·리호, 1991, 「안학궁터 부근의 고구려 리방에 대하여」, 『조선고고연구』1991-4.

_____, 1993, 「평양성 외성안의 고구려 도시 리방과 관련한 몇 가지 문제」, 『조선고고연구』1993-1.

중문

吉林省文物考古硏究所·集安市博物館, 2004a, 『國內城』, 文物出版社.

_____, 2004b, 『集安高句麗王陵』, 文物出版社.

_____, 2004c, 『丸都山城』, 文物出版社.

吉林省文物考古硏究所·集安市文物保管所, 2003, 「吉林集安高句麗國內城馬面址淸理簡報」, 『北方文物』2003-3.

吉林省文物志編纂委會, 1984 『集安縣文物志』.

吉林省博物館, 1961, 「吉林輯安高句麗建築遺址的淸理」, 『考古』1961-1.

馬健, 2010, 「再論集安國內城遺址出土靑瓷器的時代與窯口」, 『考古與文物』2010-3.

万欣·梁志龍, 1998, 「遼寧桓仁縣高麗墓子高句麗積石墓」, 『考古』1998-3.

方起東, 1982, 「集安東臺子高句麗建築遺址的性質和年代」, 『東北考古與歷史』1982-1.

蘇長淸, 1985, 「高句麗早期平原城」, 『遼寧丹東本溪地區考古學術討論文集』.

梁志龍, 1992, 「桓仁地區高句麗城址槪述」, 『博物館研究』1992-1.

_____, 2008, 「關于高句麗建國初期王都的探討-以卒本和紇升骨城爲中心」, 『卒本 시기의 고구려 역사연구』, 동북아역사재단.

王從安·紀飛, 2004, 「卒本2城何在」, 『東北史地』2004-2.

遼寧省文物考古研究所, 2004, 『五女山城』, 文物出版社.

魏存成, 1985, 「高句麗初·中期的都城」, 『北方文物』1985-2.

_____, 2011, 「高句麗國內城西墻外排水涵洞及相關遺迹考察」, 『邊疆考古研究』10.

李梅, 2002, 「高句麗瓦當發現與研究」, 吉林大 석사학위논문.

李殿福·孫玉良, 1990, 「高句麗的都城」, 『博物館研究』1990-1.

林至德·耿鐵華, 1985, 「集安出土的高句麗瓦當及其年代」, 『考古』1985-7.

陳大爲, 1960, 「桓仁縣考古調査發掘簡報」, 『考古』1960-1.

_____, 1981, 「桓仁高句麗積石墓的外形和內部結構」, 『遼寧文物』1981-2.

集安縣文物保管所, 1984, 「集安高句麗國內城址的調査與試掘」, 『文物』1984-1.

何明, 1992, 「集安市高句麗國內城馬面基址」, 『中國考古學年鑒 1991』, 文物出版社.

桓仁縣滿族自治縣文物志 편찬위원회, 1990, 『桓仁縣滿族自治縣文物志』.

일문

高寬敏, 1996, 『三國史記の原典的研究』, 雄山閣.

谷豊信, 1989, 「四·五世紀高句麗の瓦に關する若干の考察」, 『東洋文化研究所紀要』108.

_____, 1990, 「平壤土城里發見の古式の高句麗瓦當に對ついて」, 『東洋文化研究所紀要』112.

_____, 2005, 「平壤遷都前後の高句麗瓦に關する覺書」, 『MUSEUM(東京國立博物館研究誌)』596.

關野貞, 1914a, 「國內城及丸都城の位置」, 『史學雜誌』25-11.

_____, 1914b, 「滿洲輯安縣及び平壤附近に於ける高句麗時代の遺跡」, 『考古學雜誌』5-3·4.

_____, 1928, 「高句麗の平壤城及び長安城に就いて」, 『史學雜誌』39-1.

_____, 1941, 『朝鮮の建築と藝術』, 岩波書店.

那珂通世, 1894, 「朝鮮古史考: 제4장 高句麗考」, 『史學雜誌』5-9.

東潮·田中俊明 編著, 1995, 『高句麗の歷史と遺跡』, 中央公論社.

藤田亮策·梅原末治, 1966, 『朝鮮古文化綜鑑』4, 養德社.

梅原末治, 1972, 『朝鮮古代の文化』, 國書刊行會.

武田幸男, 1989, 『高句麗史と東アジア』, 岩波書店.

白鳥庫吉, 1914, 「丸都城及國內城考」, 『史學雜誌』25-4·5.

三品彰英, 1951, 「高句麗王都考」, 『朝鮮學報』 1.

小泉顯夫, 1938, 「平壤萬壽臺及其附近の建築物址」, 『昭和十二年度古蹟調査報告』, 朝鮮古蹟研究會.

_____, 1940, 「平壤淸岩里廢寺址の調査」, 『昭和十三年度古蹟調査報告』, 朝鮮古蹟研究會.

_____, 1986, 『朝鮮古代遺跡の遍歷』, 六興出版.

松井等, 1911, 「國內城の位置につきて」, 『東洋學報』 1-2.

李成市, 1994, 「表象としての廣開土王碑文」, 『思想』 842.

田中俊明, 1984, 「高句麗長安城の位置と遷都の有無」, 『史林』 67-4.

_____, 1985, 「高句麗長安城城壁石刻の基礎的研究」, 『史林』 68-4.

_____, 2004, 「高句麗の平壤遷都」, 『朝鮮學報』 190.

田村晃一, 1988, 「高句麗の城郭について」, 『百濟研究』 19.

_____, 2001, 『樂浪と高句麗の考古學』, 同成社.

鳥居龍藏, 1914, 「丸都城及び國內城の位置に就きて」, 『史學雜誌』 25-7.

朝鮮總督府, 1915, 『朝鮮古蹟圖譜(Ⅱ)』.

池內宏, 1927, 「曹魏の東方經略」, 『滿鮮地理歷史研究報告』 12.

_____, 1938, 『通溝』 上, 日滿文化協會.

千田剛道, 1983, 「淸岩里廢寺と安鶴宮」, 『文化財論叢』, 同朋社出版.

_____, 2002, 「高句麗百濟都城における瓦の使用」, 『文化財論叢(Ⅲ)』, 奈良文化財研究所.

_____, 2012, 「高句麗の前期平壤城と淸岩里土城」, 『近畿大學文藝學部論集』 23-2.

영문

Mark E. Byington, 2004, 「Problems Concerning the First Relocation of the Koguryo Capital」, 『고구려의 역사와 문화유산』, 서경문화사.

백제의 도성

김낙중(전북대학교)

머리말

백제 도성의 전개 과정과 특징
- 한성기 도성
- 웅진기 도성
- 사비기 도성

맺음말

머리말

도성은 국가 단계 사회의 최상위 중심지에 나타나는 특수한 취락유형이다. 즉, 고대국가에서 도성은 정치, 경제, 사회, 문화 활동이 집중되는 곳이다. 따라서 성곽을 축조하고 그 내부를 구획하여 도시를 조영한 양상은 당대 한 나라의 모습을 가장 잘 살필 수 있는 실마리이다. 백제 도성도 마찬가지이다. 백제 도성과 관련된 문헌기록이 남아 있기는 하지만 너무나 빈약하여 그것만으로는 백제 도성의 제대로 된 모습을 추론하는 데 한계가 있었다. 다행히 최근의 고고학적 발굴조사는 문헌기록의 신뢰성을 높여주기도 하고, 문헌에는 없는 전혀 새로운 사실을 알려주기도 하여 연구 진척의 돌파구가 되고 있다. 따라서 이 글에서는 문헌기록과 고고학적 조사 및 연구 결과를 기초로 백제 도성의 전개 과정과 그 특징에 대하여 개괄하는데, 주로 논쟁이 되고 있는 점을 다루었다.

백제 도성의 전개 과정과 특징

• 한성기 도성

『三國史記』 등 문헌기록에 의하면 백제 한성기(기원전 18년~기원후 475년)의 도성은 처음에는 한강 이북의 이른바 河北慰禮城에 있었다가 얼마 지나지 않은 온조왕 14년(기원전 5년)에 옮긴 한강 이남의 河南慰禮城을 거쳐 근초고왕 26년(371년)에 漢山^{아래의} 漢城으로 移都하였는데, 멸망 당시 漢城은 北城^{大城}과 南城^{王城}으로 이루어져 있었다. 위례성이라는 이름은 책계왕 원년(286)년까지 보이고 한성이라는 명칭은 후대의 사실이 부회된 것으로 추정되는 온조왕대를 제외하면 비류왕 24년(327)에 다시 등장한 이후 멸망 때까지 이어진다.

하북위례성, 하남위례성, 한산 및 한성의 위치와 성격, 그리고 상호간의 관계에 대하여 여러 설이 존재하지만(임영진, 2012) 몽촌토성과 풍납토성이 본격적으로 발굴된 이후 두 성을 중심으로 논의가 진행되고 있다.

축조 시기

풍납토성은 한강변의 충적대지 위에 판축으로 쌓았으며, 성벽의 전체 길이는 약 3.5km이다. 동벽의 세 지점에 대한 발굴조사 결과 初築 이후 내부로 두 번에 걸쳐 증축이 이루어진 것이 밝혀졌는데, 최종 성벽의 너비는 43m, 외벽 기저부에서 현재 남아 있는 성벽 최상부까지의 높이는 9.5m이

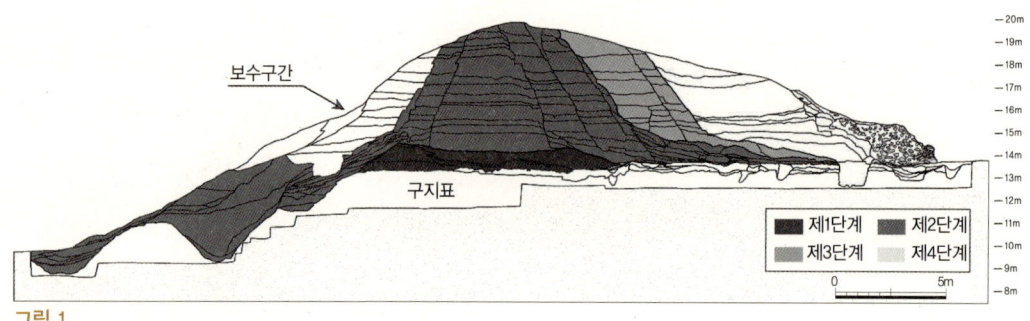

그림 1
풍납토성 동석벽 2011년 조사 구간 남벽(이성준 외, 2013)

다(국립문화재연구소, 2011)(그림 1).

　몽촌토성은 풍납토성 남쪽에 인접해 있으며, 낮은 구릉을 연결해 축조되었는데 주로 성토하고 부분적으로 판축하여 풍납토성과는 다른 양상을 보인다. 성의 길이는 약 2.3km, 내부 면적은 21만 m²로서 성 내부에서는 건물지와 판축대지, 수혈주거지, 저장공, 연못 등이 확인되었고, 성벽 및 외부에서는 목책과 해자의 흔적이 드러났다(金元龍·任孝宰·林永珍, 1987)(그림 2).

　백제 국가의 성립과 관련하여 중요한 고고학적 지표로 성곽의 축조가 활용되고 있으므로(朴淳發, 2001) 풍납토성 및 몽촌토성의 축조 연대를 밝히는 것은 매우 중요하다. 그렇지만 현재 이에 대해서는 논란이 정리되지 않고 있다. 문제의 핵심은 풍납토성 성벽 축조와 관련하여 구지표면이나

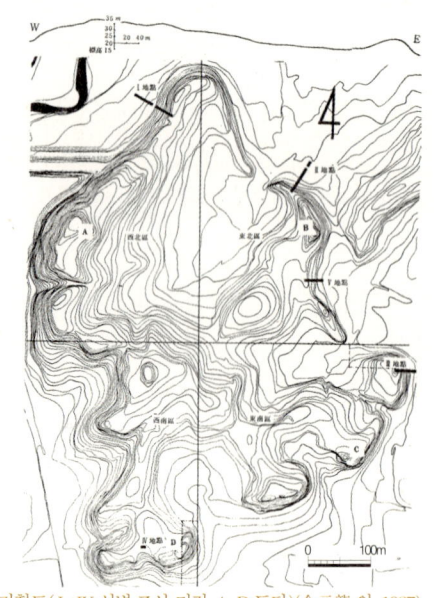

지형도(Ⅰ~Ⅳ:성벽 조사 지점, A~D:토단)(金元龍 외, 1987)

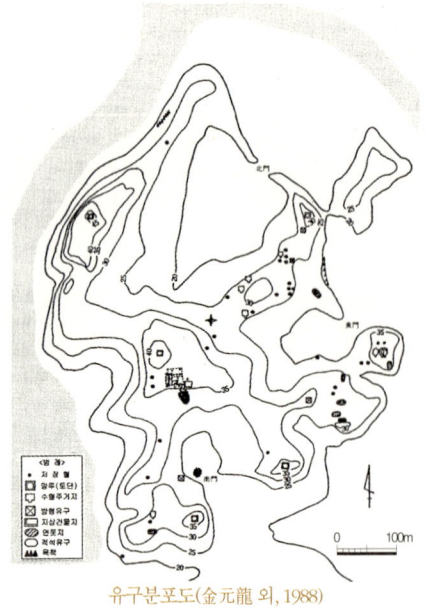

유구분포도(金元龍 외, 1988)

그림 2
몽촌토성

구지표면 출토 경부암문흑색호 　　구지표면 출토 심발형토기편 　　구지표면 출토 태격자문 암키와편

구지표면 상부 성토층 출토 심발형토기　초축 성벽 내 출토 견부수장문단경호　초축 성벽 내 구지표면 출토 회색연질 완

사진 1___
풍납토성 동남벽(2011년 조사지점) 출토 토기(이성준, 2012)

　초축 성벽 안에서 출토되어 성벽 축조의 상한을 추정하는 데 결정적인 단서가 되는 토기 등의 유물에 대한 해석이다.
　대표적인 사례가 풍납토성 동성벽에 대한 2011년 조사 시 구지표면과 1999년 조사 시 성벽기저부에서 출토된 승문 타날+횡침선이 시문된 심발형토기, 2011년 조사 지점 중 구지표면에서 출토된 경부암문흑색토기호頸部暗文黑色壺 및 성벽 축조를 위한 기반토에서 출토된 견부수장문단경호肩部垂帳文短頸壺이다(사진 1).
　타날 심발형토기의 출현 연대에 대한 견해는 3세기 이전, 3세기 1/4분기 늦어도 3세기 중엽(박순발, 2009b), 4세기 중엽(李盛周, 2011) 등 여러 가지다.
　2011년 조사 지점 구지표면 출토 경부암문흑색호와 초축 성벽 내부 출토 회색연질 완은 낙랑의 토기제작기술과 관련이 있는 것으로 추정된다. 녹로를 이용하여 성형하였으며, 기벽의 내외면에 뚜렷한 회전물손질의 흔적이 관찰된다(국립문화재연구소, 2011). 구체적으로는 2세기대로 비정되는 평양 석암리 205호 王旴墓 출토품과 유사하며 성벽 축조 이전 시기 취락 단계와 관련된 것으로 본 견해가 제시되었다(박순발, 2012). 목이 길고 흑회색을 띠어 유사한 측면이 있는 낙랑계토기가 출토된 미래마을 부지 다-6호 주거지 등 성벽 축조 이전 시기의 취락과 관련된 토기로 추정된다.
　견부수장문단경호에 대해서는 아직 본격적인 분석이 이루어지지는 않았다. 다만 박순발(2012)은 이 토기의 태토와 문양이 4세기 전반의 고구려 토기(파주 주월리 한양대 조사 2호 주거지 평저호, 안악

3호분 출토 평저호, 집안 국내성 체육장 지점 저장공 출토 토기 등)와 유사하지만 낙랑·대방 군현에는 3세기 대에 이미 견부 수장문 평저호가 존재하고 있었으므로 파주 주월리나 풍납토성 출토 수장문 토기는 그와 연계되는 군현계 토기로 추정하고 토성 축조 과정『삼국사기』책계왕 원년(286)조의 기사로 알 수 있듯이 친밀한 관계를 유지하고 있던 대방군의 선진기술이 동원되었을 가능성을 고려하여 3세기 4/4분기 무렵을 성벽 축조의 상한으로 비정하였다. 그렇지만 군현의 견부 수장문 토기에 대한 실체가 분명하지 않아 아직 단정하기는 이르다. 그리고 풍납토성 출토품은 직구호인데 비교 자료로 삼은 안악 3호분 등 고구려 토기는 구연부가 외반하는 단경호이어서 견부 수장문 이외에 직접적인 비교자료로 삼을 수 있는지 의문이다.

한편 기초공사 이전의 구지표면과 초축 성벽의 골조에서 출토된 기와편은 동성벽 축조 이전에 성토 재료의 공급지에 이미 폐기된 것이 유입된 것으로 백제의 한성 지역에서 풍납토성 동성벽의 축조 시점 이전에 이미 기와의 공급이 이루어졌음을 시사한다. 따라서 백제의 기와 제작 시점 이전으로 풍납토성 동성벽 축조시기를 올려보기 어렵다. 그런데 성벽 축조 이전의 구지표면과 초축 성벽에서 출토된 태격자문 암키와의 제작 속성은 한성기 기와의 변천 과정에서 비교적 발달된 단계에 속하는 것으로 평가된다. 따라서 출토맥락을 알 수 있는 고고학적 자료만으로 풍납토성 초축 동성벽이 300년을 전후한 시점보다 이른 시기에 완공되었다고 보기는 어려운 상황이다. 다만 방사성탄소연대 측정 자료 등을 함께 고려하면 4세기 중엽 이전에는 초축 성벽이 축조되었을 것으로 추정된다(이성준 외, 2013).

한편 몽촌토성의 축조 시기와 관련된 자료로는 1985년에 실시한 동북지구 성벽 절개조사 과정에서 성벽의 안쪽 퇴적토 속에서 출토된 錢文陶器 편을 들 수 있다. 여타 성벽 절개 조사 지점에서는 유물이 혼입된 사례가 없었다(그림 3).

이 전문도기를 몽촌토성의 축조 하한을 말해주는 자료로 보는 견해가 있다(박순발, 2001·2003·2010b·2012). 즉, 전문도기는 성벽이 축조된 이후 얼마간 경과한 뒤 퇴적된 층에서 출토되었으므로 성벽의 축조 시점은 전문도기의 폐기 시점보다 이르며, 해당 전문도기는 西晋 이전에 집중되는 경향을 보이는 기벽이 얇은 소형으로『晉書』동이전의 마한과 서진의 교섭 기간인 3세기 4/4분기 무렵에 유입되었을 가능성이 높고, 토기나 도자기의 耐用期間은 그리 길지 않을 것이라는 전제를 바탕으로 몽촌토성은 적어도 전문도기 유입 이전의 어느 무렵(3세기 중·후엽, 구체적으로는 3세기 4/4분기)에 축조된 것으로 추정한 것이다. 그렇지만 전문도기가 소형의 파편인 점을 고려하면 재퇴적의 문제도 있고, 전문도기에 대한 연대관도 이견이 상존하므로 이 자료만을 가지고 몽촌토성의 축조 연대를 단정하기는 아직 어려움이 있다.

이에 비해 동남지구 성토층(S14E22)에 혼입된 토기를 근거로 몽촌토성의 축조 상한을 4세기 중엽 이후로 비정한 견해(申鐘國, 2002)도 제시되었는데, 그곳에서 출토된 토기와 중국자기가 4세기

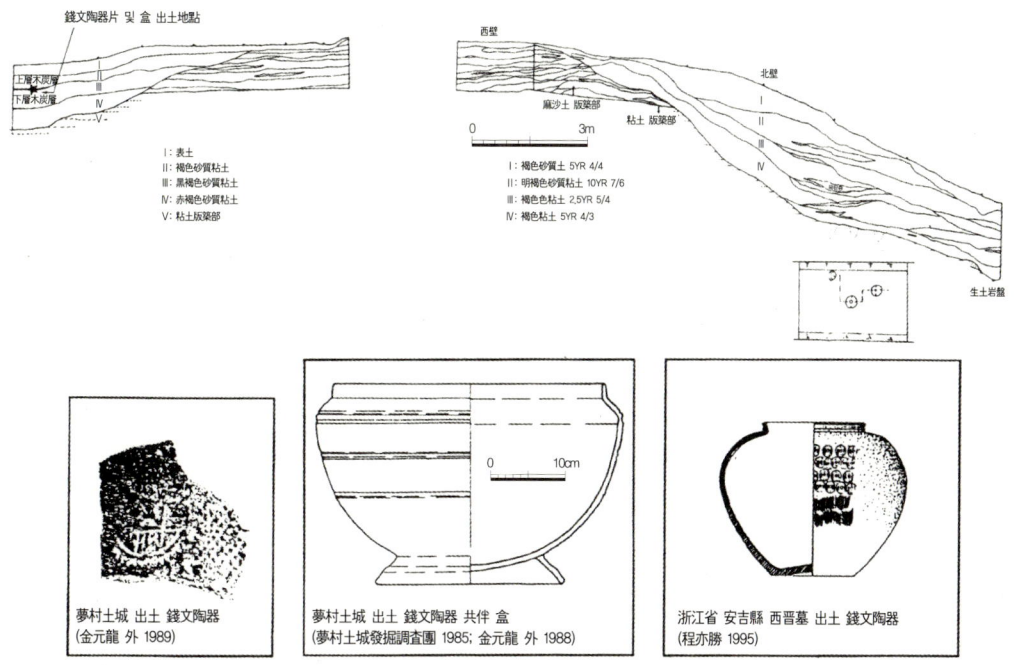

그림 3
몽촌토성 축조 시점 관련 자료(박순발, 2001)

중엽 이후의 것이라고 해도 이 지점은 망루지로 추정되는 토단에서 성내측으로 약 40m 가량 들어온 지점이어서 성의 수즙과 관련하여 성토가 이루어진 것으로 추정되므로 이를 근거로 몽촌토성의 초축 연대를 상정하는 것은 문제가 있다는 비판이 제기되었다(박순발, 2003).

한편 시유도기를 포함해 풍납토성과 몽촌토성에서 보이는 중국 도자기 가운데 분명하게 동진 중·후기보다 이른 것은 없고 5세기 중·후기의 劉宋代 것이 가장 많으므로 이를 근거로 풍납토성이 3세기 중·후엽에 축조되기 시작했다는 결론은 성립할 수 없다는 중국학자의 견해가 제시되었다(王志高, 2012). 다만 이러한 중국 도자기의 연대가 4세기 후반에서 5세기 중·후엽에 해당한다고 하더라도 고고학적으로 성벽의 축조와 직접 관련시키는 데는 문제가 있다.

풍납토성과 몽촌토성의 축조 연대에 대해서는 이처럼 논란이 계속되고 있으나 적어도 4세기 이후에는 두 성이 공존하였다고 할 수 있겠는데, 두 성이 도성에서 어떤 역할을 하였는지에 대해서는 논란이 있다.

풍납토성의 내부 구조

두 성 중 약 3.5㎞에 이르는 판축토성의 축조 기법과 규모, 토성 내부에서 확인된 도로, 제사시설, 대형건물, 다량의 기와 등으로 볼 때 풍납토성은 『三國史記』, 『日本書紀』에 등장하는 北城^{大城}일 가능성이 있다.

그림 4
풍납토성 및 내부 공간(소재윤, 2010)

서성벽이 대부분 유실되어 정확하게 전체의 모습을 알 수는 없지만 동성벽에는 3~4개소의 문이 있었던 것으로 추정되고 있다. 그 중 동성벽 가운데쯤에 있는 문지는 1960년대 이전부터 성내로 이어지는 도로와 연결되어 있어 주목된다. 이러한 문지와 197번지 일대에서 확인된 동서도로 등을 고려하면 성 내부는 도로에 의해 몇 개의 구획으로 나뉘어 사용되었을 것으로 추정된다(신희권, 2007; 소재윤, 2010). 여기서는 북쪽부터 궁전종묘구역, 공공시설구역, 거주구역으로 구분한 사례(소재윤, 2010)를 살펴보겠다(그림 4·5).

우선 궁전종묘구역은 궁전과 종묘구역으로 세분될 것이지만 아직까지 궁전유구는 확인되지 않았다. 종묘지로 추정되는 곳은 1999년과 2008년에 조사된 경당지구가 중심이 되는 지역이다. 경당지구에서는 '呂'자형 특수건물지(44호 유구)를 비롯하여 御井으로 추정되는 우물지(206호 유구), 말머리뼈와 각종 의례용기가 출토된 대형 수혈(9호 유구), 중국제 회유도기 및 전문도기가 다수 출토된 장방형의 창고(196호 유구) 등이 확인되었다.

궁전은 이러한 추정 종묘지와 왕실창고로 추정되는 지역의 북편으로서 풍납토성 내부에서 가장 높은 지점에 있었을 것으로 추정된다(李亨求, 2000; 신희권, 2007; 박순발, 2010a; 소재윤, 2010·2012; 권오영, 2012a).

197번지 일대 '다'지구에서 경당지구 196호 유구에 이르는 범위에서는 주거지보다 늦게 한성기 후반에 조성된 장방형 수혈이 다수 확인되었는데 군집하거나 열을 이루고 있다. 목곽의 흔적이 남아 있고 대옹이나 시유도기들이 확인되어 궁궐에서 소용되는 물건을 보관하기 위한 창고가 있었던 것으로 추정된다. 이러한 창고 주변에서 기단을 갖추거나 토심 구조의 지상건물지가 몇 채 확

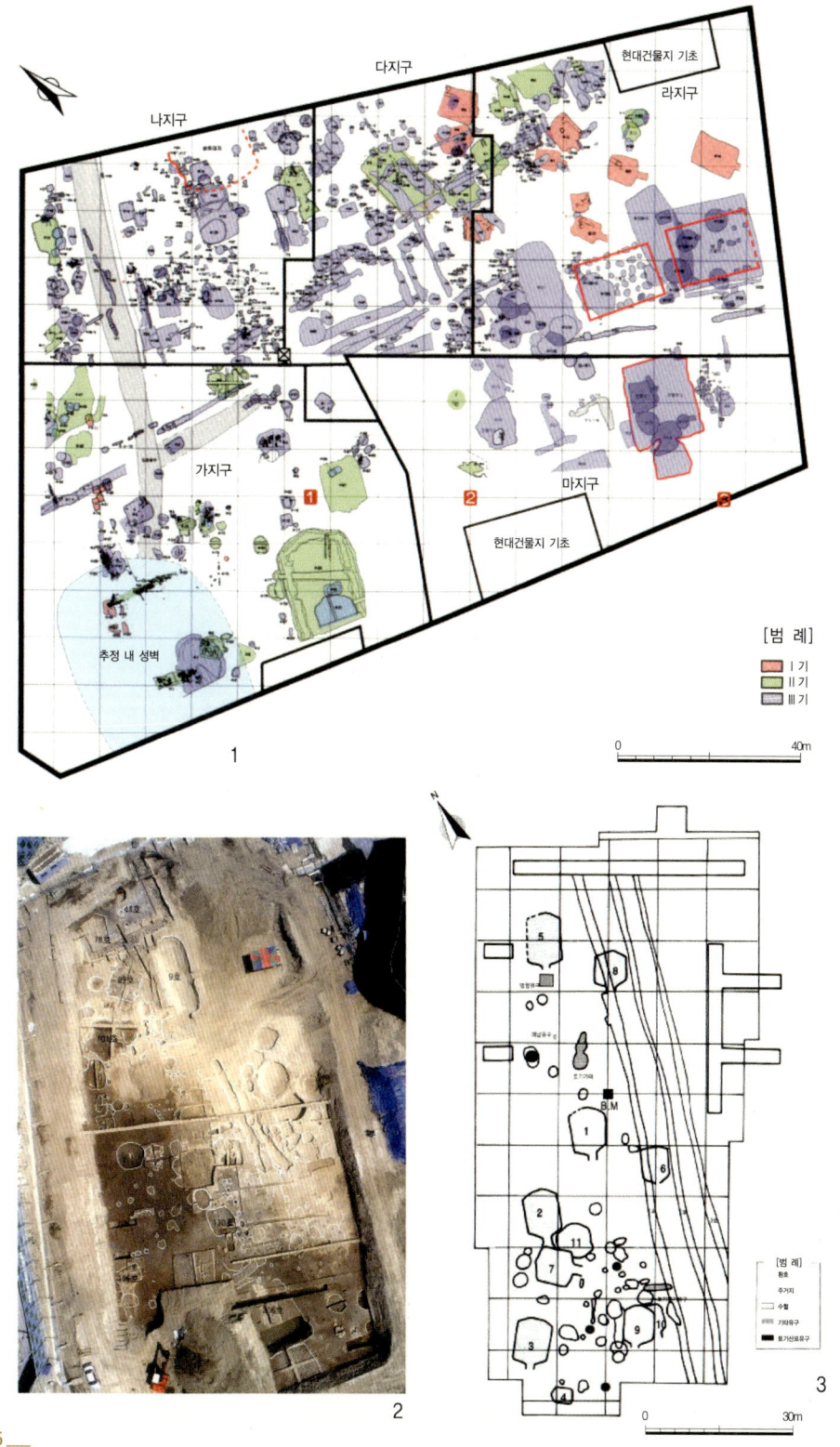

그림 5__
풍납토성 내 유구분포(1. 197번지, 2. 경당지구, 3. 현대연합주택부지)

인되었는데 관청으로서의 성격을 지녔을 가능성이 있다.

197번지 일대 '가'지구에서는 장축 20.2m, 너비 17.5m로 한성기 주거지 중에서는 가장 큰 건물이 확인되었는데, 규모나 축조 기법으로 보아 공공시설로 이용되었을 가능성이 크다.

거주구역은 풍납토성 내 남동부인 현대연합주택부지와 197번지 일대 '다'지구에서에서 확인되었다. 한성기 이후는 육각형 주거지가 대부분이다.

풍납토성의 남서쪽, 즉 구 외환은행합숙소부지에서 연못지로 추정할 만한 개흙이 지표 아래 약 5.5m(해발 약 11.5m)에서 확인되었다. 시굴조사에 그쳐 정확한 범위는 파악되지 못하였으나 개흙이 계속 이어지면서도 유물이 출토되지 않는 정황과 주변의 유물포함층이 해발 14~15m에서 확인되고 그 바로 아래는 생토층인 점으로 보아 자연스럽게 물이 고이는 지형이어서 개흙층이 형성된 것으로 보이며『삼국사기』에 보이는 기사의 연못[1]과 관련될 가능성이 있다(소재윤, 2010; 권오영, 2012b).

몽촌토성의 내부구조

몽촌토성은 가장 높은 곳이 표고 44.8m인 잔구상 자연구릉을 이용하여 축조하였는데, 낮은 곳은 성질이 다른 토양을 교대로 쌓는 성토방법을 이용하고 높은 지형은 외면을 삭토하여 급경사면과 단을 이루도록 만들었다. 높은 지점에서는 일부 판축기법으로 쌓은 흔적이 보이는데, 일부 지점에서는 석회를 사용하기도 하였다. 성벽 정상부나 바깥 사면의 단을 이루는 곳에는 목책을 설치하였으며 남문지 부근을 제외한 삼면에는 성내천을 활용한 해자가 돌려져 있다.

내부에서는 다양한 시설이 확인되었다. 망루지(4개소), '呂'자형·방형 등의 수혈주거지(8기), 저장공(31기), 방형 혹은 장방형의 저장용 수혈(85-1호 등 5기), 연못지(2개소), 투석용 돌무더기로 추정되는 적석유구(7개소), 제의용 수혈(85-2호 토광) 등이 그것이다. 이 중 수혈주거지는 고지대의 성벽 혹은 성문에 인접한 곳에 입지하고 철모 등 무기류가 출토되는 점으로 보아 戍兵의 막사로 추정된다. 그 외의 시설도 군사적인 성격을 가지는 것이 많다(박순발, 2010a). 한편 서남지구 고지대에서는 적심건물지·온돌건물지·판축대지로 구성된 지상건물지가 확인되었는데, 층위적인 검토나 백제에서는 돌을 이용한 적심이 사용된 사례가 없는 점 등을 고려하여 고구려 점유기의 시설로 여기고 있다(崔鍾澤, 2002).

한성의 경관

한성기 도성의 경관은 평상시 왕의 居城인 풍납토성^{북성}과 비상시의 防禦城 역할을 한 몽촌토성^{남성}이라는 正宮-別宮의 兩宮城制로 운영되고(申熙權, 2010), 인근에 왕릉구역(석촌동-가락동고분군)

---

1) '春正月, 重修宮室, 穿池造山, 以養奇禽異卉'(『삼국사기』권25 백제본기 제3 진사왕 7(391)년)
　'夏五月, 宮南池中有火, 焰如車輪終夜而滅'(『삼국사기』권25 백제본기 제3 비유왕 21(447)년)

이 위치하며 그 외곽에 일반취락(하남 미사동유적, 서울 암사동유적 등), 산성 등이 분포하는 양상이었을 것으로 추정된다(그림 6). 개로왕 때 진행된 대토목공사[2]는 도성의 경관을 완성하였을 것이다. 도성으로서의 한성의 범위는 서울 송파구 일대를 중심으로 동으로는 하남 미사리유적, 서로는 고양 멱절산유적, 남으로는 우면산-남한산 이북 정도였을 것으로 추정된다(권오영, 2012a). 그런데 한성기에는 坊里制 혹은 條坊制로 불

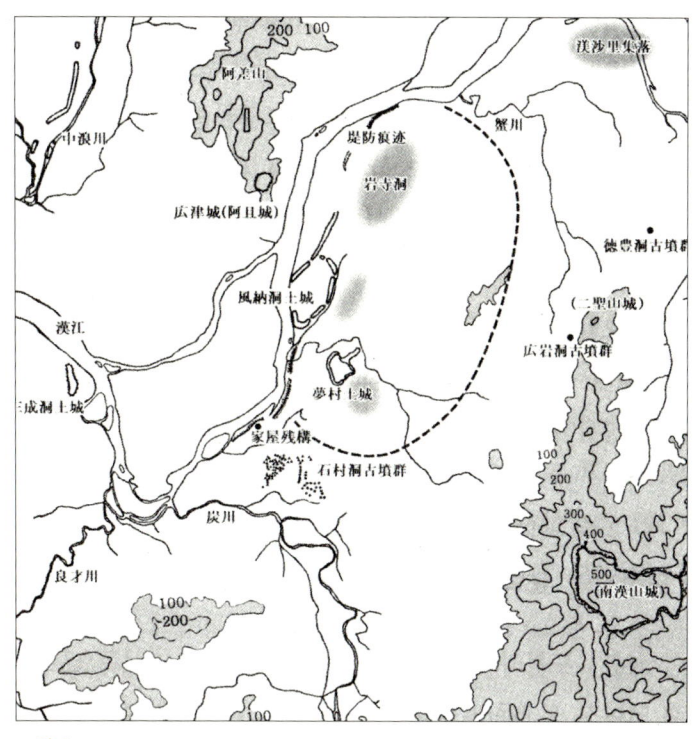

그림 6 ___
한성기 도성의 경관(박순발, 2010a)

리는 왕경 내부의 바둑판식 토지구획과 외곽성의 존재 등으로 추정할 수 있는 본격적인(정비된, 성숙한) 도성제는 존재하지 않았다. 이러한 양상은 동 시기 동아시아의 다른 국가도 마찬가지였다.

풍납토성과 몽촌토성 두 성 사이에는 주거구역이 본격적으로 형성된 것으로 보기 어렵다. 왜냐하면 이곳은 성내천과 그 지류가 형성한 저습한 환경으로 취락의 입지로는 부적합하기 때문이다. 다만 풍납토성 동벽 밖에서 목제 우물이 발견되었기 때문에 일반 민가는 존재하였을 것이다(권오영, 2012a). 거주구역은 한강변 충적지(암사동유적 등)와 구릉성 저지대(몽촌토성 남문지 부근 등)에 형성되었을 가능성이 있다. 그렇지만 이러한 거주지역들이 기능적으로 혹은 사회적으로 상호 연계되어 도성이라는 하나의 도시 기능을 수행할 수 있도록 배치되었는지 등에 대해서는 아직 잘 알 수 없는 단계이다(박순발, 2010a).

도성의 경관과 관련하여 『삼국사기』 개로왕조에 나오는 蛇城과 제방의 위치도 고려되어야 한다. 사성의 위치는 삼성동토성 혹은 몽촌토성으로 비정되고 있는데 그 위치에 따라 제방의 위치와 길이도 달라질 것이다(임영진, 2012).

---

[2] '於是盡發國人 烝土築城 即於其內作宮室樓閣臺樹無不壯麗 又取大石於郁里河 作槨以葬父骨 緣河樹堰 自蛇城之東至崇山之北'(『삼국사기』 권25 백제본기 제3 개로왕 21년)

대외교섭의 중심지

풍납토성에서는 다양한 외래계 문물이 확인되어 한성기 백제의 활발한 대외교섭의 양상을 잘 보여준다. 낙랑토기, 중국제 시유전문도기·청자·흑자·청동초두·진식대구의 과판, 소가야계 토기, 고구려 토기, 부여계 은제이식, 일본 고분시대의 하니와埴輪편 등이 그것이다(權五榮, 2002·2012b).

몽촌토성에서는 와당 이외에도 전문도기, 청자벼루, 금제허리띠장식 등 중국과의 관계를 살필 수 있는 유물이 출토되었다. 이 중 4세기 1/4분기의 중국 心葉形垂下飾附圭形銙와 유사한 금동제 과대금구는 왕을 비롯한 최고위 중앙귀족이 착장한 것이어서 왕성인 몽촌토성의 위상에 어울리는 유물이라고 할 수 있다. 백제와 동진 사이의 공식적인 외교 관계를 이해하는 데도 중요한 자료이다(박순발, 2010a). 한편 몽촌토성에는 백제토기인 '몽촌유형'과 구별되는 '구의동유형'이 존재하는데 그것이 고구려토기임이 밝혀져 이러한 토기가 출토되는 몽촌토성에는 한성 함락 후 일정 기간 고구려 군대가 주둔하였던 것을 알 수 있게 되었다(金元龍 외, 1988). 이것은 몽촌토성 출토 백제토기류의 하한을 고구려군에 의해 한성이 함락된 시점인 475년으로 설정할 수 있는 근거가 되었다. 특히 '85-3호 저장수혈 출토 스에키須惠器 배(TK23형식 병행기)는 일본 스에키 편년의 중요한 기준으로 활용되고 있다(木下亘, 2003; 權五榮, 2011).

몽촌토성과 달리 풍납토성에서는 고구려토기가 거의 출토되지 않아 함락 후의 양상이 달랐던 것으로 추정된다.

• 웅진기 도성

고구려의 한성 함락으로 백제는 갑작스럽게 웅진으로 천도하게 된다. 그러나 한성기에 진행된 금강 이남지역으로의 지배 확산과 더불어 늦어도 한성기 말경에는 공산성에 군사적인 거점이 마련되었기 때문에 새로운 도읍으로 정해졌을 것이라는 견해도 있다(박순발, 2010a·2013). 공산성 바로 동쪽 금강 남안에 위치한 옥녀봉에서 한성기 말~웅진기 초에 축조된 것으로 판단되는 토축 성벽이 확인된 점도 이를 뒷받침한다(최병화, 2013).

웅진기 도성과 관련해서는 왕궁의 위치, 웅진성의 축조 시기, 나성의 존재 여부, 도성 내부의 편제 등이 논란이 되어 왔다.

왕궁의 위치

웅진기 도성의 핵심시설인 熊津城은 현재의 公山城 자리에 있었던 것으로 추정된다. 공산성은 표

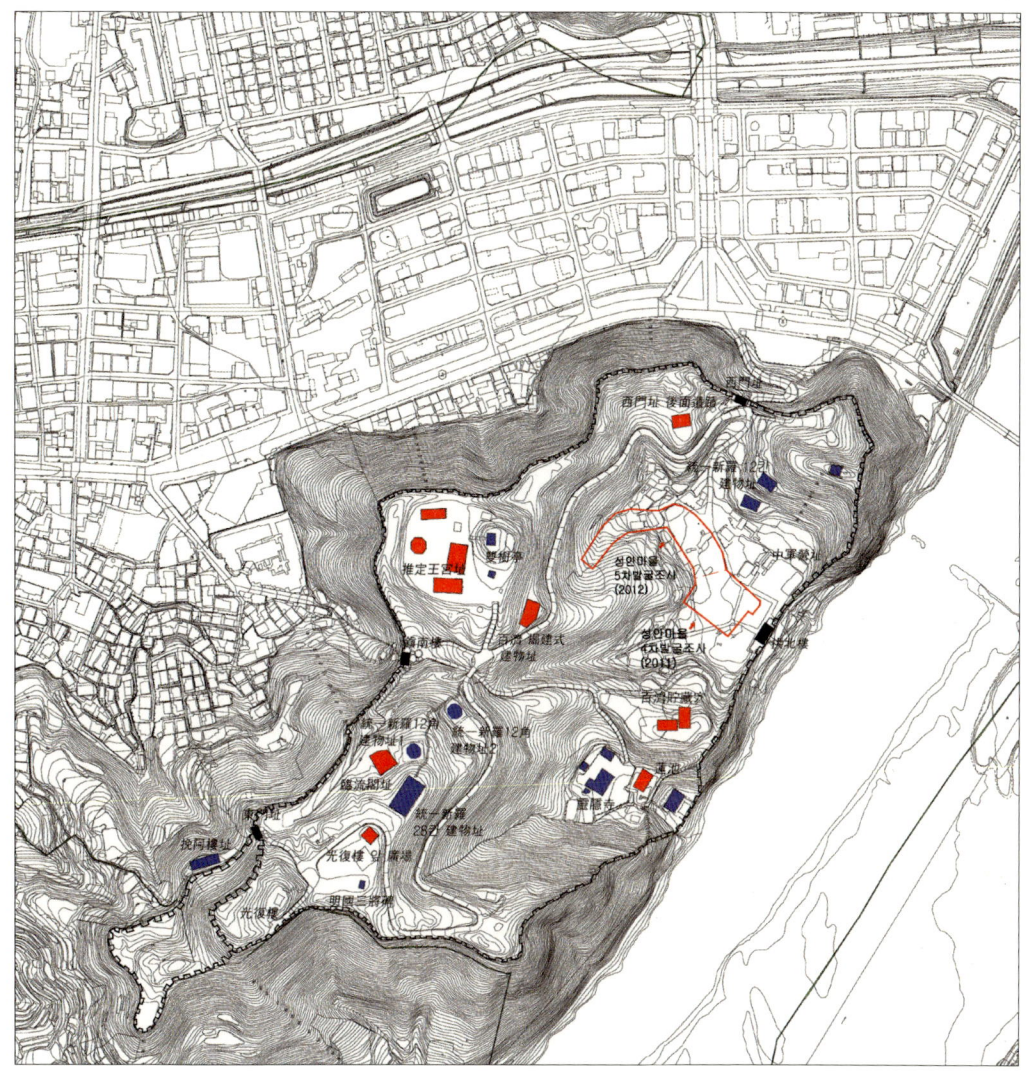

그림 7 __
공산성 내 유적분포도(공주대학교박물관, 2012)

고 110m인 공산의 지형을 이용하여 축조한 包谷式 산성의 범주에 든다. 성의 전체 형태는 서북-동남이 장축을 이루는 부정형인데, 성벽의 길이는 2,660m로 이 가운데 외성으로 불리는 동남부의 토성은 467m이다(그림 7).

 왕궁의 위치는 臨流閣이 宮의 동쪽에 위치한다는 문헌기록[3], '流'자명 기와의 출토로 추정된 임류각지, 임류각지 서편의 쌍수정 광장에서 확인된 건물지 등을 통해 추정되고 있다. 이러한 자료를 어떻게 해석하느냐에 따라 왕궁이 현재의 공산성에 안에 있었을 것이라는 주장(安承周·李南奭, 1987; 徐

---

3) '春起 臨流閣 於宮東高五丈又穿池養奇禽諫臣抗疏不報恐有復諫者閉宮門'(『三國史記』卷第二十六 百濟本紀 第四 東城王 二十二年)

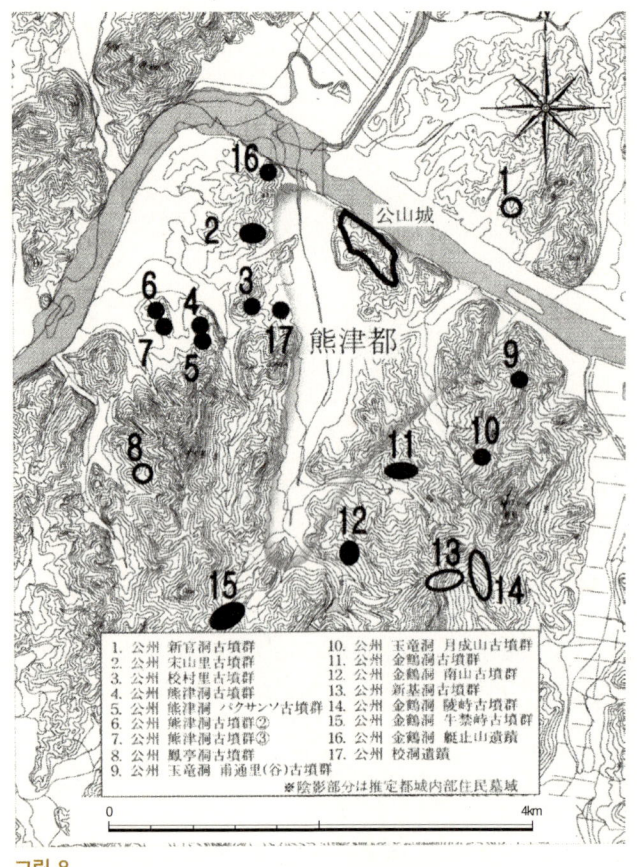

그림 8 __
묘역의 분포로 추정한 웅진도성의 범위(박순발, 2010a)

程暾, 2000·2007; 심정보, 2002)과 공산성 밖에 있었을 것이라는 주장(金永培, 1965; 成周鐸, 1980·1997; 朴淳發, 1996)으로 나뉜다. 공산성 내부에서 왕궁지로 추정되는 곳은 쌍수정 앞의 그리 넓지 않은 공간이다. 이곳에서 石築池塘, 건물지 등이 확인되었다(安承周·李南奭, 1987). 그런데 이곳에서 드러난 건물들은 掘立柱建物址 혹은 壁柱建物址와 적심석 주초 건물지들로 서로 방향을 달리하며 중복되어 있는 양상이어서 높은 기획성이 기대되는 왕궁의 모습과는 거리가 있어 보인다. 초석의 기초로 적심석을 사용한 건물지는 사비의 왕궁터에서도 보이지 않아 백제 것으로 보기 어렵고 건물 규모도 작아 이곳이 왕궁터였을 것으로 보는 데 어려움이 있다. 그리고 왕궁의 위치 추정에서 중요한 단서가 되는 추정 임류각지도 적심석 주초로 되어 있어 이 역시 백제 건물로 보기 어렵다(박순발, 2010b).

한편 공산성 남쪽 기슭 일대가 왕궁터로 추정되는 것은 공산성 내부와는 달리 넓은 평탄대지가 있고, 그곳에서 방형 초석이 발견되었으며 주산을 뒤로 하고 개활지를 앞으로 하여 왕궁이 자리하는 것이 통례라는 사실이 고려되었다. 이럴 경우 웅진도성의 구조는 임류각의 기능을 참고하면 후원적인 성격도 띤 공산성이라는 산성과 그 아래 저평지에 위치한 왕궁으로 구성되었을 가능성이 높다(成周鐸, 1997; 박순발, 2010a).

따라서 공산성 내부에서 발견된 백제 유구만을 가지고 왕궁의 위치를 논하는 것은 어려우므로 공산성 남쪽 기슭 일대에 대한 본격적인 조사가 하루속히 이루어져야 해결의 단서를 찾을 수 있을 것이다. 사비도성에서 왕궁은 따로 궁장을 두르지 않고 후원의 성격도 가지고 있는 부소산성이 위치한 부소산 남쪽 기슭 일대의 완만한 경사면에 산성과 일체가 되도록 조성되었다는 점도 고려되어야 할 것이다.

웅진성의 축조 시기

다음으로 웅진성의 축조 시기와 관련해서는 백제가 웅진으로 천도하기 이전에 축조되었다는 주장(安承周, 1982; 박순발, 2002; 심정보, 2002), 천도 이후에 축조되었다는 주장(徐程錫, 2000), 그리고 천도 이전에는 공산성 동쪽의 광복루를 중심으로 한 소규모 테뫼식 산성만 있다가 천도 후에 확대되어 현재의 공산성과 같은 형태가 되었다는 주장(유원재, 1993; 박순발, 2010a)도 있다. 현재 성벽 축조 시점을 파악하는데 단서가 되는 고고학적 자료는 동남부 토성 조사 시 성벽 아래에서 출토된 장란형토기(安承周·李南奭, 1990)로 옹관으로 사용된 이 토기의 연대는 토성 축조의 상한이 된다. 성왕 4년(526)에 웅진성을 수리하였다는 기록[4]은 웅진성 축조의 하한이 되겠다. 한편 2013년에 이루어진 동남부 토성 조사에서 성벽의 구조가 일부 확인되었는데, 기저부와 외벽은 석축하고(4~5단 남아 있으며 높이는 약 120cm) 성체는 판축한 양상을 보인다(사진 2). 동일한 석축 방식이 공북루 서쪽 백제 성벽의 내벽, 추정 왕궁지의 연지, 영은사 앞 연지에서도 확인되어 동남부 성벽도 웅진기 이후에 축조되었을 가능성이 높아졌다(공주대학교박물관, 2013). 2009년 공북루 서편에서 이루어진 성벽에 대한 표본 조사를 통해서도 백제 때의 석축 성벽 내벽부와 성벽 조성과 함께 이루어진 것으로 추정되는 정지층(제1문화층인 적갈색점토층)이 확인되었는데, 이 정치층 아래에서 고배편, 개배, 심발형토기편 등이 확인되어 (公州大學校博物館, 2009) 공산성 축조 시점을 논의하는 자료로 활용될 것으로 기대된다. 성벽 축조 시점을 정확하게 알기 위해서는 앞으로 전체 성벽을 대상으로 추가 조사를 실시하여 축조기법 등을 포함하여 심도 있는 검토가 필요하다. 이와 함께 공산성 동남쪽에 인접한 옥녀봉성 등 한성기에 축조되었을 것으로 추정되는 산성에 대한 본격적인 조사도 이루어져야 한다.

공산성 내부

공산성 내부에는 건물이 들어설 평탄지가 몇 곳 있고, 그곳에서 여러 시설이 발견되었다. 우선 쌍수성 앞 평탄지에서 원형 저

사진 2
공산성 동남부 토성 단면(공주대학교박물관, 2013)

---

[4] 『三國史記』 卷第二十六 百濟本紀 第四 聖王 四年冬十月 "修葺熊津城"

그림 9__
성안마을 내 백제유적 현황도(2011~2012 조사 현황)
(공주대학교박물관, 2012)

수지, 목곽고가 확인되었고, 공북루와 만하루 사이의 구릉에서는 직구단경호 및 뚜껑이 출토된 5호 저장공이 확인되었으며, 영은사 앞에서는 지당이 확인되었다.

한편 공산성 내에서 가장 넓은 평탄지인 공북루 서편의 성안마을터에서는 웅진천도 직후 조영된 벽주건물지부터 백제 멸망기 상황을 알 수 있는 대단위 화재 폐기층까지 확인되어 공산성이 웅진기만이 아니라 사비기에도 중요하게 인식되었음을 고고학적 자료를 통해 다시 확인할 수 있게 되었다(그림 9). 경사진 지형에 맞춰 축대를 몇 곳에 쌓고 성토대지를 조성하여 기단건물 등을 세우고 주변에 배수로와 저수시설 등을 설치하여 공간을 계획적으로 활용한 것을 알 수 있었다. 이곳에서는 다량의 철제품이 출토되어 공방과 같은 왕궁 관련 시설이 존재한 곳일 가능성이 있다. 貞觀 19년(645)명 옻칠 갑옷·마갑, 圭頭刀, '大通寺'명 벼루, 중국제 자기 등이 출토되어 주목된다(이현숙, 2012; 공주대학교박물관, 2012).

도성의 외곽과 내부 구조

웅진기 도성에 나성은 존재하지 않은 것으로 보는 것이 일반적이다. 나성이 존재하지 않으므로 도성의 범위를 정확하게 파악하는 것은 어렵지만 당시 동아시아에서 도성 내에는 고분을 조영하지 않았던 점을 고려하면 외곽에 조영된 고분군의 분포를 통해 대략은 그 범위를 추정할 수 있다(그림 7). 즉, 웅진 천도 이후 조성되기 시작한 고분군에 둘러싸인 내부가 도성의 거주 공간으로 인식되고 있었다고 볼 수 있다(박순발, 2010a).

한편 도성의 내부 구조를 알 수 있는 고고학적 조사는 거의 이루어지지 않았다. 다만 『삼국사기』에는 도성 공간의 확대를 시사하는 熊津橋 축조 기사[5]와 도성의 필수 시설인 시장과 관련된 熊津市 기사[6]가 보이고 있다. 도성 내부 구조에 대해서는 앞으로 대통사지 등 사찰에 대한 정확한 위치 파악과 조사, 그리고 제민천 주변의 시가지에 대한 조사를 통해 밝히는 수밖에 없다.

웅진은 사비 천도 이후에도 5方 가운데 北方城이라는 지방도시로 기능이 유지되었으며 그러한 고고학적 증거가 공산성 내에서 나오고 있으므로 이 시기의 양상에 대한 검토도 필요하다.

---

5) 『三國史記』卷第二十六 百濟本紀 第四 東城王 二十年
6) 『三國史記』卷第二十六 百濟本紀 第四 三斤王 二年 "燕信 奔高勾麗収其妻子斬於 熊津市"

• 사비기 도성

사비도성

• 羅城과 扶蘇山城

사비도성은 부소산성과 이곳에서 연결되는 羅城으로 둘러싸여 있다(그림 10). 이 중 부소산성은 왕궁의 배후에 위치하여 평상시에는 後苑의 기능을 하면서 전란 시에는 최후의 방어 거점 역할을 하였을 것으로 추정된다.

부소산성은 외곽을 두르는 包谷式山城과 그 내부를 구획하는 테뫼식산성으로 구성되어 있는데 여러 지점의 성벽에 대한 발굴조사 결과 백제 때에는 길이 약 2.5km의 포곡식 산성만이 축조되었음을 알게 되었다(국립부여문화재연구소, 1997). 포곡식산성은 전형적인 판축토성이다.

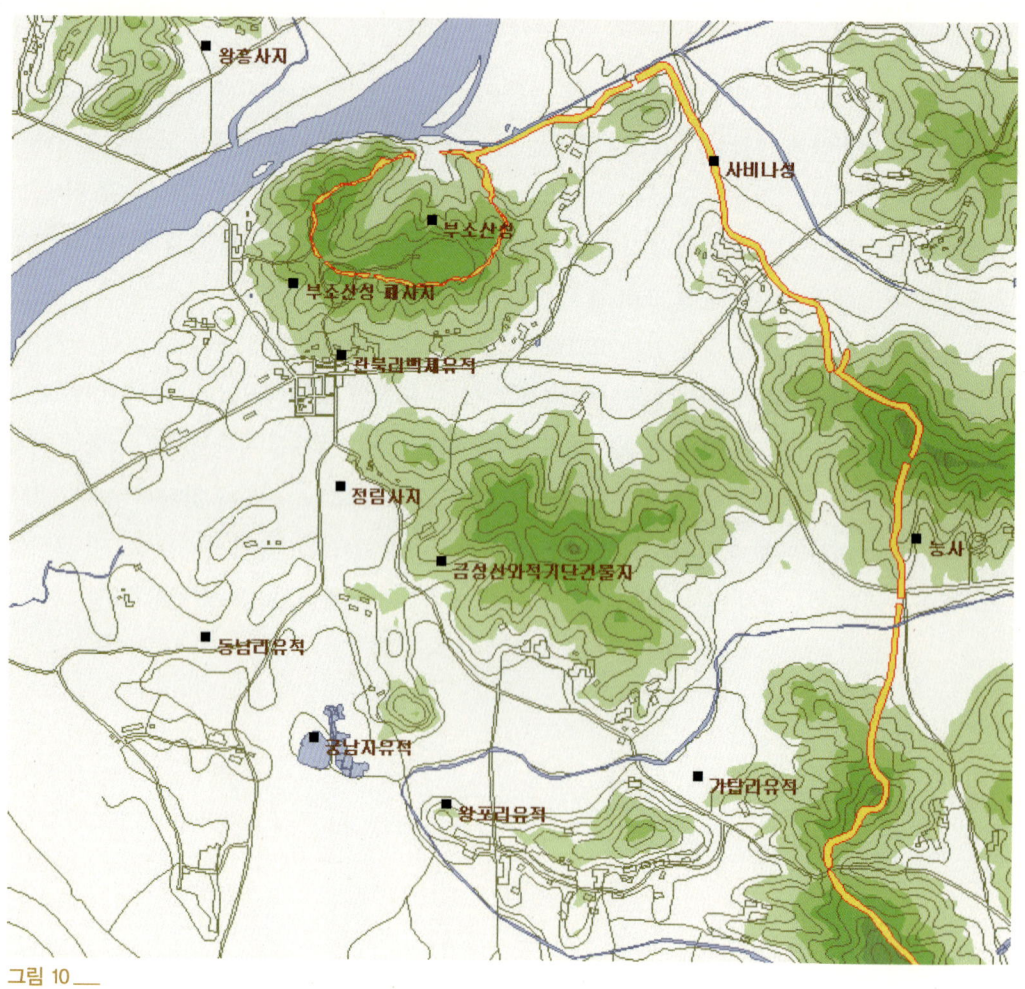

그림 10 __
사비도성(국립부여문화재연구소, 2007, 백제도성 유적지도 지리정보시스템 Ver. 2007)

부소산성의 축조 시기와 관련하여 중요한 유물은 동문지 부근에서 출토되었다. 그것은 중국 梁나라의 연호인 '大通'이 찍힌 印章瓦인데, 공주 大通寺址에서 출토된 것과 동일하다. 대통사는『三國遺事』에 따르면 527년에 창건되었음이 확실한 사찰이다[7]. 따라서 부소산성에서 출토된 인장와는 웅진기에 대통사 건립에 소용된 기와가 새로운 왕도 조영 과정에서 부소산성에 轉用된 것으로 이해되고 있다(박순발 2010a). 다만 526년 웅진성 수축, 무령왕과 비의 사망 등 역사적 정황을 들어 천도 전후 시점에 부소산성의 포곡식 산성의 축조는 제한된 범위에 머물렀을 것이라는 주장도 있다(李炳鎬, 2002).

부소산성의 성벽 및 관련 시설, 즉 문지와 치 등에 대한 조사는 이루어졌으나 정작 중요한 내부 시설에 대한 조사는 미흡한 편이다. 향후 후원의 구조 파악 등 뚜렷한 목적을 가지고 체계적인 조사가 추가적으로 이루어져야할 필요가 있다.

나성 혹은 외곽은 수차례의 지표조사와 발굴조사를 통하여 도성의 북쪽과 동쪽에만 둘러졌음을 확인하였다. 부소산성 동쪽에서 여삼산에 이르는 북나성(정동1배수장~월함지 초입)은 약 1㎞이고 여삼산-石木里-陵山里-鹽倉里로 이어지는 東羅城(월함지 초입~유씨부인 정려)은 5.6㎞로서 총연장 6.6㎞에 달하는 半月形이다(부여군문화재보존센터 2012b). 서쪽과 남쪽은 금강을 자연의 垓子로 이용하였다. 나성은 성체의 대부분을 흙을 다져 쌓고 외면에만 다듬을 돌을 덧대 마무리하여 성석으로 보인다.

그동안 靑山城으로 비정된 여삼산에 대한 발굴조사 결과, 북나성이 중턱을 따라 지나는 것이 확인되었으며 산정을 둘러싸는 별도의 성벽은 발견되지 않았다. 북나성의 성벽 축조 이전에 한성~웅진기에 해당하는 고배 등의 토기가 출토되었고, 성벽 축조와 관련된 기반조성층이나 초기 구지표에서 하한을 웅진기로 볼 수 있는 삼족기, 조족문토기 등이 출토되어 나성이 웅진기에 축조되었을 가능성이 높아졌다(부여군문화재보존센터, 2012b)(그림 11). 다만 나성의 축조가 한 번에 이루어졌는지 증·개축이 있었는지, 구체적인 축조방식이 일률적인지 지점마다 다른지에 대해서는 나성 능사 구간 발굴 결과(부여군문화재보존센터 2013) 등을 자세하게 검토하여 밝혀야 할 문제이다.

사비 천도 이전에 사비가 중요하게 여겨진 것은 부여군청 남편(동남리 202-1 유적)의 壁柱建物로도 추정할 수 있다(그림 12). 건물지는 사비도성 내 중심부에 위치하는데, 두 동의 벽주건물이 일정한 기획 하에 조성되었다. 즉, 낮은 구릉의 남동 사면 중앙부에 동서로 2m 간격을 두고 구축되었는데 건물 구조, 배치 및 입지가 공주 정지산유적과 매우 비슷하다. 또한 2호 건물 내 구덩이 내부에서 출토된 장란형토기도 사비기보다 선행한다(심상육·이미연, 2012). 이런 점으로 보아 6세기 전반에 이미 부여에 정지산유적과 같은 시설이 일부 조성된 것으로 추정된다.

---

7) 『三國遺事』卷第三 興法第三 原宗興法 厭髑滅身 "又於大通元年丁未爲梁帝創寺於熊川州名大通寺"

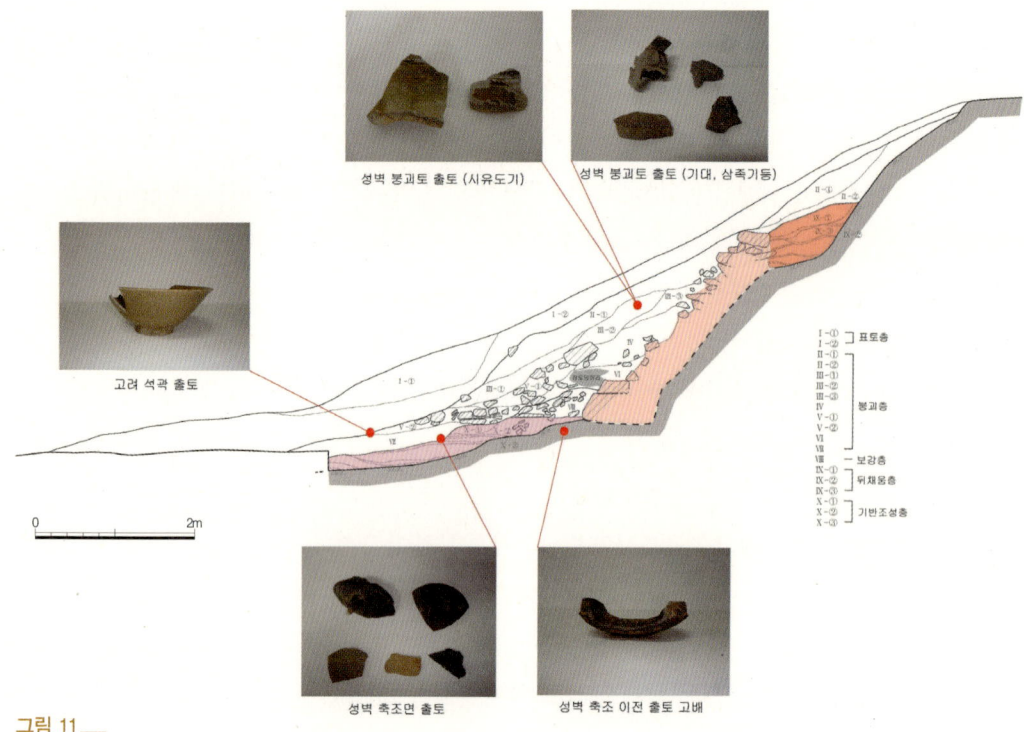

그림 11 ___
북나성 성벽 단면도 및 유물 출토 현황(부여군문화재보존센터, 2012b)

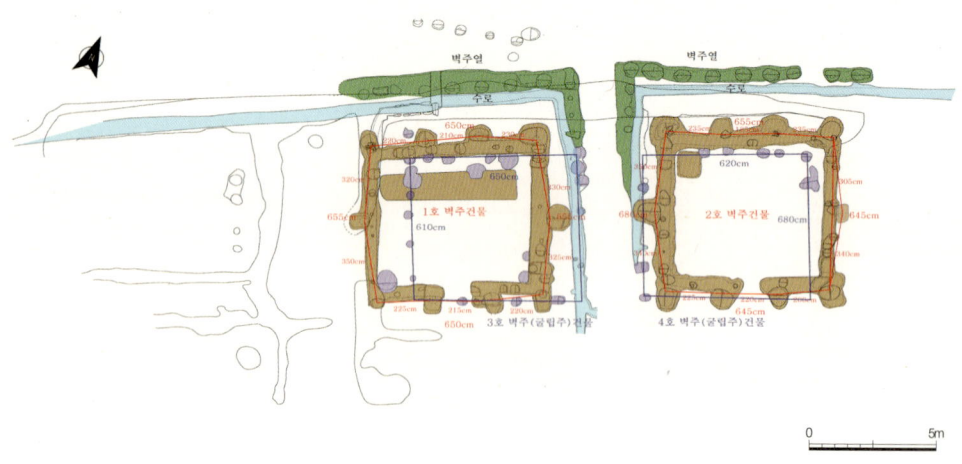

그림 12 ___
동남리 202-1유적 1단계 벽주건물 배치도(심상육·이미연, 2012)

　한편 사비 도성 안에서는 매장시설이 확인되지 않았다. 당시 동아시아 각국에서 공통적으로 인식되고 있던 '京外埋葬'의 관념이 반영된 것으로 추정된다. 이러한 사정을 고려하면 나성 동쪽에 인접한 陵山里古墳群은 성벽의 존재를 전제하고 그 밖에 축조된 것으로 보아야 한다. 그런데 가장 먼저 능산리고분군에 묻혔을 聖王이 554년에 죽었으므로 늦어도 그 이전에는 나성이 완성되었을 것으로 추정된다. 또한 동나성과 능산리고분군 사이에 목탑과 금당이 세워진 본격적인 가람이 완성되기 이전의 배수구에서 도성 사방의 外郭으로 빠지는 길에서 행하였던 道祭와 관련된 것으로 추정되는 男根形木簡이 출토된 점(尹善泰, 2004)도 주목된다.

이상에서 살펴본 점들은 나성이 사비 천도 이전에 축조되었을 가능성을 높여준다. 이는 부소산성 축조 등 철저한 사전 계획과 준비가 있은 후 538년에 泗沘로 천도가 이루어진 것을 말해준다.

• 도성의 내부

문헌에는 도성 내부가 5部로 편제되어 있으며, 각 부는 다시 5개의 巷으로 구성되어 있다고 전하며[8], 이는 '西阝後巷'명 목간(궁남지에서 출토), 部銘 印章瓦, 部銘 標石(동남리 출토) 등을 통해서도 확인할 수 있다.

이러한 도성 내부의 구획과 관련되었을 도로가 여러 곳에서 확인되었다. 그 중 대표적인 것이 관북리 유적에서 확인된 도로들이다(그림 16). 이 중 남북대로는 진북에 맞게 축조되었다. 그런데 최근 조사에 따르면 남북대로는 동서소로와 교차되는 지점에서 50m쯤 이어지다 그치고 더 이상 남쪽으로 연장되지 않는다(부여군문화재보존센터, 2012a). 따라서 이 도로는 王宮內에 한정된 도로일 가능성이 높다. 또한 부소산 기슭에 위치한 관북리 유적의 도로들은 지형에 의한 제한으로 특

그림 13
부여 능산리·가탑리 일대 도로
(1. 이화영·전수지·오효성, 2011; 2. 부여군문화재보존센터, 2010)

8) 『周書』卷 49 異域列傳 第 41百濟 : "都下有萬家, 分爲五部, 曰上部·前部·中部·下部·後部"
『翰苑』蕃夷部 百濟 : "王所都城內, 又爲五都[部], 皆建[達]率領之. 又城中五巷, 士庶居焉"

수한 양상을 보일 가능성도 있다. 따라서 관북리 유적의 도로를 기준으로 도성 내 구획을 논의하는 것은 무리가 있다. 또한 관북리 유적 도로의 서남쪽에 인접한 소위 '구아리 정방형구획'(이병호, 2007)도 왕궁 추정 범위에 해당하므로 바둑판모양으로 정연하게 구획된 도로는 왕궁 구역에 한정될 가능성이 높다.

물론 왕궁 이외에 도성 내 여러 지점에서도 도로의 흔적은 다수 확인되었다. 궁남지 서북편, 군수리, 능산리·가탑리 일대(그림 13), 쌍북리 280-5번지, 북포·현내들 유적 등이 대표적인 사례이다. 그런데 이러한 도로들은 방향이나 간격이 일정하지 않기 때문에 본격적인 坊里制 혹은 條坊制의 시행과 관련된 도로로 보기는 어렵다. 또한 도성 전체적으로 이루어진 토목공사의 흔적이 거의 없고, 주작대로와 같은 간선도로가 아직 확인되지 않았다.

최근의 조사 성과를 반영하여 사비기에 도성 전역에 대한 정연한 구획, 즉 조방제의 존재를 시사하는 견해가 제기되었으나(박순발, 2005·2010a), 부정적인 견해가 꾸준히 제기되는 것도(이병호, 2003·2011; 山本孝文, 2005; 田中俊明, 2011) 이러한 상황 때문이다. 다만 진북에 일치하지 않고 지형에 따라 약간의 변화가 있지만 동서 혹은 남북 방향을 추구하고 여러 수준의 폭(3m, 4~5m, 6~9m 등 3개 그룹)을 갖춘 도로의 흔적이 분명하게 나타나므로 도성 내부 공간에 대한 구획의 개념이 없었다고 할 수는 없다. 이러한 구획의 개념 하에 자연지형을 따라 民里가 형성된 것으로 볼 수 있겠다. 이러한 민리를 이루는 개별 구획 단위의 크기, 전체적인 형태, 소구획 분할 방식은 지형조건이나 용지의 이용 목적에 따라 차이가 있었을 것이다(이병호, 2003). 그리고 지형에 제한되어 형성된 이러한 구획들을 도시계획의 전체적인 틀 속에서 유기적으로 이어주는 도로가 개설되었을 것이다(황인호, 2012).

따라서 도성 내 도로를 단지 공간 내 이동에 목적을 둔 京內 도로로만 여길 수는 없지만 그렇다고 사비도성 전체에 걸쳐 격자형 도로에 의한 구획이 획일적으로 적용되었다고 보기도 어렵다. 도성 내부는 지형이 산지와 미구릉, 저지대로 복잡하게 이루어져 개발이 점진적으로 이루어졌을 가능성이 높다. 그리고 백제와 밀접한 관계에 있던 南朝의 建康城에도 조방제가 시행되지 않았을 것으로 추정되는 점(田中俊明, 2011)도 고려되어 할 사항이다.

신라의 경우 도로로 구획된 왕경의 최소 단위구역인 坊은 석축담장 坊墻으로 둘러싸인 한 변 400척(142m) 규모의 내부에 가옥들이 담으로 구획된 공간에 배치되어 있을 뿐 소로와 같은 별도의 구획시설이 없는 것이 일반적이다. 이에 비해 사비도성에는 신라의 방에 해당하는 단위구역을 감싸는 담장이 없고 내부에 있는 건물이나 토지를 별도의 구획시설로 재차 세분하여 차이를 보인다(황인호, 2012).

• 사비의 왕궁터-부여 관북리 유적
• 주요 시설(그림 14)

그림 14__
부여 관북리 유적의 유구 분포도(국립부여문화재연구소, 2009a)

1. 건물지(b), 2. 남북소로, 3. 와요지, 4. 수혈주거지(철기제작소), 5. 부소산록 축대, 6. 건물지(a), 7. 추정건물지, 8. 건물지(北舍銘 기와 출토), 9. 1호 폐기용수혈(공방 관련), 10. 굴립주열, 11. 방형저수조(공방 관련), 12. 장방형수혈유구(공방 관련), 13. 와적기단건물지(2003), 14. 동서석축, 15. 부석유구(공방 관련), 16. 2호 폐기용 수혈(공방 관련), 17. 원형노시설(공방 관련), 18. 동서소로, 19. 남북대로, 20. 연지, 21. 성토대지, 22. 1호 목곽창고, 23. 2호 목곽창고, 24. 3호 목곽창고, 25. 4호 목곽창고, 26. 1호 장방형 수혈, 27. 2호 장방형 수혈, 28. 남북도랑, 29. 1호 부정혈수혈, 30. 와적기단건물지(2005), 31. 대형건물지, 32. 5호 목곽창고, 33. 1호 석곽창고, 34. 추정 담장지, 35. 2호 석곽창고, 36. 매축지, 37. 1호 배수로, 38. 2호 배수로, 39. 1호 목곽수조, 40. 1-1호 목곽수조, 41. 2호 목곽수조, 43. 우물지, 44. 집수정, 45. 담장, 46. 축대, 47. 도로, 48. 부와시설

관북리 유적에서는 공방 등 생산시설이 먼저 운영된 것으로 추정된다. 부소산의 남쪽 기슭인 구 국립부여문화재연구소 동남편에서 10여 기의 소형 爐施設과 폐기용 수혈, 각종 슬래그 및 도가니가 출토되어 왕궁에서 사용한 철기나 금 또는 금동 제품을 가공했던 것으로 생각된다.

관북리 유적에서는 창고도 확인되었는데, 부소산성 후문 진입로 동서 양편의 남북 80m×동서 90m의 범위에 모여 있다. 이 일대에서 사비기 어느 시점에 국가적으로 대규모 저장시설이 운영되었다는 사실을 알 수 있다. 창고는 대체로 1.5~2.0m 정도 깊이로 땅을 파고 만들어진 지하식으로 축조 재료에 따라 목곽(5기)과 석곽(2기)으로 구분된다. 바닥에서 참외, 복숭아, 머루 등 과일씨가 다량 출토되어 왕족이나 고위귀족들이 먹었을 과일을 저장했던 것으로 추정된다. '라'지구 5호 목곽창고가 인위적으로 폐기된 이후 그 위로 대형 건물지가 들어선 것으로 보아(그림 14-31·32) 창고시설은 대형건물지가 축조되던 시기에 폐기된 것을 알 수 있다.

   1988~1989년에는 부소산 남쪽 기슭에서 경사면을 깎아 계단식으로 넓은 대지를 만든 다음 비탈진 부분에 축대를 쌓고 그 아래에 배수로를 낸 것이 조사되었다. 배수로에서는 유개대부완 등 백제 멸망 즈음의 그릇들이 많이 나왔고, 배수로 남쪽의 성토 대지에서는 크고 작은 건물터가 여럿 확인되었다. 구 국립부여문화재연구소 남서편인 '다'지구에서도 성토 대지가 일부 남아 있는 것을 확인하였다. 가장 두껍게 남아 있는 부분은 1m 정도이다. 이것은 북에서 남으로 경사진 부소산 남사면의 지형을 고려하여 높은 곳은 얇게, 낮은 곳은 두껍게 성토하여 평탄한 대지를 조성하고 그 공간에 건물을 배치하고자 한 것을 말해준다. 또한 '라'지구의 대형건물지 서북편, 즉 부소산의 서남록에서도 넓은 범위의 성토 대지를 확인하였다. 이곳은 원래 부소산에서 흘러내리는 물이 흐르는 작은 계곡 주변인데, 아래쪽은 금강의 범람에 의하여 개흙이 두껍게 형성되어 있었다. 이곳을 전반적으로 메워서 대지를 조성하였다. 이곳 성토대지는 북단에 동서 방향으로 시설한 마감 石列이 서쪽 끝에서 남서 방향으로 휘고 있고, 북쪽으로는 골짜기 너머에 부소산의 가지 능선이 경계를 이루고 있으며, 골짜기를 건너 구드래 나루터로 가기 위한 나무다리의 흔적도 확인되어 왕궁성의 서북 모퉁이로 추정된다. 이곳에는 대규모 홍수에 의하여 훼손된 흔적이 잘 남아 있는데, 이와 관련해서는 무왕 13(612)년 5월에 홍수가 나서 민가가 떠내려가거나 물에 잠기었다는 기사[9]가 주목된다.

   '라'지구의 대형건물지 북쪽의 이 성토대지 속에서는 기와로 짠 수로가 몇 열 확인되었다. 이 기와수로 부근의 성토층에서 집중적인 소각행위 흔적 및 다수의 회색토기류를 비롯하여 중국제 청자편이 발견되었다. 이 중 중국자기는 南朝 말에서 隋代에 걸쳐 생산된 靑瓷罐으로 추정되어 이 일대의 대지 조성이 6세기 말~7세기 초에 이루어진 것으로 생각된다(사진 3).

   부소산 서남록의 성토 대지 속에는 이외에도 나무로 짠 방형의 水槽와 이에 연결된 기다란 暗渠 시설도 있다. 암거 시설은 기와로 짰는데, 2호 목곽 수조에서 연결된 기와 배수관로의 총 길이는 약 100m에 이른다. 사면에서 흘러내리는 물이나 성토된 흙속의 수분을 나무로 짠 방형의 水槽에 받아 불순물을 가라앉히고 물이 어느 정도 차오르면 기와로 짠 기다란 管路를 통해 배수하던 시설이었을 것으로 여겨진다. 관북리 일대의 성토 대지에서 따로 배수 시설이 확인되지 않는 점도 이를 뒷받침한다. 그렇지만 1호 목곽수조 및 배수관로는 사면 위쪽에 있는 수조에서 걸러진 물을 다시 사면 아래쪽에 있는 수조에 가두어 두었다가 어느 정도 차오르면 물길 여닫이 장치를 통해 아래쪽으로 흘려보낸 것으로 밝혀져 수조 안의 물은 식수나 용수로 사용되었을 가능성이 있다. 즉, 上水의 개념이 일부 포함되었

---

[9] 『三國史記』권 제27 백제본기 제5 무왕조 '十三年--- 五月, 大水, 漂沒人家'

靑瓷 罐(南朝) 泰州市 泰西鄕 魯莊村 六朝墓出土 太貨六銖 錢과 함께 출토 (1974)	부여 관북리 2008년 조사구역 출토 중국 자기

사진 3__
부여 관북리 2008년 조사구역 출토 중국자기

그림 15__
2011~2012년 조사구역(부여군문화재보존센터, 2012a)

을 것이다. 이러한 기와관로는 '나'지구에서도 확인되는데, 저수장, 석곽 수조, 공방으로 추정되는 기대 매납구덩이, 철기제작소(H구)에 연결되는 것으로 보아 물을 공급하는 시설로 사용되기도 한 것으로 추정된다.

　대지 조성과 함께 도성 내 구획에서 가장 중요한 시설이 도로이다. 사비도성에 남아 있는 도로 유구 중 부소산 남쪽 자락의 관북리 유적에서 확인된 도로가 가장 대표적이다. 남북대로와 동서·남북소로가 교차하는데, 남북대로는 改修되었다. 첫 번째 도로의 도랑側溝은 두께 6㎝ 정도의 목판을 양측에 세우고 일정한 간격으로 나무말뚝을 박아 고정한 木製側溝였다. 이 목제측구 사이의 도로 폭은 8.9m이다. 그리고 동서도로와 남북도로가 교차하는 지점에는 판판한 돌을 이용하여 축조한 암거가 설치되어 있는데 폭 74㎝, 길이 3.9m이다. 폭은 목제측구의 그것과 같으며 길이는 동서소로의 폭을 의미한다. 人馬가 통행하는 교차 지점의 배수로이므로 측구와는 달리 단단한 돌을 이용하여 만든 것이다(그림 16).

　이 암거 남쪽 남북도로의 도랑은 막돌로 쌓았으며 돌로 덮었는데 북쪽보다 폭이 좁아지고 교차로 암거보다 바닥이 낮아진 것으로 보아 목제측구보다 늦은 시기에 개수된 것으로 보인다. 이 석축측구 사이의 거리, 즉 개수된 도로의 폭은 10.6m이다. 이 석축측구의 연장 부분이 남쪽에서 확인되었는데(그림 15), 하층에서 성토대지 조성 이전에 설치된 선행의 목제 시설물과 석축 암거가 확인되어 남북대로의 석축측구는 본격적인 성토대지 조성 이후 설치된 것을 알 수 있었다. 그런데 이 측구는 교차로에서 50여 m 연장된 지점에서 끝난다(부여군문화재보존센터, 2012a).

　본격적인 성토대지 조성과 함께 동서소로 북편의 남북대로는 사라지고 서측 측구만 암거형태의 석축 배수로로 개축된 것으로 추측된다. 즉, 동서도로가 동서방향 축대 또는 기단석렬 등과 평행하게 정비되어 앞뒤 공간의 기능을 구분하는 경계

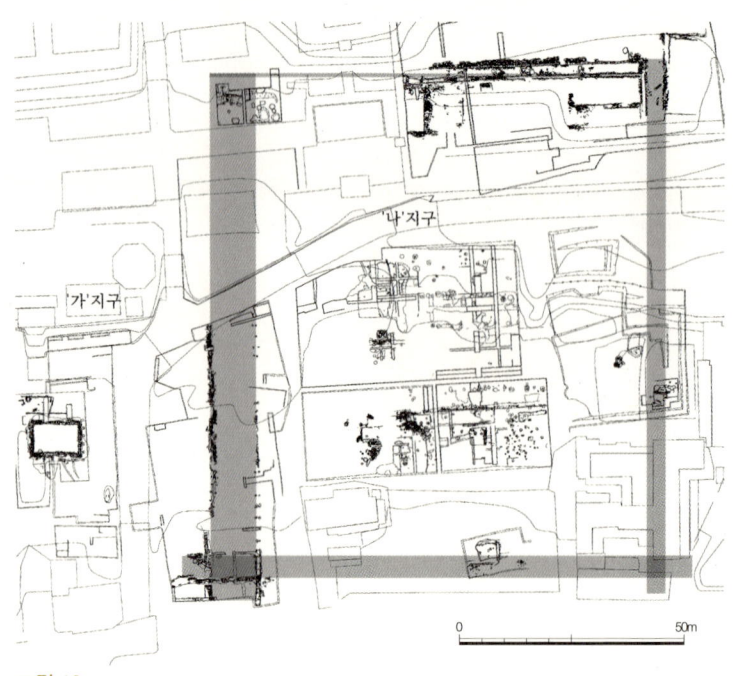

그림 16__
관북리 '나'구역 도로구획(국립부여문화재연구소, 2009a에 가필)

역할을 하게 된 것으로 여겨진다(국립부여문화재연구소, 2009a).

남북방향의 대로와 소로 사이의 간격은 도로 중심을 기준으로 했을 때 95m 정도이고, 동서소로와 부소산록 석축 사이의 거리는 약 105m이다. 이곳은 북에서 남으로 경사져 있는 지형을 활용하기 위해 일정한 간격으로 축대를 쌓아 단위 구역을 남북으로 3등분하고 축대에서 돌출된 출입구형의 시설물을 통해 동서로 2분하였다. 그리고 축대 전면에는 각각 건물을 배치하였다(그림 16).

그런데 이곳에서 확인된 구획은 도성 북단의 산기슭에 위치하고 나중에 왕궁의 확장에 따른 본격적인 성토 대지 조성으로 동서도로 북쪽 부분의 도로가 폐기되기도 하는 지역이어서 도성 내 토지 구획을 대표한다고 하기는 어렵다. 그렇지만 이 지구 이외의 건물지도 모두 나중에는 진북 또는 자북방향을 취하게 되는 점은 도성 전체적으로 일관된 계획에 의해 대지조성과 건물 배치가 이루어졌음을 시사한다.

관북리 일원에서 백제 때의 건물은 남북대로의 동쪽('나'지구, 부소산 남쪽 기슭)과 대형 건물지 주변인 '라'지구에서 집중적으로 확인되었다. 돌이나 기와편으로 기단의 가장자리를 장식하였으며, 초석 아래는 구덩이를 파고 흙을 다져 쌓은 흙기초^{적심토}이다.

'나'지구 동서축대 앞에서는 5개소의 건물이 확인되었는데, 주변에서 '北舍'명 토기편이 출토되고 샘이 뒤뜰에 있으며, 제기로 사용된 것으로 추정되는 토기편이 다량 출토되는 점으로 보아 왕궁이나 관청에 딸린 공공의 건물들로 추정된다. 이 중 한 건물(그림 14의 13)은 공방 관련 시설 위에 축조되어 있는데, 북편 기단은 길이 40~50㎝ 가량의 암키와를 세로로 박아 축조한 소위 수직횡렬식 와적기단이고, 서편 기단은 깨진 기와와 토기편을 2열로 뉘여 쌓았다.

전각건물 하부 대형구덩이 	전각건물기단 성토층 	전각건물상부 및 주변 퇴적층 

사진 4
'라'지구 대형전각건물 관련 수막새

왕궁의 존재와 관련하여 주목되는 건물이 '라'지구에서 확인되었는데 7칸 × 4칸으로 기단이 동서 길이 35m, 남북 길이 18.5m에 이르는 대규모이다(그림 17). 이 건물은 기와 파편을 다량 섞어

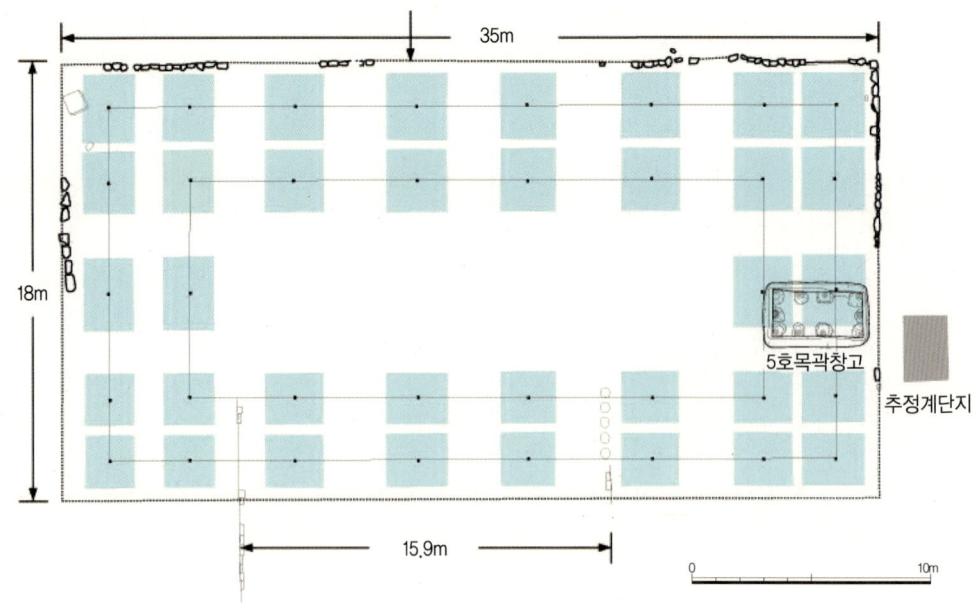

그림 17
관북리유적 대형전각건물지

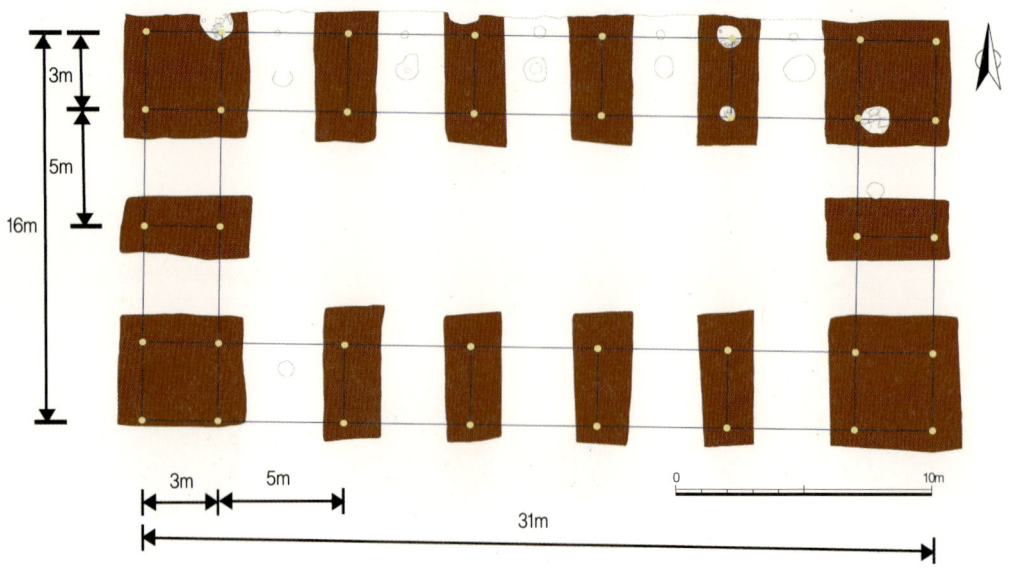

그림 18
익산 왕궁리유적 대형건물지

흙을 다지며 터를 돋은 후에 초석이 놓일 자리에 한 변이 2.4m 안팎인 방형의 적심 시설 총 36개를 만들었다. 기둥의 배치 형태로 보아 4면에 툇간이 있고 가운데에 넓은 공간이 있었던 2층의 대형 전각이었을 것으로 추정된다. 건물 기단은 돌과 기와를 혼합하여 마감하였다. 지붕에는 기와를 이었는데 처마 끝에는 일곱 잎의 연꽃무늬 수막새로 장식하였을 것으로 추정된다(사진 4-우). 거의 똑 같은 규모와 형태의 건물이 익산 왕궁리 유적에서도 확인되었는데 4단으로 구획된 殿閣區域 중 가장 아래쪽인 남쪽에 위치하는 중심 건물이다(그림 18). 익산 왕궁리 유적 대형건물지가 그 위치로 보아 外朝 太極殿일 가능성이 높은 점(박순발, 2009a)으로 볼 때 관북리 대형전각건물이 궁성에서 중심적인 위치를 차지한 것은 분명하다. 그렇지만 왕궁 내 위치, 주변 건물 등을 고려할 때 정전보다 영빈관이나 귀족을 위한 공간일 가능성도 있다(이병호, 2011). 어쨌든 이 건물은 대지 조성 과정과 유구의 중복관계로 볼 때 이 일대에서 가장 늦게 조성되었고, 전각건물 상부 및 주변 퇴적층에서 출토된 꽃술자엽형 수막새, 즉 전각건물에 이었던 기와가 사비기 수막새 가운데 가장 늦은 형식의 하나인 점을 고려하면 612년 대홍수 이후 이루어진 630년대 사비 궁성의 중수나 655년(의자왕 15년) 2월에 太子宮을 지극히 사치스럽고 화려하게 수리하였다는 『삼국사기』의 기록과 관련될 가능성이 높다.

한편 '라'지구 대형전각건물의 초석 설치를 위한 기초부, 즉 적심시설과 유사한 시설이 '나'지구 연못의 남쪽 100m 지점에서도 확인되어 주목된다(사진 5). 적심시설은 성토 대지를 되판 다음 바닥에 할석을 한 겹 깔고 그 위에 회백색 점질토와 황갈색 마사토를 반복하여 수평으로 다진 시설물이다. 적심시설 양측에 기단의 흔적이 일부 남아 있는데, 동서 폭은 8.8m이다. 적심시설의 중심간 거리는 남북 3.6m, 동서 5.2m이다. 잘 남아 있는 동북쪽의 적심시설은 길이 120cm, 폭 186cm이다. 남북 방향으로 2열이 확인되어 남북으로 긴 건물로 추정된다(부여군문화재보존센터, 2012a). 규모와 방향을 고려하면 왕궁의 회랑이나 일본의 前期難波宮 등에서 보이는 朝堂院의 남북 건물과 유사한 성격일 가능성이 높다. 왕궁의 어느 부분에 있었던 건물인지는 불확실하지만 이 건물이 위치한 지점이 왕궁의 일부에 해당되는 것은 분명한 것으로 추정된다.

한편 '라'지구 대형건물지 동편 남북도랑과 '나'지구 남북대로를 기준으로 현 발굴구역은 3개의 공간으로 구분되는

사진 5
부여 관북리 유적 2011~2012년 조사구역 건물지2
(부여군문화재보존센터, 2012a)

데, 동편과 서편 구역에는 건물이 들어서 있지만 가운데 공간에서는 건물 대신에 연못 과 관련 시설이 있어 주거나 정치의 공간보다는 조경과 휴식의 공간이었을 가능성이 있다(그림 14). 이곳에서 확인된 연못은 동서 10.6m, 남북 6.2m이다. 연못의 남북, 동서 축은 주변의 배수로, 도로와 일치한다. 이곳에는 사비기 초에 인공의 웅덩이가 있었으며 석축 연지로 한번 보축되었다. 바닥에서 연꽃의 줄기와 뿌리가 확인되었고 집수시설의 역할을 한 石槽 형태의 우물, 'ㄱ'자형 기와암거, 연못으로 이루어진 체계를 고려하면 조경용 시설이었을 가능성이 높다.

· 왕궁의 조성 및 변천 과정

아직 전모가 확인되지는 않았지만 왕궁 구역의 북편에 해당하는 것이 분명한 부여 관북리 유적을 사례로 살펴보면 이 일대의 변천 과정은 크게 공방 등 생산시설이 중심이 된 시기와 이것들을 다른 곳으로 옮기고 본격적인 성토대지 조성 공사를 한 후 일부 구역에 도로와 부속시설을 축조하고 기와기단 건물, 연못, 대형의 전각건물을 세운 시기로 나누어진다. 저장시설은 대형전각건물지보다는 앞서지만 성토대지층 위에 조성되어 있어 생산시설보다는 늦을 가능성이 높다. 공방시설이나 창고시설이 폐기되고 정연한 배치의 와적기단건물이나 대형전각건물로 대체되는 양상은 왕궁 중심 권역의 확장 또는 이동과 관련될 개연성이 높다.

그렇지만 지금까지 발굴조사된 범위만으로 왕궁의 전모를 파악하기는 어렵다. 왕궁의 위치는 대략 부소산 남록과 이에 이어지는 부여시내의 북편에 걸친 곳으로 대개 의견의 일치를 보고 있다(그림 19·20). 다만 왕궁의 범위, 평면형태, 정전 등 중심 건물의 위치에 관해서는 여러 가설이 제시되었으나(이병호, 2007; 박순발, 2010a; 南浩鉉, 2010; 황인호, 2012) 고고학 자료로 증명하기는 아직 이른 단계이다. 부소로 이북의 부소산 남록에 위치한

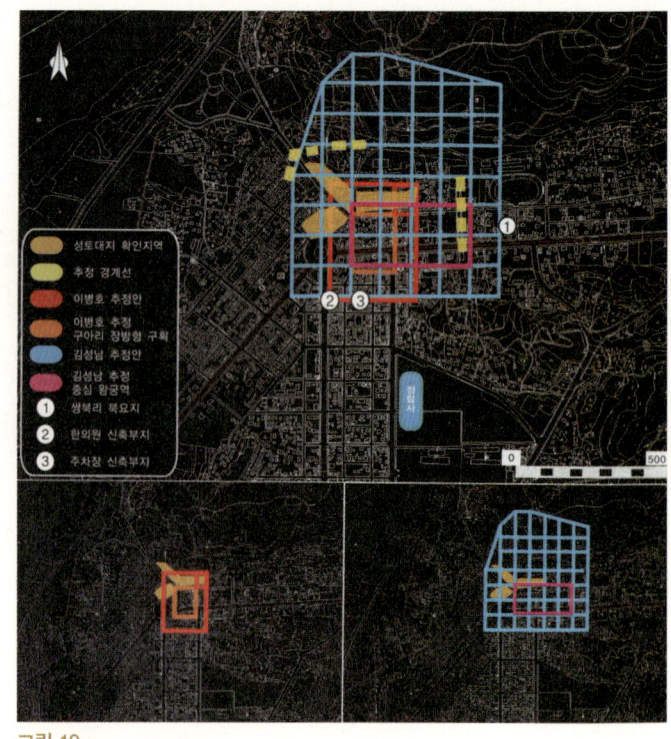

그림 19
왕궁의 범위(남호현, 2010)

관북리 유적은 왕궁의 일부임은 확실하지만 발견된 시설과 위치로 보아 왕궁구역 중 後宮區에 해당할 가능성이 높다(박순발, 2010a).

따라서 왕궁의 범위, 평면형태, 중심건물의 위치 등을 파악하기 위해서는 宮墻의 흔적, 성토대지의 범위, 건물과 도로 등 각종 시설의 흔적 등에 대한 적극적인 조사[10] 및 동 시기의 왕궁인 익산 왕궁리 유적의 평면형태나 전각배치와의 비교 연구를 통해 보완해야 할 것이다.

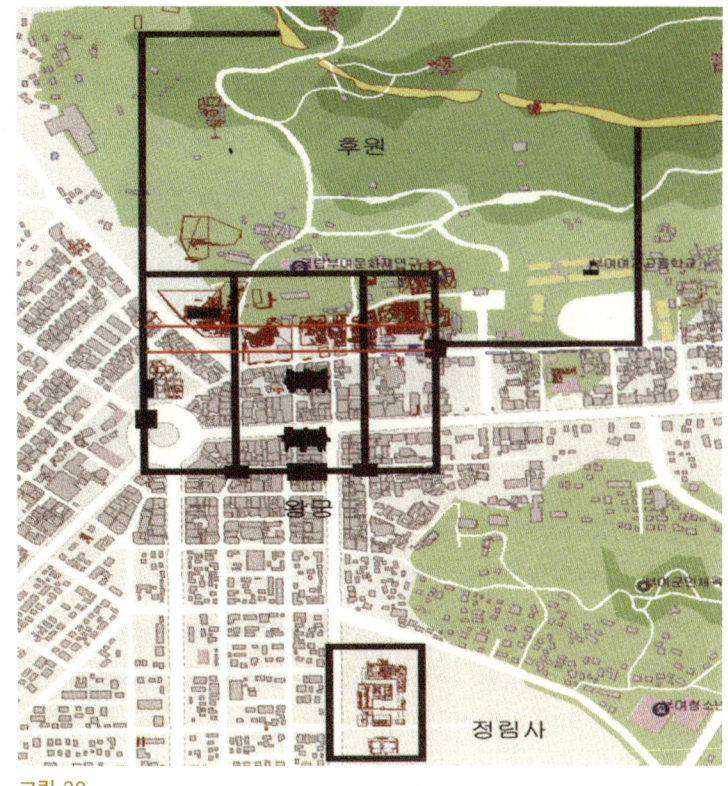

그림 20
사비도성 왕궁 추정 평면(박순발, 2009a)

• 사찰

『삼국유사』에 의하면 백제에서는 枕流王 즉위년인 384년에 불교가 공인되고 다음해에 漢山에 사찰이 조영되었다.[11] 그렇지만 아직까지 한성기의 사찰 관련 유적은 한 곳도 발견되지 않았다. 웅진기의 사찰로는 527년(성왕 5)에 창건된 大通寺가 알려져 있으나[12] 대통사지로 알려진 공주시 반죽동 제민천변의 당간지주 부근에서 백제와 관련된 유구는 아직 확인되지 않았다. 그렇지만 출토 와당으로 볼 때 가까운 산록 부근에 사지가 있을 가능성은 남아 있다.

백제에서 불교가 꽃을 피운 것은 사비 천도 이후인 聖王 때이다. '성왕'이라는 백제 최초의 불교식 왕호로도 성왕이 불교 흥륭의 토대를 마련한 것은 쉽게 짐작할 수 있다. 사비기에는 僧尼寺塔

---

10) 그중에서도 특히 이병호(2007)가 '구아리 정방형 평면구획'이라고 부른 지점에 대한 조사가 반드시 필요하다.
11) 『三國遺事』卷第三 興法第三 難陁闢濟
12) 『三國遺事』卷 第三. 興法第三 原宗興法 厭髑滅身: '又於大通元年丁未爲 梁 帝創寺於 熊川 州名 大通寺 熊川 即 公州 也時屬新羅故也然恐非丁未也乃中大通元年己酉歲所創也始創與輪之丁未未暇及於他郡立寺也'

이 매우 많았다는 기록[13]처럼 사찰이 활발하게 조영되었다. 구체적으로는 王興寺, 漆岳寺, 烏合(含, 會)寺, 天王寺, 道讓寺, 彌勒寺, 普光寺, 虎嵓寺, 白石寺, 五金寺, 獅子寺, 北部修德寺 등이 문헌 기록에 보인다. 사비기의 도성이었던 부여군 내에서 백제의 사지로 추정되는 유적은 현재 25곳 확인되었다(국립부여문화재연구소, 2008). 그 중 王興寺址, 定林寺址, 扶蘇山寺址, 陵山里寺址, 軍守里寺址, 金剛寺址, 臨江寺址, 龍井里寺址 등이 발굴조사되었다. 익산에서는 彌勒寺址, 帝釋寺址가 조사되었거나 조사되고 있다. 그런데 이러한 절터가 기록상의 어느 사찰에 해당하는지 분명한 경우는 왕흥사, 미륵사에 불과하다. 이러한 여러 절터에 대한 발굴 조사 결과 一塔一金堂式이라는 백제 특유의 가람배치와 각종 건축수법을 확인할 수 있었다.

최근에는 왕흥사지와 미륵사지에서 창건연대 등을 알려주는 명문이 있는 舍利器와 舍利莊嚴具가 확인되어 특히 주목을 받고 있다.

이러한 최근의 조사 성과를 바탕으로 백제 사비기 사찰에 대한 구체적인 연구가 이루어지고 있다(정자영, 2008·2010a·b; 김혜정, 2010; 金善基, 2010; 주동훈, 2011; 李炳鎬, 2011; 文玉賢, 2011; 민경선, 2011; 한나래, 2012). 한편 사찰에 대한 발굴조사 성과를 동아시아 차원에서 비교 연구하기 위한 자료 집성, 현장 조사 및 분석이 국가기관 주도로 이루어지고 있어(국립부여문화재연구소, 2009b·2010·2012) 연구 기반이 조성되고 있다.

사비기 사찰은 중문, 목탑, 금당, 강당이 일직선상에 배치되며, 강당 및 금당 좌우측의 폭 넓은 동·서 건물과 그 남쪽에 접속하는 회랑이 이를 둘러싸는 가람배치가 일반적이다. 그중에서도 회랑 및 이에 접속된 동·서 건물(승방)의 배치 형태는 중국과 일본은 물론이고 고구려와 신라에서도 보이지 않는 독특한 모습이다. 부여와 익산에 있는 여러 주요 사찰의 가람배치에서 이러한 일반성을 보이는 것은 가람의 조영에 국가적인 수준에서 일정한 기준이 적용되었음을 시사한다(그림 21).

그런데 세부적으로는 강당 및 금당 좌우 건물의 형태와 배치에서 차이가 보인다(표 1). 이를 바탕으로 사비기 가람배치의 변천 과정도 재검토할 수 있게 되었다.

부여 능산리사지, 왕흥사지, 군수리사지, 동남리사지 등에서는 강당 좌우의 건물이 동·서 건물 또는 회랑과 별도로 존재한다. 이에 비해 정림사지에서는 동·서 건물이 강당 좌우까지 이어져 그 길이가 40m 가까이 된다. 567년에 목탑이 세워진 부여 능산리사지, 577년에 목탑이 건립된 왕흥사지에서는 강당 좌우 건물과 동·서 건물이 따로 있는 반면 7세기에 세워진 익산 미륵사지에서는 강당 북편 기단보다 북편으로 좀 더 돌출되어 하나의 건물(승방)로 통합되어 있다. 정림사지와 미륵사지는 동·서 건물 북편기단이 강당 북편 기단보다 북쪽으로 돌출되어 있는 점과 강당 및 금당 좌우의 건물들이 동·서 건물 하나로 통합되어 있는 점이 같다. 그리고 강당 뒤편에 승방이 정연하게

---

[13] 『周書』 卷49 異域列傳 第41 百濟: '僧尼寺塔甚多'

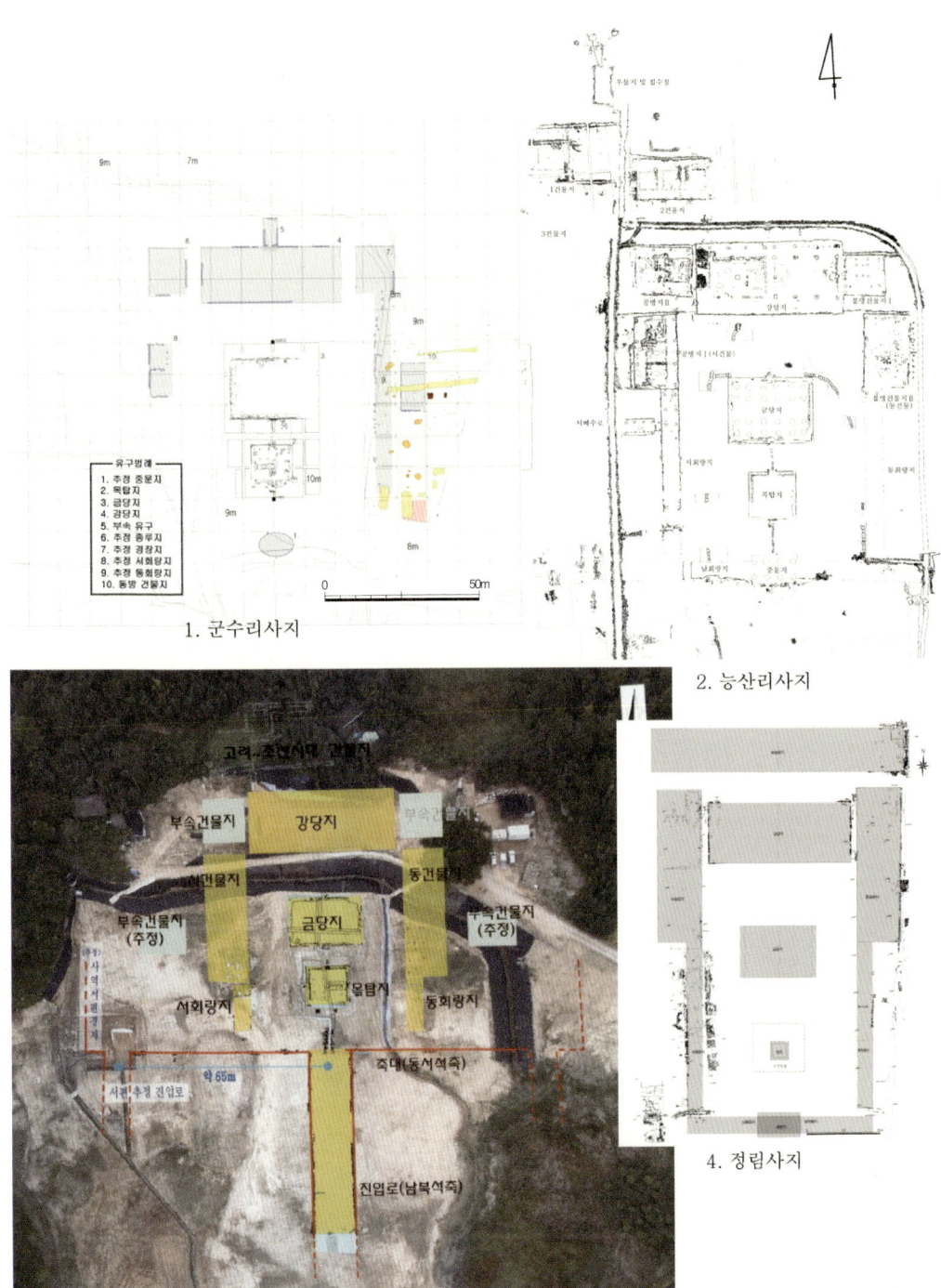

그림 21 ―
사비기 사찰의 가람배치

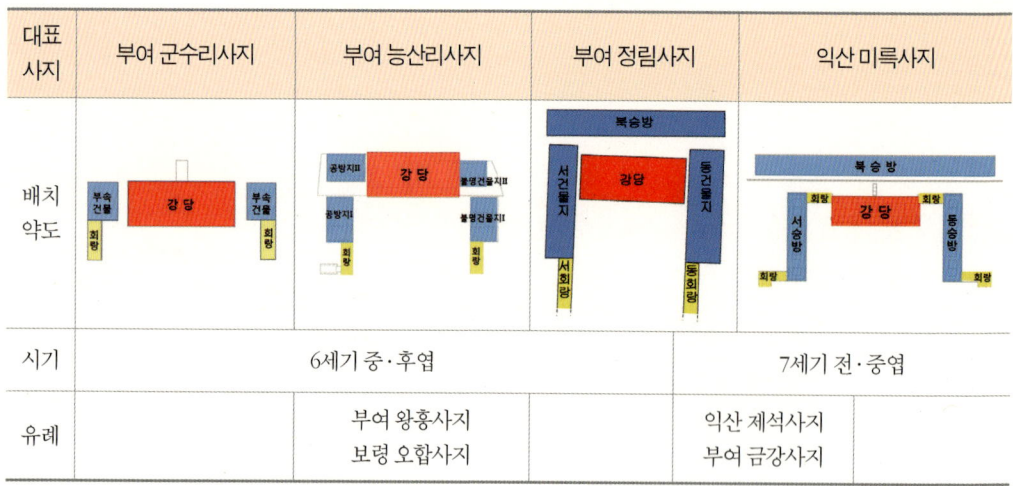

표 1
사비기 백제 사찰의 강당 및 주변 건물의 배치 변화

조영되어 있다. 이러한 점은 정림사지가 능산리사지나 왕흥사지보다 늦게 축조되었을 가능성을 시사한다(김낙중, 2011b).

• 묘역의 조성

사비기의 묘역은 나성을 경계로 분명하게 도성 밖에 조성되었다. 특히 동나성 밖의 능산리·염창리 일대에는 대규모 고분군이 밀집 분포하는데, 이중 부여 능산리고분군은 사비기의 왕릉구역이며 그 주변의 고분군은 사회적 지위가 높았던 도성 거주민들의 매장지로 추정된다(山本孝文, 2005). 사비기의 석실은 판석을 주로 사용하였으며 평면 장방형, 단면 육각형이 대표적인데, 이를 능산리형 석실이라고 한다. 이렇게 정형화된 석실은 금강유역은 물론이고 영산강유역에서도 축조되어 그 분포범위가 백제의 전 영역으로 확대되었다. 능산리형 석실의 출현과 함께 석실분이 규격화되고 중앙과 지방 사이에 등급의 차이가 보여 무덤 축조에 일정한 규제가 있었음을 시사하는 바, 이를 백제의 官位制, 나아가 律令制와 결부시켜 해석하기도 한다(山本孝文, 2005).

• 도성의 생산시설

도성의 핵심시설인 왕궁, 관청 및 사찰 등에는 많은 기와가 사용되었다. 이러한 기와는 도성 외곽의 전문적인 기와생산단지에서 만들어져 공급된 것으로 추정된다. 대표적인 유적으로 부여 정암리 요지군, 부여 왕흥사지 요지군 및 청양 왕진리 요지군을 들 수 있다. 왕실에서 직접 관리한 곳도 있겠지만 사비도성 내에서 수습된 기와 중에는 5部 이름이 찍힌 경우가 많은 것을 볼 때 각 부가 생산시설을 따로 관리했을 가능성도 있다. 사찰에는 자체 공급을 위한 가마가 딸려 있었다는 것이

부여 능산리사지 주변의 가마 등을 통해 확인할 수 있다.

금·은·동 등 비철금속과 유리공방 유적은 부여 관북리와 익산 왕궁리 유적 등 왕궁 구역 내부나 부여 능산리사지, 익산 미륵사지 등 사찰유적에서 일부 조사되어 도가니와 생산품이 확인된 바 있다(國立扶餘文化財硏究所, 2006·2007).

그런데 철이나 철기생산, 토기생산과 관련된 대규모 유적이 부여 인근에서 확인된 사례는 아직 없다.

도성 내부는 점진적으로 정비되었는데, 도로 개설에 따라 대지로 이용되기 전에는 논으로 이용된 것이 부여 가탑리 유적 등에서 확인되고 있다.

사비기의 또 다른 왕궁, 익산 왕궁리 유적과 익산

익산은 백제의 마지막 도읍인 사비, 즉 지금의 부여와 함께 일찍부터 주목받고 있는 곳이다. 그곳에는 왕궁, 거대한 사찰, 산성들, 왕릉으로 추정되는 고분 등 고대 도성의 경관을 구성하는 대부분의 시설이 흔적으로 남아 있다(그림 22). 최근에는 고지형 분석을 통해 도시의 흔적인 도로 등이 존재할 가능성도 제기되어 익산은 백제의 또 하나의 도성일 가능성이 높아졌다.

• 왕궁

익산 왕궁리 유적은 나지막한 구릉(해발 41.8m)을 깎아 낮은 곳을 메우는 대규모의 토목공사를 통해 대지를 조성한 백제 사비기의 또 하나의 왕궁이다(국립부여문화재연구소, 2009; 전용호, 2009·2010). 宮牆(동벽 492.8m, 서벽 490.30m, 남벽 234.06m, 북벽 241.39m)으로 둘러싸인 장방형의 내부 공간은 後苑, 殿閣區域, 工房·화장실구역으로 크게 나뉘어져 활용되었다(그림 23). 이러한 공간구분은 사비의 왕궁터로 추정되는 부여 관북리 유

그림 22
익산의 백제유적 분포도
(국립부여문화재연구소, 2008, 백제도성 유적지도 지리정보시스템 –익산 왕궁성Ver.2008–)

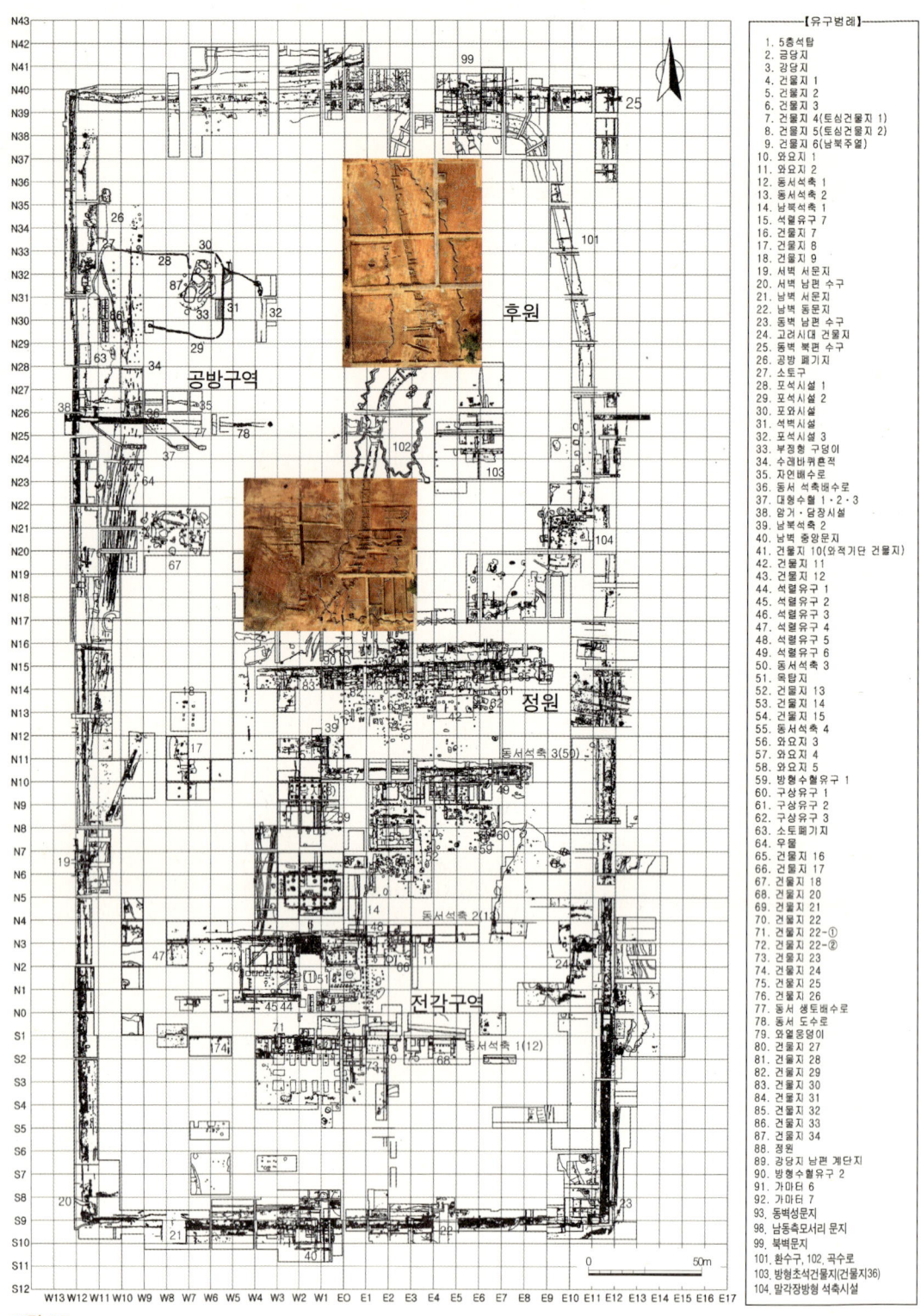

그림 23
익산 왕궁리 유적 유구 분포도(김낙중, 2011a)

적 및 그 배후의 부소산성 일대와 유사하다. 또한 관북리 유적에서 확인된 대형전각건물과 왕궁리 유적의 전각구역 중 제일 앞쪽에서 확인된 대형건물은 규모와 축조기법이 거의 같다. 여기에다 한 나라의 수도를 뜻하는 '首府'銘 기와는 역시 관북리와 왕궁리 유적에서만 발견되었다[14]. 한편 왕궁의 중심 공간인 殿閣區域과 자연 구릉을 그대로 활용한 그 북편의 後苑이 경계를 이루는 지점에 위치하는 정원이 확인되었는데, 47.5m에 달하는 긴 板石製水槽施設, 方形小池, 水量調節施設, 최종적으로 물이 모이는 연못, 그리고 이를 觀賞하기 위한 樓閣과 回廊形建物 등이 체계적으로 통합되어 있다. 이 정원은 方池라는 백제적인 요소에 水景處理技法과 造景石의 활용 등 중국 南朝의 영향이 복합되어 나타났으며, 일본에서 유행한 '縮景'의 요소도 이미 내포되어 있는 것으로 추정된다. 후원에는 능선 상의 중심에 北門과 주축이 일치하는 樓閣이 들어서고 그 둘레에 구릉의 中腹을 따라 導水施設을 설치한 다음 동남부에는 도수시설의 말단을 이용한 石築연못과 건물로 이루어진 조경공간이 마련되어 있다. 익산 왕궁성 후원은 중국 남조 園囿의 두 가지 유형 중 花林園과 같은 궁성 내 內苑의 축소판이라고 할 수 있다(김낙중, 2011a). 중앙 대지의 건물, 서쪽 일대에서 확인된 曲水路 등 일부 시설은 통일신라시대 이후의 것으로 드러나 후원의 변천 과정은 좀 더 검토가 필요하게 되었다(국립부여문화재연구소, 2013).

이러한 점들로 볼 때 익산 왕궁리 유적이 왕궁성임은 분명해졌다. 최근에는 중국자기 등을 근거로 조성 시기를 武王代 이전으로 올려보는 새로운 견해가 제기되었다(박순발, 2007). 익산으로의 실제 遷都 여부, 사비도성과의 관계(複都 등) 등 논란거리는 아직 많이 남아 있으나 익산에 왕궁을 조성하고 사용한 점은 분명하다.

왕궁 시설 다음에 축조된 사찰은 전각구역의 건물과 동일한 남북축선 상에 추정 목탑지-금당지-강당지가 놓여 있어 1탑1금당의 가람배치를 하고 있다. 이 사찰을 『삼국사기』에 나오는 大官寺로 보는 견해도 있다(金善基, 2010). 5층 석탑은 후백제 혹은 고려시대 초에 견훤이나 지방호족들이 할거하던 시대에 축조되었을 가능성이 높다(전용호, 2011).

• 사찰

고대 한반도의 도성 경관을 구성하는 시설 중에 왕궁과 함께 가장 중요한 것이 사찰이다. 익산에서는 미륵사와 제석사가 이정표 역할을 하였을 것이다.

익산 彌勒寺址는 백제 무왕 대에 창건되었다. 가람은 중문·탑·금당을 일직선상에 배치한 中院과 이를 둘러싼 回廊, 그리고 중원의 그것과 거의 비슷하게 금당과 탑을 배치한 동·서원으로 이루

---

[14] '수부'명 인장와의 印郭이 장방형인 점은 백제 인장와의 圓郭과 차이가 분명한 반면 당 대명궁 등지에서 출토된 인장와와 동일하며, 출토지점 역시 大唐銘 와당이나 당 연화문 와당 및 唐系 와당 등이 출토된 곳과 밀접한 관련이 있음을 들어 백제 멸망 이후 설치된 웅진도독부를 가리키는 것으로 보는 견해도 있다(박순발, 2013).

어진 3원 병렬식이다. 유례를 찾아볼 수 없는 독특한 가람배치이지만 기본이 되는 중원은 사비의 가람배치와 같다. 서탑에 대한 해체조사 중 2009년 1월에는 사리장엄구가 발견되었다. 즉, 1층 心柱 상면 중앙의 舍利孔에서 사리기, 金製舍利奉迎記 그리고 銀製冠飾을 비롯한 공양품 500여 점이 수습되었다. 이로써 서탑의 조성이 639년에 시작된 것을 알 수 있었으나 3원으로 이루어진 미륵사의 창건 시기와 주체에 대해서는 논란을 가중시켰다.

익산 帝釋寺址는 왕궁리 유적에서 정동쪽으로 약 1.4km 떨어진 지점에 있다. 『觀世音應驗記』에는 백제 무왕이 현재의 익산시 금마면 일대로 추정되는 枳慕密地로 천도하여 帝釋精舍를 지었는데 貞觀 13년(639) 뇌우로 인하여 佛堂과 七級浮圖(7층 목탑) 및 廊房이 모두 불탔다는 기록이 전해지고 있어 제석사는 7층의 목탑, 불당, 회랑 및 승방 등을 갖춘 대규모 왕실사찰이라는 견해가 제기되어 왔다(黃壽永, 1973).

제석사지는 수차례에 걸친 조사를 통해 사비의 일반적인 가람배치와 동일한 1탑 1금당의 가람배치임이 확인되었는데, 목탑의 기단은 한 변의 길이 21.2m이며 지상으로 드러난 높이가 2.5m에 달한다. 당초문 암막새를 비롯한 7세기대 백제 기와, 통일신라시대의 '제석사'명 기와가 다량 출토되었다. 또한 제석사지 북동편 지역에서 불탄 제석사의 폐기물을 버린 것으로 추정되는 폐기장이 확인되었다. 이러한 사실은 『관세음응험기』의 신뢰성을 높여주었다.

익산에는 이외에도 왕궁성 안의 대관사터, 미륵산의 사자사지, 연동리사지 등이 백제 사찰로 알려져 있다.

• 왕릉

왕궁리 유적에서 서쪽으로 약 2km 떨어진 곳에 익산 쌍릉이 있다. 대왕뫼와 소왕뫼라는 두 기가 약 200m 거리를 두고 있다. 일제강점기에 약식으로 조사된 이후 아직 본격적인 조사가 이루어지 못하였으나 석실의 구조는 백제 사비기의 왕릉군인 부여 능산리고분군과 같은 규모의 橫穴式石室이며, 관못과 관고리가 달린 목관이 남아 있었다. 목관은 무령왕릉의 관재와 마찬가지로 일본산 최고급 목재인 金松(高野槇)을 사용하였으며, 관장식도 능산리고분군에서 출토된 것과 거의 같다. 이러한 점을 고려할 때 백제 무왕과 그의 비의 능일 가능성이 매우 높다. 주변에는 마룡지와 용샘, 서동생가터 등 무왕과 관련된 유적이 집중 분포하고 있다(崔完圭, 2003).

• 관방유적

사비, 즉 부여에는 도성을 두르는 나성과 그 외곽에 청마산성 등의 방어시설이 사방에 포진되어 있다. 나성이 없는 경주의 경우도 사방에 산성이 배치되어 있다. 이것은 도성을 방비하기 위해 방어시설이 반드시 필요함을 보여준다.

익산에도 백제 토기나 기와가 출토되어 백제 때 축조되었을 것으로 판단되는 산성들이 있다. 즉, 미륵산성, 낭산산성, 금마 도토성 저토성, 익산토성 오금산성, 보덕성, 학현산성, 선인봉산성, 성태봉산성, 천호산성, 당치산성, 어래산성 등 10여 개가 넘는 산성이 왕궁성을 중심으로 몇 겹으로 포진하고 있다. 이 중 익산토성, 미륵산성, 낭산산성, 금마 도토성이 일부 발굴되어 대략적인 구조를 알 수 있다(車勇杰, 2003).

• 도시

중국과 한반도의 고대 도성은 정형화된 도시 형태를 보이고 있다. 도로에 의해 도성 내부가 정연하게 구획된 坊里制는 도시 주민의 성립을 가시적으로 보여준다. 이러한 점에서 익산이 도성으로서 일정 기간 기능하였다고 보기 위해서는 도로 등 방리제의 흔적이 있는지 검토하는 작업이 매우 중요하다.

그런데 최근 조사에 의하면 익산 왕궁성에서 북쪽으로 빠지는 도로가 확인되었고, 동쪽의 宮牆에는 제석사지 방향으로 나 있는 동문지가 확인되어 제석사로 연결되는 도로가 있었을 것으로 추정된다.

또한 고지형에 대한 검토 결과도 익산 왕궁리 유적 일대에 조방제와 유사한 도시 공간 구획이 있었던 것으로 상정되고 있다. 즉, 항공사진을 토대로 입체 영상을 만든 뒤 그에 대한 관찰을 통해 현 지표 아래에 묻혀 있는 고대의 매몰지형이나 인공지형물을 탐색하는 분석 작업을 통해 왕궁성 남편 일대에서 도로 구획 및 자연유로를 개량한 저수지나 조경지 등이 만들어지고 일부 격자상의 공간 구획이 진행되었을 가능성이 상정되었다(사진 6). 설사 그러한 공간이 없다 하더라도 왕궁, 제석사, 미륵사 등의 조영에 동원된 사람들의 集住가 필요하였을 것이며, 공역이 완성된 이후 이 시설물들에서 이루어진 의례를 통한 도시적 통합 기능을 상정할 때 도시 주민의 성립은 상정 가능하다(박순발, 2010b).

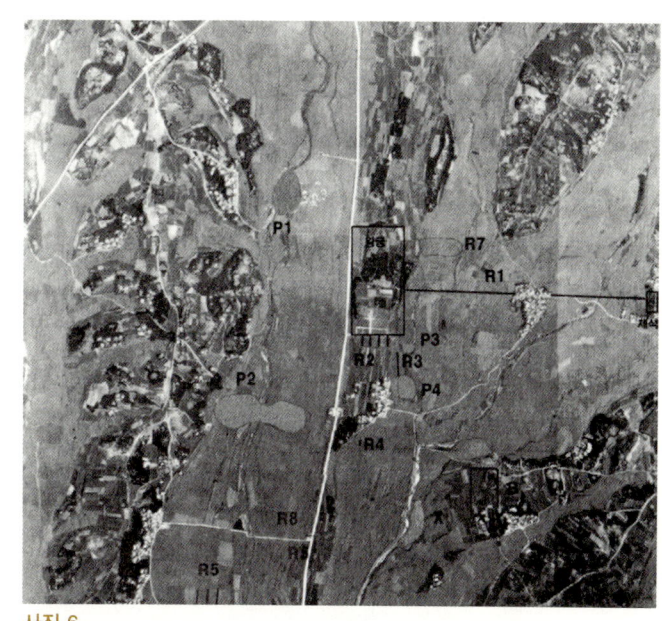

사진 6__
고지형 예비분석에 나타난 고대 익산 도시 흔적(박순발 2010b)

왕궁성인 왕궁리 유적을 중심으로 분포하는 여러 國刹 또는 왕실사찰, 왕릉, 산성들을 고려하면 익산은 고대 국가의 도성의 범주에 해당한다고 할 수 있다. 다만 백제 무왕이 실제로 익산으로 천도했는지에 대해서는 複都 혹은 陪都 등의 가능성 등 고려해야 할 점이 많이 있기 때문에 앞으로 꾸준한 검토가 필요하다.

그리고 도성의 구체적인 범위는 나성의 흔적이 남아 있지 않으므로 쌍릉, 제석사, 산성 등의 위치를 고려하여 추정해야 하며, 도시의 흔적은 고지형 분석 등 예비적 작업을 바탕으로 발굴조사를 통해 앞으로 밝혀야 할 과제이다(김낙중, 2012).

맺음말

백제도성의 실체는 문헌을 바탕으로 한 연구를 기초로 최근에 활발하게 이루어진 발굴조사를 통한 연구 성과가 더해져 구체화되어 가고 있다.

한성기의 도성은 풍납토성과 몽촌토성이 경관의 중심을 이루고 있으며 주변에 거주구역과 분묘구역이 형성되어 있었던 것으로 여겨진다. 다만 백제의 고대국가 성립시기와 밀접한 관련을 가지는 두 성의 축조시기에 대해서는 아직 논란이 지속되고 있으며 두 성의 내부 구조와 이를 중심으로 이루어진 한성의 구조를 파악하기 위해서는 두 성 내부와 주변에 대한 고고학적 자료가 더 필요한 실정이다.

웅진기 도성은 이제 실체 파악의 단서가 드러나기 시작한 것에 불과하다. 공산성 내부는 물론이고 또 다른 왕궁 소재지로 추정되는 공산성 남측 기슭 일대에 대한 조사도 병행되어 한다. 그리고 아직 전혀 실상을 파악할 수 없는 도성 내부 구조를 파악하기 위해서는 공주 제민천 주변의 시가지에 대한 체계적인 조사 계획 수립이 절실하다.

사비기 사비도성과 관련하여 부소산성, 나성, 내부구조를 중심으로 다양한 논의가 이루어졌지만 아직 추론의 수준에 머물러 있다. 따라서 부소산성 내부 조사, 도성 내부의 대지 조성 및 구획, 정비 과정, 지구별 공간 이용 방식 등 도성에 대한 이해는 고고학적 발굴조사가 열쇠를 쥐고 있다고 할 수 있겠다.

그리고 발굴조사뿐만 아니라 그동안의 조사 성과를 정리하고 데이터를 통합적으로 관리하는 체계의 구축이 필요하다. 국립부여문화재연구소에서 추진했던 GIS를 활용한 백제도성 복원연구 프로젝트가 본격적으로 이루어져야 하는 이유가 여기에 있다.

익산의 백제유적도 지역의 이해관계를 떠나 객관적인 증거를 바탕으로 논의해야 제대로 이해될 것으로 기대되는데, 그러기 위해서는 장기간 발굴조사가 이루어진 왕궁리 유적뿐만 아니라 관련

유적에 대한 조사와 치밀한 분석이 필요하다.

　마지막으로 백제 도성에 대한 연구는 중국 및 일본과 연계되어 조사 및 연구가 이루어져야 하는데 이러한 활동이 미흡하였다. 앞으로 연구 성과를 충분히 교환하면서 동아시아 차원에서의 연구가 이루어져야 백제 도성의 진면목을 제대로 파악할 수 있을 것으로 생각한다.

참고문헌

국문

公州大學校博物館, 2009,「사적 12호 公山城 성안마을 유적 제5차 발굴조사 지도위원회의자료」.
_____, 2012,「사적 12호 公山城 성안마을 내 유적 제5차 발굴조사 약보고서」.
_____, 2013,「사적 12호 公山城 토성지 발굴(시굴)조사 약보고서」.
국립문화재연구소, 2001,『風納土城Ⅰ』.
_____, 2011,「風納土城」(2011년 동성벽 발굴조사 현장설명회 자료).
_____, 2012,『風納土城ⅩⅣ』.
국립부여문화재연구소 엮음, 2009,『익산 왕궁리유적-발굴 20년 성과와 의의』, 주류성.
국립부여문화재연구소, 1997,『부소산성-발굴조사 중간보고Ⅱ』.
_____, 2006,『王宮의 工房Ⅰ-金屬篇』.
_____, 2007,『王宮의 工房Ⅱ-琉璃篇』.
_____, 2008,『백제폐사지 학술조사보고서』.
_____, 2009a,『부여 관북리백제유적Ⅲ』.
_____, 2009b,『한중일 고대사지 비교연구(Ⅰ)-목탑지편』.
_____, 2010,『동아시아 고대사지 비교연구(Ⅱ)-금당지편』.
_____, 2012,『동아시아 고대사지 비교연구(Ⅲ)-강당지·승방지·부속건물지·문지·회랑지편』.
_____, 2013,『왕궁리 발굴조사보고서Ⅸ』.
權五榮, 2002,「風納土城出土 外來遺物에 대한 檢討」,『百濟硏究』제36집, 忠南大學校百濟硏究所.
_____, 2011,「漢城百濟의 時間的 上限과 下限」,『百濟硏究』제53집, 忠南大學校百濟硏究所.
_____, 2012a,「백제 한성기의 도성과 지방도시」,『고고학』11-3호, 중부고고학회.
_____, 2012b,「한국고고학 연구에서 풍납토성의 가치」,『동북아시아 속의 풍납토성』, 학연문화사.
金善基, 2010,「發掘調査 成果를 통해 본 益山의 百濟 寺刹」,『百濟文化』제43집, 공주대학교 백제문화연구소.
金元龍·任孝宰·朴淳發, 1988,『夢村土城-東南地區發掘調査報告書』, 서울大學校博物館.
金元龍·任孝宰·林永珍, 1987,『夢村土城-東北地區發掘調査報告書』, 서울大學校博物館.
김낙중, 2011a,「百濟 宮城의 園池와 後苑」,『백제연구』53, 충남대학교 백제연구소.
_____, 2011b,「百濟 泗沘期 寺刹의 伽藍配置와 造營의 特徵-최근의 발굴조사 성과를 중심으로」,『韓國上古史學報』제74호, 한국상고사학회.
_____, 2012,「百濟 泗沘期의 都城과 王宮-최근의 발굴조사 성과를 중심으로-」,『백제와 주변세계』, 진인진.

金永培, 1965, 「公州 百濟王宮 및 臨流閣址 小考」, 『考古美術』6卷3·4號合集.

김혜정, 2010, 「百濟 泗沘期 寺刹 基壇 築造工程과 位階에 관한 硏究」, 『韓國上古史學報』제70호, 韓國上古史學會.

南浩鉉, 2010, 「扶餘 官北里 百濟遺蹟의 性格과 時間的 位置-2008년 조사구역을 중심으로」, 『百濟硏究』51, 忠南大學校 百濟硏究所.

木下亘, 2003, 「韓半島 出土 須惠器(系) 土器에 대하여」, 『百濟硏究』第37輯, 忠南大學校 百濟硏究所.

文玉賢, 2011, 「백제 사비기 1탑1금당식 사찰의 조영과 전개」, 『한국학논총』제36집, 국민대학교 한국학연구소.

민경선, 2011, 「백제 사비기 사찰의 가람배치 변화 양상에 대한 일고찰」, 『古文化』제78집, (사)한국대학박물관협회.

朴淳發, 1996, 「百濟 都城의 變遷과 特徵」, 『重山 鄭德基博士 華甲紀念 韓國史學論叢』, 景仁文化社.

_____, 2001, 『漢城百濟의 誕生』, 서경문화사.

_____, 2002, 「熊津 遷都 背景과 泗沘都城 造成 過程」, 『백제도성의 변천과 연구상의 문제점』, 국립부여문화재연구소.

_____, 2003, 「漢城期 百濟 都城의 問題-風納土城과 夢村土城의 築造 時期 比定을 中心으로」, 『先史와 古代』, 韓國古代學會.

_____, 2005, 「泗沘都城의 景觀에 對하여」, 『古代 都市와 王權』, 충남대학교 백제연구소.

_____, 2007, 「泗沘都城과 益山 王宮城」, 『馬韓·百濟文化』17, 원광대학교 마한·백제문화연구소.

_____, 2009a, 「東아시아 都城史에서 본 益山 王宮里遺蹟」, 『익산 왕궁리유적-발굴20주면 성과와 의의』(국립부여문화재연구소 엮음), 주류성.

_____, 2009b, 「경질무문토기의 변천과 강릉 초당동유적의 시간적 위치」, 『강릉 초당동유적』, 한국문화재조사연구기관협회.

_____, 2010a, 『백제의 도성』, 충남대학교출판부.

_____, 2010b, 「익산 고대 도시 구조와 미륵사」, 『백제 불교문화의 寶庫 미륵사』(학술심포지엄 논문집), 국립문화재연구소.

_____, 2012, 「백제, 언제 세웠나-고고학적 측면」, 『백제, 누가 언제 세웠나-백제의 건국시기와 주체세력』, 한성백제박물관.

_____, 2013, 「百濟都城의 始末」, 『中央考古硏究』, 中央文化財硏究院.

부여군문화재보존센터, 2010, 『부여 가탑리 백제유적』.

_____, 2012a, 「부여 사비왕궁지구 발굴조사 자료집」.

_____, 2012b, 「부여 북나성(3차) 발굴조사 자료집」.

_____, 2013, 「부여나성 능사구간 발굴조사 자료집」.

山本孝文, 2005, 「百濟 泗沘都城의 官僚와 居住空間-京域과 埋葬地의 분석을 중심으로」, 『古代都市와 王權』, 忠南大學校百濟硏究所.

_____, 2005, 「韓國 古代 律令의 考古學的 硏究」, 釜山大學校博士學位論文.

徐程䑓, 2000, 「百濟 熊津都城의 構造에 對한 一考察」, 『百濟文化』29, 公州大學校 百濟文化研究所.

_____, 2007, 「웅진기의 도성제」, 『百濟의 建築과 土木』百濟文化史大系 研究叢書 15, 충청남도역사문화연구원.

成周鐸, 1980, 「百濟 熊津城과 泗沘城 研究(其一)」, 『百濟研究』11, 忠南大學校 百濟研究所.

_____, 1997, 「百濟 熊津城 研究 再齓」, 『百濟의 中央과 地方』, 忠南大學校 百濟研究所.

소재윤, 2010, 「백제 도로를 통해 본 풍납토성의 도성구조 이해」, 『韓國의 都城』(국립경주·부여·가야문화재연구소 개소 20주년 기념 국제학술심포지엄), 국립경주문화재연구소.

_____, 2012, 「4~5세기 풍납토성의 도성 경관」, 『百濟學報』제8호, 백제학회.

申鐘國, 2002, 「百濟土器의 形成과 變遷過程에 대한 研究-漢城期 百濟 住居遺蹟 出土 土器를 中心으로」, 成均館大學校 碩士學位論文.

신희권, 2007, 「풍납토성의 都城構造 研究」, 『風納土城, 500년 왕도의 비전과 과제』, 국립문화재연구소.

_____, 2010, 「百濟 漢城時代 都城制度에 관한 一考察-兩宮城制度를 中心으로-」, 『鄕土서울』제76호, 서울特別市史編纂委員會.

심상육·이미연 2012, 「百濟 壁柱式 建物址 新出 報告-부여 동남리 202-1 유적」, 『백제학회 제11회 정기발표회 발표문』, 백제학회.

심정보, 2002, 「熊津都城의 構造와 防禦體制에 대하여」, 『백제도성의 변천과 연구상의 문제점』, 국립부여문화재연구소.

安承周, 1982, 『公山城』, 公州師範大學 百濟文化研究所.

安承周·李南奭, 1987, 『公山城 百濟推定王宮址發掘調査報告書』, 公州師範大學博物館.

_____, 1990, 『公山城 城址發掘調査報告書』, 公州大學博物館.

王志高(소현숙 역), 2012, 「풍납토성의 세 가지 문제에 대한 시론」, 『동북아시아 속의 풍납토성』, 학연문화사.

尹善泰, 2004, 「扶餘 陵山里 出土 百濟木簡의 再檢討」, 『東國史學』40.

유원재, 1993, 「백제 웅진성 연구」, 『國史館論叢』45집, 국사편찬위원회.

李炳鎬, 2002, 「百濟 泗沘都城의 造營過程」, 『韓國史論』, 서울大學校 國史學科.

_____, 2003, 「사비도성의 구조와 운영」, 『한국의 도성-도성 조영의 전통』, 서울시립대학교 부설 서울학연구소.

_____, 2007, 「사비 도성의 구조와 축조 과정」, 『백제의 건축과 토목』백제문화사대계 연구총서15, 충청남도역사문화연구원.

_____, 2011, 「유적으로 본 백제 무왕과 그의 시대」, 『서동의 꿈, 미륵의 통일 百濟 武王』, 국립부여박물관.

李盛周, 2011, 「漢城百濟 形成期 土器遺物群의 變遷과 生産體制의 變動-實用土器 生産의 專門化에 대한 檢討-」, 『韓國上古史學報』71, 韓國上古史學會.

이성준, 2012, 「2011년 풍납토성 발굴조사 성과논의의 어젠다」백제학회 춘계학술회의 발표요지문.

이성준·김명진·나혜림, 2013, 「풍납토성 축조연대의 고고과학적 연구-2011년 동성벽 조사결과를 중심으로-」, 『한국고고학보』 88, 한국고고학회.

이현숙, 2012, 「공주 공산성의 백제 역사문화환경-발굴조사성과를 중심으로」, 『제67회 추계학술발표회』, (사)한국대학박물관협회.

李亨求, 2000, 「風納土城 "百濟王城"에 관한 調査研究」, 『風納土城 "百濟王城" 硏究論文集』, 東洋考古學研究所.

이화영·전수지·오효성, 2011, 「부여 가탑리 393-19번지 유적 발굴조사보고」, 『2011년도 부여군문화재보존센터 주요 발굴성과와 의의』, 부여군문화재보존센터.

임영진, 2012, 「풍납토성의 역사적 의미와 연구 과제-하남위례성과 사성의 관계를 중심으로-」, 『동북아시아 속의 풍납토성』, 학연문화사.

전용호, 2009, 「왕궁리유적의 최근 발굴성과」, 『익산 왕궁리 유적-발굴 20년 성과와 의의』(국립부여문화재연구소 편), 주류성.

_____, 2010, 「益山 王宮里遺蹟-宮城에서 寺刹로의 變化相에 對한 硏究」, 『韓國의 都城』, 국립경주·부여·가야문화재연구소.

_____, 2011, 「익산 왕궁리유적의 사찰에 대한 일연구-사찰 관련 유구에 대한 쟁점을 중심으로」, 『고고학 발굴과 연구-50년의 성찰』, 주류성.

정자영, 2008, 「백제의 심초 및 사리봉안」, 『문화재』 41, 국립문화재연구소.

_____, 2010a, 「백제 사원의 가람배치와 전개과정 고찰-탑·금당지를 중심으로」, 『동아시아 고대사지 비교연구 II -금당지편』, 국립부여문화재연구소.

_____, 2010b, 「6~7세기 백제 사찰 내 강당 좌우 건물지의 변천과정 고찰」, 『건축역사연구』 제19권 6호 통권73호.

주동훈, 2011, 「백제 사비기 사찰의 수도생활공간에 대한 고고학적 연구」, 전북대학교 석사학위논문.

車容杰, 2003, 「익산 城郭 유적과 그 성격」, 『益山의 先史와 古代文化』, 마한·백제문화연구소.

최병화, 2013, 『공주 옥녀봉성 발굴(시굴)조사 보고서』, 가경고고학연구소.

崔完圭, 2003, 「益山 雙陵의 再檢討」, 『益山의 先史와 古代文化』, 마한·백제문화연구소.

崔鍾澤, 2002, 「夢村土城 內 高句麗遺蹟 再考」, 『韓國史學報』 12, 高麗大學校 史學科.

한나래, 2012, 「백제 사찰 부속건물지의 유형과 성격」, 『古文化』, (사)한국대학박물관협의회.

黃壽永, 1973, 「百濟帝釋寺址의 研究」, 『百濟研究』, 忠南大學校百濟研究所.

황인호, 2012, 「百濟 泗沘都城의 都市計劃에 대한 검토」, 『고고학』 11-3호, 중부고고학회.

일문

李炳鎬, 2012, 「扶餘·定林寺址からみた百濟聖王代の佛敎と王權」, 『佛敎文明の受容と君主權の構築』, 勉誠出版.

田中俊明, 2011, 「古代朝鮮における羅城の成立」, 『東アジア都城の比較研究』, 京都大學學術出版會.

신라 도성의 건설과 구조

홍보식(부산박물관)

머리말

연구사 검토
- 도성·왕경·왕도·왕기
- 계획도시의 조성과 완성 시기
- 도성의 범위와 평면형태

도성 건설과 범위
- 건설과 확장
- 도성의 범위

도성의 내부 구조
- 坊의 구조와 성격
- 방과 리

도성의 경관과 공간 분할
- 왕궁
- 귀족층의 거주 구역
- 중·하급관료군·민의 거주와 수공업생산 구역
- 신흥 관료군·민 및 수공업생산 구역
- 사원과 왕릉의 배치

도시재개발 사업
- 왕궁역의 확장과 도시 재정비
- 귀족 거주 구역의 도시재정비 사업
- 중·하급 관료층·민·수공업 구역의 도시 재개발

맺음말

머리말

『三國史記』에 의하면, 신라는 5세기 말에 방리제를 시행(474)하고, 우역과 관도를 수리(487)하고, 시장을 개설(490·509)하였다고 한다. 이 기록은 역연대의 취신여부의 문제가 있지만, 수도 왕경이 도성으로서의 경관을 갖추어가는 모습을 읽을 수 있다. 왕성인 월성의 북쪽 평지의 왕릉 조영지가 법흥왕릉부터 서천 건너편의 산록으로 이동하고, 뒤이어 553년 진흥왕이 월성의 협소함을 명분으로 월성 동편인 황룡사지 일대의 황무지를 개발하여 신궁을 건설하려고 하였다. 5세기 후반부터 6세기 전반에 이루어진 일련의 사건들은 계획적인 고대 도시를 건설하려는 움직임이 있었음을 나타낸다.

신라 도성은 왕의 거주와 집무공간으로 이루어진 왕궁과 신료를 비롯한 지배층과 피지배층의 거주 공간, 종교·생산시설, 원지 등 다양한 시설이 남-북과 동-서 간선로와 지선로에 의해 구획되었다. 왕궁은 월성을 중심으로 안압지가 있는 동궁, 국립경주박물관이 있는 인왕동의 남궁, 성건동 전랑지의 북궁 등 이궁 또는 별궁이 갖추어졌고, 남-북 및 동-서 도로에 의해 격자상으로 구획된 공간 내에 관아·사찰·위락시설·가옥·광장·수공업생산시설 등이 배치되었다. 흥륜사·황룡사·분황사·영묘사·영흥사 등의 불교사원이 도성의 주요 지점과 외곽에 배치되는 등 고대 도성으로서의 경관을 갖추었다.

새로운 도시의 건설은 왕권강화를 위한 새로운 정책-궁성·사찰·신료 거주지·시장 등의 계획적 배치-의 시행이었다. 방제의 시행은 왕경 내부의 가로를 정비하는 차원만이 아니라 지배의 거점인 궁성 및 지배계급과 이를 지탱하는 중하급 관료군의 거주지를 일정한 계획성 아래 배치한 고대적인 도시설계 방식이었다는 점에서 당시 신라 왕경의 경우 방제가 어떻게 시행되었는가의 파악은 도성 자체를 이해하는 근간이 된다.

지금까지 신라 도성의 주요 연구는 도시 건설 시기와 시기에 따른 도시 범위와 규모, 방리제 시행과 방의 크기와 형태, 도시의 전체 평면형태, 인구 수, 주작대로의 존부, 사원 배치 등의 부문이었다. 위의 연구 주제 또한 신라 도성을 이해하는 주요한 요소인 점은 분명하지만, 다소 추론적인 영역에 머무른 점도 간과할 수 없다.

1990년대 이후 전면적이지 않지만, 부분적으로 이루어진 신라 도성 유적의 조사 내용과 성과는 지금까지 다루어 온 연구 주제 및 쟁점을 검토할 수 있을 뿐만 아니라 신라 도성의 실상을 다소 구체적으로 검토할 수 있게 되었고, 연구 주제와 대상을 다른 부문으로 옮겨 갈 수 있게 되었다. 계획도시 건설과 건설 대상지역, 가로망 배치, 왕궁·사서인의 거주구, 사원·묘역·수공업 생산시설의 배치, 범위 등의 파악은 신라 도성제의 구현과 실상을 이해하는 근간이 되는 점에서 매우 중요한 연구 주제이다. 이하에서는 최근까지 이루어진 신라 도성 유적을 분석하여 상기의 주제를 검토한다.

연구사 검토

• 도성·왕경·왕도·왕기

신라 도성 연구는 상당히 일찍부터 이루어졌다. 도성에 대한 연구는 주로 문헌사학과 역사지리학적 관점에서 연구되어 왔으나 최근에 도성유적의 일부분이 조사되고 그 성과가 공표되어 보다 구체적인 논의가 가능하게 되었다.

그동안 도성에 대한 논의는 성립 시기, 전개 과정, 범위와 규모, 방제 시행과 주작대로의 존재 여부, 모델이 된 중국의 도성, 인구 수, 방과 리의 관계 등이 주요하게 이루어졌다. 지금까지 논의된 다양한 주제 가운데서 논란의 핵심인 계획도시의 조성 시기와 범위 및 평면형태 등에 대한 연구 흐름과 문제점을 검토한다.

도성과 관련된 용어로서 왕경王京·왕도王都·왕기王畿가 사용되기도 하였다. 왕경·왕도·도성을 동일 내용으로 파악하고, 왕기는 이들의 외곽지역으로 보기도 하고(이노우에 히데오井上秀雄, 1968), 왕경과 왕기로 구분되었다는 견해(기무라 마코토木村誠, 1983), 7세기 후반에 왕경 주위에 조방제가 실시되었는데, 이 조방제가 실시된 지역을 왕경으로 보거나(다나카 도시아키田中俊明, 1992), 월성을 중심으로 도시계획 의도 하에 조성된 수도의 핵심지역을 왕경, 왕경과 그 외곽지역을 포함한 전체 지역을 도성으로 설정하거나(박방룡, 1998), 도성은 왕도를 나타내는 좁은 지역이고, 왕경은 도성과 주변지역을 포함한 것으로 보는 견해(李泳鎬, 2005), 중고기에는 제도상 왕경 범위가 경주시 전역에 걸친 6부 전체를 포괄하고 있었지만, 실질적인 왕경은 리방구획이 시행된 도성 중심부이었다가, 리방구획이 전면적으로 시행되는 중대에 들어오면서 왕경은 리방구획이 실행된 경주분지로 국한되고, 그 이외지역은 군으로 편제되면서 왕기지역으로 재편되었다고 보기도 한다(여호규, 2003). 도성·왕경·왕도·왕기 등은 연구자들마다 견해 차이와 함께 사용 방법에도 차이가 있음을 알 수 있다.[1]

왕경과 도성을 동일하게 설정하거나 왕도와 도성을 동일하게 설정하기도 하였고, 도성 내부에 왕경을 설정하거나 아니면 왕경 내부에 도성을 설정하는 등 다양함을 알 수 있다. 도성을 광의의 개념으로 설정하거나 협의의 개념으로 설정하는가에 따라 이해의 내용이 다름을 알 수 있다.

중국과 일본의 고대 도성은 사방에 성곽을 쌓아 경계를 만들고, 성 내부는 정연한 가로에 의한 계획도시를 건설하고, 왕궁·사원·관아·가옥 등을 배치한 고대도시라는 관점에서 보면, 신라 도성은 사방에 성이란 경계물 없이 정연한 가로에 의한 계획도시가 건설되었다는 점에서 본다면, 동

---

1) 도성·왕경·왕도·왕기의 제견해와 사용 범위에 대해서는 李泳鎬의 논문(2005)에 정리되어 있다.

아시아의 도성제 틀을 벗어난 형태이다. 계획도시의 사방을 경계하는 성의 부재를 논외로 한다면, 계획도시가 건설된 지역, 즉 방이 설치된 공간을 도성으로 설정할 수 있다.

계획도시 사방을 둘러싼 공간을 경으로 설정하고, 내부에 왕궁과 관아·사원·가옥 등을 배치한 일본의 藤原京과 平成京의 구조와 비교하면, 계획도시 또한 왕경으로 설정할 수 있다. 이와 같이 본다면, 신라 도성은 곧 왕경을 의미하게 되어, 도성과 왕경을 동일한 내용을 가진 다른 용어로 볼 수 있다. 왕도는 왕이 기거하는 도시란 의미로서 이 역시 왕경에 포함할 수 있고, 왕기는 도성의 주변부를 지칭하는 개념으로 설정할 수 있다.[2]

• 계획 도시의 조성과 완성 시기

신라 도성이 어느 시기에 어떤 구조와 범위에 건설되었는가에 대해서는 다양한 견해가 제시되었다. 지금까지 제시된 견해를 보면, 계획도시의 건설 시기를 3가지로 정리할 수 있다.

『삼국사기』 자비·소지마립간기의 방리제 시행, 관도 수리와 우역과 시전을 설치하였다는 기록에[3] 근거하여 격자상 도로에 의해 구획된 방리제의 계획도시는 아니지만, 5세기에 월성 북서편의 대릉원 지역과 남산 북록 일대에 상당한 규모의 도시가 건설되었고(이기붕, 2003), 5세기 후반에는 도성제가 시작되었고, 6세기에는 동천 이남 지역의 광범위한 지역에 계획 도시가 건설된 것으로 설정하기도 하였다(朴方龍, 1999). 근년에 들어 경주 시가지 일대의 발굴조사에서 남북·동서 방향의 격자상 도로와 담장 및 건물지군이 다수 확인되었다. 그 중 인왕동 556번지에서 확인된 남북·동서 도로의 건설 시기를 5세기 말~6세기 초로 추정하거나 또는 황룡사지 외곽에서 확인된 동서·남북의 하층 도로 조성 시기를 5세기 후반으로 파악하여, 이 시기부터 어느 정도 계획된 인공도로가 개설되었을 것으로 추정하였다(國立慶州文化財研究所, 2003; 황인호, 2010).

위의 견해에 의하면, 자비·소지마립간기인 5세기 후반에는 왕성(월성)과 이를 보호하는 성벽이 갖추어지고, 지방을 연결하는 주요 관도와 가도가 정비되고, 시장과 우역이 설치되는 등 도시로서의 면모를 갖추었다고 할 수 있다.

그런데 위의 『삼국사기』 기록을 확인해주는 실물자료가 5세기 후반에는 존재하지 않으며, 실제 발굴조사에 의해 지반 매립의 토목공사와 격자형 도로가 나타나는 시기는 6세기 후반 이후이므로 계획도시 건설은 6세기 후반 이후로 보아야 한다는 비판이 제기되었다(李恩碩, 2004; 황보은숙,

---

2) 최근 건천 모량리에서 계획도시가 확인되었는데, 이 계획도시는 왕경과 연결되지 않고, 독립된 공간을 이루고 있다. 이외에도 계획도시가 건설되었을 가능성이 있는 곳으로는 괘릉이 있는 남쪽의 말방리와 경주 서쪽의 울주군 두서면 방말리 일대를 들 수 있는데, 이 계획도시들은 왕경 주위에 건설된 소위 위성도시적 성격을 띠고 있다. 이 위성도시를 포함한 공간을 왕기로 설정할 수도 있을 것이다.
3) 469년(자비마립 12)·487년(소지마립간 11)·490년(소지마립간 14)

2008; 홍보식, 2013). 이 견해는, 신라 도성의 도로 건설 시기는 대부분 6세기 후반 이후이고, 삼국통일 이전까지는 황룡사 주변 일대를 중심으로 도로가 건설되었을 것으로 추정하였다(홍보식, 2013).

『삼국사기』의 자비마립간 12년(469) 방리제 시행은 6부민을 전쟁이나 성을 쌓는데 효과적으로 동원하기 위해 6부의 취락들을 리로 편제한 사실을 기록한 것이고, 왕경의 범위를 축소 조정하고, 왕경을 규격화된 방을 중심으로 진골귀족과 주민들을 통제하는 한편, 지방민의 무분별한 왕경으로의 유입을 차단하기 위해 신문왕대인 7세기 말에 방제가 실시되었다고 파악한 견해도 제시되었다(全德在, 2005). 즉 정연한 가로에 의한 계획도시 건설은 7세기 말에 시작되었다고 이해한 견해이다.

지금까지 진행된 경주 시가지 내의 발굴조사 결과, 5세기 후반 이전의 도로는 확인되지 않았다. 『삼국사기』 기록의 신빙성에 문제가 있거나 아니면 자연면을 이용한 도로가 있었을 가능성이 있다. 7세기 말에 이르면, 신라 도성은 어느 정도 정비된 계획도시가 건설되었으므로 이 때부터 신라 도성이 성립되었다고는 볼 수 없고, 도성 내부의 재정비가 이루어진 것으로 보아야 한다. 지금까지 실시한 발굴조사 성과에 의하면, 인공 조성 계획도로는 적어도 계획도시가 건설되기 시작하는 6세기 중엽 이후가 되어야만 나타난다. 따라서 계획도시의 건설로 시작된 신라의 도성 조성은 6세기 중엽인 진흥왕대에 시작되었을 가능성이 높다.

신라 도성이 중국이나 일본처럼 특정 시기에 완성되지 않고, 꽤 오랜 기간에 걸쳐 완성되었다. 진흥왕대에 시행되기 시작한 방제는 어느 시기에 완성되었는지에 대해서도 견해차이가 있다. 경덕왕대인 8세기 중엽에 계획도시가 완성되고(박방룡, 1997; 이영호, 2005), 더 이상 확장되지 않았다고 본 견해(우성훈, 1996; 이영호, 2005)와 8세기 후반에 완성되었다고 본 견해(이은석, 2004; 황인호, 2007), 9세기 후반에 1360방 55리가 되었다는 견해(전덕재, 1998) 등이 있다.

최근까지 이루어진 도성유적의 발굴조사를 통해 북천 이남 지역에 계획도시가 건설된 시기가 7세기 후반 이후에서 8세기 전반임이 확인되었다. 북천 이남지역만을 대상으로 한다면, 계획도시가 완성된 시기를 8세기 중엽으로 보아도 무리가 없지만, 계획도시 범위가 북천 북편 일대까지였음이 발굴조사에 의해 확인된 상황에서 8세기 중엽에 계획도시가 완성되었다고 보기 어렵다. 북천 북편 일대의 도시 건설은 8세기 후반에 시작되어 9세기 후반까지 지속적으로 이루어졌음이 발굴조사에서 확인되었으므로 계획도시의 완성 시점은 9세기 후반으로 설정하는 것이 타당하다.

• 도성의 범위와 평면 형태

후지시마 가이지로藤島亥治郎에 의해 시작된 신라 왕경의 범위와 면적, 내부 구조, 방의 형태와 규모 등은 지금까지도 논의의 중심에 있다. 지금까지 제기된 도성의 범위와 규모에 대한 각론을 정리하면 〈표 1〉과 같다.

구분\연구자	方里 東西	方里 南北	方數	範圍 東	範圍 西	範圍 東南	範圍 西南	範圍 東北	範圍 北	規模(km) 東南	規模(km) 東北	面積(㎢)	人口數(萬)	1尺 單位	1步 單位	비고
藤田元春	400東魏尺	400東魏尺														
藤島亥治郎	400東魏尺	400東魏尺		普門寺址		望德寺址南쪽	蘿井							東魏尺(35.5cm)	6尺	425東魏尺(151.5m)
齊藤忠	504曲尺(152m)	468曲尺(142m)		金剛山·明活山 안쪽	西川	남천		北川						曲尺(30.3)	6尺	480곡척(145.5m)
尹武炳	460東魏尺(160m)	400東魏尺(140m)	360(36)	皇福寺址 동쪽	西川	선덕왕릉 북쪽	오릉	東川	北川	3.67(3.9)	3.075(3.9)	15.21		周尺(19.91cm)	6尺	남북대로(120m)
閔德植	460東魏尺(140m)	470東魏尺(164.5m)	1,360	普門洞	西川	望德寺址南쪽	蘿井	南山北	栢栗寺	5.593	5.6	31.32	17.8	唐尺	6尺	
金秉模	460東魏尺(160m)	460東魏尺(140m)	360	孝恭王陵	西川	望德寺址南쪽	拜里	南山北	황성공원	3.9	4.3	16.77		東魏尺	6尺	
張順鏞	·	·		孝恭王陵	西川	望德寺址南쪽	拜里三陵	南山北	栢栗寺				15~20			
朴方龍			1,360	普門寺址	西川	望德寺址南쪽	鮑石亭	傳昔脫解王陵西쪽	龍江洞苑池				178,936戶(家口數)			
李恩錫			360	明活山 자락	西川	望德寺址南쪽	鮑石亭		龍江洞苑池				17.8	東魏尺(35.5cm)	6尺	
황인호				明活山 자락	西川		鮑石亭		龍江洞苑池	5.4(남북)	5.3(동서)			고구려척(당척)	6尺	

표 1 —
왕경 규모·범위·방수·인구 수 집성(이은식, 2004, 수정 보완)

표 1에 의하면, 지형을 무시하고, 왕경의 외형을 정연한 방격으로 설정한 견해와 경주의 지형을 고려하여 평지를 대상으로 계획도시를 설정한 견해로 구분된다. 최근까지의 도성 발굴조사를 통해 도시가 확장하면서 평지를 대상으로 지형에 맞추어서 조성되었음이 확인되어 정연한 방격의 도시가 아니었음이 확인되었다. 따라서 방격일 것으로 추정하고 산정한 도성의 범위 설정은 모순이 있다.

대부분의 연구자는 도성의 동남쪽과 동쪽·서쪽 경계는 망덕사지 남쪽, 명활산 서쪽, 서천으로 설정하는데 의견 일치가 이루어졌지만, 북쪽과 서남쪽 경계는 미세한 차이가 있다. 북쪽 경계는 동천동에 소재한 백율사 또는 황성공원까지 설정한 견해도 있지만, 백율사보다 북쪽인 용황초등학교 부지에서 도로와 원지가 확인되어 계획도시의 범위를 더욱 넓게 설정한 견해가 제시되었다(이은석, 2004).[4] 용강동 원지 서쪽에 남북도로가 북쪽으로 연장될뿐만 아니라 원지가 계획도시의 경계 가장자리에 조성되지 않았을 가능성이 있으므로 북쪽 경계는 용강동 원지보다 더 북쪽일 가능성이 있다.

방의 규모와 수에 대해서는 왕경 내의 모든 방의 크기를 동일하게 파악한 견해와 방이 획일적이지 않고 설치된 시기와 지역에 따라 다소 차이가 있다는 견해가 제시되었다. 전자는 왕경이 거의 발굴되지 않는 시기에 제시되었는데, 최근의 발굴조사에 의해 획일적이지 않았다는 점이 분명해졌다. 다만 설치 시기와 지형 또는 거주인의 신분에 따라 어떤 차이가 반영되었는지와 기준이 무엇인지 등에 대해서는 추후 심도있는 논의가 이루어질 필요가 있다.

방의 수는 『삼국사기』와 『삼국유사』에 기록된 35리 또는 55리, 360방 또는 1,360방에 대한 논의가 이루어졌지만, 연구자마다 견해 차이가 있다. 『삼국사기』 지리지에 기록된 35리와 『삼국유사』 진한조에 기록된 55리의 관계에 대해, 『삼국사기』 지리지 기사는 경덕왕대인 8세기 중엽의 기사로, 『삼국유사』 진한조의 기사는 헌강왕대인 9세기 말로 보아 35리였던 것이 55리로 증가한 것으로 보고, 이를 하대의 어느 시기에 왕경의 확대로 파악하기도 하였다(전덕재, 1998). 이에 대해 『삼국유사』 진한조의 55리 기사는 헌강왕대의 사정이 아니고, 경덕왕대인 8세기 중엽의 상황을 나타낸 것으로 보기도 하였다(이영호, 2005).

후자의 견해대로라면, 8세기 중엽인 경덕왕대에 계획도시가 완성되었다고 보아야 하는데, 북천 북편 계획도시가 건설되기 시작한 시기는 빨라야 8세기 후반이고, 8세기 말부터 본격적으로 시작하면서 9세기 후반에 이르러야 완성되었으므로 왕경이 가장 확장된 시기의 리가 55리였다면, 이 55리의 기사는 경덕왕대로 볼 수 없고, 헌강왕대로 보는 것이 타당하다. 1리의 범위가 어느 정도인지 알 수 없는 상황에서 특정 시기의 상황으로 한정하기 보다는 향후 면밀한 검토를 통해 판단할

---

[4] 왕경의 북쪽 경계를 용강동 원지유적까지 설정한 견해는 이미 박방용(1997)에 의해 제시되었다.

필요가 있다.

『삼국유사』 진한조에 의하면, 신라 전성기에 京中에는 178,936戶였고, 1,360坊 55里였다 한다. 이 『삼국유사』의 기록에 근거해 1방의 거주 인구 수×방의 수 = ○○萬人이란 계산을 적용하여 통일신라시대 왕경 거주 인구수를 산출하여 왔는데, 방의 규모가 동일하지 않을뿐더러 방의 성격에 따라 거주 인구 수의 많고 적음이 있을 수 있는 점을 고려할 때, 획일적인 산술적 계산은 의미가 없다.

도성 건설과 범위

• 건설과 확장

건설 시기

앞 장의 연구사에서도 검토하였지만, 계획도시는 신궁을 건설하기 위해 월성 동북편의 토지를 매립하면서 시작되었음이 최근의 왕경 유적 조사를 통해 확인되었다. 계획도시 건설은 이미 사전에 어느 정도 논의가 있었음을 왕릉 조영지의 이동 등을 통해 추정할 수 있다.

우선 주목되는 점이 왕릉 조영지가 산록으로 이동한 점이다. 4~6세기 전반까지 왕 및 중앙 지배층의 매장지는 월성의 북서편 일대였다. 이 월성북고분군에 적석목곽묘가 5세기 후반에서 6세기 전반에 집중 조영되었다. 그리고 540년 법흥왕의 장지가 경주 시가지의 평지가 아닌 서천 서쪽의 애공사 북봉 주위 산록에 조영된 것을 계기로 이후의 왕릉이 왕경 교외의 산록에 조영되었다. 법흥왕의 장지가 지금까지 원릉이 조영된 월성 북쪽의 능묘역이 아닌 서천 건너의 산록으로 정한 것은 불교의 서방정토 사상을 구현하려는 의지의 반영이기도 하지만, 새로운 도성을 조영하기 위한 사전 정지작업의 일환이기도 하였다. 법흥왕 이후부터 왕릉 조영지가 평지가 아닌 산록으로 이동하게 된 점은 왕경 지배층에게 왕성 주변과 평탄지 일대에 분묘를 조영하지 말라는 일종의 포고로서 평지 일대를 도시 조성을 위한 공간으로 인식하고, 이 예정된 도시 공간 내에 더 이상 분묘를 조영하지 말라는 금령을 내린 것이었다. 법흥왕대부터 경주 시가지의 평지에 대한 도성 조성계획이 시작되고 있었음을 나타낸다. 왕릉 조영지의 이동은 새로운 도시 건설을 위한 준비의 일환이었다(홍보식, 2013).

5세기 후반에서 6세기 전반에 활발하게 조영한 적석목곽묘와 고분에 부장하기 위한 많은 양의 제품을 생산하기 위해서는 다수의 지방 백성들이 경주 일대로 모여들 수밖에 없었는데, 특히 지방민들을 강제 동원하는 예가 많았을 것이다. 고분 조영과 부장품 생산을 위해 동원된 노동인구의 일부는 고향으로 되돌아가기도 하였으나 대다수는 그대로 왕경에 거주하였을 가능성이 있다. 왕경에 거주한 노동자들에 의해 무계획적으로 집들이 세워지고, 빈민자들이 양산되었을 것이고, 여기에 하수와 배변 등 환경오염이 심각한 문제로 대두되었고, 이 증가된 인구를 재배치하고, 사회문제 극복과 왕권 강화 정책으로서 새로운 도시를 조성하게 된 요인의 하나였을 것이다(홍보식, 2013).

황룡사 창건으로 시작된 계획도시 건설은 황룡사 일대의 좁은 범위에 한정되었고, 이후 확장하면서 계획도시의 범위도 넓어졌다. 6세기 중엽에 계획도시의 범위가 첨성대 북쪽에서 낭산 동편 일부까지, 남쪽으로는 월성 남동쪽 가장자리까지 조성되었다거나(이은석, 2011 p.162) 6세기 후반에 이미 북천 남쪽 일대까지 계획도시가 확장되었다는 가설도 제기되었다(박방룡, 2005).

최근 인왕동 556·566번지 일대의 발굴조사 성과를 통

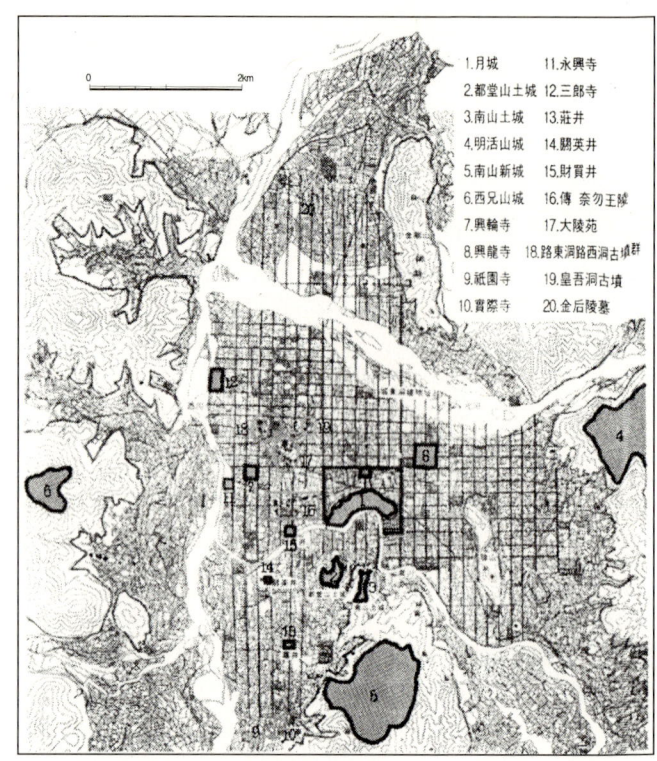

그림 1 ─
6세기 신라 왕경의 범위(박방룡, 2005)

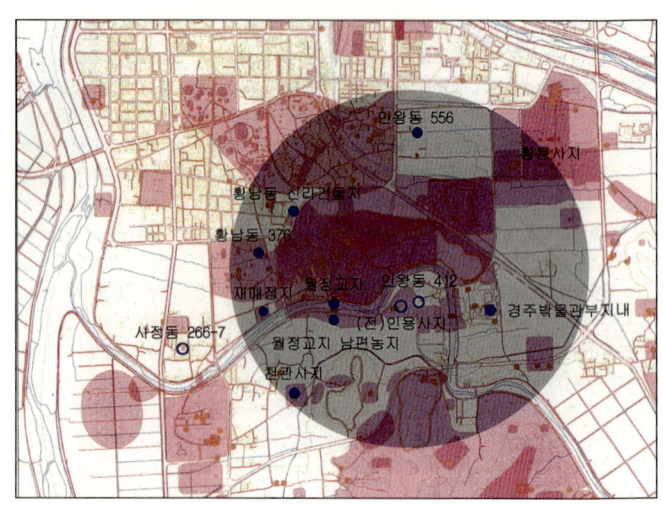

그림 2 ─
6세기의 계획도시 범위(황보은숙, 2010)

해 계획도시를 정비기(6세기말~6세기 초)·확립기(6세기 중반~말)·발전기(7~8세기)·쇠퇴기(9~10세기 이후)로 구분하였다. 6세기 중반을 확립기로 설정한 근거는 기존에 건립되어 있던 건물지 위

에 성토 후, 고식 연화문수막새를 사용한 2·4호 대형 건물이 세워진 점에 근거를 두고 있다. 이곳에서 출토한 고식 연화문 수막새의 시기를 6세기 중엽으로 이해하였다(國立慶州文化財研究所, 2003).

이 견해는 인왕동 건물지 기단 성토층 하층에서 상하엇갈림투창고배·이부배·개배 등의 토기류와 고식 연화문수막새와 토기 제작수법으로 만들어진 평기와가 출토되었는데, 이 유물들이 이 시기에 이곳 일대에 도시가 건설된 근거로 이해한 점이 특징이다. 그런데 건물지 기단 성토층에서는 5세기 말의 토기 일부와 7세기 전반의 토기가 출토되었고, 6세기 후반의 토기가 확인되지 않는 등 토기의 연속이 없어 정형성이 없을 뿐만 아니라 적심부에서 연속마제형문이 시문된 합이 출토되어 건물지 하층의 성토 시기가 6세기 전반이 아닌 7세기 전반에서 후반 사이에 이루어졌음을 나타낸다(그림 3).

6세기 중엽, 신궁 건설로 시작된 당시의 계획도시 범위는 황룡사지를 포함해 월지와 현 국립경주박물관 부지까지로 설정하여 6세기에 이미 꽤 넓은 범위의 계획 도시가 건설되었다고 본 견해도 있다(박방용, 1997; 황보은숙, 2010).

그런데 월지와 황룡사지 사이 일대의 발굴조사 결과 남북, 동서도로가 확인되었는데, 도로를 만들기 전 이곳의 국지적인 습지(또는 뻘)을 매립하기 전의 층에서 출토된 토기가 그은 삼각집선문·콤파스 점원문·찍은 이중원문 등이 시문된 뚜껑과 각단이 반전하면서 두툼한 고배 대각, 대각에 두툼한 돌대가 형성되고 방형 투공이 배치된 고배 등이다. 이 뻘층에서 출토한 토기는 후기양식토기 F형식에서 I형식에 해당한다. I 형식은 역 연대가 7세기 2/4분기이다(홍보식, 2001). 7세기 2/4분기 토기가 뻘층에 폐기된 점은 이 시기에 비로서 이 일대의 국지적 습지를 매립하는 토목공사가 이루어졌음을 나타낸다. 월지와 임해전지 등 동궁지 일대 조사에서 도로와 건물지 등 동궁 건설 이전의 유구가 확인되지 않았다. 이는 동궁을 건설하기 이전 이곳 일대는 도시가 건설되지 않은 공지였음을 나타낸다. 월지 동쪽 일대 조사에서 도로와 건물지가 확인되었는데, 이곳의 국지적 뻘층과 매립토에서도 7세기 전반의 토기가 출토되었다.

월지 동편은 황룡사 경역에서 서남쪽으로 1개방 정도 이격된 지점인데, 이곳의 토지구획 사업이 7세기 전반에 이루어졌기 때문에 6세기 후반의 계획도시 범위는 아주 좁은 구역에 한정되었을 것으로 추정된다(홍보식, 2013). 월성 남쪽의 남천 동편인 현 국립경주박물관 부지 일대에서 남-북, 동-서 대로가 확인되었다. 도로 노면은 상하로 확인되었는데, 하층 도로 노면과 성토층에서 출토한 토기는 8세기 전반의 특징을 나타낸다. 따라서 이곳 일대에 계획 도시가 건설된 시기는 7세기 후반 이후로 보아야 한다.

지금까지 월성 동북편과 남편 일대를 대상으로 실시한 발굴조사 결과, 황룡사 1차 가람(창건 가람) 조성 시 토지구획정리 공사를 실시한 지역의 좁은 범위에만 가로에 의한 도시가 건설되었다고 보아야 한다. 1차 가람 시 토지구획 정리사업 범위가 정확하게 파악되지는 않았지만, 그 면적은 좁았을 것이다.

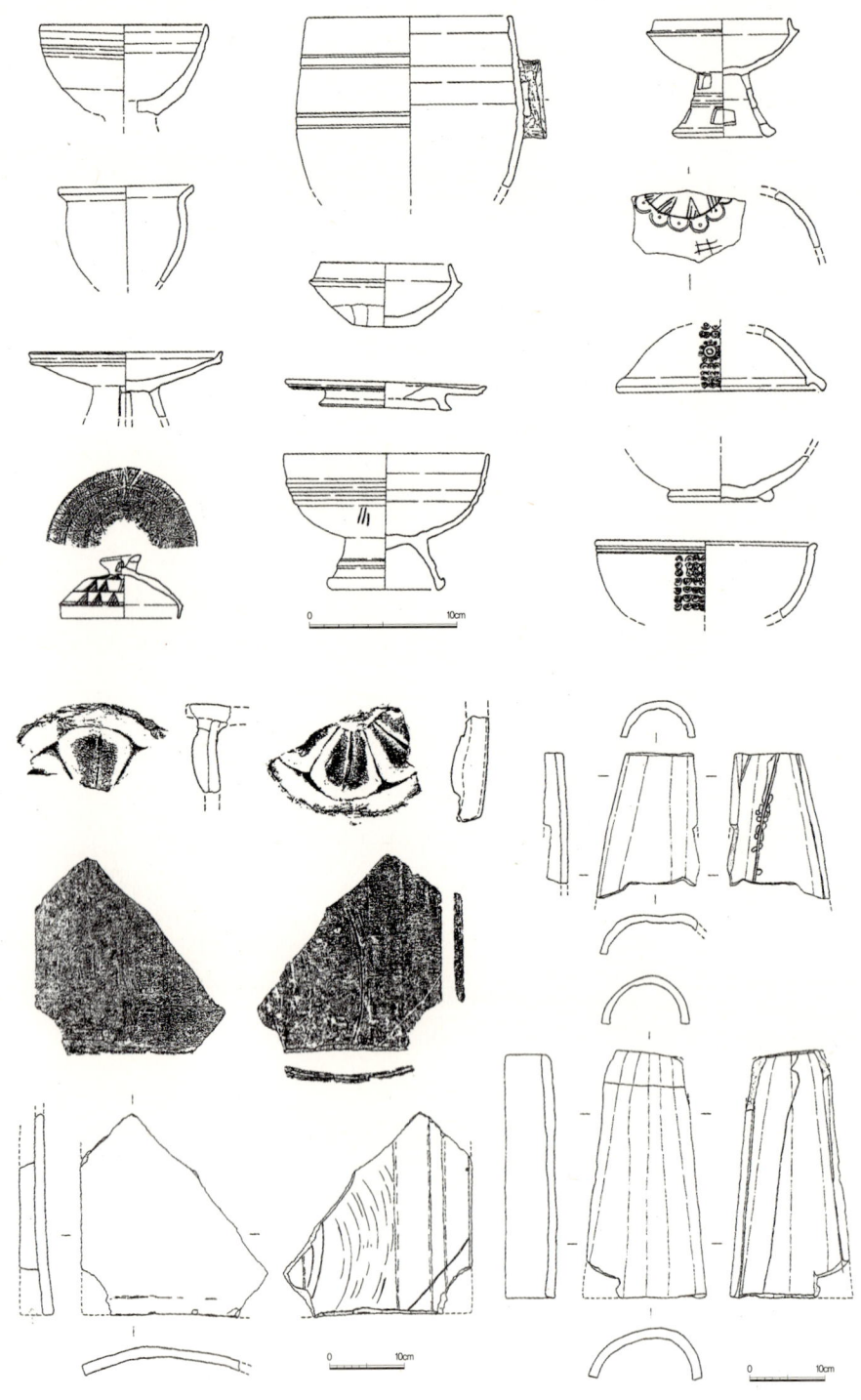

그림 3__
인왕동 566·567번지 도로 성토층과 2·4호 건물지 하층 출토 유물

6세기 후반의 계획도시가 좁은 구역에 한정되었음을 유추할 수 있는 근거로서 황룡사 건설 관련 기사이다. 『삼국사기』와 『삼국유사』에 의하면, 566년에 황룡사가 華功되었고, 569년 주위에 담장을 쌓고, 574년에 장육상이 주성되었고, 584년에 금당이 조성되었고, 643년에 9층목탑이 완성되었다. 황룡사는 566년에 창건되었지만, 이후 장육상·금당·목탑 등이 순차적으로 조성되어 사찰로서의 전모를 갖추게 된 시기는 7세기 전반이다. 위의 황룡사 조영 기사에 주목하면, 584년에 이르러서야 금당이 조성되었음은 이 시기까지 황룡사 일대의 도시지반 공사가 완성되지 않았음을 나타낸다.

그리고 왕궁인 월성과 황룡사를 연결한 공간인 월지와 미탄사지 사이의 구간 일대도 황룡사 창건과 동시에 토지구획 사업이 이루어졌을 가능성은 있지만, 아직 조사가 이루어지지 않아 불명이다. 이곳에 토지구획 사업이 이루어지지 않았다면, 월성에서 황룡사를 연결한 도로를 조성하여 이동하였을 가능성도 배제할 수 없다.

월지와 황룡사지 서편 사이 일대의 발굴조사 결과, 이곳의 매립이 7세기 전반에 이루어졌음이 확인되었고(이희준, 2011), 이곳에서 서북편인 인왕동 556·557·566번지 일대 조사에서 동서·남북도로의 건설 시기가 빨라도 7세기 전반을 상회하지 못한 사실이 확인되었다. 또 성건동·서부동·사정동 일대의 발굴조사에 의해 이곳에 도로와 적심의 와즙건물로 상징되는 계획도시 건설은 빨라도 7세기 후반 이후로 파악되었다.

이와 같이 최근에 이루어진 월성 동북편 일대와 서천 동편 일대의 조사 성과를 인지하면, 6세기 후반의 계획도시는 황룡사 일대의 한정된 공간에 불과한 것으로 추정된다. 따라서 553년 황룡사 창건으로 시작된 계획도시 조성은 황룡사 일대의 좁은 범위에 국한되었다고 판단된다.

도성의 확장

도성은 처음부터 일정한 범위를 대상으로 계획적으로 도시를 조성한 후, 고정된 상태로 지속되지 않고, 시기가 지남에 따라 계획도시 범위가 확장되었다고 파악되어 왔다. 신궁 조성으로 시작된 월성 동북편의 황룡사지 일대를 건설하기 시작한 6세기 중엽 이후, 도성은 왕궁역의 확장과 주민의 증가, 각종 기반 시설의 필요성 등에 의해 점차 도시 범위가 확장되었다. 도성의 시기별 범위 및 최대로 확장된 범위 등에 대해서는 의견이 차이가 있다.

계획도시가 본격적으로 확장된 시기는 삼국통일 전후인 7세기 중엽으로 추정된다. 7세기 전반부터 계획도시를 건설하기 위해 대규모 토목공사가 이루어졌다. 이 시기의 계획도시 확장은 왕궁역의 확장과 연계되어 이루어졌을 것으로 추정된다. 문무왕은 삼국통일 후 강화된 왕권을 바탕으로 왕궁역의 확장을 추진하고, 왕궁을 외부와 구분하는 궁장宮牆의 설치도 고려하였다.

674년 월지가 완성되기 이전에 월지 일대를 대상으로 국지적 습지를 매립하고, 지형을 평탄화하기 위한 지반공사를 시행하였음이 월지 동편 일대의 발굴조사를 통해 확인되었다. 이 일대의 지반 조성공사가 7세기 전반에 이루어졌다면, 황룡사지 일대를 제외한 월지 북쪽의 성동동 일대와 분황사·구황동원지 등이 있는 구황동과 그 동쪽의 보문동 일대의 평지를 대상으로 한 계획도시 건설도 이 시기부터 시작되었을 것으로 추정된다. 이는 황룡사 금당이 진평왕 6(584)년에 조성되었고, 이로부터 53년이 지난 선덕왕 14(645)년에 9층목탑이 완성되고, 선덕왕 3(634)년에 분황사가 창건되는 등 이 일대에 대한 건설이 7세기 전반에 집중되고 있음을 통해 어느 정도 유추할 수 있다. 7세기 전반에 이 일대를 대상으로 한 건설이 이루어졌음은 분황사와 구황동원지 조사에서 출토한 가장 빠른 토기가 7세기 전반인 점도 이를 방증한다.

7세기 후반 초에 왕궁역이 월성 북편의 월지 일대까지 확장되고, 이와 연동해서 왕궁역 이외 지역, 특히 월지 동편과 북동편 지역은 기존의 도시 구역이 축소되고 도로 폭이 좁아지는 등 왕궁역의 확장에 영향을 받았다. 이와 연동해서 왕궁역의 확장으로 면적이 상대적으로 좁아진 거주구역의 확보를 위해 월지 북쪽과 북천 남쪽 사이의 묘역 동편의 평지, 낭산 북쪽, 명활산 서편과 낭산 동편 사이, 낭산 서편의 사천왕사지 일대의 평지를 대상으로 계획도시를 건설하였을 것으로 추정된다.

사천왕사지는 문무왕 9년(669)에 시작하여 동왕 19년(679)에 창건되었는데, 불교 사원의 조영이 사원 건설 대상지역에 대한 도시 건설의 시작을 나타내는 것일 수 있으므로 이 일대의 도시 건설은 사천왕사 창건 이후인 7세기 후반에 이루어졌을 것으로 추정된다. 사천왕사와 망덕사가 낭산 남쪽 끝자락에 위치한 점은 사찰을 도시의 외곽에 배치한 도성 조성의 원리에 따른 것으로 추정된다. 따라서 계획도시의 남동쪽 끝은 사천왕사와 망덕사가 위치한 곳으로 볼 수 있다. 효소왕 4(695)년에 南市가 개설되었는데, 남시의 위치는 알 수 없지만, 남동쪽으로 확장된 계획도시에 시장을 개설하여 생활용품의 공급을 원활하게 한 조치였을 가능성이 있다.

7세기 후반 초에 들어오면, 통일전쟁 후, 새로 지배층으로 편입된 고구려·백제 지배층이 왕경으로 이주하고, 증가한 인구 등을 수용하기 위해 새로운 계획도시 건설이 필요하였고, 그 대상지가 묘역의 북쪽과 서천 동편 일대였을 가능성이 있다. 종래 이 일대에 계획도시가 건설된 시기를 6세기 말에서 7세기 후반으로 설정하여 왔다.

묘역의 서편과 북편 일대의 조사는 현재 20개소에 이르는데, 이 일대에서 가장 시기가 올라가는 유구로는 노서동 178-28번지에서 확인된 수혈이다. 조사 면적은 404.2㎡로 좁은데, 유구는 상·하의 2개층으로 이루어졌다.

상층은 9세기 이후에 해당하고, 하층은 7세기 전반에 해당한다. 하층에서 확인된 유구는 모두 부정형의 수혈과 굴립주건물지이다.[5] 수혈에서 출토된 유물은 그은 삼각집선문+콤파스반원문 또는 찍은 삼각집선문+콤파스반원문이 시문된 뚜껑과 각단이 도톰한 무개무투창고배, 잔탁·손잡이

---

5) 보고서에는 굴립주건물지를 하층 유구로 보고하였으나 굴립주건물지에서 건물지와 동시기로 파악할 수 있는 유물이 출토되지 않아 수혈과 같은 시기의 유구로 설정하기 어려운 점도 있다.

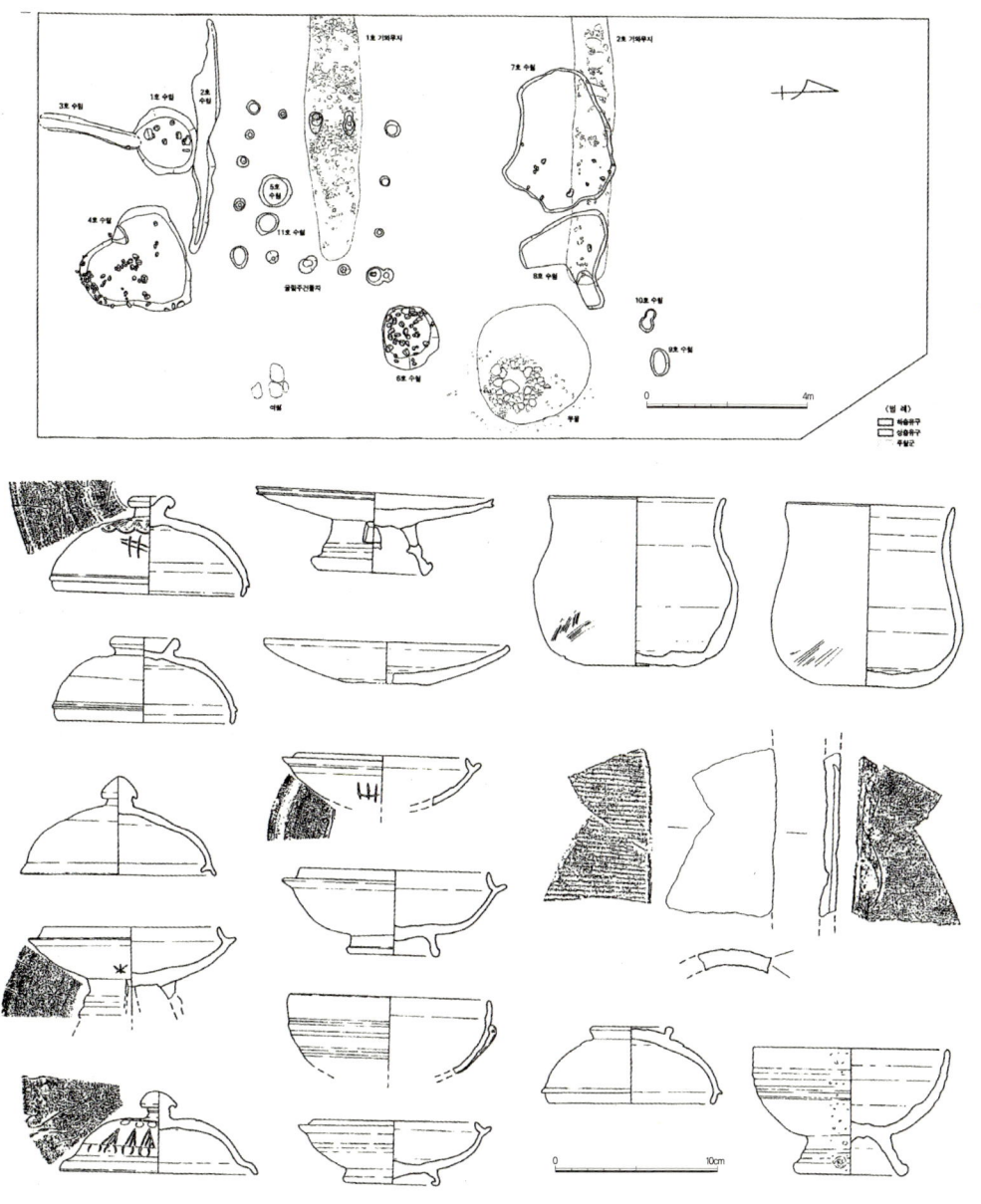

그림 4
노서동 178-2번지 유구배치도와 수혈 출토 유물

가 부착되지 않는 옹과 암키와 등이다. 일부 뚜껑과 고배에 "井", "川" 등의 문자 또는 기호가 새겨져 있다(그림 4). 이와 같은 토기상은 7세기 전반 신라 토기의 특징이다. 이 수혈유구들은 폐기물을 폐기한 폐기장일 가능성이 있으므로 이 시기에 이곳 일대가 생활공간으로 이용되었음을 알 수 있다.

그런데 이 수혈을 근거로 7세기 전반에 이곳 일대에 계획도시가 건설되었느냐를 판단할 수 있는 것은 아니다. 왜냐하면, 수혈과 같은 시기에 조성한 우물이 전혀 확인되지 않고, 장기 거주를 나타내는 수혈주거지도 확인되지 않았다. 거주 공간이었다면, 수혈주거와 우물은 반드시 필요함에도 불구하고 이 유구들이 조성되지 않은 것은 수혈이 조성된 시기에 이 일대는 상시적 정주가 가능한 공간은 아니었을 것으로 추정된다. 이곳 일대가 상시 거주 공간이 된 시기는 빨라도 수혈이 매립된 이후의 시기로 보아야 한다.

성동동 273-1번지와 298번지 일대의 조사 면적은 2,890㎡(878평)에 달하며, 부정형의 수혈·굴립주건물지·적심건물지·우물 등의 유구로 이루어졌다. 일부 수혈은 조선시대의 것도 있지만, 대부분은 7세기 전반의 것이고, 굴립주 건물지도 수혈과 같은 시기의 것이다. 적심건물지는 굴립주건물지 위에 조성되었고, 우물 3기는 출토된 유물의 특징이 8세기 후반 이후에 해당하여 적심건물지와 같은 시기의 것으로 추정된다.

수혈과 굴립주건물지로 이루어진 7세기 전반에 해당하는 유구군에서 우물과 수혈주거지가 확인되지 않았고, 8세기 후반 이후의 적심건물지에 대응하는 우물은 확인되어 대조적이다. 거의 900평에 가까운 면적임에도 불구하고 수혈건물지와 우물이 조성되지 않은 점을 볼 때, 수혈과 굴립주건물지는 상시 거주가 아닌 일시적 거주 공간이었을 가능성이 있다.

노서동 178-28번지와 유사한 양상은 성건동 677-156번지, 677-114·677-156번지, 454-16번지, 서부동 255-21번지, 성동동 273-1·386-11번지와 298번지, 사정동 514-4번지 일대에서도 확인된다.

따라서 5~6세기 전반에 형성된 묘역의 북쪽과 서쪽 일대는 계획도시가 7세기 후반에 본격적으로 이루어졌을 가능성이 있다. 새로 건설된 구역에는 중·하급관료와 민의 거주 공간과 물류시설, 수공업생산시설들로 재편하였을 가능성이 있다. 그리고 이곳은 계획도시의 서쪽 가장자리에 해당하여 삼랑사·남항사·영묘사·흥륜사 등의 불교 사원이 배치되었다. 효소왕 4(695)년에 西市를 개설한 것도 이 시기에 서천의 동편 일대가 계획도시로 편입되면서 인구가 집중하자 이곳 일대의 주민들에게 생활용품의 원활한 공급을 위한 조치였을 것으로 추정된다.

북천 북편의 평지 역시 점진적으로 도시화가 진행되었는데, 가장 먼저 건설된 지역이 북천 북변의 현 동천동 남쪽 일대로 추정된다. 북천 북편 일대의 조사에서 특징적인 양상은 건물지나 수혈 등의 유구에서 출토한 토기에 시문된 문양이 지그재그점열문이 대부분이고, 연속마제형문은 소량에 불과한 점이다. 이는 동천동 일대에 도시가 건설된 시기를 유추하는데 주요한 근거가 된다. 연속마제형문이 거의 보이지 않고, 지그재그점열문이 많은 점은 연속마제형문에서 지그재그점열문으로 문양이 변화하는 시기임을 알려주는데, 주 문양이 연속마제형문에서 지그재그점열문으로 변화하는 시기는 8세기 후반 초이다(홍보식, 2004).

동천동 일대의 생활유구에서 출토된 토기에 지그재그점열문이 우세한 점은 지그재그점열문이 토기의 주문양으로 자리잡았음을 나타내며, 그 시기는 8세기 후반 이후임을 나타낸다. 따라서 북천 북편의 평지에 계획도시가 건설되기 시작한 시기는 8세기 후반이고, 본격적인 건설은 8세기 말 이후로 볼 수 있는 근거이다.

동천동 일대는 묘역공원의 북편 및 서편과 달리 굴립주건물지는 확인되지 않고,[6] 수혈·우물·석조·적심·담장 등이 확인되었다. 주로 수혈만 밀집한 구역과 적심과 담장으로 구성된 구역이 확인된다. 이는 수혈로 이루어진 구역과 와즙건물군의 구역으로 도시가 재편되었음을 나타낼 가능성이 있다.

8세기 후반 동천동 일대에 도시가 건설된 이후, 황성동과 용강동 일대로 계획도시가 확장되었다. 황성동과 용강동 일대에는 7세기에서 8세기 전반에 횡혈식석실분이 조영되었다(그림 5 참조). 황성동석실분은 출토된 토용의 특징에 의해 조영 시기가 649년 이후에서 664년 이전 사이임이 밝혀졌다(이강승·이희준, 1993; 홍보식, 2001).

906-5번지의 황석동석실분은 현실과 호석 보강토 상면에 매납된 토기가 출토되었다. 현실에서 출토한 토기는 뚜껑 1점인데, 4치의 연속마제형문→다변화문→2치 연속마제형문을 시문하였는데, 전면을 장식하였다. 호석 보강토 상면에 매납된 유물은 지진구와 제사 유물일 가능성이 있는데, 유개합 2점과 유개호 1점이다. 1점의 유개합은 무문이고, 1점은 뚜껑과 합신 전면에 문양을 장식하였다. 문양은 6치 1열의 연속마제형문과 다변화문·삼각문을 상하로 배치한 마름모문을 시문하였다. 개신 외면 전면에 문양을 장식하고, 6치의 연속마제형문을 시문한 특징은 8세기 전반 통일신라 토기 장식의 특징이다.

따라서 황성동 906-5번지 석실분은 8세기 전반에 조영되었다. 황성동 일대와 용강동의 서쪽 일대에는 7세기 중엽부터 8세기 전반에 이르기까지 무덤이 조영된 점을 중시할 때, 이곳 일대에는 8세기 전반까지 계획도시가 조영되지 않고, 묘역으로 이용되었음을 나타낸다. 그리고 황성동고분군이 위치한 일대에 도로가 부분적으로 확인되었는데, 이곳에 계획도시가 건설된 시기는 8세기 말 이후, 주로 9세기에 조영되었을 것으로 추정된다.

지금까지 조사된 왕경 유적 가운데 가장 북쪽에 위치한 용강동 원지유적은 7세기 후반에 조성되어 8세기에 사용되었다는 견해(영남문화재연구원, 2001, 181·182쪽)도 있으나 원지 바닥과 와적층에서 출토된 유물은 9세기의 양상을 나타낸다. 원지 바닥에서 출토한 토기로는 합·뚜껑·접시 등인데, 지그재그점열문 또는 지그재그점열문과 다변화문을 연주문으로 연결한 문양이 장식되었다. 이외의 문양은 확인되지 않는다. 와적층에서 출토한 토기 역시 지그재그점열문과 다변화문·구상문 등이 시문되었다. 축성토에서 출토한 뚜껑에 연속마제형문이 개신 전면에 장식되어 있는데, 이 축성토는 원지를 만들기 위해 가져온 흙으로서 이 운반토에 8세기 전반의 토기가 포함된 것

---

[6] 현재까지 동천동과 용강동 등 북천 북편 일대를 대상으로 한 발굴조사 보고서에 굴립주건물지의 보고 사례가 확인되지 않았는데, 계획도시가 건설되면서 파괴되었거나 조사 과정에서 인식하지 못하였을 가능성도 배제할 수 없다.

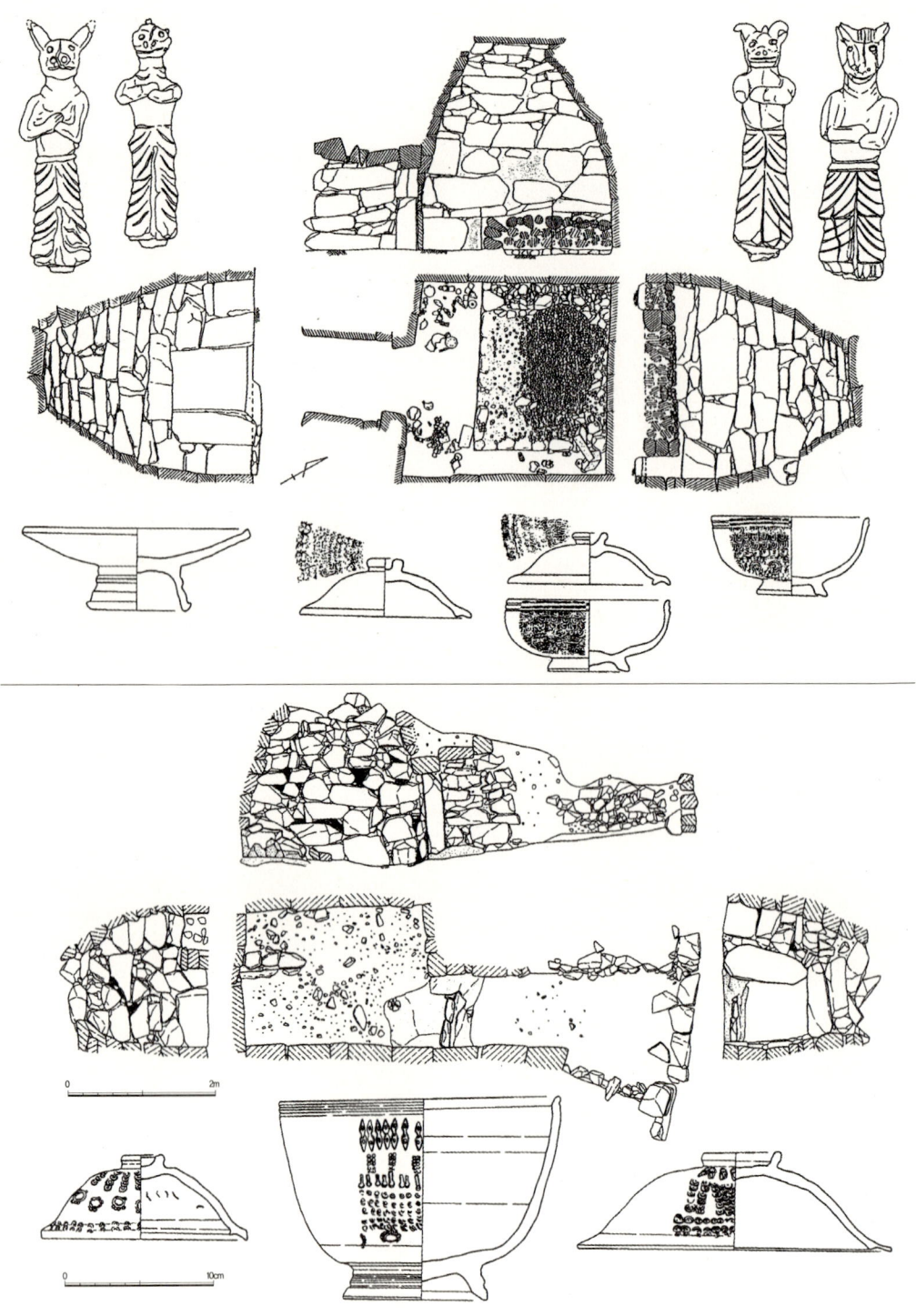

그림 5 __
용강동고분(상)과 황성동 906-5번지 석실분(하)과 출토 유물

이므로 8세기 전반에 조영된 것으로 볼 수 없다.

통일신라 토기에서 가장 다양한 인화문이 시문된 연결고리부유개호의 연구에 의하면(홍보식, 2005), 지그재그점열문이 유행한 시기가 9세기 후반인 점을 고려할 때, 용강동 원지는 9세기에 조영되었음을 알 수 있다. 따라서 용강동 일대에 도시가 건설된 시기는 9세기 전반 이후임을 알 수 있다.

이와 같이 신라 도성은 6세기 중엽부터 9세기 후반까지 지속적으로 확장되었는데, 확장 과정은 크게 4단계에 걸쳐 이루어졌음을 알 수 있다.

1단계는 월성 동편인 현 황룡사지 일대를 대상으로 신궁을 만들기 위해 지반 매립을 하면서 시작되었고, 이 때 건설된 계획도시는 황룡사와 월성 사이의 좁은 구역에 한정되었다.

2단계는 7세기 전반에서 후반으로 왕궁역을 확장하기 위한 토목공사와 연계해서 월지 일대와 황룡사지 북쪽과 동쪽의 현 구황동·보문동·배반동 일대를 대상으로 계획도시가 건설되었다.

3단계는 7세기 말에서 8세기 전반에 통일전쟁 이후 증가한 인구를 배치하기 위한 도시 건설이 서천 동편과 북천 남편 일대인 현 서부동·성건동·동부동·황남동·사정동 일대에 이루어졌다.

4단계는 북천 북편의 현 동천동·황성동·용강동 일대로 도시가 확장되었는데, 8세기 후반은 북천에 면한 동천동 일대가 개발되었고, 9세기에 들어오면서 황성동과 용강동 일대가 개발되어 신라 도성의 전체적인 윤곽이 완성되었다.

• 도성의 범위

중고기의 왕경은 오늘날의 안강읍을 제외한 경주시 일원과 울산광역시 북구 농소동과 두동면·두서면 지역을 망라한 범위였지만, 중대의 신문왕대에 직선도로를 중심으로 한 배반동의 사천왕사·망덕사, 남산 서록의 삼릉이나 배리 근처에서부터 북쪽의 동천동·황성동지역까지의 범위로 축소되었다가 하대에 들어오면서 다시 확장되었다고 한다. 중대의 왕경, 즉 계획 도시의 범위를 위와 같이 상정하였을 때, 『삼국사기』 지리지에 언급된 왕경의 규모는 남북길이 3,075보(5.24km), 동서길이 3,018보(5.323km)가 된다고 한다(전덕재, 2005). 왕경의 범위가 시기에 따라 변하지만, 중고기에서 중대로 가면서 그 면적이 1/3 이상으로 갑자기 줄어든 것으로 보기 어려울 뿐만 아니라 왕경의 개념을 시기에 따라 다르게 보기는 어렵다.

도성은 사방이 성으로 둘러쌓인 중심적인 도시라는 의미에서 신라 왕경은 성으로 둘러쌓여 있지는 않지만 도성임이 틀림없다. 외곽 산록 또는 정상부 주위에 축성된 성은 도성을 방어하기 위한 관방시설로서 도성의 구성 요소는 아니다. 신라 도성이라 함은 정연한 가로에 의해 시가지가 구획된 계획도시의 범위를 지칭하며, 계획도시가 중간에 단절되지 않고, 연결된 범위로 한정되어야 한다. 계획도시는 6세기 중엽 황룡사 창건으로 시작된 이후, 점진적으로 확장되었고, 중대에도 왕경 범위가 축소되었다는 물질적인 근거는 확인되지 않았다.

최근까지 경주 시내의 발굴조사에서 확인된 계획도시 요소의 근거를 고려하면, 계획도시가 가장 확장된 시기는 9세기 후반이고, 그 범위는 남쪽으로는 남산 서록의 포석정 일대, 남동쪽으로는 남천이 동쪽으로 꺾이는 사천왕사지와 망덕사지 일대까지, 동쪽으로는 명활산성 서쪽의 보문동 일대, 북쪽으로는 소금강산 서쪽의 평탄지대를 따라서 용강동 원지와 남북도로가 확인된 황용초등학교를 지나 서천과 소금강산이 접하는 용황도시개발지구까지였을 것으로 추정된다(사진 1).

도성의 범위를 상기와 같이 상정하였을 때, 도성의 평면형태는 정방형이 될 수 없다. 도성의 평면형태는 경주지역의 자연 지형을 적절하게 이용한 부정형의 평면형태임을 알 수 있다. 왕궁이 위치한 월성을 중심으로 남천 이북~명활산 이서~남천 이동~5~6세기에 조성된 묘역의 이동~북천 이남 지역 일대는 황룡사지 동편에서 확인된 방과 같은 평면형태인 방형의 방이 설치되었을 가능성이 있다. 단 각 하천의 측면이 직선을 이루지 않고, 곡선을 이루기 때문에 하천에 면한 지역은 평면 방형의 방을 조성하기에는 어려움이 있으므로 지형을 고려한 방의 평면형태가 되었을 것으로 추정된다. 그리고 계획도시의 가장자리에 위치한 방은 자연 지형을 고려하여 방의 형태와 규모를 설정하였을

사진 1
신라 도성 범위(— 선 안쪽. 바탕사진 국립경주문화재연구소 제공)

것으로 추정된다.

그리고 경주 시내로 유입하는 하천과 구릉 사이의 공간 면적이 좁은 지역은 계획도시를 설치할 수 있는 조건이 되지 않으므로 이 공간은 계획도시가 조성되지 않았던 것으로 추정된다. 외곽지역에 방을 설치할 다소 넓은 공간이 있거나 통일 이전부터 중요한 지역, 예를 들면 6부의 근거지 일대에는 도성과 별도로 방을 설치한 계획도시가 건설되었을 것으로 추정된다.

모량부가 위치한 곳으로 알려진 건천읍 일대는 5~6세기 전반에 조영된 적석목곽묘로 이루어진 금척리고분군이 평지에 조영되었고, 6세기 중엽 이후에는 방내리 일대의 구릉에 방내리고분군이 조영되었다. 최근 단석산 북쪽의 평지인 방내 일대에서 8세기 이후에 조영된 것으로 추정되는 계획도시가 확인되었다(영남문화재연구원, 2013).

서천 건너편의 서악동·효현동 일대는 선도산으로 둘러싸여 있고, 통일신라 전 기간에 걸쳐 왕릉을 비롯한 지배층의 묘역으로서 계획도시가 건설되지 않았다. 선도산의 남서쪽 일대는 서천의 지류인 건천이 북쪽에서 남쪽으로 유입하면서 습지를 형성하여 계획도시를 건설하기 어려웠을 것이다. 방내와 서천 사이에는 북쪽에서 남쪽으로 뻗어내린 구미산 자락과 남쪽의 백도산에 의해 평지가 좁아지고, 그 사이로 건천이 남북으로 관류하여 왕경의 계획도시가 방내까지 연결되기는 어렵다. 결국 왕경의 계획도시는 서천을 넘어서지 않았다. 따라서 방내 일대의 계획도시는 모량부가 위치한 일대에 국한되었을 가능성이 높다.

경주 시가지 남쪽으로는 남천과 낭산이 접하는 사천왕사지와 망덕사지에서 구정동 방형분이 위치한 곳까지는 계획도시를 건설할 만큼의 평지가 존재하지 않았고, 불국사역 일대에는 어느 정도 넓은 평지가 형성되어 있다. 이곳에서 남동쪽으로 5km 가량 떨어진 곳인 괘릉리의 남쪽 일대에도 꽤 넓은 평지가 형성되어 있는데, 이곳의 지명이 末坊里이다. 말방은 방의 끝이라는 의미로서 이곳 일대에 방이 건설되었을 가능성이 있다. 신라 하대의 왕경 범위를 남쪽으로는 괘릉리 말방까지 보려는 견해도 제시되었는데(전덕재, 2005), 월성에서 이곳까지 직선 거리가 15~16km로서 상당히 이격되었을 뿐만 아니라 중간에 남천과 토함산 자락이 근접하여 평지가 형성되지 않는 지역이 곳곳에 있어 도시가 연결되기 어렵다.

괘릉리 일대에 방이 설치되었다면, 왕경과 연결되지 않고, 이곳을 대상으로 소규모의 계획도시가 건설되었고, 말방은 이 소규모 계획도시를 나타내는 의미로 이해하는 것이 타당하다. 이곳 말방 인근에는 기원전 2~1세기의 입실리유적을 비롯해 죽동리고분군 등의 매장유적이 위치하고, 김지성이 719년에 세운 감산사지와 성덕왕릉으로 전해지는 괘릉 등이 있어 이곳 일대에 기반을 둔 세력이 있었을 것으로 추정된다.

경주에서 남서쪽으로 직선거리로 25km 떨어진 두서면 서하리에 방말이란 자연 부락이 지금도 존재한다. 이 방말 역시 방의 끝이란 의미이다. 경주에서 방말 마을 사이에는 구릉성 산지가 펼쳐져 있고, 형산강 상류를 이루는 하천이 흐르는 등 경주의 계획도시와 연결되기 어려운 자연지형이다. 뿐만 아니라 이 일대의 발굴조사에서 계획도시는 확인되지 않았다. 따라서 방말이 방의 끝이라고 하더라도 이곳에는 도성의 계획도시와 연결되지 않는 개별의 소규모 계획도시가 건설되었을 가능성이 있다.

이와 같이 계획도시는 왕궁이 위치한 월성을 중심으로 한 현 경주 분지 일대의 도성과 신라의 중심 세력을 구성한 모량부와 같이 도성 바깥에 근거지를 둔 경우, 그들의 중심부 일대에 계획도시를 건설하였는데, 이는 도성 범위에 포함할 수 없고, 위성 도시로 파악하여 당시의 모습을 이해하는 것이 타당하다.

도성의 내부 구조

•坊의 구조와 성격

방의 규모

방의 크기와 내부 구조에 대해서는 불분명한 상태였으나 90년대 후반 황룡사지 동편에서 1방이 조사되어 방의 크기와 내부 구조를 어느 정도 추정할 수 있게 되었다. 황룡사지 동편에서 조사된 1방의 규모(방장 내부)는 동서 160m, 남북 162m의 정방형이고, 내부 총 면적은 대략 25,920㎡(8,000평) 정도이다.

황룡사지 동편에서 확인된 방은 동서와 남북비가 거의 같은 방형이지만, 북천 건너편의 용강동에서 확인된 방은 동서와 남북의 길이가 다른 장방형인 점, 서천 동편인 서부동·성건동·사정동 일대에서 확인된 남북·동서도로의 범위 등을 참고할 때, 이 일대의 방도 평면형태가 장방형인 점, 그리고 건물지·배수시설·수혈 등이 도로나 담장을 침점한 사례 등을 볼 때, 왕경 내의 방의 면적과 형태가 시종 일관 동일하지 않았고, 시기와 구역에 따라 편차가 있었음을 나타낸다.

신라 도성은 크게 3단계에 걸쳐 이루어졌고, 시기에 따라 지할의 단위가 다르게 적용되었을 것으로 이해하기도 한다. 즉 60척(21.3m)의 도로부지와 400척×400척 규모의 방격 가구로 구획하는 460척(약 163.3m) 단위의 지할이 1단계(6세기 중엽) 도시 정비에 적용되었고, 2단계(7세기 말, 신문왕대)에는 40척(약 14.2m) 폭의 도로 부지와 440척(156.2m) 단위의 구획이 되었고, 3단계(8세기 중엽, 경덕왕대)는 도로 부지가 20척(약 7.1m)으로 축소되고, 택지도 430척×330척 크기의 장방형으로 변형된 동서 450척(약 159.75m), 남북 350척(약 124.25m) 단위의 구획으로 되었다 한다(황인호, 2004). 이에 의하면, 1·2단계의 방의 규모에는 차이가 있지만, 평면형태는 방형이고, 3단계에 방의 평면형태가 장방형으로 바뀌었다고 이해해야 한다.

그런데 지금까지의 조사 내용을 고려하면, 단계별로 지할의 면적이 정해진 것처럼 보이지만, 새로 도시가 건설되는 지역의 성격에 따라 방의 규모와 평면형태가 결정되었을 가능성도 있다. 서천의 동변에 조성된 방은 동서 길이 120m, 남북길이 160m로서 장방형이고, 사용 척에도 차이가 있는 등 북천 북편의 방과 양상이 다르다.

황룡사지 동편에서 확인된 남북·동서도로는 건설 당초의 노면 폭이 큰 변화없이 통일신라 말까지 지속되었음을 볼 때, 왕궁역의 동쪽과 남동쪽, 전랑지 주위 등의 거주 공간은 도시 재정비가 이루어졌더라도 통일신라 말까지 계획도시 건설 당초의 방의 규모와 형태를 그대로 유지하였을 가능성이 있다. 왕궁 주변 일대의 방은 규모가 크고 일직선의 남북·동서 도로에 의해 정연하게 구획되었지만, 다른 곳은 자연 지형과 장애물 또는 거주인의 신분 구성과 시기에 따른 재편의 필요성(도시재정비 등) 등에 의해 방의 규모와 평면형태가 달라졌을 가능성도 배제할 수 없다.

황룡사지 서편의 방을 645년 이후 어느 시기에 황룡사의 경역을 염두에 두지 않고, 새로운 계획을 바탕으로 건설한 것은 이 시기까지 이곳에 방을 설치하지 않았거나 도시 재정비를 실시하였을 가능성이 있다.

그리고 1방의 규모는 시기와 설치 구역에 따라 동일하지 않았다. 계획도시가 건설된 이후 일정 기간을 거치면서 건물이 추가되거나 도로 시설 등의 필요에 의해 도시를 재정비할 필요성이 대두되면서 도시를 재정비하는 사업도 실시되었을 것이다. 도시가 재정비되면서 방의 규모에도 변동이 있었을 것이다. 6세기 중엽 황룡사와 그 주변에 건설된 방의 규모가 8세기와 9세기까지 그대로 유지되었지만, 하천변이나 평지와 구릉의 경계지역은 지형을 고려하여 방의 규모와 형태를 조정하였을 가능성이 있다.

방의 구성과 성격

• 황룡사지 동편 방

도성을 구성하는 최소 단위인 방의 전모가 확인된 예는 황룡사지 동편에서 확인된 방을 제외하면, 현재까지 완전한 1방의 전모가 조사된 사례는 없지만, 도로와 담장에 의해 구분된 1방의 규모와 구조 및 방 내부의 구성 등 방의 성격을 어느 정도 파악할 수 있는 예는 수 곳에서 확인되었다. 방의 내부 구조를 어느 정도 파악할 수 있는 사례를 분석하고, 그 성격을 통해 도성 내부의 모습을 그려보고자 한다.

황룡사지 동편에서 확인된 방은 석축 담장에 의해 구획되고, 담장 외측에는 직선의 포장도로가 동서 남북에 각각 조성되어 있다. 방의 동편 남북도로는 노폭이 5.5m이고, 도로와 담장 사이에 배수구가 설치되었다. 남쪽의 동서도로는 노폭이 최대 15.5m이고, 보통은 12~15m이다. 도로와 담장 사이에 석축 배수로를 설치하였다. 북쪽의 동서도로는 노폭이 5.5~7m이고, 담장과 도로 사이

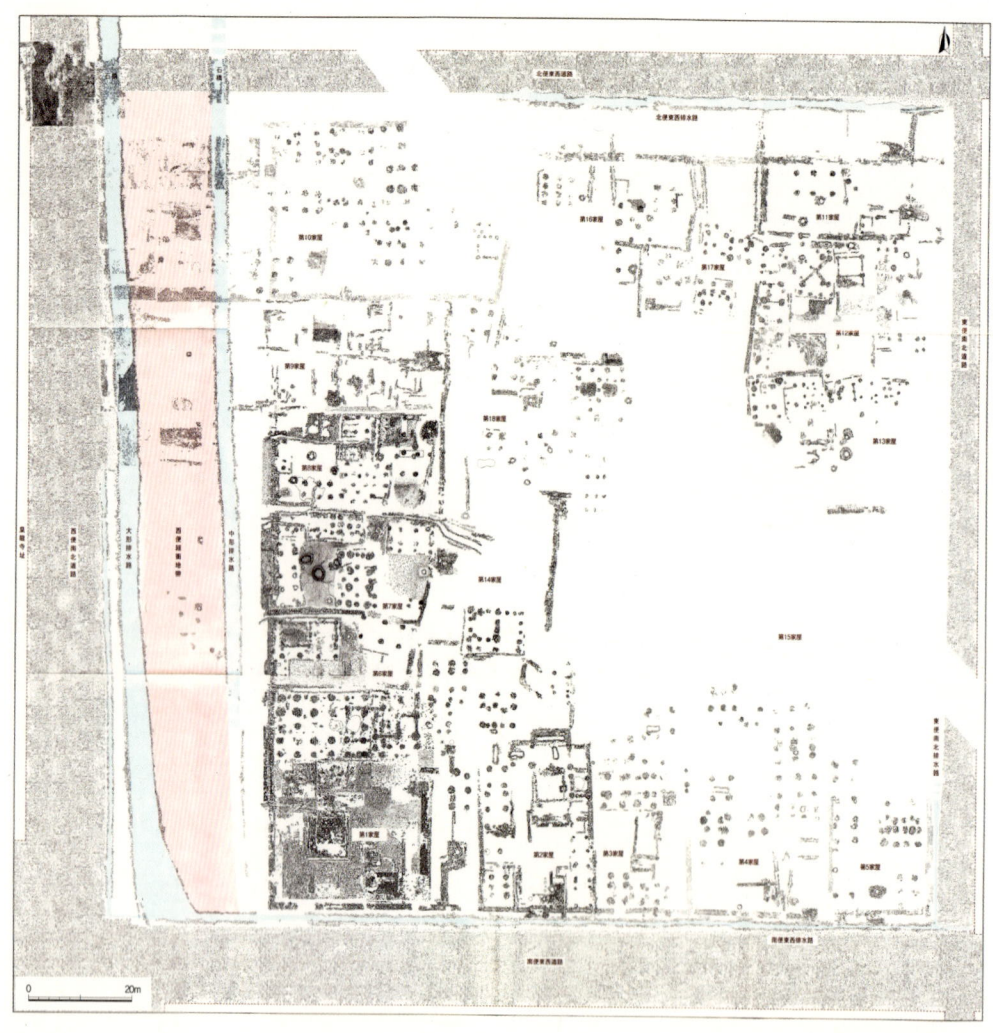

그림 6
황룡사지 동편의 방(국립경주문화재연구소, 2001)

에 배수로를 설치하였다. 서쪽의 남북도로는 노폭이 12~12.5m이고, 도로 동쪽에 대형 배수로가 있고, 배수로 동쪽에 폭 5~6m의 완충지대가 있고, 완충지대 동쪽에 중형 배수로가 설치되고, 배수로와 담장 사이에는 1m 내외의 보도가 설치되었다. 도로 노면 폭을 보면, 남쪽의 동서도로와 서쪽의 남북도로 폭이 12m 이상으로 동쪽과 북쪽의 남북도로와 동서도로보다 훨씬 넓다. 방의 서쪽 담장 외측은 보도와 완충지대가 조성되어 다른 3곳과 차이가 있다(그림 6 참조).

방의 사방을 감싸면서 방과 외부의 경계를 이루는 방장은 냇돌을 바닥에 깔고 그 위에 큰 돌로 쌓았는데, 폭 0.9~1.2m이다. 방장 내에는 담장으로 둘러싼 19개의 개별 가옥이 배치되었다. 각 가옥의 규모와 구조는 다르지만, 가옥 내외부로 출입하는 문은 담장 일부에 적심이 있는 와즙건물과 그 내부에는 여러 동의 적심 건물이 존재하였다. 적심 건물지의 규모는 다양한데, 규모가 큰 건물은 정면 5칸, 측면 1칸이고, 적심의 직경이 1.2~2m에 이른다. 각 가옥마다 우물이 배치되어 있다. 서천 동편 지역과 북천 북편 지역에서 확인된 적심보다 직경이 훨씬 크고, 주칸의 거리도 길뿐만 아니라 칸 수도 많은 등 차이가 뚜렷하다.

방 내의 한 곳에 개인 원찰로 추정되는 사원이 있는 등의 특징이 있을 뿐만 아니라 왕궁과 국찰인 황룡사와 인접해 있다. 이와 같은 개별 가옥의 구조와 면적, 건물의 규모와 시설 등은 중하급 또는 민의 거주 공간으로 보기 어렵고, 귀족층들의 거주 공간으로 볼 수밖에 없다.

황룡사지 동편의 방은 규모가 동서 167.5m, 남북 172.5m로서 정방형이다. 이곳 방의 평면형태가 정방형이란 점은 황룡사지의 경역이 정방형의 방 4개를 합한 것에서도 알 수 있다. 황룡사가 창건될 당시의 규모가 완성되었을 당시와 동일하지는 않았고, 수차례에 걸쳐 사역의 확장이 있었다. 사역의 확장이 있었음에도 불구하고, 방의 평면형태가 정방형을 유지한 점을 볼 때, 창건 당시에도 정방형의 평면형태였을 것으로 추정된다.

황룡사지 동편 방의 발굴조사 출토품 중 가장 시기가 올라가는 유물은 6세기 4/4분기로 편년되는 고배·뚜껑 등이다. 이 시기는 황룡사 금당이 조성되는 시기와 거의 같은 시점으로 볼 때, 6세기 말에 이곳에 방형의 방이 설치되었을 것으로 추정된다. 그리고 가장 늦게 건축된 건물은 10세기 전반에 해당한다. 방의 내부 구성물은 시기에 따라 변화가 있었겠지만, 6세기 말에 건설된 방의 평면형태는 10세기 전반까지 큰 변화없이 방형으로 유지되고 있었음을 보여준다. 이 일대에 건설된 방의 평면형태가 방형이고, 통일신라 말까지 큰 변화없이 유지되었음을 알려주는 자료이다. 도시재정비사업이 실시되었음에도 불구하고, 최초에 건설된 방의 평면형태는 그대로 지속되었음을 나타낸다.

황룡사지 동편에서 확인된 방과 황룡사지의 평면형태 등을 참고하면, 귀족층들의 거주 영역의 방의 평면형태는 정방형으로서 건설 당초부터 통일신라 말까지 평면형태와 규모에 큰 변화가 없었을 것으로 추정된다.

• 인왕동 556·557번지 방

인왕동 556·557번지 일대의 조사에서 남북도로와 동서도로에 의해 구획된 공간이 확인되었다(그림 7). 북쪽의 동서도로와 서쪽의 남북도로가 확인되었는데, 556번지와 557번지에서 확인된 도로를 연결하면, 도로 길이는 65m이고, 노폭은 8.2m까지 확인되었고, 더 연장되는 것으로 추정되었다. 인왕동 556번지의 동쪽에 해당하는 인왕동 선덕여고 증축부지557번지 보고에 의하면, 도로 폭을 15m 정도로 추정하여 대로로 파악하였다((재)성림문화재연구원, 2013). 556번지에서 확인된 남북도로 노폭은 10.2m로 확인되어(국립경주문화재연구소, 2003) 대로보다 중로로서 차이가 있

그림 7___
인왕동 566·567·577번지의 방(성림문화재연구원, 2013)

다. 남북도로와 교차하는 동서도로를 동쪽으로 연장하면, 황룡사지 서편 담장에 의해 차단된 모습이다. 대로보다 중로일 가능성이 있다.

　1방 전모가 확인되지 않았지만, 동서·남북도로에 의해 구획된 공간을 통해 1방을 나타냄을 알 수 있다. 도로 가장자리에 폭 1.2m 담장과 담장 내에 모두 7기의 적심 건물지와 방형석축 유구 1기가 확인되었다. 적심 건물지 7기는 동시에 존재하지 않았고, 중복되었다. 건물지의 규모는 〈표 2〉와 같다.

구분 호수	칸수 동서	칸수 남북	주칸 거리(m) 동서	주칸 거리(m) 남북	적심 규모(m) 직경	적심 규모(m) 깊이	비고
1	2	1	4.7	5.5	1.1~1.2	1	
2	3	1	3.6	5.5	1.0~1.2	1	
3	1	3	4.7	5.5	1.1~1.2	60	회랑식건물지
4	3이상	1	2.5	3.5	1.1~1.2	1	
5	2	4	2.8	3.6	1.1~1.2	1.3	
1	1	1	3.5	3.5	1.3~1.6	0.7~0.8	557번지
2	2	1	3.6	4.0	0.6~1.6	34~55	557번지

표 2___
인왕동 556·557번지유적의 적심 건물지 제원

위의 건물지 속성표에 의하면, 칸 수가 2칸 이상인 건물이 많고, 주칸 거리도 대부분 3.5m 이상이며, 적심의 직경도 대부분 1m 이상으로서 건물 규모가 대형임을 나타낸다. 북천 북편과 서천 동편 일대에서 확인된 적심 건물지보다 규모가 훨씬 클 것으로 추정된다.

방의 일부만 조사되어 확정적이진 않지만, 조사 범위에서 수혈이나 수혈주거지 등은 확인되지 않았다. 적심 건물지의 규모가 크고, 주거지나 공방지로 추정되는 수혈이 확인되지 않는 점 등을 볼 때, 방의 평면형태와 규모 및 내부 구조는 황룡사지 동편에서 확인된 방의 내부 구성과 유사할 것으로 추정된다. 이 방은 왕궁역의 북쪽 바깥에 위치하고, 방의 내부 구성과 건물의 구조와 규모 등을 볼 때, 귀족층들이 거주한 방으로 추정된다. 9세기에는 건물이 담장과 도로를 침점하는 등 계획도시의 틀이 이완된 모습을 보인다.

• 동천동 987번지 일대 방

동천동 987번지 일대의 4,286㎡에 대한 발굴조사 결과, 동서·남북도로가 확인되었다. 동서도로는 동쪽과 서쪽에서 확인되었고, 이 동서도로가 남북도로와 교차하는데 완전하게 1방 전체가 확인되지 않았지만, 1방의 남북 길이는 확인되어 1방의 전체적인 규모는 어느 정도 파악할 수 있다. 북쪽에서 확인된 동서도로 1은 전체 길이가 75m, 노폭은 5m이고, 남쪽에서 확인된 동서도로 2는 길이 69m, 노폭 5m이다. 남북도로에 대한 보고는 되어있지 않는데, 전체 배치도에 표현된 것을 참고하면, 전체 길이 80m, 노폭 5m로 추정되어 동서도로 1과 노폭이 거의 같다. 이 남북도로는 남쪽의 동서도로와 교행하고, 파괴로 북쪽의 동서도로까지 연결되지 않지만, 당초에는 연결되었을 것으로 추정된다. 북쪽의 동서도로와 교행하면, 남과 북의 동서도로까지의 길이는 125m이다. 이 125m가 1방의 남북길이이다.

경주대학교 박물관 조사구역의 남북도로로부터 동국대학교 경주캠퍼스 박물관 조사지점에서 확인된 남북도로까지의 동서 길이가 160m로 확인되어, 동천동 일대에 조성된 1방의 규모는 동서 165m×남북 125m로서 방의 평면형태가 횡장방형이다. 남북도로는 자북에서 동쪽으로 10° 정도 기울어져 있어 진북방향을 기준으로 삼고 있음을 보인다. 도로망이 진북방향으로 배치된 점은 월성과 황룡사지 부근의 중심부나 그 외곽지역의 도로망과 동일한 조영방위로 볼 수 있다(황인호, 2007).

동서도로의 가장자리에는 도로를 따라 폭 약 80cm의 담장을 쌓아 방의 경계를 만들었다. 담장 하부에는 암거형의 배수시설을 만들고, 담장 외측의 도로 바닥에 배수시설을 설치하였다. 방 내부에는 수혈·우물·폐와무지·청동공방지·담장·석조·적심 등이 확인되었다.[7]

상기의 유구들은 모두 동시에 존재하지 않고, 상하층을 이루고 있다. 상층에는 수혈유구·적심·담장·우물·석조시설 등이 설치되었고, 하층에는 수혈유구와 우물·청동공방지 등이 설치되었

---

7) 보고서에는 적심이 표현되어 있지 않았는데, 동국대학교 경주캠퍼스 박물관 이동헌선생으로부터 제보받았다. 본고의 작성에 많은 도움을 받았다. 이에 감사드린다.

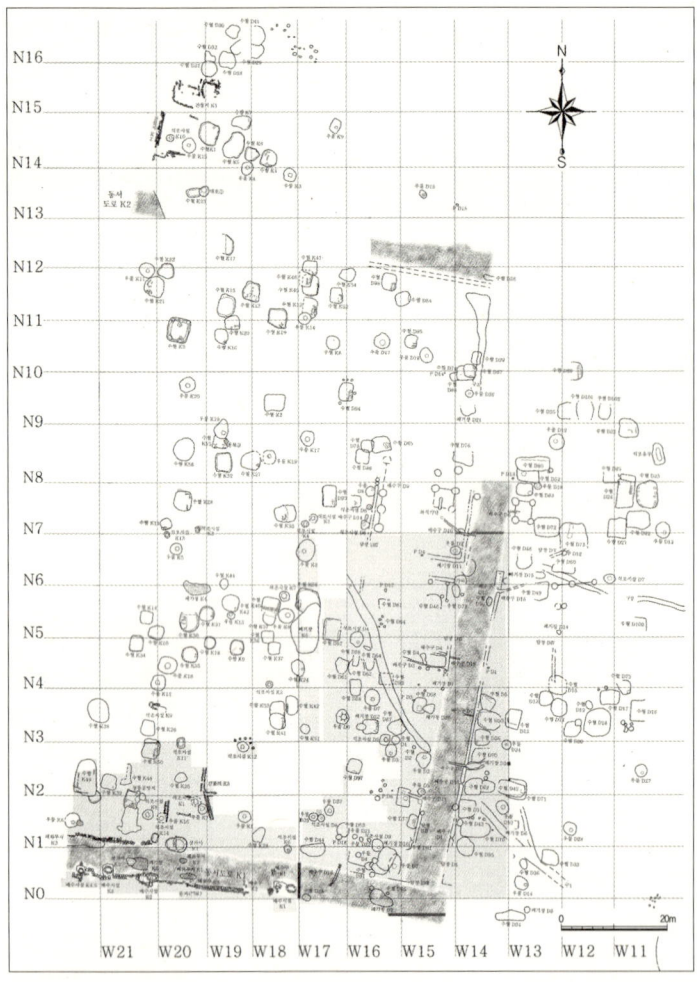

그림 8
동천동 987번지 일대의 방

다.[8] 1방 내에서 확인된 수혈은 90기인데, 수혈간에 중복되거나 우물과 중복된 예도 있어 모두 동시기의 것은 아니다. 그런데 보고서에 상하층의 구분이 되지 않아 동 시기에 설치된 수혈의 수와 배치 관계는 알 수 없다. 수혈은 평면형태가 방형과 원형·부정형 등이 있고, 규모는 직경이 250~500cm로 다양하지만, 큰 규모는 아니다. 수혈 내부는 벽에 붙여서 부뚜막 또는 부뚜막과 고래가 설치된 예와 바닥에 소토 또는 석열과 소토, 청동슬래그·범·도가니편 등이 출토한 예도 있다. 수혈은 주거지·공방 또는 공방 부속시설 등 그 성격이 다양함을 나타낸다. 그리고 우물은 모두 17기가 확인되었지만, 상·하층의 구분이 되지 않아 동 시기의 우물 수와 배치관계는 알 수 없다.

정확한 양상은 파악하기 어렵지만, 1·2기로 구분되는 모습을 그려볼 수 있다. 하층은 도로에 의해 사방이 구획되고, 도로 가장자리에는 담장을 설치하여 방의 경계를 만들었다. 방 내에는 가옥을 구분하는 담장이 설치되었는지 정확하게 알 수 없지만, 하층이 운영되는 시기에는 담장 시설이 없었을 가능성이 있다. 담장에 의한 경계없이 방 내부가 개방된 구조로서 수혈과 수기의 우물이 배치되었을 것으로 추정된다. 이렇게 파악할 경우, 이 방은 지배층의 거주 공간은 아니고, 청동제

---

[8] 보고서에는 유적의 형성 과정에 대한 보고는 되지 않았고, 이동헌선생의 설명에 의한 것이다.

품 등 수공업 생산 시설과 그에 종사하는 장인의 거주 또는 수공업 관련 원료와 생산품을 보관한 시설 등으로 구성되었을 가능성이 있다.

상층에는 앞 시기의 수공업 관련 시설과 장인의 거주 공간과 함께 담장으로 둘러싼 가옥 내부에 적심 건물과 부속시설·우물 등으로 구성된 지배층의 거주 공간으로 방의 구조가 변화되었을 것으로 추정된다. 방 설치 당초에는 수공업 관련 시설과 그것에 종사하는 장인들의 거주 공간이었지만, 도시를 재정비하면서 지배층의 가옥과 수공업 생산시설 및 장인의 거주 공간이 병존한 방의 구조로 개편되었을 것으로 추정된다. 동일 방 내에 지배층의 가옥과 수공업 시설이 배치된 점을 볼 때, 방 내의 수공업시설을 장악하거나 관리한 지배층의 가옥일 가능성도 생각해 볼 수 있다.

이와 같은 방의 내부 구조는 귀족의 거주 구역인 북천 남편의 인왕동·구황동·보문동·배반동 일대의 방의 평면형태와 면적은 물론 구조와 양상이 다르고, 서천 동편의 서부동·성건동·황남동 일대에서 확인된 방의 구조와 유사한 양상으로 추정된다.

7세기 말 이후부터 계획도시가 건설된 지역의 방은 평면형태가 장방형이고, 내부 면적이 20,625㎡로서 귀족층들이 거주하는 방의 면적보다 8,268㎡가 작다. 새로 건설된 지역의 방 평면형태와 면적은 귀족들이 거주하는 구역에 건설된 방과 다르고 면적을 좁게 한 것은 방의 형태와 면적에 차등을 주어 신분질서를 유지하려 한 고대 도성의 신분 편제에 입각한 것으로 추정된다.

왕경의 계획도시는 도시 공간의 확장뿐만 아니라 관아시설, 신분 서열, 사찰, 수공업생산 시설 등에 따라 방의 규모와 평면형태, 내부 구조와 시설 등에서도 차이가 있었다. 예를 들면, 관아시설로 이루어진 방, 황룡사·분황사·천관사·영묘사 등 주요 사찰이 조영된 방,[9] 중·하급층들이 거주한 방, 민들이 거주한 방, 의례·제사 공간의 방, 청동용기·목기 등의 수공업 시설로 이루어진 방, 용도가 불확실한 다수의 수혈로 이루어진 방 등 다양할 가능성이 있다. 그리고 상기 방들의 내부 시설 배치는 각각의 기능을 최상으로 수행할 수 있는 공간으로 분할하였고, 건물 규모와 구조 및 배치도 달랐을 것으로 추정된다.

따라서 황룡사지 동편에서 확인된 방의 내부 공간과 건물배치를 일반화 할 수 있는 것은 아니다. 이 방은 황룡사에 접한 방으로서 중·하급층 또는 민의 거주 공간일 가능성보다 귀족층들이 거주한 방이거나 관아시설로 이루어진 방일 가능성이 있으므로 이곳에서 조사된 방의 구조를 왕경 전체 방의 구조로 확대 해석하는 것은 바람직하지 않다.

도성이 확장되면서 확장되는 구역의 지형과 장애물을 인공적으로 삭평하거나 매립하기도 하고, 하천이나 구릉을 적절하게 활용하였을 것으로 추정된다. 시기의 차이뿐만 아니라 도시 내부구조의 편제에 의해 방의 규모와 평면형태가 달랐을 가능성도 염두에 둘 필요가 있다. 예를 들면, 동천

---

9) 日本 長崎縣 下縣府 嚴原井에 소장되어 있었던 범종에 "僧村宅方"이란 명문이 있다. 僧村宅方이란 불교 사찰과 승려의 거주 공간으로 이루어진 방이 존재하였을 가능성을 추정할 수 있다.

동 7B/L부지에서 확인된 방 내부에는 담장과 적심 또는 초석 시설이 많아 확인되지 않았고, 다수의 수혈과 청동공방지가 확인되었다. 이곳에 담장과 초석 또는 적심이 많이 확인되지 않은 것은 와즙건물의 수가 많지 않았음을 나타낸다.

계획도시 내부에 건물지가 확인되지 않고, 각종 수혈이 다수 확인되는 구역이 있는데, 서부동 19번지 일대가 이에 해당한다. 서부동 19번지 일대 조사에서도 청동 도가니가 확인되었다. 이와 같이 다수의 수혈과 청동 공방지 또는 도가니 등이 출토한 구역은 수공업품을 생산한 구역이었을 가능성이 있다.

동천동 7B/L부지의 남북도로 동편에는 담장과 건물지가 확인되었는데, 건물지 중에서 점토블록으로 담장을 만든 특이한 예가 확인되었다. 점토블록으로 담장을 만든 예는 이곳에서만 확인된 특수한 건축기술인데, 지금의 중앙아시아 일대의 고대 사원과 궁전 건축에서 일반적으로 확인된다. 동천동에서 확인된 점토블록 담장은 중앙아시아 즉 서역의 건축기술로서 서역인의 이주를 상정할 수 있다. 서역인이 이곳 일대에 거주하였다면, 이곳 일대는 외국인이 거주하는 공간의 방일 가능성 등 다양한 시각에서 검토할 필요가 있다.

• 방과 리

도성 내부 단위를 지칭하는 용어로서 방과 리가 알려져 있는데, 360방 또는 1,360방과 35리 또는 55리가 그것이다. 지금까지의 연구에 의하면, 방과 리가 각각 등질적인 단위를 나타내는데, 리는 방이 설치되지 않는 외곽지역의 행정 구역을 표시하고, 방은 계획도시의 중심부 행정구역을 표시하는 이원적인 행정 구획으로 보아야 한다는 주장(이은석, 2004)과 리는 방의 상위 행정단위로서 파악해야 한다는 주장(상당 수의 연구자), 당초에는 방과 리가 별개의 행정단위였으나 하대에 방제가 이완되면서 방은 단순히 리의 하부 행정 단위를 지칭하는 것으로 변질되었다고 이해하기도 한다(전덕재, 2005).

리가 방의 상위 개념이 아니고, 외곽의 행정구역으로 파악했을 때, 현재 방이 확인된 외곽에 리의 대상지를 찾아야 하는데, 그렇게 하였을 경우 계획도시의 범위는 더욱 확장되어야 하며, 또 다른 구획이 확인되어야 하는데, 실상은 그렇지 않다. 리가 주변의 행정 구역으로 볼 경우, 계획 도시가 아닌 계획 도시의 주변부에 조성된 자연촌을 지칭할 가능성도 있지만, 『삼국사기』와 『삼국유사』, 그리고 안압지 출토 목간 등에 보이는 리가 도성 내의 단위를 지칭한 예가 다수 있으므로 도성 내의 행정단위로 보아야 한다. 리가 도성 내의 행정단위이면, 리와 방을 별개의 등질적인 행정단위로 보기 어렵다.

신라 왕경의 규모와 형태를 논의할 때, 흔히 회자되는 기록으로서 『삼국사기』의 35리와 『삼국유사』의 360방 또는 1,360방 55리이다. 위의 기록과 『삼국사기』의 "萬善(寺)北里"·芬皇(寺)西里·沙梁部 久遠寺西南里·芬皇寺之東里 등의 기록, 월성해자 출토 목간에 표기된 牟喙部의 仲里·上里·新里·下里, 白品鄒上里·山南置上里·阿尒里·△上里 등이 있다. 상기의 대부분 사례들은 행정명으로서 리를 표기하였다.

坊銘을 기록한 예로는 北維宅 南維宅〈反香寺下坊〉 隊宅 賓支宅〈反香寺北〉…板積宅〈芬皇寺上坊〉…楡南宅 井下宅[10], 標榜其里曰孝養坊[11], "僧村宅方" 등이 알려져 있다. 이 기록에서 방은 출신지를 나타내지 않고, 방향 또는 위치를 나타내는 용례로 사용되었거나 방의 이름을 지칭하는 용례로 사용되었음을 알 수 있다. 따라서 리와 방의 용례가 다름을 알 수 있다. 이는 방을 행정 단위로 설정하기 어려움을 암시한다.

360방 35리 또는 1,360방 55리란 기록은 복수의 방을 합쳐 1개의 리로 구성되었다는 전제가 되고, 특정 인물의 출신지나 소속의 말단 단위가 모두 리로 표현되었고, 방은 표기되지 않았다. 이는 리가 말단 행정 단위이고, 방은 행정단위가 아님을 나타낸다. 즉 방은 도시를 가로로 구획하는 단위임을 나타낸다. 따라서 방과 리를 각각 별개의 행정단위로 설정하기 어렵기 때문에 방과 리가 설정된 지역이 다르거나 성격이 다르다고 볼 수 없을 것 같다. 리는 수개의 방을 하나의 단위로 묶은 행정단위로 파악하는 것이 타당하다. 리를 방의 상위 단위로 이해하면, 그 규모는 다음과 같이 설정할 수 있다.

소로에 의해 구획된 일정 규모 단위의 구획을 방이라 하면, 대로에 의해 구획된 복수의 방을 합한 단위를 리로 설정할 수 있다. 황룡사지 동편, 경주박물관 미술관 부지, 인왕동 556·557·566번지 등에서 확인된 동서·남북도로의 폭이 15~23m인 대로와 5~7m의 소로가 확인되었는데, 대로와 소로가 균등할이 아니고, 몇 개의 소로를 건너뛰어 대로가 배치되었다. 대로가 남북·동서 각각 몇 개의 소로 사이에 배치되었는지는 불확실하지만, 황룡사지 동편과 방 사이의 남북도로가 대로이고, 이 대로에서 서쪽으로 3개 방 거리의 서쪽에 해당하는 지점인 월지 동편에서 남북대로가 확인되었다. 이 대로는 남쪽으로 연장하면, 경주박물관 미술관 부지에서 확인된 너비 23m의 남북대로로 연결된다.

경주박물관 미술관 부지와 월지 동편의 남북도로에서 서쪽으로 3개 방 거리의 서쪽에 확인된 도로는 월성 북문과 성동동 전랑지를 연결한 남북대로에 해당한다. 황룡사지 남쪽을 지나는 동서 대로에서 분황사 남쪽 동서대로까지의 구간에 3개 방이 설치될 수 있는 공간이다. 이 사례에서 볼 때, 동서·남북대로는 가로 3개, 세로 3개의 방을 구획한 단위로서, 대로 내에는 모두 9개의 방이 있었을 것으로 추정된다. 남북·동서 대로에 의해 구획된 9개의 방이 말단 행정단위인 리의 규모였을 가능성이 있다.

---

10) 『三國遺事』卷第1 奇異第2 辰韓
11) 『三國史記』列傳第8 孝女知恩

도성의 경관과 공간 분할

• 왕궁

고대 도성은 도시 사방에 성벽이 둘러싸고, 도성의 출입은 각 사방의 문을 통해 이루어지고, 도성 내부는 왕궁을 위시하여 고대국가의 지배를 관철하기 위한 각종 관아시설과 서열에 의한 거주민의 거주 공간, 사원, 수공업시설 등이 계획적으로 배치된 구조를 전형으로 한다. 신라 도성은 고대 동아시아 도성의 전형을 그대로 표현하지는 않았지만, 평지에 개방된 계획도시를 건설하여 도성을 조영하였다. 한 곳에서 오랜 기간 동안 도성이 존속하면서 시기에 따라 도성 범위가 확장되고, 그에 따라 도시의 구조가 부분적으로 개편이 이루어지는 등 고대 동아시아의 도성과는 많은 부분에서 다르다.

앞 장에서 신라 도성의 건설시기와 확장·범위 등에 대해 검토한 바와 같이 신라 도성이 가장 확장된 시기는 9세기 후반이었는데, 가장 확장된 시기 도성의 공간은 어떤 구조였을까? 즉 도성의 경관은 어떤 모습이었는지 이해할 필요가 있다. 신라 도성은 시기에 따라 확장되었기 때문에 그 경관은 동일하지 않았는데, 도성 내부와 기반시설이 제대로 조사되지 않는 현상에서 특정 시기의 도성 경관을 검토하는 것은 사실 어렵다. 그렇지만, 지금까지의 연구 및 발굴조사 성과를 종합하여 대강의 도성 경관을 그려보는 것도 의미가 전혀 없는 것은 아니다.

도성의 핵심부 왕궁은 월성과 그 주변부로서 5세기 후반에 성벽이 축성되고, 6세기 전반에 와즙 건물이 세워지고, 월성 북편의 평탄지 일대는 보관시설과 공방 또는 관아건물이 설치되었다. 7세기 전반에 들어오면, 월성 북동편 일대에 토목사업을 벌여 왕궁역을 확장하고, 7세기 후반 초에 기반시설을 배치하고, 월지와 동궁을 건설하였다. 확장된 왕궁역은 월지와 첨성대를 포함한 남쪽과 인왕동 28·29호분 동북편~계림을 포함한 범위 즉, 첨성로 남편 일대까지였다. 기존의 왕궁인 월성 내부와 확장된 경역의 공간 분할이 어떻게 이루어졌는지 구체적인 모습은 알 수 없지만, 월성은 정궁으로서의 위치를 지니고, 확장된 경역 내부에는 별궁, 각종 관아와 공방, 저장 시설과 조경 시설이 배치되었을 것으로 추정된다.

월성은 가장자리에 성벽이 축성되어 내부와 외부가 구분되었지만, 확장된 궁역 경계에 宮墻을 설치하여 외부와 구분하였는지는 알 수 없다. 문무왕 21년 왕경에 성곽을 쌓고자 하였으나 의상義相의 반대로 중지하였다는 『삼국유사』의 기록으로 볼 때,[12] 이 시기에 확장된 궁역의 가장자리에

---

12) "又欲築京師城郭 旣令具吏 時義相法師聞之, 致書報云「王之正敎明 則雖草丘畵地爲城, 民不敢踰, 可以潔災進福, 政敎苟不明, 則雖有長城, 災害未消」王於是正罷其役"

궁장을 설치하려고 한 것은 아니었을까? 궁장을 조성하려고 하였지만, 의상의 반대로 짓지 못하였다는 것은 궁장이 설치되지 않았음을 의미한다(홍보식, 2013). 문무왕 당시에는 궁장이 설치되지 않았지만, 월지 동편 일대의 발굴조사에서 8세기 이후 궁의 경계에 석축 담장이 설치되었음이 확인되어, 8세기의 어느 시점에 궁장이 설치되었을 가능성도 있다.

7세기 후반인 문무왕대에 새롭게 정비하면서 확장된 궁역을 신월성으로 보기도 하고(이영호, 2005), 만월성으로 보기도 한다(김재홍, 2013). 왕궁역을 확장하고, 궁궐 내부를 수리하고 전각을 세우고, 궁궐 안팎 여러 문의 이름을 처음으로 정하는 등 대대적인 개보수와 신축을 하였다. 월성 북서편과 계림 동편에서 확인된 수십동의 대형 건물지들은 이 시기에 세워진 전각으로 추정된다.

『삼국사기』·『삼국사기』 등의 기록과 발굴조사에서 파악된 왕궁은 월성의 정궁과 동궁·남궁·북궁·梁宮·沙梁宮(622년 초출)·本彼宮(662년 초출)·壤宮(676)·永昌宮(677) 등의 별궁 또는 이궁이 있었다. 동궁은 첨성대와 황룡사지 사이인 현 안압지 일대로 알려져 있고, 월성의 동남 모서리에 위치하는 국립경주박물관 부지내에서 건물 초석열·回廊狀遺構·우물·석조 연못·담장 등이 발견되었고, 미술관부지에서 초석건물·남북도로·배수구·담장·우물 등과 함께 「南宮之印」명 기와와 「舍」명토기가 나왔는데, 이것으로 볼 때, 이곳이 월성의 확장에 의해서 궁역으로 되었을 가능성과 함께 남궁이 존재한 곳으로 추정된다. 북궁은 월성의 진북에 해당하는 殿堂·長廊·樓 등의 건물이 정연하게 배치된 성동동유적에 비정되기도 하지만, 분명한 것은 아니다.

정확한 위치는 알 수 없지만, 여러 곳에 별궁이 있었던 것만은 분명하다. 몇몇 별궁과 이궁이 위치한 곳으로 비정되는 지역을 포함해 도성 내의 궁역을 추정하면, 다음과 같다. 동남쪽 경계는 일정교에서 경주박물관 미술관 부지에서 확인된 노면 폭 23m의 남북도로를 따라 월지 동편과 황룡사지 서편의 1방 서쪽으로 이어지는 남북도로이고, 북쪽은 황룡사지 남쪽의 동서대로가 월지 동북편에서 남북대로와 마주치는 지점에서 첨성대 북쪽과 대릉원 남쪽으로 이어지는 동서대로를 거쳐 첨성대 북서편에서 교차하는 남북대로에서 90°꺾어 인왕동 28·29호분 동북편~계림 동쪽을 관통하여 월정교까지 이어지는 남북대로가 확장된 왕궁역의 경계로 추정할 수 있다(박방용, 2005; 홍보식, 2013).

이 범위로 추정하면, 서쪽·북쪽·동쪽의 경계는 동서와 남북 대로에 의해 직선을 이루고, 남동쪽 일부는 비교적 직선에 가까운 경계가 되고, 남쪽의 대부분은 남천이 경계가 된다. 이 범위가 왕궁역이면, 왕궁의 평면형태는 방형에 가깝다. 문무왕이 확장된 궁역을 외부와 명확하게 구분하기 위해 궁장의 설치를 고려하였다면, 중국 당의 장안성처럼 방형의 왕궁을 조성하려 하였을 것으로 추정된다.

성동동의 전랑지가 북궁이라면, 북궁은 앞서 설정한 궁역에서 벗어나 별도의 궁이었을 가능성이 있다. 월지와 전랑지 사이에 해당하는 인왕동 556·566번지와 557번지의 조사에서 도로·적심건물지·방형 석축유구 등이 확인되었는데, 도로 폭이 좁아지거나 건물지가 도로를 침점하는 등의 양상을 볼 때, 왕궁 내부의 모습으로 파악하기는 어렵다. 따라서 북궁은 別宮일 가능성이 있다.

• 귀족층의 거주 구역

궁역 외부는 6세기 전반 이전에 조영된 왕릉역과 士庶人의 거주공간이 궁역을 호위하듯이 배치되었다. 궁역의 북서쪽에는 6세기 전반까지 조성된 묘역이 위치한다. 최근 조사가 된 쪽샘지구 일대에서 도시 기반시설과 건물지가 거의 확인되지 않은 점을 볼 때, 이곳 일대는 신라 지배층의 묘역으로서 관리되었음을 추정할 수 있다. 대릉원을 중심으로 교동·황남동·노동동·노서동·인왕동·황오동 일대에 이르는 당시의 궁역 규모에 버금가는 공간이 일종의 도심속의 묘역공원으로 자리하고 있었다. 사실 성동동 서편~북천~서천~남천 사이의 공간은 궁역과 묘역공원이 대부분을 차지하고, 서쪽은 사정동·노서동의 서쪽, 성건동·북부동·동부동 일대가 계획 도시가 조성될 수 있는 공간이고, 묘역공원과 궁역의 동북편인 인왕동·성동동·구황동·보문동과 남천 동편의 배반동 일대는 비교적 공간이 넓어 거주공간으로 이용되었을 것이다.

  이 일대 중 북천의 남면에 면한 성동동과 구황동의 일부 지역을 제외하면, 하천의 범람 우려가 거의 없는 안정된 지역으로서 지반공사만 제대로 되면, 안정된 거주 공간이 가능한 곳이다. 뿐만 아니라 왕궁에 가까워 접근하기가 쉽고, 신성한 공간으로 여기는 낭산 주위를 감싸고 있는 등 중요한 지역이었다. 그리고 황룡사·분황사 등 통일신라의 중심 사원이 위치하고, 구황동원지 등의 위락시설이 조성되는 등 이 일대가 왕경 귀족층들의 주 거주 공간으로서 정연한 가로에 의한 도시가 건설되었을 것으로 추정된다. 실제 황룡사지 동편과 인왕동 566번지에서 조사된 방의 구조와 건물의 배치 및 형식 등은 이 공간이 귀족들의 거주 구역이었음을 나타낸다.

  성동동 143-7·10번지에서 확인된 남북도로는 궁역의 서편 경계 및 월정교로 연결되는 남북대로보다 서쪽으로 1방 건너의 남북도로로 추정된다. 이 남북도로는 노면 최대 폭이 8m로서 중로에 해당한다. 이 중로에서 동쪽으로 1방 건너편의 남북도로가 월성 서편의 월정교에서 궁역의 서쪽 경계임과 동시에 6세기 전반 이전에 조영된 묘역의 동쪽 경계에 해당한다. 성동동 143-7·10번지에서 확인된 남북도로를 남쪽으로 연장하면, 쪽샘지구의 7~15호분쪽으로 관통하게 되는데, 7~15호분은 봉분 직경이 20~30m의 중형분으로서 당시 외관으로 봉분이 보이기 때문에 도로를 건설하지는 않았을 가능성이 있다.

  월정교와 궁역의 서쪽 경계를 이루는 남북 중로를 경계로 동쪽은 궁역 및 귀족층의 거주 구역이고, 서쪽은 묘역 및 중하급·민의 거주 구역 및 물류 저장과 유통을 위한 구역으로도 추정해 볼 수 있다. 즉 이 남북 중로가 왕궁 및 상층 지배층의 거주 구역과 묘역 및 중하급 관료·민의 거주 구역을 구분하는 경계로서 신라 도성을 동과 서로 구분하는 중요 기준으로 작용하였을 것으로 추정된

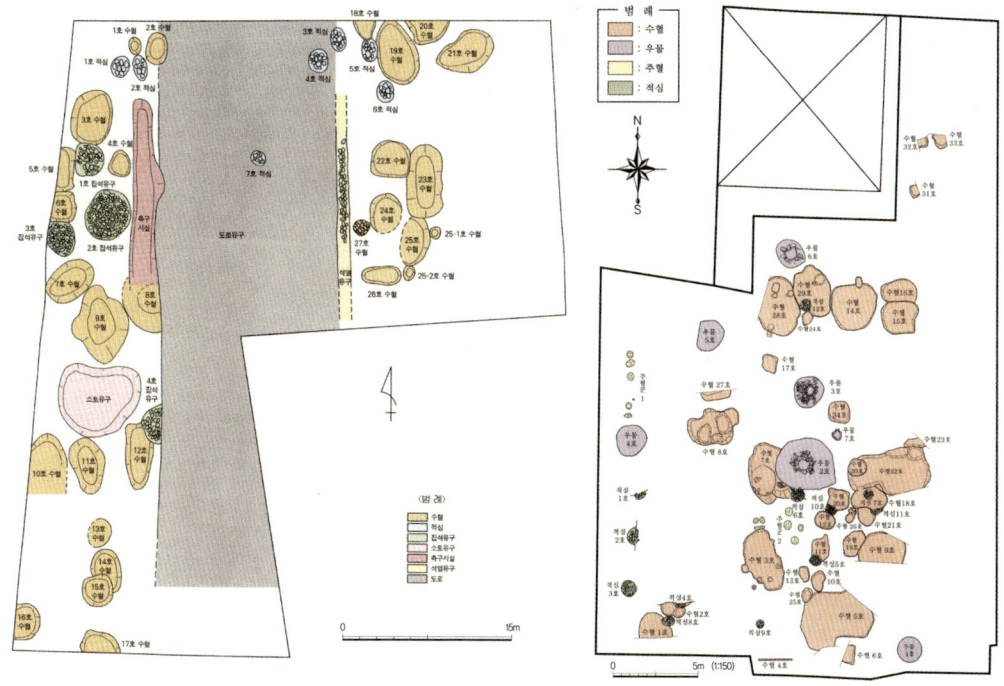

그림 9__
성동동 143-7·10번지유적 유구 배치도

그림 10__
성동동 273-1번지 유구 배치도

다. 귀족층 거주 공간의 경계의 서쪽과 묘역의 동쪽 일부를 관통하는 사이에 해당하는 공간인 성동동 273-1, 82-2, 143-1·10번지 일대의 조사 결과, 담장은 확인되지 않았고, 적심과 우물의 수는 많지 않고, 대부분 수혈이고, 성격이 다른 유구의 중복 현상이 나타나지 않는 점은 다른 구역의 양상과 다르다. 이러한 성격의 유구가 묘역과 귀족층의 거주 영역 사이에 조성된 것은 일종의 완충지대를 설정하였다고 추정된다.

• 중·하급관료군·민의 거주와 수공업생산 구역

서천변에 인접한 성건동 501-3번지에서 확인된 건물지들의 규모는 정면 2칸, 측면 1칸으로 황룡사지 동편에서 확인된 방 내부의 건물지보다 규모가 작지만, 정연하게 적심이 배치되었고, 큰 적심부는 규모가 직경 100~140cm, 깊이 100cm이다. 귀면와와 전이 출토되어 기와와 전을 사용한 건물지가 있었음을 추정할 수 있다. 다수의 건물지가 확인되었지만, 우물은 가옥마다 확인되지 않는다. 황룡사지 동편에서 확인된 1방 내의 개별 가옥마다 우물이 배치된 모습과 다르다.

서천 동편의 서부동·성건동·황남동·사정동 일대에서 확인된 와즙건물지와 담장·도로 등은 인왕동·성동동·구황동 일대에서 확인된 그것들의 구조와 규모 및 정제도 등에서 열세일 뿐만 아

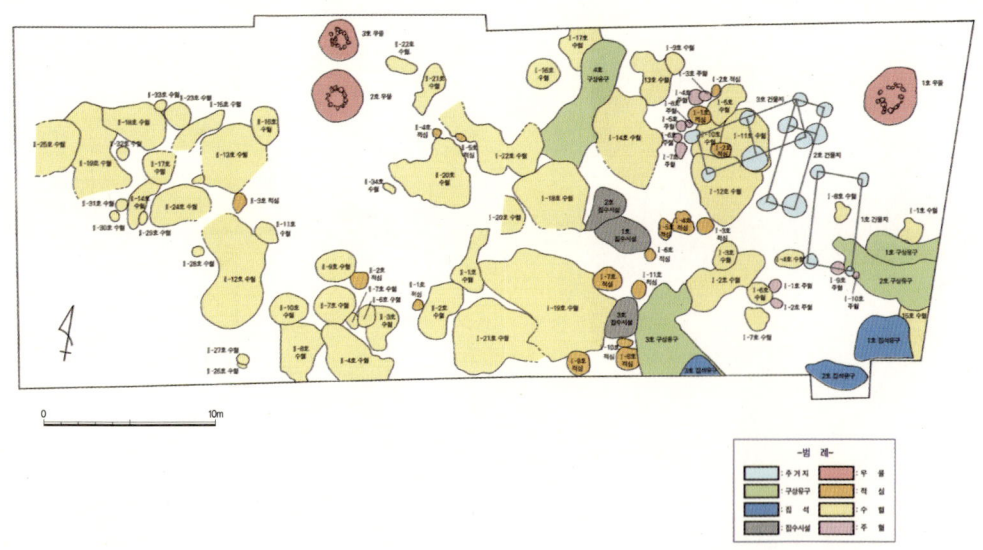

그림 11
성건동 877-156번지 유적 유구 배치도

나라 귀족층의 거주 구역에서 확인되지 않았던 각종 수혈과 청동공방지 등이 배치되어 귀족층의 거주 구역과 다른 양상이다. 적심 건물지의 빈도는 북천 북편보다 높지만, 북천 남편 귀족층의 거주 구역보다는 낮고, 적심 건물군과 수혈 유구가 혼재한 구간이 많을 뿐만 아니라 적심 건물지가 확인되지 않고 수혈유구만 확인된 구간도 존재하는 등 가옥으로만 이루어지지 않았다. 이 구역에서 완전한 규모를 알 수 있는 방은 확인되지 않았지만, 도로에 의해 구획된 1방 내에 조영된 가옥의 수가 귀족층이 거주한 1방 내의 가옥보다 그 수가 많았을 것으로 추정된다.

이곳 일대는 서천과 북천의 범람 우려가 있으므로 귀족들의 거주 공간으로 설정하지 않았을 것이다. 서천변과 북천변의 하류 일대인 성건동·서부동·북부동·동부동·노서동·사정동 일대의 조사에서 담장으로 둘러쌓인 내부에 적심건물지와 우물 등이 확인되기도 하고,[13] 담장의 구획 없이 넓은 공간에 각종 부정형의 수혈과 청동 공방지가 확인되었다. 따라서 이 공간은 중하급 관료 및 민과 청동용기 등을 생산한 생산구역으로 편제되었을 가능성이 있다.

• 신흥 관료군·민 및 수공업생산 구역

북천 북편의 동천동·황성동·용강동 일대는 8세기 후반 이후 계획도시가 조성되었다. 황성동·용강동 일대는 기원전후 시기부터 8세기 전반까지 분묘가 조영되었고, 철기 생산과 관련된 수공업생산 구역이었다. 6세기 전반 이후 월성 북편에 적석목곽묘 조영이 중단되었지만, 북천 북쪽은 지속

---

13) 성건동 630-31번지(경주대학교 박물관, 2011).

해서 분묘가 조영되었는데, 일부 지배층들이 이곳으로 묘역을 옮겨왔을 가능성도 있다. 7세기 전반 이후의 분묘로는 황성동석실분·황성동 906-5번지 황성동석실분, 전김후직묘, 용강동 1130번지의 용강동고분과 수습 횡혈식석실분 등이 조사되었거나 알려져 있다.

원화로 동편의 동천동 일대는 8세기 후반부터 부분적으로 도시가 건설되기 시작하였고, 현 경주교에서 원화로 서편의 황성동과 용강동 일대는 8세기 전반까지 묘역과 생산구역으로 유지되다가 9세기 전반 이후 이곳이 재정비되면서 도시가 건설되기 시작하였다.

동천동 일대에서 확인된 도로와 배수로·담장·적심건물지·우물·수혈·공방지 등으로 이루어진 방의 구성과 내용·형식 등에서 성동동·구황동·인왕동 일대에서 확인된 방들과 차이가 있다. 동천동 696-2번지와 7B/L지역에서 확인된 동서·남북도로 가장자리에 돌로 만든 배수로가 설치되지 않았다. 담장의 너비도 50~60㎝로 좁고, 적심의 규모도 70~100㎝ 이하로 작고, 깊이도 얕은 등 귀족층의 거주 구역에서 확인된 것들과 차이가 있다.

이러한 차이는 도시 건설 시기의 상황에도 영향을 받았겠지만, 이곳에 거주한 주민들의 신분 구성이 주 요인이 되었을 것으로 추정된다. 담장과 적심으로 이루어진 가옥들은 왕경 지배층의 가옥으로 추정되지만, 가옥 규모가 작고, 한 가옥을 구성하는 건물 수가 적은 점 등으로 볼 때, 귀족층의 거주 공간으로 보기 어렵다. 북천 북편의 도시에서 적심과 담장으로 이루어진 가옥도 건설되었지만, 부정형의 수혈유구가 상당 수 배치되었고, 청동 공방이 배치된 점 등은 북천 남편의 귀족층의 거주 구역 모습과 확연히 다르다.

8세기 후반 이후 새로 건설된 북천 북편 일대에는 지배층으로 편입된 신귀족들을 비롯하여 중·하급관료층·서인 등의 거주 공간과 철기·청동기·목기·칠기 등 각종 수공업품을 생산하는 구역으로 재편되었을 것으로 추정된다. 북천의 동북편인 동천동의 남쪽 일대는 신흥 귀족과 중·하급 관료의 거주 공간으로 재편되고, 북쪽과 황성동 및 용강동 일대는 하급관료와 서인의 거주 공간과 수공업 제품을 생산하고, 원료와 완성품을 보관 저장하고, 수공업에 종사한 피지배층과 외국 출신의 장인들이 거주하는 공간 구조로 편재되었을 것으로 추정된다. 향후 이곳 일대의 발굴조사가 진전되면, 이러한 부분의 검토가 요구된다.

• 사원과 왕릉의 배치

통일신라시대에 조영된 불교 사원의 수는 1,000여개소 이상에 이를 만큼 번창하였고, 애장왕 7(806)년에 불교사원의 新創을 금하고, 오직 修葺만을 허락한 下敎에서 보이듯이 불사 건립이 빈번하였음을 알 수 있다.[14] 지표조사에 의하면(국립경주박물관, 1997), 경주시 관내의 불교 사원지

---

14) 『三國史記』 新羅本紀 卷 第十 哀莊王 七年 三月條

는 수백 곳에 이르는데, 당시의 도성 내에도 다수의 불교 사원지가 확인되었다. 불교 사원의 건립 시기와 존속 기간 등을 명확하게 알 수 있는 예는 많지 않으므로 계획도시 확장과 불교 사원 배치의 상관관계를 현재 파악하기 어렵다. 여기서는 계획도시가 가장 확장된 9세기에 계획도시 내에 있었다고 추정되는 불교 사원의 배치관계를 파악하고자 한다.

계획도시 건설이 시작되고, 확장을 시도한 중고기와 중대에는 하천 범람 지역에 대한 개발 사업이 불교 사원의 조영과 궤를 같이하였는데, 당시 수리시설과 같은 고도의 토목기술을 승려들이 공사책임자로 참여하였듯이, 당대 대사원의 건축은 불교의 수입과 더불어 가져온 선진적인 사원을 건축하기 위한 토목기술이 이용되었다(김재홍, 2013). 토목사업으로 새로운 대지가 조성된 곳에는 사찰이 건립되고, 주위에 민가가 밀집하는 등 거주 인구의 수가 증가하면서(김재홍, 1995) 향후 계획도시의 건설을 위한 조건을 갖추어 갔다.

왕궁역의 동북쪽에 황룡사와 분황사를 배치하여 국찰로 삼았고, 통일신라시대 전 기간을 통해 가장 중시된 사찰이었다. 계획도시 서쪽인 서천 변 가장자리를 따라 삼랑사·전 남항사·흥륜사·영흥사·영묘사 등이 북쪽에서 남쪽으로 배치되었다. 남천 남쪽에는 신원사·담엄사·기온사·실제사 등이 남북선상으로 배치되었던 것으로 추

사진 2__
신라 도성의 공간 구조
— 왕궁역.   — 귀족 거주 구역.   — 중·하급층·민·수공업생산 구역.
— 신흥귀족·중하급층·민·수공업 생산구역.   — 도로(바탕 사진 성림문화재연구원, 2013)

정되고, 왕궁 남쪽에는 전 천관사와 창림사가 배치되었다. 남동쪽 외곽에는 사천왕사와 망덕사가 배치되었고, 동쪽에는 황복사가 배치되었고, 북으로는 봉성사가 배치되었다.

이와 같이 신라 도성 내부의 계획도시 중심에는 규모가 크고, 가장 중시된 황룡사와 분황사가 위치하고, 도성의 가장자리를 따라 불교사찰이 배치되었음을 알 수 있다. 황룡사의 창건에서 알 수 있듯이 신라 왕경의 도시 건설은 불교 사원의 건립으로 시작되었고, 도시의 확장 역시 불교 사원의 건립과 밀접한 관련을 맺고 있었다.

이와 같은 불교사원의 배치는 백제 사비기의 불교 사원 배치와 유사한 점을 발견할 수 있다. 사비 도성 내부는 부소산성 남측의 구아리 궁전에서 남쪽의 일직선에 정림사가 위치하고, 도성의 가장자리에 불교사원이 배치되었다. 이와 같이 고대의 불교사원은 국가 통합의 이념으로서 기능한 불교 수양의 도량으로서 뿐만 아니라 외형적인 측면에서 도성을 장엄하는 역할을 하였다(西川幸治, 1976; 이병호, 2008). 계획적인 시가지의 가장자리를 따라 사원을 배치하여 도성 중심부를 성역화하여(여호규, 2002) 불국토 사상을 구현하고자 하였다.

법흥왕릉이 서천 서쪽의 선도산에 조영되면서 이후의 왕릉은 선도산-낭산-남산 서록과 동록, 명활산 서록, 토함산 서록 등 도성 근교 산록에 조영되었다. 현재 위치 비정된 왕릉 주인공의 진위 여부는 확인할 수 없지만, 선도산 일대에 조영된 전칭 왕릉으로는 애공사 북봉에 조영된 법흥왕릉, 서악동의 무열왕릉과 서편의 4기, 전영경사지가 위치한 선도산 동록에 조영된 전진흥왕릉·전진지왕릉·전헌안왕릉·전문성왕릉 등이 있다. 선도산에 조영된 전칭왕릉들에 대해서는 연구자마다 주인공 비정이 다르기 때문에 현재 왕릉의 진위와 주인공을 논할 수 있는 단계는 아니다.[15]

지금까지 위치 비정된 왕릉의 분포 특징을 보면, 선도산 동록 일대에만 4기씩 군집되어 있고, 남산 서록의 삼릉 이외에 각각 1기 내지 2기의 전칭 왕릉이 왕경 주위의 산록에 조영되었다. 이와 같은 왕릉의 배치에서 보면, 선도산 동록에 배치된 전칭 왕릉의 주인공이 중고기의 왕이라 하면, 중고기의 왕릉은 2개의 군을 형성한 것으로 볼 수 있다. 이와 같은 왕릉군의 조영은 부여 나성 동쪽 외곽의 능산리 동고분군과 서고분군을 조영한 사비기 백제 왕릉군의 조영과 유사하다.

통일 이후에는 왕릉이 1기씩 독립해서 분포한 모습은 중국 당대의 황제릉이 개별적으로 조영된 점과 유사하다. 따라서 삼국통일을 기점으로 이전과 이후의 왕릉 조영 원리가 달랐음을 추정할 수 있다. 중고기의 일부 왕릉, 즉 법흥왕릉과 서악동의 무열왕릉을 제외한 3기의 묘제가 적석목곽묘인지 횡혈식석실묘인지에 대한 논란도 여전하지만, 왕릉의 산지 이동과 묘제 변화의 상관관계는 향후 면밀한 검토가 요구된다. 지배층의 묘는 선도산·송화산 일대, 소금강산·명활산의 서록, 낭산, 토함산 서록, 남산의 동록과 서록 일대에 군집을 이루면서 조영되었다.

---

15) 신라 왕릉의 위치 및 주인공에 대한 논쟁사는 이근직의 논고(2012)를 참조하기 바란다.

도시재개발 사업

•왕궁역의 확장과 도시 재정비

계획 도시는 처음 건설된 상태가 지속되지는 않고, 여러 차례의 정비가 이루어졌다. 도시 재정비는 계획도시가 조성된 시기와 구역에 따라 그 횟수가 다르게 나타난다.[16] 계획도시가 처음 조성된 월지 동편과 북편의 인왕동과 구황동 일대의 도시 재정비는 적어도 4차례 이상 이루어진 것으로 추정된다. 황룡사지 동편에서 확인된 동서 및 남북도로의 개축 횟수가 5차례이고, 황오동 3-7번지에서 확인된 동서·남북도로는 4차례에 걸쳐 신축과 개축이 이루어졌다. 황오동 3-7번지는 월성 북문에서 전랑지로 연결되는 남북도로 동쪽에 해당하고, 월지의 북쪽이다. 그리고 월지 동편과 황룡사지 서편 일대의 발굴조사에서 적어도 3차례 이상 도시재정비가 이루어졌음을 알 수 있다.

최근에 조사한 월지 동편 일대의 도시재정비를 통해 본 신라의 도성 재정비 방향과 특징을 검토하면 다음과 같다.

2000년대 이전까지 이루어진 왕경 조사는 산발적이고 소규모 범위에서 이루어졌기 때문에 왕경의 구조와 양상을 이해하기에는 부족하였다. 2007년부터 2010년까지 4년간 황룡사지 동남편의 왕경유적에서 확인된 동서대로와 국립경주박물관 미술관 부지에서 확인된 남북대로가 교차할 것으로 추정되는 지역을 대상으로 674년에 완성된 월지를 중심으로 한 동궁의 규모와 왕경 중심부의 도시 구조를 밝히기 위한 발굴조사가 월지 동편지역을 대상으로 실시되었다.

이 조사에서 왕경의 중심부인 이곳은 원래 저습지의 뻘층이었으나 7세기 전반 이후 이곳을 매립하여 생활공간으로 활용하였음이 확인되어 신라 왕경의 도시 형성과 확장을 확인할 수 있는 정보를 제공하였다.

7세기 전반에 주택단지를 조성하기 위해 꽤 넓은 범위에 걸쳐 토지구획정리사업을 시행하였다. 토지구획정리사업은 우선 월성 주위의 넓은 평지 곳곳에 국지적으로 형성된 자연습지를 매립하여 지반을 조성한 후, 동서와 남북으로 격자상의 도로를 조성하여 일정한 단위로 토지를 격자상으로 구획하고, 구획된 공간 내부에는 담장과 배수로를 설치하여 수개의 공간으로 구획하고 구획된 공간에 건물을 비롯해 배수시설과 우물을 배치하였다.

이곳에서 확인된 건물지는 22동이고, 대부분 적심이 설치되어 와즙건물이었음을 알 수 있었다. 일부 건물지는 장대석 기단과 출입을 위한 계단시설이 설치되었는데, 일반 주거 건물의 용도가 아

---

[16] 도로나 건물의 증개축은 해당 구간의 여건에 따라 그 횟수가 일률적이지 않고 다른데, 전반적으로 보면, 수 차례의 개축이 있었음을 추정할 수 있다.

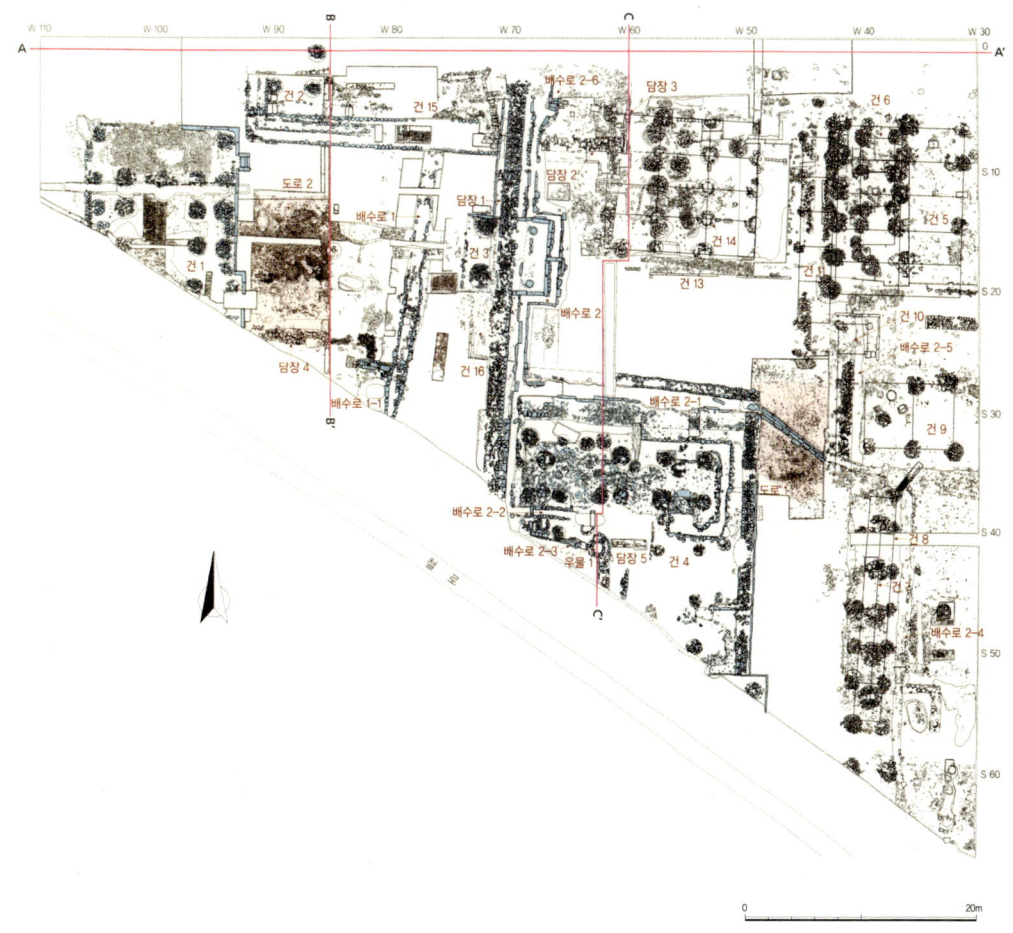

그림 12
월지 동편의 추정 동궁지의 유구 배치와 중복 관계

닌 특수 용도의 건물로 추정되었다. 대형 건물지는 중앙의 중심 건물과 양쪽에 대칭되는 보조 건물이 배치된 구조를 보이는데, 규모는 정면 16.4m, 측면 13.2m이고, 보조 건물지는 정면 3칸, 측면 4칸의 규모에 이른다. 일부 건물지는 상하로 중복되어 있는데, 각 건물이 동시에 건축되지 않고 시차를 두면서 설치되었음이 확인되었다. 건물지 구조와 규모, 건물지의 중복 양상과 출토된 유물 등을 고려하였을 때, 이곳은 크게 4시기에 걸쳐 재개발사업이 이루어졌을 것으로 추정된다.

1차는 이곳 일대를 매립하여 남북·동서로 가로지르는 격자모양의 도로를 건설하고, 가로에 의해 구획된 방은 생활 공간으로 조성하였다. 뻘층 상부에 지름 20~30cm 크기의 냇돌과 사질토를 혼합하여 두께 50cm 이상 성토하고, 그 위에 사질토 또는 점질토를 깔아 평탄 대지를 조성한 후 도로를 건설하였다. 뻘층에서 출토된 유물은 7세기 전반의 특징을 보인다. 이는 7세기 전반에 국지적 뻘층인 연약지반을 대상으로 천석과 사질토로 매립하고, 솟아오른 지반을 삭평하여 평탄대지를

신라 도성의 건설과 구조 | 193

조성하였는데, 그 대상지는 월지 동편에만 국한하지 않았을 것으로 추정된다.

이 시기에 월성 외측에 조성된 해자에 석축 시설이 설치되었다. 월성 해자에 석축 시설이 설치된 것은 방어기능이 상실되고, 조경시설로서 그 성격이 바뀌었음을 나타낸다. 월성 해자가 조경시설로 바뀐 것은 이 시기에 월성 북쪽과 동북쪽 일대의 광범위한 지역을 대상으로 왕궁역을 확장하기 위한 택지 조성사업이 실시되었음을 나타낸다. 이 때의 토지조성사업 일환으로 월지 동편에 남북도로와 동서도로가 설치되었다. 동서도로는 황룡사지 남쪽을 동서로 가로지르는 동서도로와 연결된다. 도로와 같은 시기에 설치한 건물지는 구체적으로 확인되지 않았고, 동서도로 남쪽에 담장이 확인되었다.

2차는 기단시설이 있는 대형 건물지를 비롯해 입수구 상단에 수조와 철제 거름망을 둔 소형 배수로가 암거의 대형 배수로에 연결되는 구조가 확인되었다. 그리고 월지에 근접한 위치에서 남북 62m, 동서 60m의 범위에 걸쳐 바닥에 10~20cm 크기의 자갈 또는 할석과 기와를 깔아 만든 부석 시설이 있고, 이 부석시설 구간에는 암거와 곡수로, 저수시설이 확인되었다. 저수시설은 50m×40m 크기이고, 내부와 주변에서 조경석으로 추정되는 괴석들이 확인되어 규모가 크지 않은 정원시설인 것으로 추정된다. 배수로와 부석시설 등에서 '義鳳四年(674)皆土'銘 기와가 출토되어 이곳 일대가 동궁 창건기에 재개발되었고, 이때의 재개발은 동궁의 건설에 의해 왕궁의 궁역이 확장되면서 기존 주거 시설이 폐기된 것으로 추정된다. 즉 1차 개발 시에는 일반 가옥이 배치된 주거공간이었지만, 동궁이 조영되면서 왕궁역으로 도시가 재배치되었음을 알 수 있다.

3차는 담장이 설치되고, 출입시설과 부속 건물군 등이 세워진 8세기 이후로 왕궁의 외연을 석축 담장으로 경계를 조성하였음이 확인되었다.

4차는 궁장 외측에 무질서하게 건물과 우물이 배치되었고, 이곳에서 9세기 후반 이후의 유물이 출토되었는데, 9세기 후반 이후 이곳 일대는 정연한 도시 구조의 틀이 깨어지는 양상이 확인되었다.

월지 동쪽 일대의 발굴조사를 통해 도시개발이 어떻게 이루어지고 변화해 갔는지, 도시를 조성하기 위한 토지구획정리사업과 도시재개발사업이 어떻게 어떤 방향으로 진행되었는지를 엿볼 수 있는 중요한 정보를 획득하였다. 뿐만 아니라 동궁의 범위 확인을 통해 왕궁의 동쪽 경계를 확인하여 왕궁 범위를 어느 정도 추정할 수 있게 되었다. 그리고 다양한 크기와 구조의 건물지는 물론 배수로와 담장 등을 통해 통일신라시대의 건축 기술과 도시를 조성하기 위한 토목 기술도 확인하는 등 중요한 성과를 거두었다.

• 귀족 거주 구역의 도시재정비 사업

황오동 3-7번지에서도 도시재정비가 이루어진 양상이 확인되었다. 동서·남북도로, 담장과 집석

유구·배수로 등이 확인되었다. 동서 도로는 모두 3차례 개축되었고, 4차 도로 노면 위에 석축 배수로가 설치되었고, 집석유구가 배수로를 침점하였다. 도로 개축과 도시 재정비는 일치하지 않음을 알 수 있다. 도로는 사용 중에 패이면 부분 보수를 하거나 또는 전면 개축을 할 경우도 있으므로 도로 개축에 의해서만 도시 재정비 양상을 설명하기 어렵다. 그러나 도로 위에 배수로 또는 담장, 우물 등의 유구가 설치되었다면, 앞선 시기에 설치된 도로는 기능이 사라지고 새로운 도로를 신설하거나 아니면 도로가 폐쇄되는 등 도시 구조가 재편될 수밖에 없다.

황오동 3-7번지 유적의 경우, 석축 배수로가 도로를 침점한 양상을 볼 때, 앞 시기의 도로를 없애고, 배수로가 설치된 것은 이곳에 가옥이 건설되었을 것으로 추정된다. 배수로 또는 담장 위에 집석유구가 조성된 것은 가옥의 거주 공간이 다른 성격의 공간으로 재편되었음을 나타낸다.

이외에도 수차례에 걸쳐 도시재정비가 이루어졌음이 확인된 곳으로는 인왕동556·557·566번지 일대와 구황동 원지유적 일대이다. 이곳들은 도시건설이 가장 먼저 이루어진 곳일 뿐만 아니라 왕궁역 또는 황룡사 확장, 분황사 창건 등과 밀접한 상관관계에 있는 구역이었다. 왕궁역과 황룡사 경역이 확장되면서 이전에 건설된 도로가 폐쇄되고 새로운 도로가 신설되면서 기존의 도로구역은 왕궁의 건물이 세워지거나 가옥이 들어서면서 주거공간으로 변화하는 등 도시재정비 사업이 이루어졌음을 확인할 수 있다.

•중·하급 관료층·민·수공업 생산 구역의 도시 재개발

월지와 황룡사지 일대의 인왕동·황오동·구황동 일대와는 달리 서천 동편의 서부동·성건동·사정동·동부동 일대는 도시재정비가 1차례 정도 이루어진 예가 많다. 이 일대에서 확인된 도로는 1~2회에 걸쳐 증·개축이 이루어졌고, 건물지나 담장 등은 전반적으로 볼 때, 1차례 정도의 중복이 확인된다. 이는 이 일대의 도시재정비가 1회 정도 이루어졌음을 시사한다.

계획도시가 가장 늦게 이루어진 동천동·황성동·용강동 일대 역시 도로는 1회 정도의 개축이 되었고, 건물지나 수혈 유구의 중복도 많아야 2회이고, 대부분은 1회 정도 이루어졌다. 이는 서천 동편과 북천 북편의 도시개발이 북천 이남지역보다 늦었을 뿐만 아니라 묘역과 북천에 의해 왕궁과 이격되어 있어 도시재개발의 필요성이 상대적으로 낮았을 것이다. 이 지역은 도시의 전면적인 재정비보다 부분적인 정비와 보수가 많았을 것으로 추정된다.

맺음말

도성 건설은 왕권강화를 위한 새로운 정책-궁성·사찰·신료 거주지·시장 등의 계획적 배치-시행이며, 여기에는 불어난 인구의 효율적인 통제책의 구현이었다. 방리제 시행은 도성 내부의 가로를 정비하는 차원만이 아니라 지배 거점인 궁성 및 지배계급과 이를 지탱하는 중하급 관료군의 거주지를 일정한 계획성 아래 배치한 고대적인 도시설계 방식으로서 이전보다 한 차원 높은 지배방식의 표현이었다.

신라 도성유적은 전면적이지는 않지만, 부분적으로 조사되어 사찰·가옥·공방·도로·배수구·우물 등이 중첩되거나 또는 아주 조밀하게 분포하는 양상을 나타내었다. 도성은 왕궁과 각종 관아 시설, 사찰 등이 배치되어 당시의 정치 중심이자 소비도시로서 뿐만 아니라 기와·금속용기·토기 등을 생산하는 생산도시이기도 했다. 도성 내부는 정연한 가로에 의해 방격으로 구획되고, 방이 주변부로 확장되는 것으로부터 여러 차례에 걸친 가로 정비와 市街의 확장이 이루어졌다. 경역이 순차 확장되었기 때문에 나성이 설치되지 않고, 나성의 대체로서 산성에 의한 방어에 주안을 두고, 도성의 확장에 동반해서 외방에 산성을 배치하여 외곽 방어선을 구축하였다.

지금까지 신라 도성의 건설 시기와 확장 양상, 구조, 방과 리의 관계, 경관 등에 대해 검토하였는데, 추론의 영역에 머무른 부분이 많았다. 이 추론의 영역은 향후 신라 도성의 발굴조사를 통한 보완과 함께, 주변국 도성과의 비교를 통해 구체화되길 기대한다.

참고문헌

국문

國立慶州文化財硏究所, 2003,「IV. 遺蹟·遺物에 대한 檢討」,『慶州 仁旺洞556·566番地 遺蹟』, 發掘調査報告書.

國立慶州博物館·慶州市, 1997,『慶州遺蹟地圖』.

김병모, 1984,「도시계획」,『역사도시 경주』, 경주시.

김재홍, 1995,「신라 중고기의 저습지 개발과 촌락구조의 재편」,『한국고대 사논총』7, 한국고대사회연구소.

_____, 2013. 7,「경주 월성의 고고·역사학적 의미와 발굴타당성 검토」,『경주 월성의 보존과 활용』, 국립경주문화재연구소.

민덕식, 1986,「신라왕경의 도시설계와 운영에 관한 고찰」,『백산학보』33, 백산자료원.

박광열외, 2013,「V. 고찰」,『慶州 仁旺洞 王京遺蹟 I - 경주 인왕동 선덕여고 증축(기숙사·승강기) 부지내』, (재)성림문화재연구원.

朴方龍, 1997,『新羅 都城 硏究』, 동아대학교 박사학위논문.

_____, 1999,「新羅 王京의 都市計劃」,『文物硏究』3, 東아시아文物硏究學術財團.

_____, 2001,「황룡사와 신라왕경의 조성」,『황룡사의 종합적 고찰』, 신라문화제학술논문집 22.

_____, 2007,「新羅 都城遺蹟의 發掘과 硏究現況 - 月城을 中心으로 -」,『경주월성의 어제와 오늘, 그리고 미래』, 국립경주문화재연구소.

_____, 2013,『新羅都城』, 학연문화사.

余昊奎, 2002,「新羅 都城의 空間構成과 王京制의 성립과정」,『서울학연구』18, 서울학연구소.

_____, 2003,「新羅 都城의 儀禮空間과 王京制의 成立過程」,『新羅王京調査의 成果와 意義』, 國立文化財硏究所.

윤무병, 1987,「新羅王京의 坊制」,『두계 이병도박사 구순기념 한국사논총』.

우성훈, 1996,「신라왕경 경주의 도시계획에 관한 연구」, 성균관대학교 석사논문.

李康承·李熙濬, 1993,『慶州 隍城洞 石室墳』, 國立慶州博物館.

이근직, 2012,『신라 왕릉 연구』, 학연문화사.

이기봉, 2003,「新羅 王京의 空間的 規模와 內部 體系에 대한 一考察 - 文獻과 金石文의 王京 記錄을 어떻게 理解할 것인가?」,『新羅王京調査의 成果와 意義』.

李炳鎬, 2008,「泗沘 都城과 慶州 王京의 比較 試論」,『동아시아 도성과 신라 왕경의 비교연구』.

李泳鎬, 2005,「7세기 新羅 王京의 變化」,『國邑에서 都城으로 - 新羅王京을 중심으로 -』, 신라문화제학술논문집, 26.

李恩碩, 2004,「왕경의 성립과 발전」,『통일신라시대고고학』, 한국고고학회.

_____, 2002,「新羅王京の都市計劃」,『東アジアの古代都城』, 奈良文化財硏究所創立50주년기념강연회.

_____, 2011,「상주 복룡동유적과 경주 왕경」,『영남문화재연구』24, (재)영남문화재연구원.

이희준, 2010,「신라 왕경유적 발굴조사 성과」,『韓國의 都城』, 국립경주문화재연구소·국립부여문화재연구소·국립가야문화재연구소.

張順鏞, 1976,「신라왕경의 도시계획에 관한 연구」, 서울대학교 환경대학원 석사학위논문.

全德在, 2005,「新羅 方里制의 施行과 그 性格」,『國邑에서 都城으로-新羅王京을 중심으로-』, 신라문화학술논문집 26, 경주시·신라문화선양회·경주문화원·동국대학교 국사학과.

홍보식, 2003. 1,『신라 후기 고분문화 연구』, 춘추각.

_____, 2004. 6,「統一新羅土器의 上限과 下限-연구사 검토를 중심으로-」,『嶺南考古學』第34輯, 영남고고학회.

_____, 2005. 11,「통일신라연결고리유개호의 발생과 전개」,『韓國上古史學報』50권, 韓國上古史學會.

_____, 2013,「신라 도성의 구조 성격과 백제 도성과의 비교-신라 도성과 사비도성을 중심으로-」,『백제 도성제와 주변국 도성제의 비교연구』, 백제역사유적 세계유산등재추진단·충청남도역사문화연구원.

황보은숙, 2008,「신라왕경의 도시적 발달」,『신라문화』32, 東國大學校 新羅文化硏究所.

황인호, 2007,「新羅 王京의 造營計劃에 대한 一考察」,『韓日文化財論集』Ⅰ, 국립문화재연구소.

일문

木村誠, 1983,「統一新羅の王畿について」,『東洋史研究』42-2, 東洋史研究會.

西川幸治, 1976,「都城の景觀」,『都城』, 社會思想史.

田中俊明, 1992,「新羅における王京の成立」,『朝鮮史研究會論文集』30, 朝鮮史研究會.

井上秀雄, 1968,「新羅王畿の構造」,『朝鮮學報』49, 朝鮮學會.

藤島亥治郞案, 1930,「新羅王京復元試論」,『朝鮮建築史論』.

삼국시대 성곽과 방어체계

조효식(국립중앙박물관)

머리말

고구려
- 환인지역 주요 축성사업과 방어체계
- 집안지역 주요 축성사업과 방어체계
- 평양지역 주요 축성사업과 방어체계
- 고구려 방어체계와 성곽의 특징

백제
- 한성기 주요 축성사업과 방어체계
- 웅진기 주요 축성사업과 방어체계
- 사비기 주요 축성사업과 방어체계
- 백제 방어체계와 성곽의 특징

신라
- 사로국 단계 주요 축성사업과 방어체계
- 마립간기 주요 축성사업과 방어체계
- 중고기 주요 축성사업과 방어체계
- 통일기 주요 축성사업과 방어체계
- 신라 방어체계와 성곽의 특징

가야
- 금관가야의 주요 축성사업과 방어체계
- 아라가야의 주요 축성사업과 방어체계
- 소가야의 주요 축성사업과 방어체계
- 대가야의 주요 축성사업과 방어체계
- 가야 방어체계와 성곽의 특징

맺음말

머리말

영토 전쟁의 전성기인 삼국시대에는 많은 수의 인원을 동원하여 다양한 형태의 성곽을 축조하였으며, 이를 기초로 왕경과 지방 그리고 크게는 국가와 국가를 구분하는 구조물로 활용하였다.

본고에서는 삼국시대 왕경을 보호하기 위해 축조된 대표 토목공사의 한 예인 성곽이 가지는 방어기능을 이해하기 위하여 국가별 주요 성곽의 분포, 축조 배경, 그리고 변천의 흐름을 정리하고자 한다. 요컨대 초기 중심지 성곽의 축조에서부터 외부로 확대 발전해 나가는 과정에서 각 국의 성곽들이 어떠한 위치에 축조되었으며, 또 이를 통해 어떠한 방어체계를 형성하였는지를 검토하고자 하는 것이 글의 목적이다.

마치 톱니바퀴처럼 맞물려 있는 연쇄 반응과 같이 주변 국과의 관계나 이 국가들의 성곽의 축조과정 등을 살피는 작업은 대응 작용 및 반대 급부 등을 도출해 낼 수 있는 흥미로운 일이다. 덧붙여 이러한 작업은 방어체계의 중핵인 왕경에 대한 이해를 돕고 외곽에서 발생된 중요 전투지역과 축성지점 나아가 최종적으로는 국경을 설정하는데 도움을 준다.

최근 연구 성과로 보건데 축성의 주요 전개 양상은 두 개의 방향으로 이루어졌다. 하나는 국의 중심부에서 외부로의 확장 동선이고, 다른 하나는 변경에서 중심부로의 축성이다. 여기에 하나를 더하자면 중심부와 변경 사이 거리가 먼 경우 이 두 개의 동선을 교차하는 지점에서 축성사업이 보완될 수 있다. 요컨대 축성사업이 확장과 결집이라는 두 방향의 결합구도로 확대해 나가는 것을 고려해 볼 때 본고의 정리 방식도 중심부에서의 축성과 지방 거점 또는 변경지역에서의 축성 두 개의 방향에서 방어체계를 접근하는 것이 타당하리라 생각된다.

이 같은 이유에서 대상지역과 시기는 초기 성곽의 특징에서부터 세력 확대 및 정점을 이루는 단계와 같은 이른바 입체적인 발전과정을 통시적으로 살피고자 한다. 그리고 각 국의 중심부에서 외부 관할 구역 내의 자료가 주요 검토 대상이 된다. 구체적인 본문의 기술 방향은 연구사 검토를 통해 확보된 성곽 분포망을 적극 활용하며 이를 근거로 제시된 축조 배경 및 갈등 양상을 정리하고자 한다.

고구려

고구려는 압록강 중·상류지역인 혼강유역에서 시작하여 주로 북쪽과 남쪽으로 영토를 확장해 나갔다. 건국 초기부터 부여를 비롯하여 거란과 전연, 북위, 수, 당 등 북쪽에서 들어오는 대륙의 세력들과 갈등하면서 요하유역의 방어체계를 일찍이 수립하였다. 그리고 북방의 적을 효율적으로 방어하기 위하여 몇 차례 남쪽으로 천도하면서 왕경의 안전을 도모함과 더불어 변경지역 방어력을 높였다. 더불어 남쪽 지역으로도 거점성곽을 축조하여 영토 범위를 점차 확대해 나갔다.

다만 주 검토 대상 범위가 중국을 비롯하여 북한 일원에서 자료 접근이 쉽지 않은 상황이어서 연구 및 축조 연대 비정에는 일정한 한계가 있다. 북변과 천도되는 왕경으로 향하는 중요 교통로에 분포하는 주요 거점성 등에 대한 대강의 그림은 그려져 있으나 세부적인 형태나 특징 확보 및 검토는 여전히 부족한 현황이다. 반대 남한지역 내에서는 고구려 남진의 흔적이 증가되면서 후기 성곽의 축조 패턴과 특징에 대한 연구가 부분적으로 검토되었다. 지금까지 연구된 시기별 성곽의 특징과 방어체계에 대해서 살펴보면 다음과 같다. 그 구분의 기준은 도읍과 천도를 시점으로 한다.

• 환인지역 주요 축성사업과 방어체계

고구려는 건립 초기 단계부터 도피 및 기습을 위한 최적의 지점에 산성을 축조하였다. 천혜의 자연요소를 배경으로 축조된 최고의 거점성은 환인 오녀산성이다. 그리고 주변에는 접근성이 좋은 평지성인 하고성자성을 구축하여 생활의 거점으로 삼았다. 초기부터 평지성과 산성의 도성 방어체계를 구축한 셈이다. 왕경으로 향하는 주요 교통로에는 마안산성, 고검지산성, 나합성지, 성장립자 산성 등의 성곽을 설치하여 방어책을 확충하였다. 기록에 의하면 유리왕대인 기원후 3년에 집안 국내성으로 천도하였는데 이를 근거로 환인지 역 성곽 축조를 조기早期, 다음 집안지역 성곽 축조 단계를 본격적인 초기初期 도성으로 보기도 한다. 천도 배경으로는 압록강 유역 장악과 주변 진출로 확보, 한군현에 대한 방어체계 강화 등의 요인이 있다.

• 집안지역 주요 축성사업과 방어체계

중앙 거점성과 방어체계

삼국사기 기록에 의하면 집안지역으로의 천도와 관련하여 기원후 3년 위나암성尉耶巖城, 198년 환도산성丸都山城, 342년 환도성 수리, 국내성國內城 축조 등의 내용이 전한다. 이를 근거로 천도의 시점과 지점에 대해서는 다양한 견해 차이가 있으나, 집안에서의 방어체계가 평지 국내성과 배후 산지에 구축된 산성자산성의 조합구도가 중심을 이룬다는 것에 대해서는 이견이 없다. 그리고 환인지역과 동일하게 중심부로 들어오는 주요 길목에 거점성과 관애關隘시설을 다수 축조하였다. 대표적인 성곽으로 서북방향의 패왕조산성, 하천 주변 관애시설로는 노변장, 칠개정자관애를 들 수 있다.

지방 거점성과 방어체계
• 북쪽 방어체계
영토 확대 과정 속에서 북방의 여러 세력들과 계속 충돌하였다. 지금까지 연구된 방어체계는 주요

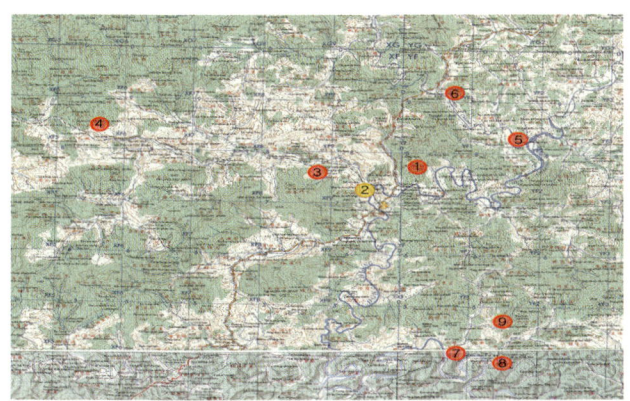

그림 1
환인지역 주요 성곽 분포
(여호규 연구자료 재편집)
1. 오녀산성
2. 하성자고성
3. 마안산성
4. 고검지산성
5. 나합성지
6. 동고성·서고성
7. 성장립자산성
8. 와방구산성
9. 북구관애

그림 2
집안지역 주요 성곽 분포
(여호규 연구자료 재편집)
1. 국내성
2. 산성자산성
3. 망파령관애
4. 장천고성
5. 노변장관애
6. 칠개정자관애
7. 관마장산성
8. 패왕조산성
9. 대천소보

하천별 성곽 분포를 통하여 횡과 종선의 방어체계가 주를 이룬다. 그 양상을 보면 대체적으로 초기에는 혼강, 태자하와 혼하 하류에 성곽이 집중된다. 분포에서 대형 산성은 요동평원의 접경지역에 주로 분포하며, 중형급의 산성은 요하에서 떨어진 하천 연안로에, 마지막 소형산성은 중·대형 산성 사이에 위치한다. 따라서 중대형의 거점성들과 그 사이 보조성의 구축을 통해 통합 방어체계의 틀을 구축한 것이 된다. 그 근거로 최외곽에 위치한 요동성遼東城을 비롯하여 무순 고이산성으로 비정되는 신성新城에 대한 전투와 성곽의 개축 기사를 통해서도 확인된다. 또 국내성으로 천도하면서 새로운 내륙 교통로에 성곽이 구축되었으며, 해당 주요 교통로에도 관애시설이 계속 보강된다. 관애는 골짜기를 차단하는 장벽으로 험준한 산악지역을 활용한 최적의 방어시설로 왕도로 진격하는 적의 침략 속도를 늦추는데 상당한 기여를 하였다. 실제 342년 전연前燕의 침입과정에서 이러한 방어 전략이 큰 역할을 발휘한 정황이 포착된다. 대표적인 관애로는 석호, 이도구문, 망파령, 북구, 철개정자, 노변장관애 등이 있다. 요컨대 천도를 통하여 기존 북쪽에서 들어오는 적에 대한 방어체계를 한 단계 더 강화할 수 있게 되었다.

• 남쪽 방어체계

남쪽 방어체계는 한사군漢四郡에 대한 지배권 장악을 시초로 한다. 이 분쟁은 북쪽 위와 진세력의 한사군 영향력 약화책과도 밀접한 관련이 있다. 결국 요동지역에서의 지배권 강화를 계기로 북쪽 방어체계가 확대 발전해 나갔고, 북쪽의 방비가 어느 정도 마무리되자 고구려는 본격적으로 남쪽으로 진출을 도모하게 된다. 특히 한사군의 거점인 낙랑과 대방지역을 장악 이후 본격적으로 백제와 갈등하게 된다.

남진 정책을 표방한 고구려와 그에 대응한 백제와는 예성강으로 추정되는 패하浿河유역에서 여러 차례 전투를 펼친다. 치열한 공방전은 371년 고국원왕이 평양에서 사망한 이후 정점에 달하게 되며 이후 고구려의 남진 의지는 더욱 강화된다. 기록에 의하면 예성강일대로 진격하여 393년 국의 남쪽에 7성을 축조하였고, 408년에는 동쪽에 독산 등 8성을 쌓고 평양의 주민을 이주시켰다고 전한다. 국남 6성에 대해서는 북한학계에서 서흥 대현산성, 평산 태백산성, 봉산 후류산성, 신원 장수산성, 해주 지성산성, 배천 치악산성, 곡산 십곡성을 들어 예성강 서편에 위치한 대형 거점 산성에 비정하고 있다. 그리고 동쪽 6성의 경우 위치는 불명확하나, 대응주체의 경우 백제, 또는 신라로 구분하는 견해가 있다. 이후 고구려는 석현 10성과 관미성을 공략 최종적으로 475년 한강유역으로 진출 하남 위례성을 장악한다. 1차 교두보 장악에 해당하는 10성의 공략지점에 대해서는 예성강 이동 또는 임진강 하류역으로 추정되며 더불어 관미성에 대한 견해도 파주 오두산성, 개풍 백마산성, 강화도 등이 존재한다. 이러한 내용을 종합해 볼 때 중기 고구려의 남부 방어체계는 대략 예성강유역 확보와 더불어 임진강과 한강유역 진출로 그려진다.

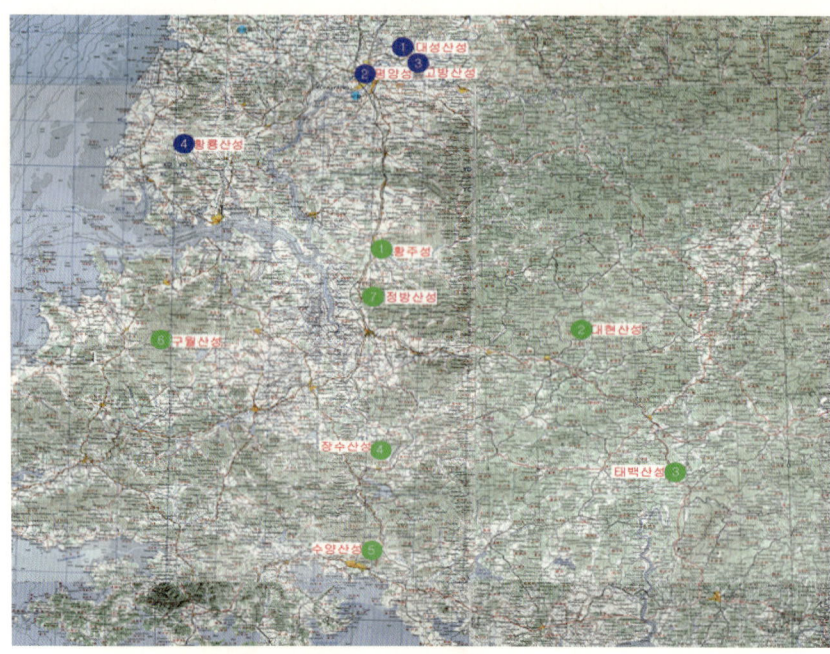

그림 3___
황해도일원
주요 성곽 분포
 1. 황주성
 2. 대현산성
 3. 태백산성
 4. 장수산성
 5. 수양산성
 6. 구월산성
 7. 정방산성

•평양지역 주요 축성사업과 방어체계

중앙 거점성과 방어체계

427년에 천도한 초기 평양성은 안학궁과 대성산성 일대이며. 이후 586년 천도한 장안성 長安城은 현재의 평양성으로 보고 있다. 일부에서는 이를 전기와 후기로 구분짓기도 한다. 안학궁성은 대성산성의 남쪽 구릉 자락에 위치한 방형의 성곽으로 5개의 궁으로 구분된다. 안학궁의 조성시기에 대해서는 평양천도 이전과 이후로 양분되었으나 최근에는 고려시대의 것으로 보는 견해도 있다. 그리고 새로운 평지성으로 대동강변에 위치하는 청암리토성을 천도시점의 평지성으로 보기도 한다. 일반인들에게 평양성으로 잘 알려진 후기 중심성인 장안성은 둘레 23km의 대형의 거점성이다. 강변성이자 평지성과 산성의 결합 구조인 평산성 平山城 형태를 취하고 있어 이전 시기와 달리 한 곳에서 생활과 방어 기능을 모두를 소화할 수 있었다. 축조 시기에 대해서 빠르게는 고조선시대로 올려보는 견해가 있는가 하면, 북성을 343년에 축조된 동황성 東黃城으로 보는 견해도 있다. 다만, 천도한 도성으로서 평양성의 구축시점은 성 내에서 발견된 6개의 글자가 새겨진 성돌을 근거로 대략 6세기 후반으로 봄이 타당하다. 그리고 후대 여러 차례 수리·증축되었는데, 이는 성벽 단면조사에서도 잘 드러났다. 그 외 평양 주변으로 들어오는 주요 길목에 거점성을 축조하여 중심부 방어를 확충하였다. 대표성곽으로는 북쪽의 평성 청룡산성과 서편 용강 황룡산성, 동쪽의 성천 흘골산성, 남쪽의 서흥 대현산성 등이 있다.

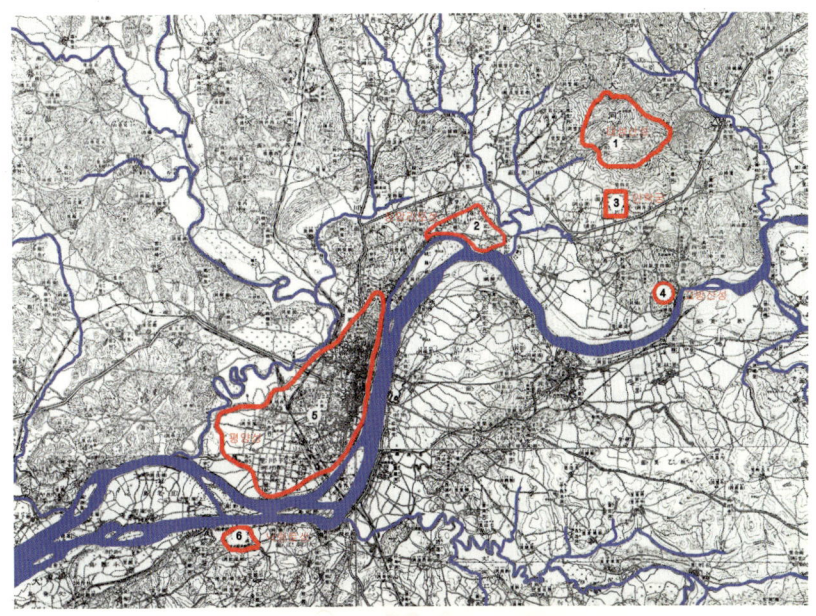

그림 4
평양 주변 성곽 분포
1. 대성산성
2. 청암리토성
3. 안학궁성?
4. 고방산성
5. 평양성
6. 낙랑토성?

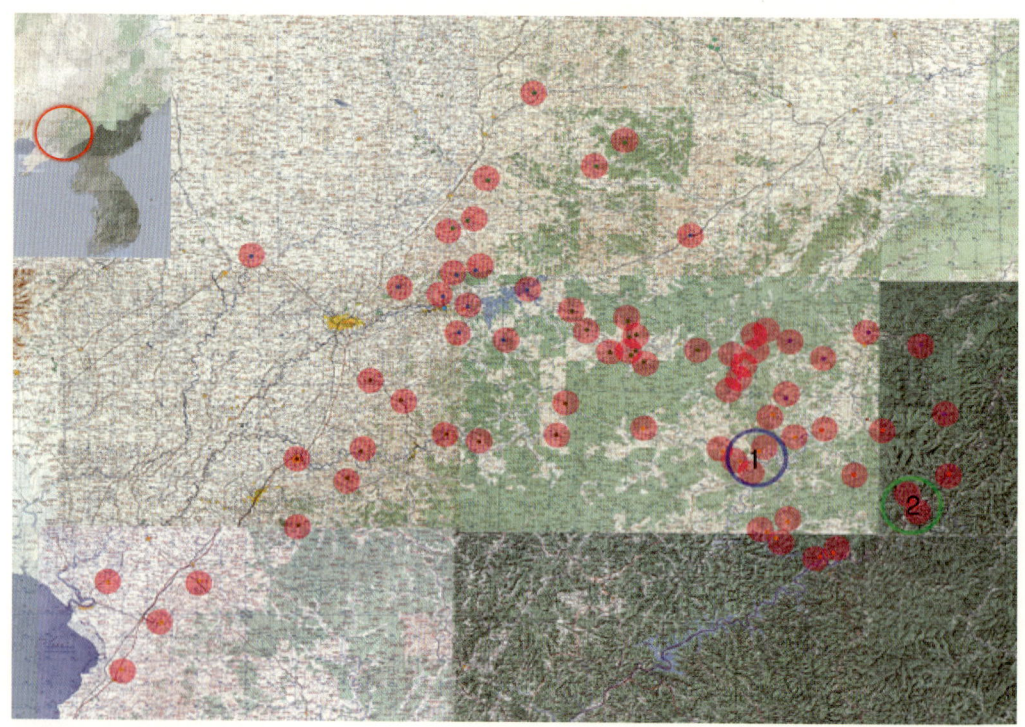

그림 5
요하유역 주요 성곽 분포
(여호규 연구자료 재편집 - 1. 환인지역, 2. 집안지역)

지방 주요 거점과 방어체계

• 북쪽 방어

평양 천도 이후에도 북부지역 주요 충돌지점은 요동성을 중심으로 한 요하일원이다. 후기에도 탑산산성과 영성자산성 등 대형의 거점성을 계속 축조하였고, 631년에는 부여성에서 바다에 이르는 천리장성, 641년에는 연개소문이 주도한 서부 장성이 구축되었다. 주요 항쟁지점으로는 수隨의 공격을 받은 요동성과 신성, 당唐이 침공한 안시성, 백암성 등이 있다. 따라서 멸망 이전까지 최외곽 방어체계와 관련된 서북·동북쪽 영토를 끝까지 고수한 것이 된다.

요컨대 평양성으로 천도함에 따라 요하에서 평양에 이르는 경로에 조성된 방어체계는 더욱 두터워졌다. 하천을 기준한다면 압록강 일원 그리고 612년 살수대첩의 무대인 청천강 등이 중심지역이다. 이 곳을 경유하는 주요 교통로에 대형의 거점성을 축조하였으며, 대표 성곽으로는 의주 백마산성, 피현 걸망성, 염주 용골산성, 곽산 능한산성, 안주 안주성이 있다(그림 6).

• 남쪽 백제 방어체계

고구려는 예성강일원을 확보하고 임진강유역으로 진출하는 단계를 넘어 475년 한강유역으로 진출하

그림 6 ___
평안도지역
주요 성곽 분포
　1. 백마산성
　2. 걸망성
　3. 용골산성
　4. 능한산성
　5. 철옹성
　6. 안주성
　7. 농오리산성
　8. 안주성
　9. 청룡산성
　10. 홀골산성

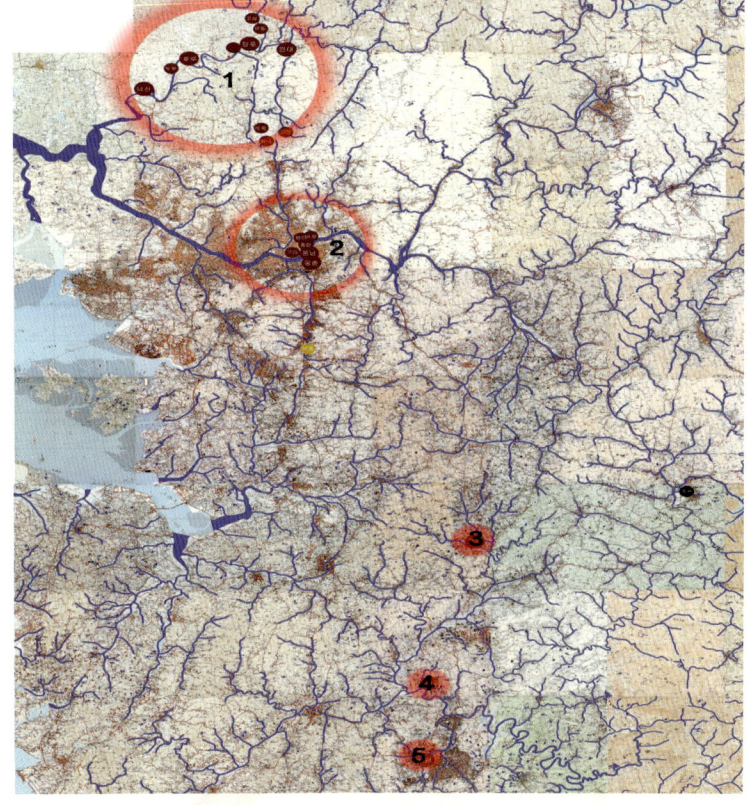

그림 7 ___
남한지역 주요 고구려 유적 분포
　1. 임진강유역 성곽군
　2. 한강유역 성곽군
　3. 청주 부모산성?(유물)
　4. 청원 남성골유적
　5. 대전 월평동산성?(유물)

삼국시대 성곽과 방어체계 | 207

여 백제의 한성을 점령한다. 그리고 더욱 더 남하하여 청원, 대전 일원까지 진출하나 나제동맹군의 대응에 막혀 진격을 멈춘다. 이후 점령지인 한강유역에 대한 지배를 강화하기 위하여 몽촌토성 일원에 건물을 구축하고, 강북의 아차산과 주요 교통로에 대규모 보루성을 다수 축조한다. 중원 고구려비, 청원 남성골유적을 비롯하여 용인 보정동, 화성 청계리 등 최근 조사된 고구려 고분 조사로 보아 고구려의 진출은 남한강과 금강유역까지 확대된다. 이에 대응하는 나제동맹군의 방어 전략은 대략 아산, 공주, 대전, 보은을 잇는 선으로 그려진다. 다만, 한강 이남지역의 진출에 대한 고구려의 영토 지배 여부와 시점에 대해서는 의견이 다양하다. 점령의 형태와 지배의 방식 등에 대해서 고구려와 백제 측 연구자들의 견해가 각각 다르게 해석되고 있다.

• 남쪽 신라 방어로 전환

5세기 중반 신라의 영토 깊숙한 곳까지 일시 공략하게 되나 주로 니하^{泥河} 일원에서 신라와 경계를 이룬다. 그러다 6세기 중반 이후 신라의 북진에 의해 한강은 물론 강원도와 함경남도 일대가 신라에 수중에 들어간다. 관련 삼국사기 기사로는 550년 도살성^{道薩城}과 금현성^{金峴城}을 장악을 시작으로 551년에는 충주지역에 위치한 낭성^{娘城}을 점령, 553년 한강유역에 신주를 설치로 이어지며 이후에도 안변의 비열홀주^{比列忽州}에 군주를 파견, 임진강유역인 칠중성^{七重城}에서의 전투 기록 등이 전한다. 이에 고구려는 기존 백제 방어체계를 위해 구축된 성곽의 상당수를 신라방어체계로 전환하게 된다. 그 방어체계는 대략 한강과 임진강유역으로 파악되며, 북동에서는 새로이 함경도와 강원도지역에서 신라 북진을 막는 방어체계가 형성되었다고 생각된다. 이후 고구려가 백제와 연합하여 신라를 압박하기도 하나 나당 연합군에 의해 668년 도성인 평양성이 함락되고 만다.

• 고구려 방어체계와 성곽의 특징

고구려는 삼국 가운데 가장 많은 전투 경험을 토대로 도입 단계부터 효율적인 군사시설을 구축하였던 것으로 보인다. 주요 갈등대상의 침입로인 서북방향에서는 대형의 거점성을 축조 이를 연결한 방어체계가 주목된다. 그리고 외곽에서 왕도로 들어오는 길목에 거점성과 관애 등을 설치하여 적의 침입을 막았다. 그 연결 길목과 좌우 교통로에도 대형의 거점성곽을 축조, 보강하였다. 다만 일부의 지적과 같이 확인된 성곽의 형태와 남아있는 성벽을 초축 그대로의 모습으로 보는 것은 문제가 있다. 후대 변형 가능성을 충분히 고려해 두어야한다. 즉, 벽화를 기초로 구조물의 형태와 같은 일부 형태는 예측되나 세부적인 토목기술의 양상에 대해서는 많은 검토를 요한다. 특징에 있어서 초기 도입 단계에서는 오녀산성과 같이 자연적인 급경사면을 활용, 외측 일부를 흙으로 쌓거나 목책시설로 보강하는 경우도 많았으며, 이후 석축성의 도입과 더불어 기초다짐 후 성벽을 쌓거나 쐐기꼴 성돌을 이용하여 들여쌓기, 자연석 면을 활용한 그렝이기법 등 석조 가공수법도 발달하였다.

반대로 남쪽으로는 방어거점 보다는 공격과 감시를 위한 최적의 위치를 선점하였다. 그리고 소규모인원으로 최소의 효율을 낼 수 있는 보루성을 선택하였다. 고구려 남정 이후 축조된 보루성은 한강과 임진강유역에서 다수 확인되었고, 조사 성과도 상당수 축적되었다. 확인되는 성곽의 경우 여타 보루성과 달리 구릉 전체를 삭토해 1차 평탄면을 조성한 후 배수 및 정지목적을 위한 기초다짐을 시작으로 성벽을 쌓아올렸다. 그런 다음 장기 체류 및 최적의 전투상황을 조성하기 위하여 온돌건물지, 저장고 등 다양한 시설들을 완비하였다. 성벽에 있어서는 돌출된 치성을 많이 활용하였고 발굴조사에서도 확인되듯이 성벽외측에 나무기둥을 세워 성벽 붕괴를 방지하거나 석축의 경우 들여쌓기 한 것이 많다. 요컨대 남한지역 발굴사례로 보더라도 최적의 위치 선정, 다양한 시설이 마련된 설계 등은 고구려의 우수한 축성기술 능력을 보여준다.

명칭	형태	둘레	축조재료	비고
환인 오녀산성	산성	2.4km	석축	자연 절벽, 사각추형 성돌, 어긋문 형태의 성문, 성문 3곳, 적대, 옹성 흔적, 장대, 병영터, 창고터, 연못, 인근 고분 분포, 졸본성, 홀슬골성에 비정
집안 국내성	평지성	2.7km	토축, 석축	치성, 궁형토축, 들여쌓기, 성문 6곳소, 어긋문 형태의 성문, 옹성 흔적, 치 42곳, 건물지 다수, 배수시설
집안 환도산성	산성	6.9km	석축	들여쌓기, 성가퀴 20여 곳, 성문 7곳, 옹성, 집수지 2곳, 다수 건물지, 망대, 성내 고분, 산성자산성, 위나암성에 비정
평양 대성산성	산성	9.3km	석축	문지19곳, 65곳, 장대터, 못 170여개, 건물지 다수, 수직기둥홈, 4세기 말~5세기 초
평양 평양성	강변성	16~23km	석축	내성, 중성, 외성, 북성, 리방里坊확인, 쐐기돌, 기초다짐 후 석축, 여장시설, 성문 16 곳, 치시설, 장대 7곳, 552년 축성~593년 완성
심양 석대자산성	산성	1.38km	석축	다양한 기초다짐, 쐐기꼴형 성돌 등 다양한 성돌, 성문 4곳, 배수시설, 치 9곳, 망대, 저수시설, 건물지, 구들시설, 주변 고구려무덤, 금산성, 개모성, 횡산성, 신성등으로 비정
연천 호루고루	강변성	0.4km	목책/토축 기초, 석축	자연 절벽, 편축식 성벽, 판축을 통한 기초 조성 후 성벽 조성, 보축성벽, 목책유구, 지상건물지, 온돌시설, 지하식 벽체건물지, 우물지, 6세기 중엽~7세기 후반
연천 당포성	강변성	0.5km	토축기초, 석축	자연성벽, 보축벽, 해자, 수직홈, 신라재활용
서울 아차산4보루	산성	0.25km	목책/토축 기초, 석축	들여쌓기, 추정높이 4m, 치 3곳, 건물지 7곳, 온돌시설, 대형건물지, 배수구, 저수시설, 550-551년경, 100여병의 군사 주둔
서울 홍련봉1보루	산성	0.14km	목책/토축 기초, 석축	기초다짐 후 성벽쌓기, 목책시설, 3~3.5m 높이추정, 기단건물지 18곳, 수혈건물지 1곳, 온돌시설, 수혈유구 2곳, 저수시설 3곳, 배수시설 4곳, 기단시설, 석렬유구, 550-551년경
청원 남성골산성	산성	0.36km	목책	이중의 목책, 치 1곳, 문지, 수혈군, 수혈건물지, 온돌시설, 목곽고, 475~520년경

표 1___
고구려 대표성곽 자료
(한국성곽사전 참조)

백제

백제도 중심부 도성을 중심으로 사방의 성곽 확대 과정을 확인할 수 있다. 주 갈등대상국인 고구려와의 관계에서 초기 북쪽 방향에서의 다수의 방어체계가 형성된 것으로 보이나 자료 접근의 어려움으로 연구에 일정한 한계가 있다. 반대 남쪽으로 진출하여 마한을 병합한 후 주로 신라와 갈등 국면에 접어들었으나 475년 고구려 남정을 계기로 나제동맹을 결성, 고구려의 남진을 막는 방어체제로 전환하게 된다. 이후 금강유역에 위치한 웅진과 사비로 천도하여 지배체제를 대폭 정비한 후 다시 외곽으로 세력을 확대해 나가면서 고구려, 신라와 가야와 새로운 갈등 국면을 맞게 되고 외곽지역으로 다수의 방어체계를 구축해 나간다. 지금까지 연구된 시기별 성곽의 특징과 방어체계에 대해서 살펴보면 다음과 같다. 구분의 기준은 천도를 시점으로 한다.

• 한성기 주요 축성사업과 방어체계

중앙 거점성과 방어체계

백제의 중심부 성은 위례성慰禮城이다. 온조가 첫 도읍을 정한 곳인 하북 위례성, 한강 이남으로 천도한 하남 위례성이 있다. 하북 위례성의 경우 다양한 견해가 있으나 중랑천일대로 추정하는 견해가 다수이다. 그러나 이곳은 북동에서 내려오는 적낙랑과 말갈의 침입에 노출되어 있어 얼마 지나지 않아 그 이남으로 천도하게 된다.

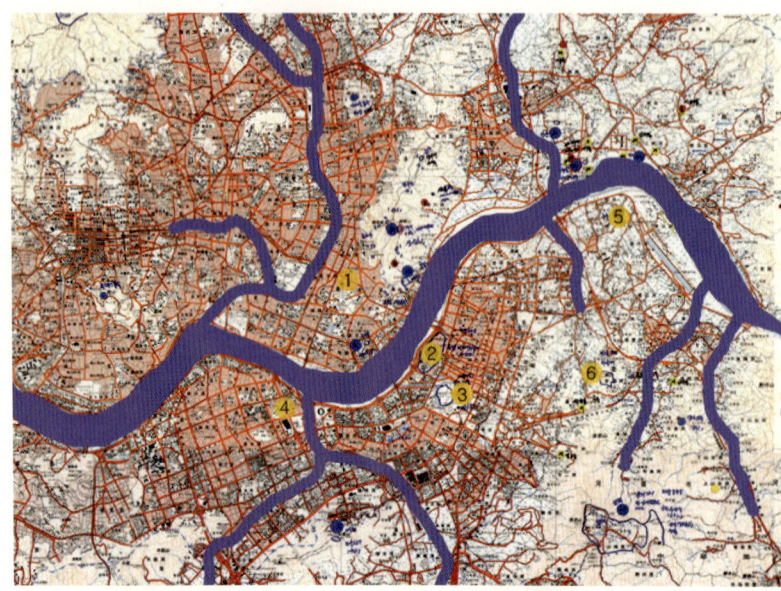

그림 8
한강유역 성곽 분포
 1. 하북위례성 추정지
 2. 몽촌토성
 3. 풍납토성
 4. 삼성동토성
 5. 미사리토성?
 6. 이성산성?

새로운 도읍인 하남 위례성은 몽촌토성, 풍납토성 조합체계로 운영되었다. 하남으로의 천도 전 기록에 의하면 목책 구축 이후 성과 궐闕을 세웠다고 표현되었다. 이를 두 가지 공역으로 구분해 볼 수 있다면 구축된 두 곳의 시설물로 하남의 방어체계가 구성되었다고 볼 수 있다. 관련하여 초기 건립단계에 군사적 성격의 몽촌토성은 구릉이 지니는 자연 방어적 기능의 성곽으로, 반대 평지에 구축된 풍납토성은 정치적 및 생활 주거 성격의 성곽으로 보는 견해도 있다. 다만 초기의 성곽은 현재의 토성처럼 고대高大하지 않았고 후대에도 계속 보완되었다. 지금의 모습은 책계왕이 즉위한 해(286)에 정부丁夫를 징발하여 위례성을 개축하였다는 사료를 근거로 3세기 중후반경에 완성되었다고 보는 견해가 지배적이다.

그리고 백제는 두 곳의 성곽에 만족하지 않고 중심부 주변에 여러 성곽을 보강하여 방어망을 확충한다. 이는 삼정동토성에서 미사리토성 부근으로 추정되는 숭산에 이르는 장성의 축성 사업으로 삼국사기 기록에는 286년 사성蛇城 축조로 표현된다(그림 8). 그리고 동시기 한강 이북에 위치한 아단성阿旦城도 수리하였다. 북쪽에 성곽을 수리하였다는 점에서 기존 축조된 하북 위례성 또는 그 인근 산지 왕성을 중심으로 인근 사방으로 성곽이 보강되어 하나로 연동되는 중심부 방어체계의 틀이 갖추어 지기 시작한 것을 보여준다.

지방 거점성과 주요 방어체계
• 북쪽 고구려 방어체계

왕경과 외곽 방어를 구축함에 있어서 백제가 가장 신경 쓴 세력은 북쪽에 위치한 고구려였다. 삼국사기 온조왕 대에 등장하는 고목성高木城과 석두성石頭城 축성 기록을 시작으로 북부 일원에서의 축성과 전투기사가 다수 확인된다. 최근에는 치양성雉壤城, 수곡성水谷城 전투를 비롯하여 당시 경계로 지목되는 패하浿河유역 일대의 방어체계가 중요 검토 대상이 되기도 한다. 그리고 패하유역 방어체계를 기반으로 근초고왕 대에는 평양성을 공략 고구려 중심부에 대한 타격을 가하기도 한다. 이를 근거로 이 시기 북변에 대한 방어체계가 보다 넓은 범위로 확대되었다고 보는 견해도 있다. 이후 백제는 385년 청목령靑木嶺에서 팔압성八押城, 서해를 잇는 방어망을 더욱 견고하게 구축한다. 당시 구축된 성곽을 패하인 예성강 이동지역일대로 보는 견해가 지배적인 가운데 최근에는 예성강 이서지역으로 확대하여 보는 견해도 있다. 이는 근초고왕의 북진기에 이루어진 평양성 함락과 황주 일원에서 출토된 백제토기와도 밀접한 관련성을 지닌다.

그러나 4세기 후반 본격적으로 남하하는 고구려에 대항하여 북변 방어체계는 한층 강화되기도 하나 관미성關彌城 전투, 석현石峴 등 10여개 성 함락으로 예성강 방어체계가 붕괴됨에 따라 임진강유역까지 후퇴한다. 그리고 앞서 다룬 바와 같이 고구려가 새로이 병합한 예성강 주변을 비롯한 남쪽 일대에 6성을 축조하게 된다. 이후 고구려의 남부지역 진출 과정으로 보건데 초기 백제와의 공방은 주로 예성강을 사이에 두고 진행되었다. 다만 두 세력의 진출을 바라보는 연구자들은 공략과 축성을 근거로 해당 지역을 각기 다른 영향권으로 보고 있기에 현재로서는 양 세력에 의한 국경지대가 폭넓게 형성되었다고 볼 수 있다. 특히 백제 성곽과 관련하여 배천 치양산성과 대치되는 예성강 이동지역에 다수의 성곽 관련 지명이 확인되는 것은 주목해야 할 정보이다. 그리고 축성기사를 근거한 백제 성곽으로는 신계에 위치한 팔압성과 개성 청석동에 위치한 것으로 전하는 청목령이 있다.

2차 방어선인 임진강유역 성곽자료로는 강변 거점성인 육계토성과 오두산성 등 주요 도하지점에 성곽이 축조되었고 그 배후 산지 및 교통로에 월롱산성, 반월산성 등이 위치한다. 그리고 한강을 통해서 들어오는 적의 방어를 위한 성곽들도 강변에 축조된다. 결국 당시 설정된 백제의 북변 방어체계는 최외곽 경계인 하천을 기본 경계로 하고 그 배후 산지와 고갯길에 2차 방어성곽을 구축한 형태였으며, 그 구도는 다음에 위치하는 큰 하천을 기준으로 동일하게 반복되었음을 알 수 있다. 즉 하천의 1선, 배후 산지 및 주요 교통로의 2선 두개의 방어축이 다음 하천유역에도 반복 전개되어 최종 한강 이남지역까지 도달하기 위해서는 최소 3개 이상의 방어망을 돌파하여야 접근이 가능하며, 그 사이를 왕래하는 주요 교통로에도 성곽이 마련되었다.

• 남쪽 마한과 신라 방어체계

삼국사기 기록에 의하면 백제는 안성천유역으로 추정되는 웅천책熊川柵 설치 철회 후 얼마가지 않아 남진하여 마한에 대한 정복 의지를 표출한다. 남부지역 진출의 최고조 시점에 대해서는 고이왕 또는 근초고왕대로 크게 압축된다. 진출 후 안성천 이남에 대두산성大豆山城, 고부사리성古夫沙里城, 탕정성湯井城을 축조하여 새로운 지배체계를 재편하였다.

아울러 마한의 경우 여러 지역별 소국단위로 세력이 구분되어 있어 이를 응집하고 전체를 아우르는 방어체계를 적극적으로 마련되지 않았던 것으로 보인다. 백제의 진출에 따른 위기감에서 원산과 금현성과 같은 축성 흔적이 확인되나 그 운영시기가 짧았고, 성곽 간 연결구도가 확인되지 않는다. 요컨대 백제가 웅천책 설치 철회와 같이 남쪽에 대한 진출의 의지를 보임에도 불구하고 이남의 마한지역은 그에 대응하는 방어체계를 구축한 정황은 아직까지 확인되지 않는다. 만일 그러한 방어체계가 구축되었다면 안성천 이남지역이 주요 대상이 될 수 있을 것이다.

이후 근초고왕 재위시인 369년에는 가야지역으로의 영향력 확대와 더불어 해남, 광주지역을 비롯한 영토 확장의 움직임이 확인된다. 이러한 역사적 배경을 바탕으로 공주 공산성, 전주 야산산성배뫼산성, 진안 와정토성, 해남 옥련봉토성 등의 축조시기를 한성기로 보는 견해도 있다. 전반적으로 근초고왕 대 이후 동남부지역으로의 영향력이 확대되는 양상이 확인된다. 이는 최근 논의된 근초고왕대의 백제 영토에 대한 논의에서 잘 드러나듯이 남부지역에 대한 백제의 지배와 거점 확보가 상당히 깊게 침투된 상황임을 알 수 있다.

한성기 남부지역의 경우 진출 과정임으로써 바둑의 포석과 같이 거점 확보 차원에서의 일부 성곽이 축조되었고, 여러 성곽의 연결구도가 확인되는 방어의 성곽들은 동남부 신라와의 갈등지역에 집중되었다.

화성 길성리토성을 비롯하여 최근 조사된 증평 이성산성, 충주 탄금대토성 등 미호천과 남한강 유역으로의 진출과정이 조금씩 밝혀지고 있다. 영토 확장의 흐름은 소백산맥 이서지역 진출을 시도 중인 신라와 마주하게 된다. 관

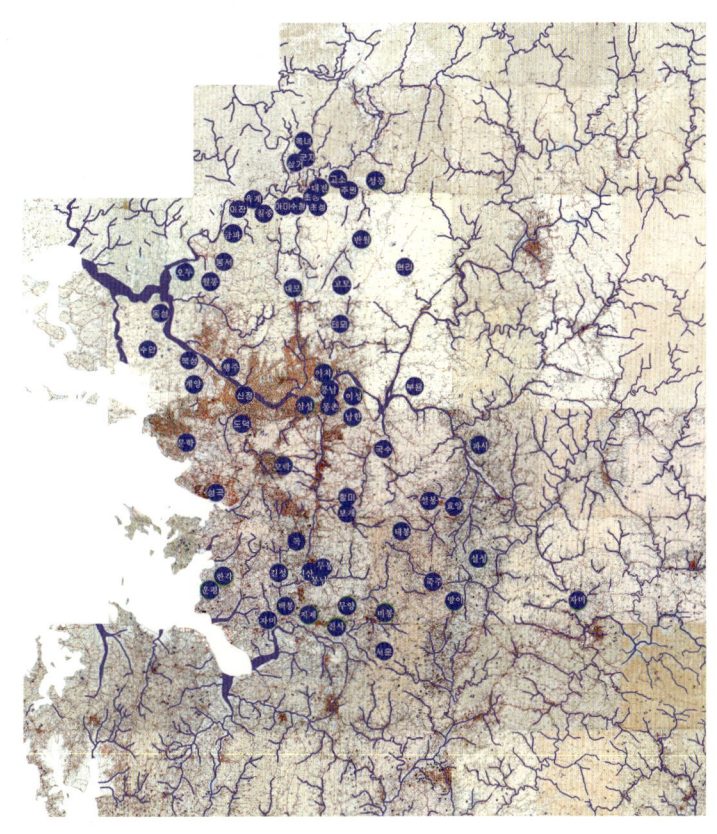

그림 9__
한성기 경기지역 성곽분포 연구자료 모음(오강석, 강형웅 연구자료 결합)

련 기사로는 청주로 비정되는 낭자곡성娘子谷城과 보은으로 추정되는 와산성蛙山城에서의 전투 기사를 들 수 있다. 미호천을 중심으로 그 주변 지역 장악을 목표로 양 세력 간 갈등의 구도가 점차 증대되면서 방어체계 등도 계속 보완 발전되었다고 생각되며, 향후 충주와 청주 일원에서 이와 관련된 자료가 증가될 것이라 판단된다. 한성기 방어체계와 관련한 성곽 연구로는 경기와 충청 일부지역을 대상으로 여러 견해들이 주장되고 있다(그림 9). 해당 내용을 종합해 보면 북쪽은 임진강유역, 동쪽은 남한강, 남쪽은 안성천 주변으로 성곽이 축조되었다고 정리된다. 다만 해당 연구에 대한 문제점도 많다. 무엇보다 축조 지점과 축조 주체에 대한 연구자들의 견해 차이가 크다. 그리고 한성기 영토 범위인 춘천과 남부지역으로 한 연구도 여전히 부족한 상태에 있다. 중요한 것은 축성 및 전투기사로 보건데 분명히 많은 수의 백제산성이 존재한다는 점이다. 축성의 내용을 구분해 보면 남부지역의 경우 거점 확보 및 변경 확대를 위한 축성 사업이 주를 이루었고, 반대 북쪽의 경우 방어를 위한 성곽들이 다수였다. 따라서 주요 견제 대상인 고구려에 대한 방어체계와 초기 남쪽지역 방어체계는 그 성격과 특징을 달리할 가능성이 크다.

• 동쪽 말갈 방어체계

기록에 의한 초기 동쪽의 말갈과의 전투는 여주 일원으로 추정되는 술천성述川城 일대에서 여러 차례 발생하는 것으로 보아 북동부 지역의 지배가 상당히 유동적인 것으로 보인다. 그리고 동변에 축조된 성곽 자료로는 56년 축성기사가 전하는 우곡성牛谷城을 들 수 있으나 그 축조 시기 및 위치에 대해서는 명확하지 않다.

온조왕대의 기사이기는 하나 동쪽의 경계와 관련하여 주양走壤의 위치로 춘천일대로 보는 견해가 강하다. 성곽에 대해서는 아직 명확한 증거자료가 확보되지 못하였으나 백제 중요 생활지 가운데 하나로 화천 원천리유적이 조사되어 한성기 북한강 상류일원까지 백제의 영향력이 확대되었다고 보고 있다.

• 웅진기 주요 축성사업과 방어체계

중앙 거점성과 방어체계

한강변 하남 위례성과 동일하게 웅진기 도성인 공산성은 금강변 구릉에 위치한다. 축조 시기에 대해서는 천도 전 이미 마련되었다고 보는 견해와 이후로 보는 견해로 구분된다. 왕경 강화를 위한 중심성으로 536년 성왕 대까지 계속 수리, 보강된 기록이 전한다. 그리고 공산성 주변으로는 다수의 성곽이 분포한다(그림 10). 공주로 향하는 북쪽 교통로상의 성곽을 비롯하여 금강을 따라 동쪽으로 들어오는 길목에 위치한 성곽, 그 외 서쪽 부여와 남쪽 논산일대로도 성곽이 축조된다. 도성을 중심으로 주변을 감싸는 형태의 방어체계가 웅진기 도성을 지키는 기본 골조였던 것으로 보여진다.

지방 거점성과 주요 방어체계

• 북쪽 고구려 방어체계

장수왕의 남진 이후에도 고구려의 계속적인 압박은 장기간 지속된다. 북변에 위치한 방어체계와 관련하여서는 아산일대로 추정되는 대두산성의 축조로 보건데 대략 안성천을 경계로 방어체계의 틀을 형성한 것으로 보인다. 그리고 한산성, 고목성, 수곡성, 치양성 전투 등의 기사 등장하는데 이를 근거로 한강유역에 대한 일시 회복설과 더불어 지명 이동설 등 다양한 견해가 제시되고 있다. 다만 이 시기 한강유역에 축조된 보루성과 이남의 고구려 유적으로 보건데 회복설에 대한 견해는 부정적이다. 그리고 충주 중원고구려비, 청원 남성골유적, 대전 월평동, 진천 대모산성의 위치로 보아 충청북도 상당지역까지 고구려의 남하가 이루어진 것으로 보인다. 따라서 웅진기 대두된 방어체계의 기본 골조는 남진하는 고구려 세력에 대한 대응책 마련에 있었다. 새로이 형성된 나제동맹의 형성에 따라 신라, 가야와 공조하여 고구려의 진출을 막는 움직임이 예상되며 그 지역은 조사된 고구려유적의 하한지점인 대전, 청원 일대로 추정된다. 494년 살수薩水와 견아성犬牙城 전투기

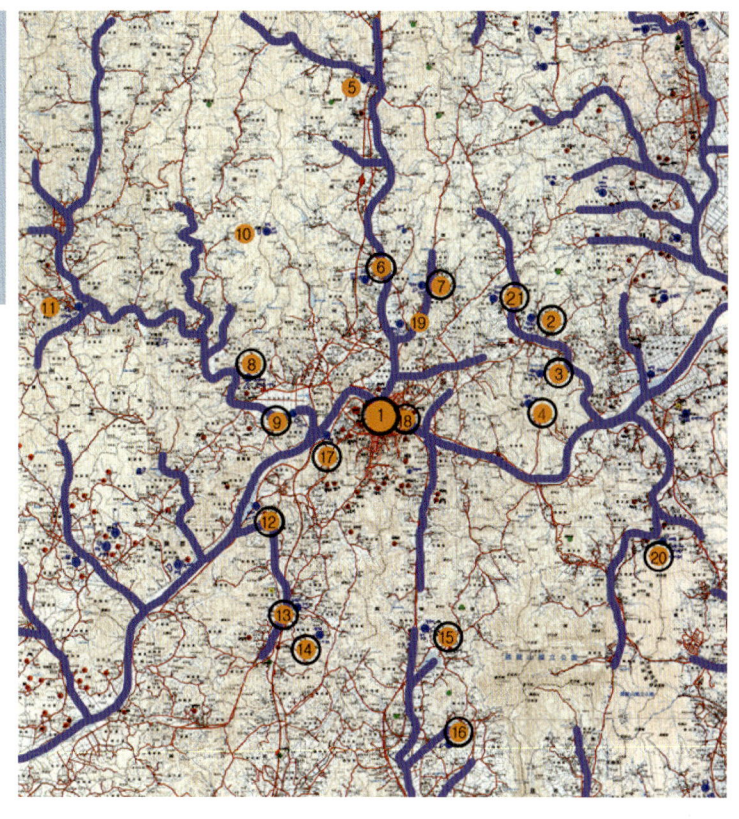

그림 10 ___
공주지역 성곽 분포
(서정석 연구자료 재편집)
1. 공산성
2. 평기리산성
3. 은용리산성1
4. 은용리산성2
5. 광정리산성
6. 오인리산성
7. 율정리산성
8. 단지리산성
9. 옥성리산성
10. 무성산성
11. 신풍산성
12. 만수리산성
13. 용성리산성
14. 성재산성
15. 중장리산성
16. 양화산성
17. 한산성
18. 옥녀봉산성
19. 수촌리토성
20. 안산동산성
21. 송정리산성

사로 보건데 청원과 대전 일대에서 중요 공방이 진행되고 있는 상황도 관련 방어체계의 존재사실을 뒷받침해 준다. 지형과 더불어 당시 상황을 예상해 본다면 대전을 기점으로 동쪽은 신라, 남쪽은 가야의 지원이 예상되며, 백제는 북쪽 변경에 해당하는 아산-천안-일원과 공주, 대전으로 들어오는 길목을 방어하기 위한 서쪽 방어체계를 급조하였을 것으로 본다. 축성기사로는 대전 사정동산성으로 추정되는 사정성沙井城을 498년에 축조하였다.

급박한 상황에서의 대처 상황이다 보니 당시 구축된 방어체계는 급조된 형태의 성곽이 많았을 것이다. 그 결과 설계자들은 소규모 테뫼식 산성의 전형적인 사례인 보루성의 형태를 선택하였던 것으로 파악된다.

참고로 대전 일원에는 최근 보고된 금고동, 흑석동, 마봉재, 도솔산 보루와 더불어 미호천 서안

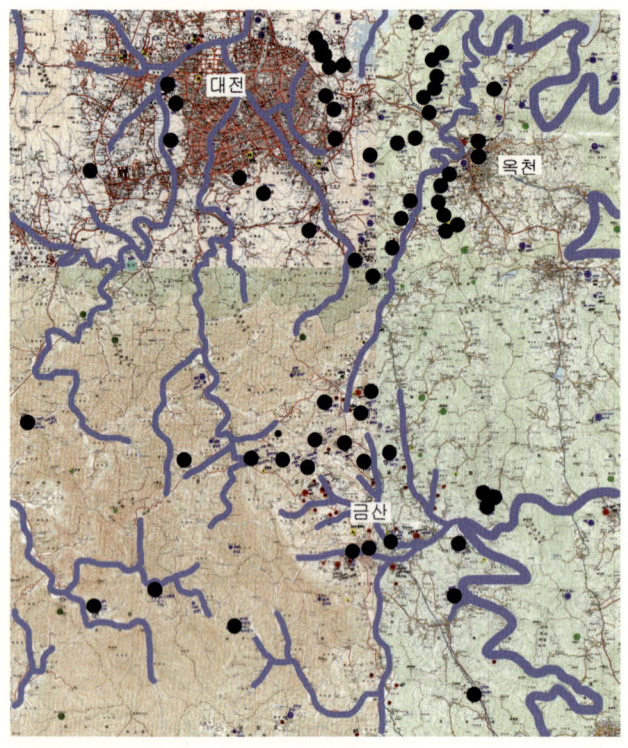

그림 11__
대전, 금산유역 성곽분포(이판섭 연구자료 재편집)

에 다수의 보루성들이 분포한다. 그리고 대전의 동쪽 산지를 비롯하여 청원과 옥천일대에 다수의 보루성이 축조되었음은 여러 연구자들에 의해 확인되고 있다. 이 성곽들 가운데 일부는 사비기 축조된 성곽일 가능성도 있으나 대강의 분포망으로 본다면 고구려 남진 방어라는 공동 목적으로 남부지역 여타 세력과의 동맹하여 하나의 방어체계가 마련하였을 가능성이 높다. 그리고 신라, 가야세력과 연계된 방어체계의 구축 과정에서 신라는 옥천, 가야는 진안과 금산 일원에서의 영향력을 확대하였을 가능성도 있다.

• 동쪽 신라 방어체계(동맹국과의 갈등)

나제의 연합 구도는 고구려 남진의 불길이 잦아들 즈음 와해되어 새로운 대립구도로 발전하게 된다. 대략적으로 대전유역에 축조된 성곽들을 기점으로 공방이 진행되었다고 보여진다. 일부에서는 498년과 526년에 축조된 사정성, 사정책沙井柵을 신라에 대항하는 방어성곽으로 보기도 하며, 501년 동성왕대에는 백제가 탄현炭峴에 목책을 대비하여 신라 침입을 대비하기도 하였다. 즉 동맹 관계임에도 불구하고 신라의 확산에는 적극적으로 대항한 것이다.

• 남쪽 가야 방어체계

동일하게 백제는 가야 진격도 적절히 대처한 것으로 보인다. 일본서기에 보이는 이림爾林을 둘러싼 고구려와 가야의 접촉기사에 따른 백제의 견제가 대표 사례이다. 관련하여 이림과 더불어 가야가 축성한 대산성帶山城의 위치에 대하여 예산설, 금산설, 그리고 구체적인 지점으로 진안 월계리 산성 등으로 비정된 견해가 있다. 결국 가야도 백제가 약화된 틈을 타 금강유역으로 상당히 북진하여 성곽을 축조하였으며, 이를 백제가 차단하면서 새로운 갈등 국면으로 치닫게 된 것이다. 이후 512년에는 섬진강 중하류로 비정되는 임나사현任羅四縣을 정벌함으로써 가야와의 관계는 더욱 악화된다. 일본서기 문헌에 등장하는 임나사현의 공략 기사는 섬진강유역에 대한 백제의 진출의지를 여실히 보여준다. 당시 탈환한 4현의 위치에 대해서 다양한 견해가 있으나, 대략적으로 섬진강유역인 것은 통일된다. 특히 재탈환한 성곽의 유력지점으로 여수 고락산성과 순천 검단산성을 들고 있다. 이에 대해 대가야는 섬진강유역의 교역로를 보호가기 위하여 봉수와 저각邸閣 시설을 갖춘 소형의 테뫼식산성을 다수 구축한 것으로 일본서기에 전한다.

• **사비기 주요 축성사업과 방어체계**

중앙 거점성과 방어체계

새로 천도한 부여에는 부소산성을 중심으로 나성이 둘려져 있으며, 그 주변에 다시 성곽을 배치하여 왕경에 대한 방어력을 높였다(그림 12). 특히 북부의 웅진성의 방어체계 이후 상대적으로 취약한 서남쪽 방어체계를 구축하였다는 점에서 큰 의미를 지닌다. 공주지역 성곽과 동일하게 주변지역으로 들어오는 주요 길목을 장악하는 한편 주요 교통로인 금강변의 성곽을 다수 축조하여 방어체계를 확대시켰다. 예컨대 동성왕대인 501년 사비 천도 이전 동성왕대인 501년에 부여 성흥산성으로 추정되는 가림성加林城을 축조한 것은 대표사례이다. 이를 포함한 최근의 연구 자료를 종합해 볼 때 부소산성과 관북리유적을 중심으로 하는 왕경지역과 이를 감싸는 나성의 경우 판축의 성벽과 외벽 보강 석열이 확인되고 있어 상당한 수준의 기술력 확보는 물론 많은 수의 인원이 투입된 대규모 토목공사였음이 밝혀지고 있다.

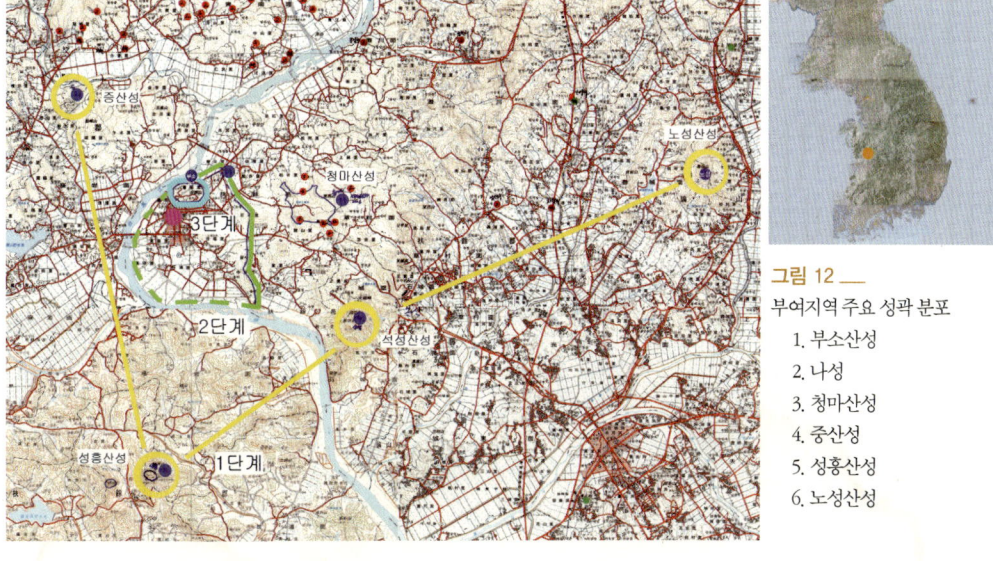

그림 12
부여지역 주요 성곽 분포
1. 부소산성
2. 나성
3. 청마산성
4. 증산성
5. 성흥산성
6. 노성산성

지방 거점성과 주요 방어체계

• 지방 거점성 축조

사비기 지방의 축성은 5방성과 같은 지방 거점 장악을 위한 성곽 축조와 그 주변 방어체계 확대를 들 수 있고, 다른 하나는 국경지역에서의 방어 확충이다. 전자와 관련하여 서천, 홍성을 비롯하여 현재 지역별로 다양한 연구 자료들이 축적되고 있다(그림 14-1). 후자와 관련하여 전라도 성곽 자료를 집성한 전영래의 견해를 보면, 전라도의 내륙을 거점성과 주요 길목을 장악한 정보를 확인할 수 있다(그림 13).

그림 13
전라도지역 주요 성곽분포
(전영래 연구자료 재편집)

• 북쪽, 동쪽 신라 방어체계

사비시대의 가장 큰 갈등 대상국은 신라였다. 550년 고구려와 백제의 전투과정을 틈타 신라는 도살성과 금현성 두 성을 장악한 이후, 한강유역을 진출하여 신주를 설치하게 된다.

당시 한강유역 장악이 손쉽게 이루어진 것에 대해서는 고구려, 신라의 연합구도 또는 묵인관계 등 몇 가지 의견이 있다. 여하튼 한강유역 장악 이후 백제의 주요 갈등대상국은 고구려에서 신라로 바뀐다.

그리고 554년 충북 옥천 서산성과 삼성리산성 일대로 추정되는 관산성管山城을 사이에 두고 백제와 신라는 치열하게 항쟁하며 이 일대에 다수의 성곽을 축조한 것으로 보인다. 그리고 562년 대가야가 함락되고 난 후부터 백제의 신라 서부 변경에 대한 공략이 본격적으로 진행된다. 예컨대 602년과 612년 남원 아막산성으로 추정되는 모산성母山城을 공격하고, 624년 신라 6성 공략한 이후 계속적인 공세를 이어나가 마침내 642년에는 합천 대야성 일대를 장악하게 된다. 당시 중요 전투지점인 합천 대야성과 영동 조천성 등의 위치와 주요 교통로 및 공격 양상 등에 대하여 다수 검토된 바 있다. 이러한 내용을

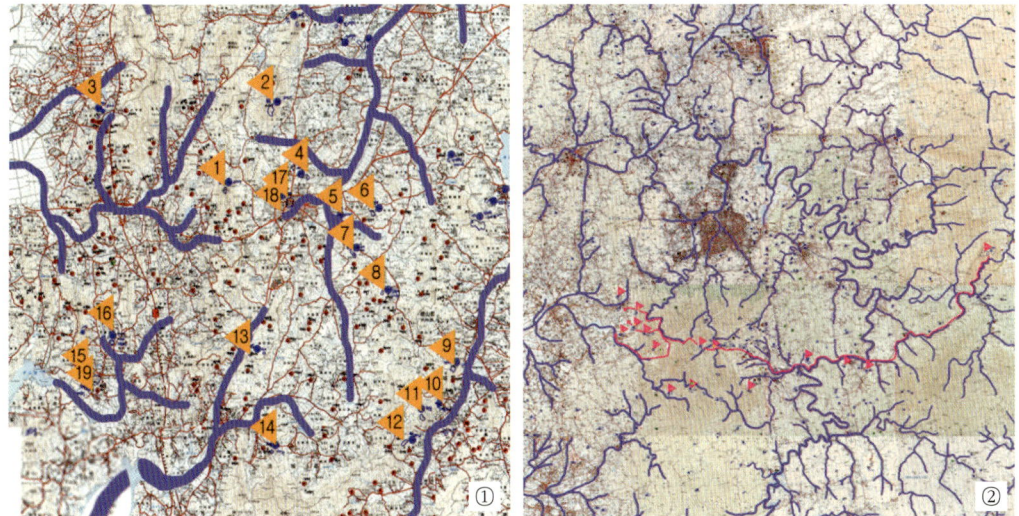

그림 14__
1. 홍성지역 성곽 연구(서정석 연구자료 재편집)
2. 황산벌 진격로 관련 자료(성주탁 연구자료 재편집)

종합해 보면 전반적으로 금강 이동지역은 물론 낙동강, 한강 유역으로의 진출을 예상해 볼 수 있다. 그러나 이러한 공략은 나당연합군의 결성의 단초가 되었고, 다시 방어적 위치로 몰리게 된다.

주요 방어체계와 관련된 연구로는 그림 14-2와 같이 660년 신라의 공격에 대한 방어 거점인 탄현의 위치 비정을 비롯하여 황산벌에서의 일전을 준비하는 백제의 방어체계가 연구된 바 있다. 그리고 사비도성의 함락 이후에도 임존성任存城과 주류성周留城에서의 항전을 비롯하여 대전일원으로 비정되는 우술성雨述城, 옹산성甕山城 등의 백제부흥운동의 거점방어체계 등도 일부 검토되었다.

• 백제 방어체계와 성곽의 특징

한성기를 비롯한 백제의 주요 갈등대상지는 북부에 위치한 고구려였다. 초기 예성강유역에서 축성을 진행하고 대치하였으나 고구려의 본격적인 남진과정으로 인하여 이남에 위치한 임진강, 한강유역의 성곽을 보강하게 된다. 주요 도하지점의 강변성과 내륙 교통로 및 거점성곽을 축조하여 방어망을 확충하였으며, 그 형태는 목책에서부터 토성, 석성에 이르기까지 다양하다.

반대 남부지역도 영토 확대 과정의 일환으로 축성 사업을 광범위하게 전개하였다. 일차 마한을 병합하였고, 여타 지방으로 세력을 확대해 나갔으나 475년 고구려에 의해 왕도가 함락에 따라 설계되었던 전체 방어구도가 큰 차질을 빚게 된다. 위기상황에 따라 나제동맹을 맺어 고구려의 남진을 대전, 청원유역에서 방어하였으나 이 과정에서 동북쪽과 남동쪽 상당수의 영향력을 신라와 가야에 넘겨주고 만다. 그러나 웅진기 일차 내외부적 요인을 안정시켰고, 사비로 천도를 이룬 이후부터는 북쪽 고토를 위한 회복 움직임은 물론 동쪽과 남쪽에서의 진출 의지를 더욱 다지게 된다. 다수의 성곽을 변경지역에 축조하여 방어체계를 형성한 정황은 기록과 발굴조사를 통해 확인되고 있다. 그리고 후반에는 체제안정에 힘입어 신라 영토범위 깊숙한 곳까지 진출하기도 하나 나당연합군의 공격을 받아 도성인 사비성이 660년 함락되고 만다.

성곽은 평야지대라는 자연 요건과 주변 환경에 적합한 토성의 구축이 많았다. 초기 산성의 석축 시설의 구축에 대해서는 견해 차이가 크다. 다만 최근 경기도지역에서 발굴된 자료와 조사되지 않은 북변 산성의 존재로 보건데 초기 석성 구축은 가능했다고 판단된다. 웅진천도 이후에는 공주로 향하는 주요 길목에 거점성을 구축하는 한편 변경을 중심으로 다수의 보루성을 축조하였다. 사비 천도 후에는 정국이 더욱 안정되면서 영토 범위 내 대규모 거점을 다수 축조하였고, 성벽과 시설물 설치에도 다양한 기술력을 적용시켰다. 예컨대 판축의 토축과 석축을 결합한 성벽 구조, 개구식개방식의 출입시설, 목조 저수시설과 저장공 시설들이 대표 사례이다.

명칭	형태	둘레	축조재료	비고
서울 몽촌토성	강변성	2.28km	목책, 토축	판축기법, 해자, 문지 3곳, 망대 4곳, 지상건물지 1곳, 적심유구 7곳, 성토대지 1곳, 연못 2기, 수혈주거지 12곳, 저장시설 30곳, 인근 고분군, 3세기말~475년
서울 풍납토성	강변성	2.25km	토성	판축기법, 부엽층, 북벽 11.1m, 3중의 환호유구, 석조건물지, 제사유구, 집자리 다수, 토기가마, 수혈유구, 도로, 토기요지, 공방 등 다수시설, 인근 고분군, 하남위례성 비정
공주 공산성	강변성	2.26km	토석혼축, 석축	협축, 편축, 임류각지, 추정왕궁지, 치성, 장대, 창고, 집수시설, 저장시설 등 다수 시설, 웅진천도 후 왕성으로 역할
부여 부소산성	강변성	2.49km	목책, 토축, 석축	목책 흔적, 판축토성, 부석열, 치성, 장대지, 남문지, 동문지, 건물지, 저장고, 원형 저수조, 사찰지 등 다수 시설, 주변 나성, 마지막 천도 왕성
화성 길성리토성	강변성	2.31km	토축	삭토법, 성토법, 판축법 혼용, 문지 8곳, 옹성 시설, 어긋문 형태, 인근 고분군 분포, 한성백제의 늦은 단계 축조
충주 탄금대토성	강변성	0.42km	석심토루	판축기법, 목주흔, 주거지, 저수시설, 4세기 중후반 철 생산 세력에 의한 축조
부여 성흥산성	산성	1.2km	석축	호형 성벽, 장방형 석재, 성문 3곳 이상, 평문식 구조, 배수구, 건물지, 우물, 백제 가림성으로 비정
임실 성미산성	산성	0.5km	석축	협축, 구들시설, 집수시설 2곳, 백제 사비기 축조
순천 검단산성	산성	0.25km	석축	협축식, 문지 3곳, 배수로, 석축우물, 팔각집수정, 저장공, 초석 건물지

표 2 ─
백제 대표성곽 자료
(한국성곽사전 참조)

신라

신라는 삼국 가운데 유일하게 천도遷都없이 경주지역을 중심부로 외곽으로 확장하는 방어체계를 구축하였다. 주요 갈등 대상국인 가야, 백제, 고구려는 물론 남쪽에서 들어오는 왜의 공략에 대한 방어체계도 구축되었다. 현재까지 확인된 주요 방어체계로는 왕경인 경주 주변을 시작으로 낙동강유역, 소백산맥 이서지역, 한강유역 등을 들 수 있으며, 이들은 각각 가야, 백제, 고구려 지역으로의 영토 확장 과정과 맞물려 활발한 연구대상이 되고 있다. 아울러 가장 많은 분포 수와 운영을 보이는 통일신라시대의 성곽에 대한 연구도 조금씩 밝혀지고 있다. 지금까지 연구된 시기별 성곽의 특징과 방어체계에 대해서 살펴보면 다음과 같다.

• 사로국 단계 주요 축성사업과 방어체계

중앙 거점성과 방어체계

사로국도 도읍의 중심부를 먼저 마련하고 외부 세력에 대한 방어를 목적으로 성곽을 축조하였다. 경주 중심부에 처음 마련된 금성金城에 대해서는 그 존재 여부와 위치에 대해서 다양한 견해들이 있다. 그 위치에 대한 주요 견해로는 남산 북편자락과 경주읍성 아래, 황성동유적 등이 있다.

또 다른 중심 성곽인 월성은 남천을 낀 구릉에 위치한다. 자연경사면을 최대한 활용하고 그 외곽을 중심으로 흙을 쌓아올려 성벽을 마련하고 성 내부를 평평하게 정지하여 건물을 구축한 것으로 보인다. 둘레는 2,340m로 경주권에 축조된 토성 가운데 가장 큰 규모로 확인된다.

고구려의 평양성, 백제의 몽촌토성과 동일하게 사로의 초기 중심지도 강변성이자 돌출된 지형을 활용하고 상단부를 흙과 석재를 활용하여 외벽을 쌓아올린 것으로 보인다. 그리고 후대 중심도성으로 기능하면서 북편 외곽에 해자를 설치하고, 내부에 고루를 설치하는 등 방어 기능을 확충시켜나갔다. 일부에서는 판축토성으로 보고 있기도 하나 절개면에서 부분적으로 외벽을 지탱해주는 역할을 하였을 법한 강돌들이 확인되고, 수즙 등의 축성기사가 존재하는 것으로 보아 토석을 모두 활용하여 수평쌓기 한 후 여러 차례 수축과 보강된 것으로 파악된다.

한편 월성을 중심으로 배치된 토성의 분포는 여타지역보다 집중도가 높다. 이는 초기 국가 형성의 중심지에서 주로 나타는 현상으로 초기 왕경에 대한 방어 틀을 구축하는 한편 중심지에 다양한 용도의 시설물이 구축된 것을 보여준다.

지방 거점성과 주요 방어체계

초기 전쟁 기사에서 등장하는 외부 세력으로는 남쪽방향의 왜와 가야, 북쪽 방향의 말갈과 낙랑,

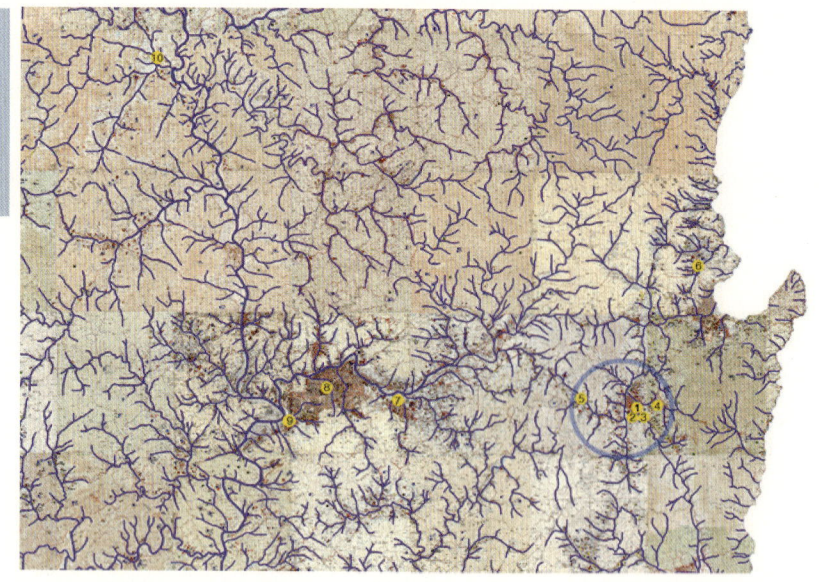

그림 15__
경북지역 토성 분포
1. 경주 월성
2. 경주 남산토성
3. 경주 도당토성
4. 경주 명활토성
5. 경주 작성
6. 포항 남미질부성
7. 경산 임당토성
8. 대구 달성
9. 대구 화원토성
10. 상주 이부곡토성

북서방향의 백제를 들 수 있다. 이를 지역별로 보면 경주 중심부를 시작으로 초기 남쪽에 위치한 가야와 왜倭 방면의 축성업이 비교적 일찍 진행되었으며, 북쪽 고구려와 말갈에 대한 방비책의 일환으로는 장령 즉, 백두대간의 고갯길에 목책을 쌓았다. 이후 계립령과 죽령을 개통 한 후 백제와의 갈등이 본격화 된다. 167년 백제의 공격 기사를 비롯하여, 모산성母山城, 봉산성烽山城, 괴곡성槐谷城 등 다수의 성곽에서 백제와 갈등하게 된다. 해당 내용에 대해서는 그 발생 시점과 진위 여부에 대한 다양한 견해가 제시되고 있다. 그리고 기록에 의하면 244년에는 동쪽으로 나아가는 금호강과 낙동강 교차지점에 위치한 대구지역에 달벌성達伐城을 축조하고 성주城主를 파견하였으며, 상주 등 외곽지역으로도 축성 사업을 활발히 진행하였다.

조사된 자료로는 상주 이부곡토성, 포항 남미질부성, 대구 달성, 경산 임당토성 등이 있으며 대부분 영남지역 내에 분포하며 토성으로 확인된다. 성곽의 축조 시기는 대략 3세기 말을 전후한 것으로 추정하고 있다.

축조된 성곽의 가장 큰 특징은 강변성이라는 점이다. 강변성은 하천이 자연 해자역할을 하여 최소의 자원과 노동력으로 최대의 방어효과를 지니는 장점이 있다. 삼국 모두 이러한 점을 감안 하여 중요한 거점성을 강변에 포진시켰다. 당시 강을 장악한다는 것은 물류 운송로 및 군사로 확보를 의미하며, 이를 통해 주변 지역과 교류하거나 진출할 수 있게 된다. 결과적으로 여타 국가와 동일하게 이 시기 신라가 마련한 방어체계도 가상의 도식화된 계획 틀에서 하나씩 뼈대를 마련해 가는 단계로 해석될 수 있다. 다만 주요 길목이나 거점 등을 중심으로 한 거점 확보 단계임으로 성곽의 연결구도로 이루어지는 방어체계는 아직 형성되지 않았다고 판단된다.

• 마립간기 주요 축성사업과 방어체계

중앙 거점성과 방어체계

경주일원에서는 계속적인 왜인과의 공방전이 월성, 명활성明活城, 독산獨山 일원에서 발생하였다. 적의 주요 침입루트에 있는 명활성을 473년 수리하였고, 또 다른 침입로인 북쪽 안강 들녘에 위치한 혈성穴城 앞 들녘에서는 군대의 사열을 실시하기도 하였다.

그리고 5세기 중반 이후 삼척에서 일어난 고구려장수 피살 사건을 계기로 고구려와의 갈등이 악화되면서 북변에 대한 경계와 견제를 조금씩 강화해 나간다. 그러던 중 475년 백제 한성이 고구려에 함락되자 궁성을 명활성 내로 이전하기도 한다.

지방 거점성과 주요 방어체계

첨예한 영토전쟁이 진행되면서 변경에 대한 축성과 전투가 집중된다. 그리고 부분적으로 지방 거점확보를 위한 축성사업도 진행된다. 후자와 관련하여 주목되는 것으로 자비마립간慈悲麻立干과 소지마립간炤知麻立干 대에 행해진 다수의 축성사업이다. 이전의 축성이 왕경과 일부 거점을 중심으로 한정되었다면, 이 때의 축성은 전국적인 규모였다. 일부에서는 이를 근거로 지방에 대한 인식 변화와 지방 통치체제 강화를 주장하기도 한다.

마립간기 신라의 주요 갈등세력은 백제인 가운데 5세기 중반 이후 고구려의 남진 정책이 가속화되면서 고구려와의 갈등 국면이 새로이 형성된다.

• 북서쪽 백제 방어체계

470년 보은에 신라의 대표 성곽인 삼년산성을 구축하고, 곧이어 모로성芼老城과 일모성一牟城 등 다수의 성곽을 서변에 집중 배치하여 백제와 항쟁하게 된다. 이 성곽들의 축조 지점은 대략 보은과 청원 일대로 비정되고 있다. 그러던 중 475년 백제 한성이 고구려에 함락되면서 신라는 백제와 동맹관계를 형성하여 고구려 남진에 공동대응하게 된다. 이에 486년 이 지역 거점성이자 북진의 전초기지인 보은 삼년산성을 개축하는 한편 주변 청원과 옥천 일대는 물론 고구려의 주요 진입로에 다수의 성곽을 축조하였다. 그리고 살수薩水와 견아성犬牙城 전투 무대로 추정되는 괴산과 청원일대에서 고구려와의 치열한 공방전을 전개해 나간다.

• 북쪽 고구려 방어체계

변화된 고구려와의 정국 속에서 신라는 북변인 니하泥下에 성곽을 구축하였다. 최외곽 방어선에 해당하는 니하의 위치에 대해서는 강릉 남대천과 남한강 상류설 등이 제시된 바 있으며, 대략적으

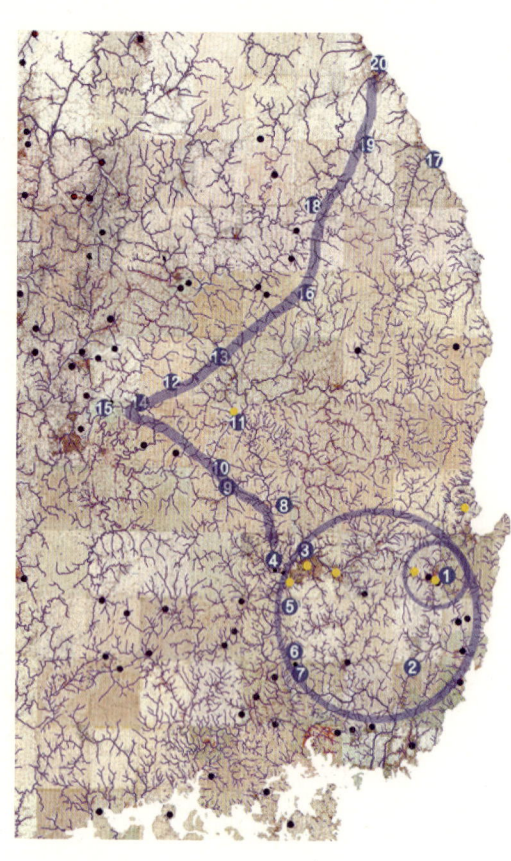

그림 16__
마립간기 주요 거점성 분포와 방어체계
1. 경주 월성
2. 양산 순지리토성
3. 대구 달성
4. 대구 문산리산성
5. 현풍 양동산성
6. 창녕 화왕산성
7. 창녕 영축산성
8. 선산 천생산성
9. 김천 감문산성
10. 김천 속문산성
11. 상주 병풍산성
12. 상주 견훤산성
13. 문경 고모산성
14. 보은 삼년산성
15. 청원 양성산성
16. 영주 비봉산성
17. 삼척 요전산성
18. 정선 고성리산성
19. 정산 송계리산성
20. 강릉 송문동토성?

로 소백산맥 내지는 그 북쪽에 형성된 것으로 보여진다. 그리고 소지마립간기인 481년에는 소백산맥 이남지역까지 고구려가 진격하기도 하나 연합세력의 공조로 니하까지 반격하게 된다. 다만 일부 연구자들은 당시 고구려의 신라 공략 사실과 중원고구려비의 내용을 근거로 경북 북부지역을 고구려 영향권 내로 보기도 한다. 결국 북부권 일대도 영역비정에 있어서의 교차 지점인 관계로 그 개념과 지배 방식 및 인식 등에 따라 각기 다르게 해석되고 있다.

성곽 조사를 근거 한 방어체계 연구 자료는 문경 고모산성의 발굴 성과와 더불어 상주지역을 중심으로 하는 일련의 연구와 소백 산맥 지역 주요 교통로 연구를 토대로 고갯길의 방어체계가 검토된 바 있다. 아울러 최근에는 영남지역은 물론 강원도와 충청도지역을 포함한 폭 넓은 범위의 신라 방어 체계에 대한 검토가 제시된 바 있다(그림 16).

• 남쪽 왜, 가야 방어체계

자비마립간기인 463년 남쪽 삽량성歃良城에 왜인이 침략한 후 두 곳에 성곽을 축조하는 등 낙동강 하류지역의 방어체계도 보강되었다. 당시 축조된 하류지역 대표 성곽으로는 양산 순지리토성을 들 수 있다. 그리고 나제동맹관계 형성과 더불어 가야와의 전투는 발생하지 않았으나 지방관 파견, 교통로 정비와 더불어 지방 지배 강화를 목적으로 영남지역 곳곳에서 축성 사업이 진행되었으리라 판단된다.

• 중고기 주요 축성사업과 방어체계

중앙 거점성과 방어체계

고구려와의 본격적인 전투가 활발히 전개되는 시점 도성인 경주일원에도 방어의 거점들이 다수 확충된다. 우선 명활성은 554년과 593년 두 차례 수축되었고, 남쪽의 남산신성과 고허성, 서쪽의 부산성과 같은 대형의 성곽들이 축조된다.

지방 거점과 주요 방어체계

지증왕대 덕업일신德業一新 망라사방網羅四方의 의미를 지니는 신라를 국호로 삼아 본격적인 영토를 확장해나가면서 주변국과의 마찰이 더욱 잦아진다. 영토 확장에 따른 외부 변경을 위한 방어 성곽들도 대거 축조된다.

• 북쪽 고구려 방어체계

북쪽 고구려 방어의 거점은 하슬라주로 비정되는 강릉이다. 이곳을 기점으로 북쪽과 서쪽으로 영토 범위를 확대해 나가면서 고구려 방어체계를 확대해 나간다.

북쪽 진출의 대표 정보는 556년 고구려의 고토인 비열홀주北列忽州에 군주를 파견한 정보이다. 관련된 고고 자료로는 일제강점기 조사된 함경도일원의 성곽과 고분 자료를 비롯하여 568년 진흥왕대 세워진 마운령과 황초령비를 들 수 있다.

서쪽은 남한강 상류를 시작으로 하류로의 진출이 본격적으로 진행된다. 앞서 언급한 550년 금현성과 원산성 함락을 시작으로 연차적으로 진행된 신라의 한강유역 진출 기사는 그 중요한 근거이다. 이와 관련된 발굴 사례도 급증하여 중원 일원의 단양 적성, 충주 충주산성, 장미산성을 비롯한 여러 성곽들이 조사·연구되었으며, 하류에 위치한 한강유역으로도 여주 파사성, 용인 할미산성, 서울 아차산성 등 다수의 성곽이 조사되었다. 나아가 이러한 진출의 흐름은 계속 진행되어 7세기 대에는 파주 오두산성, 칠중성, 연천 수철성 등 임진강유역까지 확대해 나간다(그림 17).

요컨대 중원지역과 한강유역의 신라 진출과 관련된 연구 자료가 급증됨에 따라, 관련된 지역별 방어 전략도 다각도로 복원되고 있다.

• 서쪽 백제 방어체계

백제와는 도살과 금현성 공략, 한강유역 장악을 계기로 갈등이 증폭된다. 그리고 성왕이 전사한 옥천 관산성에서의 갈등국면에 따른 방어체계가 다수 확충되었으며, 이후에도 금강을 중심으로 이동과 이서에서 치열한 공방전이 계속 진행되었다. 그 이남의 남부지역은 가야 병합 후 섬진강유

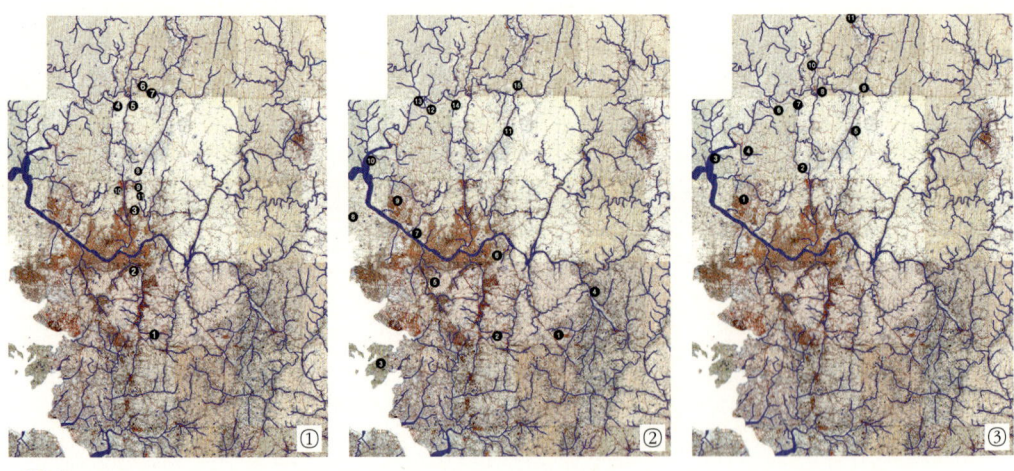

그림 17
1. 신라성곽연구(권순진, 2007-경기지역 신라 '북진기성곽'에 관한 일고찰)
2. 신라성곽연구(심광주, 2003-경기도의 성곽, 신라성곽)
3. 신라성곽연구(김성태·허미영, 2005-임진강 유역의 신라유적)

역과 금강 상류에서 백제와의 갈등이 뚜렷해진다. 관련 근거로는 남원 아막산성과 경남 일대로 추정되는 속함速含·양잠㮈岑·기잠岐岑 등지에서 전투기사가 삼국사기에 전한다.

• 남쪽 가야, 백제, 왜 방어체계
가야진출 후 지배권 강화 및 백제와 왜의 진출을 견제하기 위한 축성사업이 활발히 진행된다. 금관가야의 고토인 김해 양동산성, 분산성, 아라가야의 고토인 함안 성산산성이 대표 사례이다. 그리고 확대의 움직임은 마지막 대가야권역에서도 확인된다. 발굴 사례로는 거창 거열산성과 함양 사근산성을 들 수 있으며, 차후에도 낙동강을 기준으로 볼 때 그 서쪽지역에서의 축성 사례가 증가될 것으로 판단된다.

• 통일기 주요 축성사업과 방어체계

중앙 거점성과 방어체계
통일 후 영남지역에서는 경주 왕경을 중심으로 하는 네 방위 성곽이 축조, 보완되었다. 결과적으로 이러한 축성 사업에 힘입어 신라는 왕경을 중심으로 하는 광역의 방어체계를 경주 전역으로 확대할 수 있었다. 이는 초기 월성 축조를 시작으로 진행된 왕도 방어체계의 최종 완성을 의미한다(그림 18).

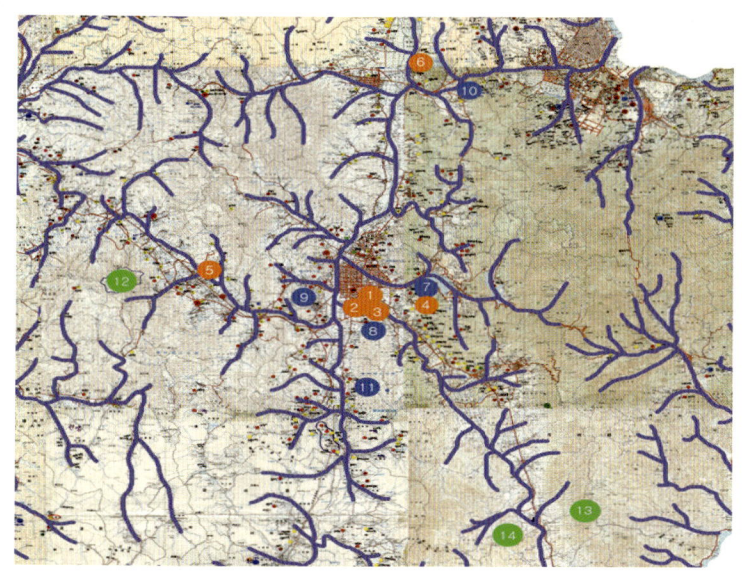

그림 18__
신라왕경 방어체계(박방룡연구자료 재편집)
 1. 경주 월성 2. 경주 도당토성 3. 경주 남산토성 4. 경주 명활토성 5. 경주 작성 6. 경주 안계리산성
 7. 명활성 8. 남산신성 9. 서형산성 10. 북형산성 11. 고허성 12. 부산성 13. 신대리성 14. 관문성

지방 거점성과 주요 방어체계

통일 이후 전쟁 소강기임에도 불구하고 신라권 전역에서는 많은 수의 인력을 동원하여 성곽을 정비하였다. 또한 국원경과 남원경 등 별도 중심부를 설정하여 넓은 범위의 영토를 관할하고자 하였다. 각 지방의 국읍에 포진된 다수의 거점성에 대한 발굴조사에서 통일신라시대에 운영한 흔적이 확인되는 것도 그와 같은 사실을 잘 보여준다. 예컨대 전투 과정에서 무너진 성벽을 보수하는 것은 물론 이후부터는 성내 체류 활동을 위하여 필요한 건물지, 집수시설 등의 여러 시설들이 집중적으로 구축되었다. 관리 감독을 담당한 치소治所와 관련된 근거로 '官'명의 기와들이 성곽에서 대거 출토된다. 초기부터 발전되어온 거대 방어체계가 최종 형성되는 시점이다. 축조된 성곽은 계곡과 구릉 전역을 감싸는 중대형의 산성이 차지하는 비중이

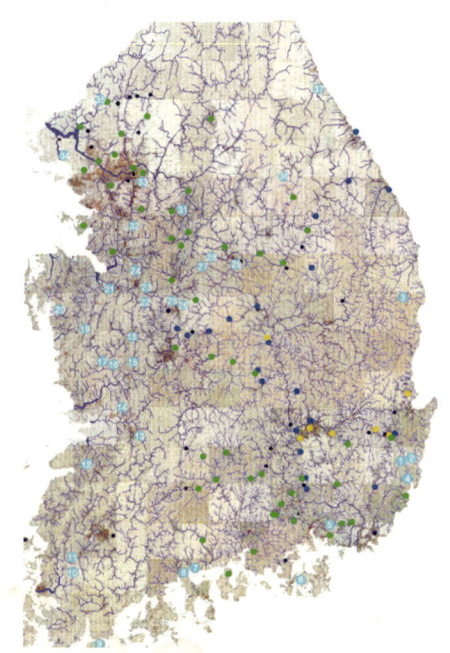

그림 19__
남한지역 통일신라 성곽 분포

높다. 특히 둘레 2km가 넘는 대형의 포곡식산성도 다수 축조된다. 요컨대 많은 인원과 재원 그리고 시간을 필요로 하는 대규모 축성 사업의 결과물이 신라 영토 전역에서 확인된다(그림 19).

• 북쪽 대당 방어체계

영토 분쟁의 주체가 고구려에서 북방의 당나라로 변화함에 따라 안북하安北河와 패강浿江 유역에 장성을 구축하는 등 북쪽 방어를 위한 축성 사업이 활발히 전개되었다.

북편 강원도 일원의 방어체계와 관련하여서는 675년 문무왕대 안북하를 따라 관關과 성城을 설치하였고, 철관성鐵關城을 쌓았다는 기사가 전한다. 이와 관련된 성곽 자료로는 덕원 고장성을 비정하기도 한다. 다만 대항의 주체에 대해서는 기록에 보이는 말갈을 비롯하여 당, 발해 등 의견이 다양하다.

서북변인 패강의 위치에 대해서는 대동강으로 보는 견해가 다수이며, 이후 826년 헌덕왕대에 패강에 축조된 장성의 경우 정방산성으로 보는 견해가 있다. 다음 예성강유역의 성곽과 관련하여서는 694년 송악성松岳城과 우잠성牛岑城을 쌓았다는 기록이 전한다. 이하 임진강유역에서는 대당과의 중요 결전지인 칠중성과 매초성을 중심으로 한 임진강 이동지역의 방어체계가 중심을 이룬다. 조사된 성곽으로는 양주 대모산성, 파주 칠중성, 포천 반월산성 등이 있다.

참고로 예성강을 비롯한 이남의 방어체계의 경우 앞선 한성기 백제의 방어체계와 동일하게 평양에서 남하는 적의 진격을 막기 위하여 대하유역의 하천과 배후 고갯길의 반복 패턴으로 진행되었을 가능성이 높다. 임진강과 한강유역에서의 신라와 백제성곽의 중복 사례가 이를 증명해 준다. 그리고 한강 이남지역으로도 중요거점에 다수의 성곽을 축조 운영되었음이 발굴 자료를 통해 계속 확인된다. 일례로 672년에는 지금의 서울인 한산주漢山州에 둘레 8km에 달하는 대형 성곽인 주장성晝長成을 쌓았으며 그 위치로는 남한산성을 비정하고 있다.

• 남부 왜 방어체계

남부지역의 대표 축성 사업으로는 울산만으로 이어지는 경계에 둘레 1.8km의 신대리성을 비롯하여, 12km 구간에 걸쳐 정연하게 쌓아 올린 관문성을 들 수 있다. 백제 멸망으로 인한 새로운 갈등국가인 왜에 대한 방어망을 확충을 꾀한 셈이다. 특히 관문성의 축성 사업에는 여러 지방의 사람들이 동원되었으며, 당시 응용될 수 있는 정점의 석공기술이 사용되었다. 그리고 남해 해안을 따라 다수의 거점성들을 축조, 정비되었다. 대표적인 성곽자료로는 거제 폐왕성, 남해 대국산성, 광양 마로산성, 순천 검단산성 등이 있다.

• 신라 방어체계와 성곽의 특징

신라 방어체계는 경주 왕경을 중심으로 주요 교통로와 산지, 하천 등 영남지역의 경우 4차에서 5차 이상의 방어선을 설정하였다. 이후 충청과 경기, 강원지역으로 영토를 확대해 나가면서 하슬라로 비정

명칭	형태	둘레	축조재료	비고
경주 월성	강변성	2.34km	토축, 토석 혼축	성벽 14.38m, 토축 및 토석혼축, 문지 11곳, 초석 건물지 다수, 연지 2곳, 북편 해자시설
경산 임당토성	강변성	0.9km	판축토성	판축토성(영정주 간격 420-540cm), 4세기 전반대 축조
경주 명활산성	산성	4.5km	석축	편축, 협축성벽, 문지 7곳, 건물지 6곳, 수구 5곳, 저수지 2곳, 축성 및 전쟁기사 존재(405, 554, 647년)
문경 고모산성	산성	1.3km	석축	협축, 외벽높이 10~20m, 단면삼각형 보축시설, 성문 4곳, 곡성 2곳, 치성 1곳, 수구부 1곳, 저수시설 2곳, 우물지 3곳, 지하식 목조시설물, 인근 고분군 분포
보은 삼년산성	산성	1.7km	석축	협축, 정자형과 품자형쌓기, 높이 20m, 기단보축성벽, 그렝이공법, 여장, 14개 곡성, 현문식구조, 수구시설, 아미지, 건물지 45개소, 축성기사 존재(470, 486년)
경주 남산신성	산성	3.7km	석축	석축(편축, 협축), 망대 5곳, 문지 2곳, 군창지 3곳, 건물지 2곳, 591년 축성기사와 관련한 축성비 존재
경주 신대리성	산성	1.8km	석축	편축과 협축, 높이 3.5m, 치성 1곳, 문지 4곳, 건물지 7곳, 집수지 1곳, 수구 2곳, 10기의 명문석, 7세기 후반에 축조
함안 성산산성	산성	1.4km	석축	협축성벽, 바른층쌓기, 잔존높이 2~5m, 삼각형태의 기단보축, 축조구분, 문지 3곳, 배수로, 인공저수지, 부엽공법, 호안석축, 아라가야 멸망 직후 신라가 축조
충주 충주산성	산성	1.12km	석축	협축성벽, 추정높이 6~8m, 바른층쌓기, 여장시설, 문지 4개소, 현문식구조, 석축집수지, 수구, 신라 북진기 국원소경을 설치한 시기의 성곽
광주 남한산성	산성	둘레 8km	토석혼축, 석축	석축, 대형 통일신라 건물지, 7세기 후반~10세기대의 토기자료, 672년 축조된 주장성

표 3__
신라 대표성곽 자료(한국성곽사전 참조)

 되는 강릉과 통일기 중원경인 충주 등 중요 거점성을 기점으로 동일한 패턴의 방어체계를 여러 겹 확대해 나갔으며, 삼국 통일 후 중앙과 지방 그리고 변경을 잇는 전체의 방어망을 최종 완성하게 된다.
 성곽의 경우 시대가 갈수록 점차 그 규모가 커졌으며, 하천이 교차하는 핵심거점에는 성벽 규모가 큰 거점성을 구축하였다. 초기 고구려로부터 성곽의 형태와 축조 기술을 상당수 수용하였을 것으로 추정된다. 그리고 토석혼축으로 쌓아올리는 성벽의 경우 고분의 축조방식과 비슷하게 내부 흙을 수평쌓기하여 조성하였다. 성벽 붕괴를 방지하기 위하여 기단부와 외벽을 보강하는 시설을 축조하였고, 출입이 쉽지 않은 경사면에 사다리를 놓고 출입할 수 있는 현문식의 출입구를 다수 구축하였다. 통일신라 이후에는 많은 인원과 집약된 기술력 수용을 계기로 큰 규모의 거점 석성과 장성 등 가공도가 높은 성곽의 축성사례가 많아진다. 그리고 성내 체류를 위한 관청과 창고시설을 구비하고 식수를 조달하기 위한 집수시설 등도 다수 건립된다.

가야

가야성곽에 대해서는 과거 이중성 구조, 석성의 존재 여부 등에 대한 단편적인 논의가 주요 검토 대상이었으나 최근 조사 사례 증가로 성곽의 연결 구도를 잇는 방어체계에 대한 논의가 조금씩 선보이고 있다. 방어체계의 등장 시기는 외부로의 진출과 대립 압박이 강해지는 5~6세기대가 주를 차지하며, 주요 축성지점은 금관가야의 중심부 김해, 아라가야의 중심부 함안, 소가야의 중심부 고성, 대가야의 중심부 고령을 중심으로 확인된다. 다만 가야의 경우 아직까지 자료가 풍부하지 않아 세력별 중심과 주변 그리고 대략의 방어체계만을 기술하고자 한다.

• 금관가야의 주요 축성사업과 방어체계

과거 김해지역에 분포하는 성곽 전체를 기초로 금관가야의 방어체계를 제시한 견해도 있으나 최근 성곽자료에 대한 발굴조사를 통해 배후 거점성 가운데 일부가 신라에 의해 구축된 구조물임이 확인됨에 따라 김해 전역 성곽을 모두 금관가야의 것으로 보기에는 어렵게 되었다. 다만 초기 구축되었다고 판단되는 봉황토성을 비롯하여 다호리로 향하는 고갯길에 위치하는 창원 진례토성 등 하천변 낮은 구릉에 위치한 토성은 금관가야시대 축조된 성곽으로 비정된다. 그리고 최근 김해 북부지역에서 들어오는 길목에 위치한 나전리보루를 비롯한 주변 산지 구릉에서 소형의 보루가 다수 확인되기도 하였다(그림 20).

그림 20
김해지역 주요 성곽 분포
1. 봉황토성
2. 분산성(?)
3. 양동산성(?)
4. 나전리보루
5. 진례토성
6. 무성리토성

• 아라가야의 주요 축성사업과 방어체계

아라가야의 경우도 중심부인 왕궁지터를 기반으로 함안 전역에 성곽을 구축한 것으로 전한다(그림 21). 최근 왕궁지터 추정되는 곳에서 제방과 대형의 수혈유구 시설에 대한 조사가 이루어진 바 있으나 중심성곽과 관련된 정보는 아직 미약하다. 전체 분포망과 더불어 주요 갈등 기사를 근거한 방어체계는 함안의 이동지역인 광노천 匡盧川 일대에 집중된다. 안국산성, 칠원산성, 포덕산성을 비롯한 외곽의 성곽군을 비롯하여 동지산성, 문암산성 등이 비교적 내륙 교통로에 분포하고 있으며 이들은 공히 동쪽에서 들어오는 적의 방어에 이용된 것으로 파악하고 있다. 그 주요 갈등세력으로는 신라로 추정된다.

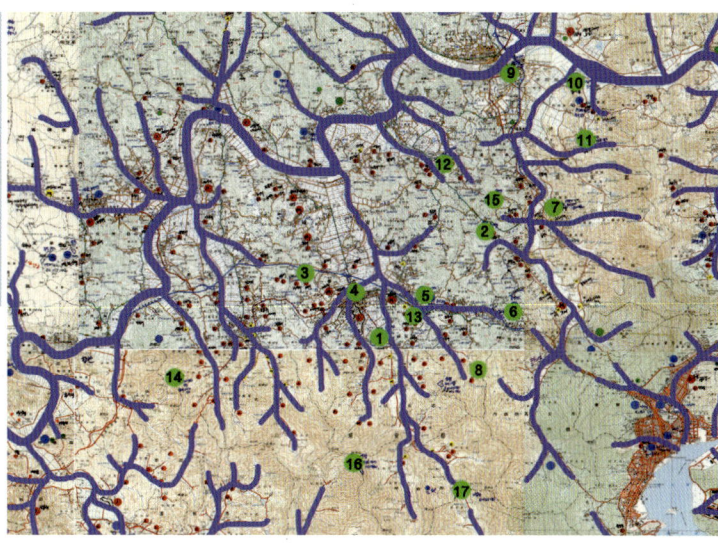

그림 21
함안지역 주요 성곽 분포(경남의 성곽자료 참조)
　1. 성산산성　2. 칠원산성　3. 봉산산성　4. 전왕궁지　5. 문암산성　6. 포덕산성　7. 무릉산성　8. 성점산성　9. 용성리산성
　10. 성지봉산성　11. 검단산성　12. 고종산성　13. 동지산성　14. 방어산성　15. 안국산성　16. 여항산성　17. 대현관문성

• 소가야의 주요 축성사업과 방어체계

소가야의 방어체계에 대한 견해는 현재까지는 전무한 상태이다. 고성 동외동패총 일대가 중요 중심지로 파악되나 성곽에 대한 정보는 빈약하다. 그리고 그 이남에 위치한 거류산성도 소가야의 중심 방어 성곽으로 비정하고 있으나 아직까지 관련된 자료는 확보되지 못했다. 다만 한 가지 주목되는 점은 아라가야와의 영토 범위의 경계가 서편 방어산을 기점으로 설정된 것과 더불어 그 경계 지점인 진주 일반성면에서 창원 진동 또는 고성으로 들어오는 길목에 테뫼식 산성이 다수 분포한다는 것이다(그림 22). 향후 자료 검토에 따라 고성의 방어체계가 존재한 것인지, 아니면 신라의

그림 22 ___
고성지역 주요 성곽 분포
(경남의 성곽자료 참조)
1. 고성 동외동유적
2. 고성 거류산성
3. 고성 양촌리산성
4. 고성 연화산산성
5. 고성 작당산성
6. 고성 매화산성

함안 진출 이후 백제 또는 대가야세력에 의한 축성사업 또는 후대 자료인지가 검토될 필요가 있다.

• 대가야의 주요 축성사업과 방어체계

대가야 방어체계는 아직 전체가 완성된 것이 아니다. 문헌에서는 일본서기에 등장하는 축성기사를 근거로 섬진강과 낙동강을 중심으로 축성사업이 진행된 것으로 보고 있다. 중심부인 고령의 성곽에 대해서는 왕궁지 건물과 더불어 배후에 위치한 거점성인 주산성이 최근 발굴 조사되었다. 지방 거점성으로는 하부下部 거점성으로 추정되는 합천지역 성곽에 대한 발굴 성과와 고령지역과의 성곽자료가 비교 검토된 바 있다. 방어체계에 대한 연구는 많지 않으나 최근 고령의 북편 대가천 남변에 형성된 것을 시작으로 낙동강 중류역 서변에 형성된 방어체계 그리고 금강유역 진출에 따른 방어체계와 마지막 섬진강 이동지역인 지리산 자락에서 확인되는 방어체계가 제시된 바 있다(그림 23). 이들의 주요 축조 시기는 5세기 후반에서 6세기 전반에 집중되며, 주요 갈등 국가로는 동편 신라와 서편 백제를 들 수 있다.

• 가야 방어체계와 성곽의 특징

가야의 경우 낙동강 중류역과 하류역에서 방어체계가 확인된다. 중류역의 경우 일본서기에 등장하

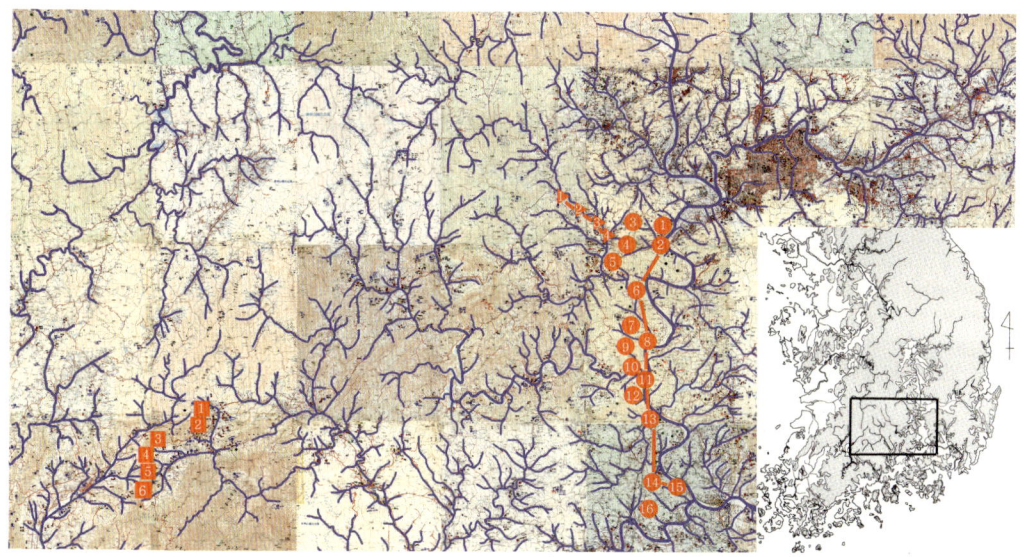

그림 23
대가야의 방어체계

▶ 1. 노고산성 2. 예리산성 3. 운라산성 4. 옥산리성지

● 1. 무계리성지 2. 봉화산 3. 의봉산성 4. 풍곡산성 5. 망산성 6. 도진리성지 7. 소학산성 8. 독산성지 9. 다남산성 10. 삼학리성지 11. 상적포성지 12. 두곡리성지 13. 앙진리성지 14. 유곡리성지 15. 성산리성지 16. 백야리성지

■ 1. (아막산성)청계리산성 2. 이곡리산성 3. 고남산성 4. 장교리산성 5. 준향리산성 6. 노치산성

는 문헌상의 기사나 최근 조사된 내용을 참조한다면 대가야의 방어체계가 주를 이룬다. 세부적으로 북으로는 대가천이 경계가 되며, 동으로는 낙동강, 남으로는 남강을 연결하는 구도로 확인된다.

다음 하류역의 경우 신라의 이서지역 진출과정과 관련한 방어체계가 중심이 된다. 1차 충돌지점인 김해의 경우 중심부인 봉황토성을 비롯하여 하천변 중요 거점에 대한 축성은 시도되었으나 산지에 위

명칭	형태	둘레	축조재료	비고
김해 봉황토성	강변성	*	토성, 토석혼축	석축열, 목주시설, 삼국시대 추정
함안 칠원산성	산성	0.4km	토석혼축, 석축	내탁과 협축을 혼용, 주혈, 가야토기등을 수습, 한정된 시기에 사용된 산성
고령 주산성	산성	0.71km	토석혼축, 석축	편축, 협축 혼용, 궁형성벽, 치, 건물지, 집수지, 인근 고분군, 삼국~조선시대까지 이용
합천 대야성	강변성	2km	토석혼축, 석축	편축, 잔존높이 1.5m 내외, 문지, 배수시설, 5세기 말~6세기 초 가야에 의해 구축된 후 6세기 중기 이후 신라에 의해 경영
합천 전 초팔성	산성	0.54km	토석혼축	편축, 잔존높이 6m, 문지, 건물지, 소규모 병력 주둔지

표 4
가야 대표성곽 자료(한국성곽사전 참조)

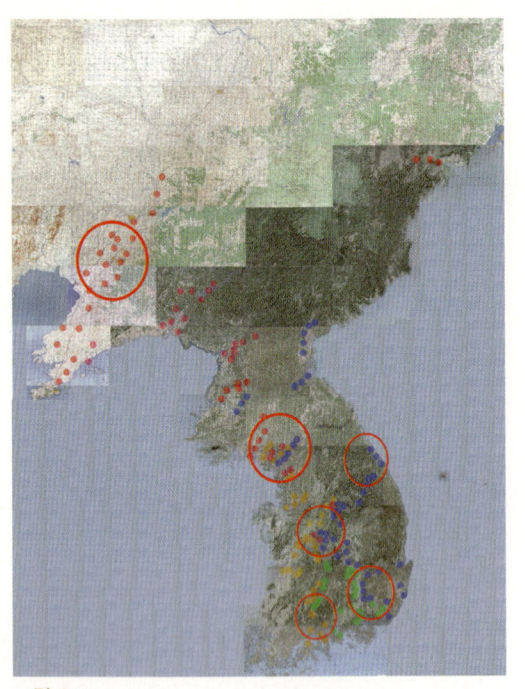

그림 24 __
주요 갈등 발생지점

치한 대규모 거점성곽의 축조에 대해서는 회의적인 견해가 강하다. 다음 2차 충돌지역인 함안의 경우 칠원 광노천을 중심으로 좌우 대치관계를 보이는 방어체계가 확인된다. 그리고 마지막 3차는 함안이 멸망한 후 고성 외곽과 남강변을 중심으로 구축된 방어체계이다.

가야의 경우 대부분 개별 중심지역을 기준으로 외곽 1-2차 분포망으로 확인되고 있어 여타 국과 달리 방어체계의 두께가 얇다. 중심부와 변경을 잇는 대형의 지방 거점 축조 사례는 많지 않다. 그리고 세부적인 성곽의 형태는 물론 성벽과 구조물에서도 차이가 난다. 예를 들어 가야는 장기 거주가 쉽지 않은 소형의 산성들을 주로 활용하였다.

맺음말

끝으로 삼국의 방어체계에 있어서 중요한 점 몇 가지를 나열하고자 한다.

첫 번째, 두 세력이 공존하는 교집합의 범위가 존재한다. 소위 갈등지역이 그것으로 필자는 국경지역으로 표현한 바 있다. 문제는 이 국경지역에 대한 지배방식이 각기 다르게 해석되고 있다는 점이다. 예나 지금이나 양국의 견해 차이가 좁혀지지 않기 때문에 영역이 달리 표현될 수밖에 없다. 예컨대 성곽 점령 후 퇴각한 경우도 있고, 군사가 상주하는 경우가 있어 행위주체와 배후에 따라 각기 다른 해석의 여지가 있는 곳이며, 후대의 발굴자료 증가로 인하여 보완될 수 있는 지역이기도 하다. 이와 같은 경우의 검토에서는 하나의 정치체에서 바라보지 않고 상대국의 입장에서도 상황을 분석하여야 하며, 하나의 경계선을 긋기 보다는 교차 범위를 상정하는 것이 좋다.

두 번째는 상당수 방어체계가 큰 하천을 기준으로 설정된다는 점이다. 통상 나룻터를 비롯한 주요 도하지점을 사수하려는 방어망이 1차 형성된 후 2차로 내륙 교통로인 주요 고갯길로 나아가는 길목 또는 읍락에 성곽이 축조되고 마지막으로 고갯길 정상부근에 목책, 산성 등의 성곽이 축조된다. 그리고 이러한 패턴은 주요 하천을 기준으로 계속 반복된다. 고구려와 백제의 경우 남쪽으로 천도하면서 여러 대하유역의 방어체계를 계속 강화하였고, 신라의 경우는 반대로 외부로 확장하면서 대하유역의 방어체계를 확대해 나갔다.

세 번째는 삼국 모두 하천 상류를 비롯하여 하천이 교차하는 중요 결절지 장악에 심혈을 기울였다는 점이다. 하천의 하류지역에서도 중요성곽이 다수 축조되나 가장 많은 수의 성곽은 하천과 하천이 교차하는 지점 또는 하천 상류지역이었다. 삼국 모두 이곳에 성곽이 집중하였고 또 이곳에서의 전투도 가장 빈번했다.

여러 가지 상황들을 조합해 보았을 때 축성을 기초한 방어체계는 마치 사람이 바둑을 두는 것과 같이 다양한 전략이 고스란히 담겨져 있음을 알 수 있다. 예컨대 축성에 앞서 철저한 지형분석이 이루어졌음은 분명하다. 그리고 수계와 산지를 기준으로 하는 중요 지도도 마련되었다고 보여진다. 특히 산악의 고갯길과 하천이 마주하는 중요 요충지의 표기가 명확하게 정리되었다. 이를 토대로 적의 침략이 예상되는 주요 노선에 거점성을 축조하였다.

요약하자면 군사를 담당한 관리 또는 책략가들은 지형을 최대한 파악하였으며, 전체 그림 속에서 군사적 효용성을 높이기 위한 방안으로 성곽을 배치하였다. 고구려와 신라의 축성비문에서 확인되는 바와 같이 체계적인 인력동원이 이루어졌고, 고분과 건물, 성벽 등 흙과 석재를 이용한 구조물 구축 기술도 삼국 모두 상당수 축적되어 있었다. 이러한 기초를 토대로 방어체계망은 바둑판의 돌들이 하나하나 놓여지듯 전체의 틀들이 점차 확대되는 방향으로 진행되었다. 적의 공략에 대한 방어책이 바로 설계되는 상황이나, 거점성 함락과 동시에 주변 여러 성을 장악할 수 있다는 것은 주요 전략지에 대한 지형 분석 능력이 상당 수준에 이르렀음을 잘 보여준다. 또한 영토를 지키기 위한 외부 항쟁이 늘어나면서 축성에 대한 필요성은 더욱 강조되었을 것이다. 이에 국이라는 큰 영토범위를 보호하기 위한 성곽들은 계속적으로 보완·발전되었고, 여타 중심지를 연결함과 동시에 국가를 보호하는 테두리인 성곽 간 방어체계도 더욱 두터워지게 된다.

참고문헌

경기문화재단, 2003, 『경기도의 성곽』.

경남고고학연구소, 2005, 『봉황토성』.

고구려연구회, 1999, 『고구려산성연구』, 학연문화사.

고려대학교 박물관, 2005, 『한국 고대의 고구려』, 통천문화사.

국립가야문화재연구소, 2008, 『경남의 성곽』.

국립문화재연구소, 2011, 『한국고고학전문사전-성곽·봉수편』.

국립중원문화재연구소, 2008, 『중원의 산성』.

김태식, 2004, 『미완의 문명 7백년 가야사 1·2·3권』, 푸른역사.

김태식·양기석·강종훈·이동희·조효식·송기호·이근우 공저, 2008, 『한국 고대 사국의 국경선』, 서경문화사.

박방룡, 1992, 「신라왕도의 수비-경주지역 산성을 중심으로-」, 『신라문화』9.

박종익, 1993, 『삼국시대의 산성에 대한 일고찰』, 동의대학교대학원석사학위논문.

박천수·홍보식·이주헌·류창환 공저, 2003, 『가야의 유적과 유물』, 학연문화사.

서영일, 1999, 『신라 육상 교통로 연구』, 학연문화사.

서정석, 2002, 『백제의 성곽-웅진 사비시대를 중심으로』, 학연문화사.

성주탁, 2002, 『백제성지연구』, 서경문화사.

손영식, 1987, 『한국성곽의 연구』, 문화공보부 문화재관리국.

심봉근, 1995, 『한국남해안성지의 고고학적 연구』, 학연문화사.

심정보, 2004, 『백제 산성의 이해』, 주류성.

아라가야향토사연구회, 1996, 『안라국고성』.

양기석·권오영·이동희·최인선·곽장근·정재윤·박현숙·김영심 공저, 2008, 『백제와 섬진강』, 서경문화사.

양시은, 2013, 『고구려 성 연구』, 서울대학교대학원박사학위논문.

여호규, 1998, 『고구려 성Ⅰ-압록강 중상류 편』, 국방군사연구소.

＿＿＿, 1999, 『고구려 성Ⅱ-요하유역 편』, 국방군사연구소.

영남고고학회, 2008, 『영남의 성곽-토성에서 왜성까지-』, 제17회 영남고고학회 학술발표회.

유원재, 1984, 「「삼국사기」축성기사의 분석」, 『호서사학』12, 호서사학회.

이현혜, 1996, 「김해지역의 고대 취락과 성」, 『한국고대사논총8』.

이희준, 1999, 「신라의 가야 복속 과정에 대한 고고학적 검토」, 『영남고고학』25, 영남고고학회.

전영래, 2003, 『전북 고대산성조사보고서』, 전라북도, 한서고고학연구소.

田中俊明·東潮, 1995,『高句麗の歴史と遺跡』, 中央公論社.

주보돈, 1998,『신라 지방통치체제의 정비과정과 촌락』, 신서원.

충남대학교 백제연구소, 2003,『고대 동아세아와 백제』, 서경문화사.

한국고대사학회, 1999,『한국고대의 전쟁과 사회변동』.

한성백제박물관, 2013,『근초고왕 때 백제의 영토 확장 백제 영토는 어디까지였나』, 학연문화사.

호서고고학회, 2003,『호서지역의 성곽』.